U0515133

通识课堂系列

博雅弘毅　文明以止　成人成才　四通六识

经典的滋养
阅读的改变

武汉大学基础通识课优秀论文集

（人文卷）

主　编　李建中
副主编　苏德超　朱钅淼

WUHAN UNIVERSITY PRESS
武汉大学出版社

图书在版编目(CIP)数据

经典的滋养 阅读的改变：武汉大学基础通识课优秀论文集. 人文卷 /
李建中主编. -- 武汉：武汉大学出版社，2024.12. -- 珞珈博雅文库 通
识课堂系列. -- ISBN 978-7-307-24430-6

Ⅰ. C53

中国国家版本馆 CIP 数据核字第 2024S90Q03 号

责任编辑:沈继侠　　　责任校对:汪欣怡　　　版式设计:韩闻锦

出版发行:**武汉大学出版社**　　（430072　武昌　珞珈山）
（电子邮箱:cbs22@whu.edu.cn 网址:www.wdp.com.cn）
印刷:武汉邮科印务有限公司
开本:787×1092　　1/16　　印张:21　　字数:452 千字　　插页:2
版次:2024 年 12 月第 1 版　　　2024 年 12 月第 1 次印刷
ISBN 978-7-307-24430-6　　　定价:98.00 元

《珞珈博雅文库》编委会

主任委员

周叶中

副主任委员

李建中　吴　丹　姜　昕

委员（以姓氏拼音为序）

陈学敏　冯惠敏　黄明东　江柏安

姜　昕　罗春明　李建中　李晓锋

彭　华　潘迎春　桑建平　苏德超

文建东　吴　丹　周叶中　左亚文

秘书

黄　舒

总　序

黄泰岩

　　摆在面前的三本书，散发着淡雅的清香。它们是武汉大学三门基础通识课的优秀论文集。

　　武汉大学对通识教育的探索已经有几十年的历史。从20世纪80年代的选修制、90年代的人文素质教育发端，到了21世纪又经历了三个发展阶段。2003年全校的"公共基础课"改为"通识教育课"，明确提出"通专结合"，这是1.0阶段。2013年，建成通识教育七大领域的近千门课程，这是2.0阶段。2016年，确立"以成人教育统领成才教育"的通识理念，重构通识教育四大模块，建立起由600门左右课程构成的通识课程体系。应该说，每一步探索，都体现出鲜明的武汉大学特色。

　　在这些特色中，尤其值得一提的是，武汉大学开设了三门基础通识课。这三门课程分别是2018年起开设的人文社科经典导引、自然科学经典导引和2021年起开设的中国精神导引。这三门课程，武汉大学全体本科生都必须学习。据我所知，将通识课程设为必修，这在内地高校尚属首次。随着这三门课程的开设，大体建成了武汉大学通识教育3.0版体系。

　　武汉大学的三门通识基础课以撰写论文的方式结课，学校通识教育中心组织专家评审，每年从两万余篇结课论文中评选出两百余篇优秀论文，分"人文卷""自然卷"和"中国精神卷"结集出版。摆在我面前的这三本书，就是"百里挑一"的三本优秀论文集。

　　通识教育的重要性自不待言。可以说，它是世界高等教育发展的一个趋势。我们知道，大规模的、精细化的分科教育主要源起于近代科学革命的内在理念（近代曾被称为"分析的时代"）和社会生活对工程技术的强烈需求。从短期来看，分科教育可以很快把学生培养成有一技之长的专才，能自己谋生，对社会有用。坐而论道，不如起而行之。从这一点来看，分科教育极大地推动了人类文明的发展。但是，我们也要看到，科技以人为本。任何技术都要服务于人。人是要有一点精气神的。对人的培养，应该优先于对才的培养。局限在狭小的专业领域里，当然可以作出巨大的成就。但我们更希望新的一代不但可以从专业角度去解决问题，还有能力从更大的背景去理解自己所在的专业，去理解自己所在的社会和在这个社会中自己生命的价值。庄子曾经说，"知天之所为，知人之所为者，至矣"。通识教育，从根本上说，就是成人教育，就是理解人、成为人的教育。

正是基于这样的理解，我们开设了人文社科经典导引和自然科学经典导引这两门必修课。在前一门课程中，学生研读《论语》《庄子》《坛经》《史记》《文心雕龙》《红楼梦》《历史》《斐多》《审美教育书简》《论法的精神》《国富论》和《正义论》，它们是公认的思想经典，已经或正在塑造人类的思维方式。阅读这些经典，学生能体认到仁性、天性和悟性，理解人的使命、博雅与爱恨，并在历史、生命和审美中，追求自由、理性和正义。我们要培养活生生的人，而不是作为工具的人。德国哲学家康德说，"人是目的"。这些人文经典正是对人作为目的的深刻诠释。后一门课程则在希腊哲学、物理世界、生命领域和科学方法四个方面选取了 10 本书，这些书在科学发展中具有里程碑式的意义，或者是对科学发展史的总结。从柏拉图现象世界与理念世界的二分，到亚里士多德指出"求知是人的天性"，从牛顿革命性地用数学刻画物理世界的规律，到爱因斯坦对时空本性的揭示，从达尔文对自然选择机制的阐发，到沃森等对 DNA 结构的发现……这些科学经典既是人类知识进步的坐标，也是人类理解自然界的伟大范式。我们希望，大一学生通过一年的经典阅读，既有家国情怀，又有世界眼光，更胸怀人类和宇宙，认同人类文明的共同愿景。

习近平总书记多次强调，"教育是国之大计，党之大计"。教育的根本性问题是"培养什么人、怎样培养人、为谁培养人"。我们培养的是社会主义建设者和接班人。社会主义建设者和接班人肩负着"谋求人类福祉、推动社会进步、实现国家富强"的卓越追求，必将终身服务于强国建设和民族复兴的伟大目标。经过慎重的学术讨论和精心的教研准备，武汉大学又开设了中国精神导引课程，希望通过这门课程的学习，增强学生对中华民族优秀传统的认识，发扬让我们民族"站起来""富起来""强起来"的精神动力。"00后"大学生，独立意识更强，面临的选择更多，差异化更明显。与此同时，作为数字时代的原住民，他们接触到的社会思潮更多元。他们生活的时代，是中华民族伟大复兴的时代，也是世界百年未有之大变局的时代，在这样的背景下，学习中国精神导引，有利于引导他们去做一个堂堂正正、自信自强的中国人。

从手边的这三本学生优秀论文集来看，我们的教学目的基本达到了。很多同学谈到了经典阅读对生命理解与人生选择的改变。彭佳琪试图阐述"经典是思想融合的载体，阅读是文明纠偏的渠道"。罗朗则选择了一个更为诗意的角度，"蝴蝶与死亡：柏拉图与庄子的对望"，将庄周梦蝶与苏格拉底面对死亡的坦然细细比较了一番。帅楚越以"进化有方向吗"为切入点，揭示了对进化论的一些常见误解以及社会达尔文主义的错误。在中国精神导引的习作集中，很多同学阐述了他们对中国精神的看法，谈到了中国精神的内涵、价值和种种体现，如在山水画中、在中国书法中、在新国潮中。郭赛君干脆批驳了黑格尔对中国精神的否定性态度。从这些文章中不难看出，同学们对思想经典是熟悉的，对科学方法是理解的，对中国精神是高度认可的。

2023 年是武汉大学建校 130 周年。学生的这三本优秀论文集，虽然尚显稚嫩，但已经显示出阅读的广泛、思辨的深入和家国情怀的浓郁。它们是学生献给校庆的礼物。这是学生成长生涯中的一小步，也是武汉大学通识教育改革的一个缩影。荀子说："不积跬步，无以至千里。"武汉大学 130 周年校庆主题是"自强担使命，拓新创未来"。武汉大学的通识教育改革，一直在路上；面向新时代新征程，武大师生勇担使命，一直在路上。

（作者为武汉大学党委书记）

目　录

阅 以 成 人

读 以 修 己

澄 观 时 弊

博 览 万 象

阅以成人

阅 后 独 行

尹东兴　法学院（2021301061147）

【指导教师评语】 本文采用了散文的叙述方式，通过作者在经典中"畅游"、与智者"对话"，用生动的语言形象地描述和表达了阅读经典对人们的影响，"不只是智慧，更是思想，更是终身的观念与理念"。文章体裁新颖、语言优美，从一个全新的视角展现了阅读的魅力，是一篇佳作。（外国语言文学学院　张申威）

摘　要：本文探讨了阅读经典的意义，针对经典的多元价值，从个人角度阐述了三部经典著作对作者思维的深远影响。作者认为，阅读经典不仅是文字的累积，更是灵魂的触动和思想的启迪。每一部经典都承载着前人的智慧，通过阅读，读者可以与之对话，实现思维的升华与蜕变。因此，阅读经典不仅是闲暇时光的消遣，更是个人成长的必由之路，具有深远的意义。

关键词：经典阅读；价值观；重塑思想

指尖沿着纸面上的小字滑过，随即是清脆一声，又翻过一页。暮色渐浓，余晖透过玻璃窗，投射在尚未伏下的前一面纸上，映出晕染般的影。

这一刻的时间越见浓稠，近乎停止。

窗外投下的影越发见长，书也将翻到封底。"快读完了，天色也不早了，倒不如出去散散步。"我心里想着，随即盖上了书，向门外走去。

在林间小路独自慢行，一边踱步，一边回味方才看的书。天色已黑，木枝间漏进的光已显微弱。突然又想到，翻页的碎碎声一过，恍然间便是一个下午，我竟不知该作何感想。

既想到这里，到底还是要思索一番才是。那些纸面上跃动的文字，究竟给我带来了什么？正欲说时，却发现自己全然不知如何组织语言，一时思绪陷入了混乱，到底还是说不出个所以然。是啊，读了这么久的书，书到底给我带来了什么呢？捧书沉浸时，片刻的宁静让人置身于一人的偏隅，但除去这些，阅读莫非对我真的就再没影响了？

不知道，先向前走着吧。既然是出来散心的，又何必想那么多。

眼前的光景越发暗了下去，黑夜从头顶的枝叶间浸进来，仿佛要染透眼前的一切。

好像太黑了点，要不还是回去吧。心里这样想着，脚步也慢了下来。

眼前突然出现一幅颇为壮阔的图景，好像从未见过。仔细一看，又觉得甚为熟悉，好像刚刚才见过一般。

浩浩荡荡的军队从我眼前向另一边冲撞过去——那边是更为庞大的军队。尘土被震起，像烟雾一般弥漫在空气之中，唯一还能看清的，是方才那些兵士旁的大船上飞扑而起的大火。"两军在马拉松平原上厮杀了很长的时间……现在雅典人穷追不舍，在追击的过程中不断砍杀敌人，一直把所有的敌人都驱赶到海边；他们抵达海边后，控制了舰船，并且放火烧了起来……"① 焰火滚滚，仿佛要掩盖眼前正发生的血腥之战。雅典人、波斯人……

恍惚间，一切却又散去，只留下争端后的一片残墟，本不应残留任何东西。然而，文字却又将其记录下来，并将其称为人类的集体记忆，抑或是"历史"。

是的，方才读过的书，现在仿佛在我眼前再现了一般。它向我讲述了另一个时空里，那些切切实实存在过的事情。这一切为纸张所承载，突破时间与空间的限制，将堆砌的事件变为了鲜活的人物，复刻在我眼前。"希罗多德是旅行者和讲述旅行故事的人"②，然而他讲述的，不是细腻微小的琐事，是间或看见久远的众人行迹的巨大图景，曾经轰动一方的物事被凝聚在只言片语之间，无数人一生的长度被一笔带过，足以使人感受到这文字的厚重之感。

猛然间顿悟，几百页带来的不是纯粹的记忆，而是融合式的智慧，将人彻彻底底地带入前人的时境之中感受、思考、领悟其事件起因、其人生经历，乃至于人的本性与世界观。浩荡的场景已然消散，其厚重庞大之感却难以褪去。沉浸越深，越发感觉到世界观的重塑，越发感受到历史在空间与时间之上的叠加之震撼。阅读《历史》使人看见了2000年前地中海边上的大事集锦，但并非单纯地了解。潜移默化之中，我为之震撼，为之感慨，感受到了历史的浩瀚，更在不知不觉中塑造了自己的历史观和世界观。

好像明白一点了。

眼前的图景已经消退了。继续向前走，月光已然皎洁，洒在湖面之上，倒是颇有一番

---

① ［希腊］希罗多德著：《历史》，徐松岩译注，上海三联书店2008年版，第338页。

② ［法］弗朗索瓦·阿赫托戈著：《希罗多德的镜子》，闫素伟译，中信出版社2019年版，第538页。

境趣。湖边好像有一老人招手，唤我过去。我急忙赶过去，与之同坐。

良久，老人开口道："宇宙浩渺，天地无限，人行走其中，如骐骥之驰过隙。"

好一番大论。我暗自忖度，却不作声，待他继续说完。

"我曾做过一梦，梦中骷髅曾告诉我，死后世界，无君于上，无臣于下，亦无四时之事，① 比起人世之累，甚是自在逍遥。你可懂其间意味？"老人徐徐吐尽。

到底是太消极了些。我心里想着，还是说出了口："老先生不觉得这番话太颓丧了吗？人生在世，总揣度所谓'死后逍遥'，那人生意义又何在呢？"

老人却浅笑着看着我，问道："我也问你，生命存在之意义何在？"

我一时竟没能想出个所以然来。老人料到我的难处，站起身来，背对着我，对湖水说道："世人动辄谈及君臣名利，仿佛其附庸一般，行走谈吐间不离那几钱碎银，好似这便是生命之意义。然而，人之在世，不能达到精神上的遨游，没有自己的宁静与自由，这样被奴役着又有什么意义呢。"说完，老人倒是独自离去了。

人生、生命、逍遥……我哪里能一下明白这些词呢？

是庄子。我这时才想起来方才的话语是从哪里来，怪不得好像听过一样，原来是不久前才翻过的文字。

十几岁的年岁终究还是太稚嫩，刚才老人的几句话如同醍醐灌顶一般，一下子将我点醒。人生才刚刚开始的人，是不可能凭空想出这般话语的，刚刚庄子的一番话，却将他的人生智慧传递给了我，将他的生命感悟传授给我，为我豁然打开了一扇大门。

是啊，豁达、淡泊，这些词平时都会用，可我哪里懂得是什么意思？未曾经历过大段人生，未曾真正感受到"生人之累"，我哪里又懂得这些词有什么意义？然而，庄子书中寥寥数言，细细品味，却着实让我感受到了其意蕴所在。到底还是人生态度，是人生观，是人生理念。凡人做不到超凡脱俗，做不到"乘天地之正"，但也可以做到宁静淡泊，笑看人生风浪。

顺天时，顺自然，顺心境。生命的本真意义便是自由，是逍遥，人生都看淡一些，这样的人生观、生命观，在不知不觉中被树立了起来。

方才那老人，原来是引导我一点一点地塑造人生观。

原来如此。

还要往前吗？要不先回去吧。

正欲掉头时，只见眼前又来一人，急匆匆地向我走来。

"你是谁？"惊于突然出现的此人，我忙问道。他却不正面回答我的问题，喃喃道："我看你与先前那位老先生相谈甚欢，故特意过来与你一聊。"

---

① 刁生虎著：《庄子文学新探》，中国传媒大学出版社 2009 年版，第 28 页。

沉吟片刻，那人说道："不知你可读过那'满纸荒唐言'，内心可有感触？"

从前面的经历过来，我已经大概揣摩出这位先生的身份了。

"您可就是那曹老？"

"哪里敢当。不过真真假假，真隐假存，哪里重要，你当我是甄道士也罢，你便是当我是那块石头竟也无异。只是想问你，书中几多痴情男女，你怎么看？"

我略沉思顷刻，竟也作不出一个确切的答复，便说道："续写里，黛玉何苦因情而死呢，到底是可惜了。至于宝钗，说她'任是无情也动人'，我倒觉得宝钗不过是会人情世故，倒也看不出哪里无情。相比之下，最后宝玉抛下一切便出家去了，难道不是更无情吗？"

那人却笑笑，说："你可有想过黛玉究竟是何苦？温柔富贵乡里的宝玉怎么又忍心就这样抛下一切？"

我习惯了接受宝黛的爱情悲剧，问起缘由来，思索半晌，也难以道清这般"无情"与"多情"的矛盾。

"你却道是那宝玉无情，哪里知道引子都是他先前太过痴情。他陪着顽笑的、一桌子吃饭的、一床上睡觉的林妹妹还完泪去了，所谓情愫也无处可寻了，这是其一。更可知贾府已然'树倒猢狲散'，成了'死而不僵'的'百足之虫'。再看那大观园的姐妹们，诗社也结不成了，人也聚不上了，走的走，嫁的嫁，便是曾经一起玩笑、服侍宝玉的袭人等人也都渐渐地都要不在了。所爱之人物既去，'情'字既无所依托，也就不能再说他无情了。"

我忙追问道："不过是人之间的爱爱恨恨，这世上本常有的，宝玉何苦就离开这世俗人间了呢？"

"人之间的爱恨，不就是所谓人间吗？"

他倒反问我一句。此话让人愕然。

见我此状，他心中已有数，便继续说："爱爱恨恨，最后都归于湮灭，最终'一朝春尽红颜老，花落人亡两不知'[1]，自然也就绝望了。便是抛开末世背景，宝玉在人间的留恋，也不过就是那温柔富贵乡里的，那些自小至大的爱罢了。'枉凝眉'，对于宝玉便是枉来这人间一趟。"

"这是……"

"这是宝玉对爱恨的理解，爱恨乃至宝，其价无限。"只留下这样一句话，他便无论如何不肯多说了。

好个"爱恨"，好个"价值"，究竟是何物呢？奈何我寻不到精髓。

----

[1]　（清）曹雪芹著：《红楼梦》，人民文学出版社1982年版，第372页。

独坐许久，倒也是渐渐悟出了书中的感觉。爱爱恨恨，人生命运，从书中写出，终究还是对爱恨的价值追求。宝黛将一切引出，描绘了崇高而不得遂的爱情，以之为最终的价值形态。

是的，这次是价值观的引导。

我懂了。一开始思索的那个问题，我已经明白了。

大概可以回去了吧。我心想，却猛然间发现自己根本不曾出来过，不曾离开过房间中的书桌旁。

我一直都在这几本书中，我并未看见希波战争究竟如何惨烈，未曾听见庄子的言语如何深刻，更未曾与那位身份不明的先生谈笑。

一切只是独思。

甚至说方才也不过是思想的独行罢了，书仅是指引。

"是太入迷了吗……"我喃喃自语，尚未完全清醒。窗外黄昏依旧，只是不见浓郁暮色，仿佛夕阳的火烧一般。

我拿出本子和笔，趁记忆还未模糊，匆匆写下：

我们今天的阅读，不再是为了机械的记忆，不再是单单为了闲暇时的娱乐，不再是为了单纯的了解。今天的阅读，承载了比纸张上的文字更多的任务与内容。

我们阅读历史经典，是因为它们背后承载了一个群体、一个民族，乃至人类集体的记忆与过往。博古不仅仅是为了通今，透过穿透时空的文字经典，我们能与数千年前的人同思想、同处世。在历史经典中，我们获得的是崭新的看待世界和历史的方式。换句话说，也就是历史观与世界观的相互冲击与再形成。

我们阅读《庄子》这样的思想经典，是为了汲取经典里的思想，这点自然毋庸置疑。然而，更深层次的是，我们在这些经典的背后体悟到了人生的态度与理念，形成了自己对生命的认识与思考，构建了为人处世的风格与方式，也就是慢慢塑造了自己的人生观。

我们阅读《红楼梦》这样的经典，是在人情世故之中，看到人间——人与人之间的爱、情、憾、恨。我们是为了看到自己究竟将什么看作至宝。同时，经典也塑造了一个又一个美好的价值理念，或是爱情，或是理想，或是自由，我们也慢慢懂得，人生之间，孰轻孰重，孰为无价，孰应追求，也就是自己的价值观。

在经典中，我们得到了不只是智慧，更是思想，更是终身的观念与理念。潜移默化之中，它们改变了我们的思维方式，重塑了我们的三观，乃至以一种"无用之用"悄悄改变了我们今后的人生选择，价值取舍，最终追求。

斜阳映射在书面的文字上，字影倒是更加深了。

以上。

阅以修身，读以成人

钟杨森　哲学学院（2021301132002）

【指导教师评语】 文章紧扣主题要求，文笔优美、流畅。作者结合了自身的实际情况阐述阅读给个人带来的改变，可见确是爱书之人。引用符合规范。（外国语言文学学院　牛田禾）

摘　要： 本文深入探讨了阅读经典文学作品对个体成长的深远影响。在当代社会，人们逐渐远离经典阅读，但"人文社科经典导引"等课程促使个体重新审视经典的重要性。经典书籍不仅传递了文字和知识，更唤醒了自我意识，促进自我反思和修身成人。在功利主义盛行的当下，阅读经典对于寻找人生方向、重拾改善自我和社会的信心至关重要。因此，应重新重视经典文学阅读，以促进个体全面发展和社会进步。

关键词： 经典阅读；个人发展；修身养性

十八载岁月流逝，从呱呱坠地、牙牙学语到远离家乡、独自生活，十八年我已改变许多，"万般皆下品，唯有读书高"①，父母和长辈"好好读书"的教导也时常萦绕在耳旁。但我似乎从来没有认真思考过阅读经典给自己带来了何许改变，或许是阅读如和风细雨、润物无声，在潜移默化中改变了我。细细思索，阅读为我带来的改变归根到底是自我意识的觉醒，正是这自我意识的觉醒，助我修身、促我成人。

我幼时便对这个世界抱有极大的好奇心，乐于去探索、去阅读、去了解这世上我所不知的事物。但正如宋濂所言："余幼时即嗜学。家贫，无从致书以观。"② 我的家位于深山之中，父母文化水平不高，家中也不富裕，无书可读，附近却也无藏书丰富的人家。好在

---

① （宋）汪洙撰《神童诗》。

② 郭超主编：《四库全书精华·集部（第1卷）》，中国文史出版社1998年版，第338页。

每天上学路上我都会路过村子里的"农家书屋"——政府出资建立的小型图书馆。对于求知若渴的我而言，这个只有一间屋子大小的书屋就是我的精神家园，几乎每次路过我都会进去看一看，或是坐在里面翻阅一两个小时，或是借一两本在路上翻看。我时常因为沉醉于阅读而忘记回家，那些在路上边走边阅读书籍、在傍晚时刻从山路上飞奔回家的时刻至今仍是我记忆里最美好的瞬间。这是我与阅读最初的故事，阅读从那时起应该已经开始悄然改变我的观念。

在后来的日子里，我升入初中、高中，图书馆总是我去得最多的地方，书似乎成了我最好的朋友。可渐渐地，手机似乎取代了书籍，占据了我休闲时间的大部分时间。进入大学，我拥有许多完全自由的时间，可手机和电脑霸占了时间，我好像正在慢慢失去静心阅读的能力。万幸的是，我在"人文社科经典导引"这门课上阅读了许多经典，并得以认真思考阅读的作用、阅读经典带来的改变。

因为读书过于痴迷，身边的同学、老师和长辈时常戏称我为"书呆子"，日复一日，我也会问自己：读书真的让我变呆了吗？我从阅读中到底获得了什么？

"读书破万卷，下笔如有神。"① 这似乎对我不适用，我喜爱的是书中的知识，对优美的文辞没有太多的好感，自己的文字也是干涩平淡，并不出色，有时甚至什么也写不出来；历史、哲学、地理，甚至物理，读书带给我的仅仅是丰富的知识吗，应该也不止吧，不然我真的就只是一个"两脚书橱"。读书，确实有许多功利性的作用：让我学到了很多新知识、让我有了更多的作文素材，但在考试中除了一小部分知识记忆深刻、铭记许久，大部分却随时间从我的头脑中溜走了，那阅读的意义到底是什么呢？我收获的绝不仅是那一小撮知识，除了功利性的价值以外，阅读让我思考我为何为我，教会了我如何认识和看待这个世界，让我在书中找到了理想、坚定了三观，培养了我积极向上的思想，最重要的是，阅读让我不再自卑厌世、使我热爱这滚烫的生活……这些都是阅读经典为我带来的重要改变。阅读，是我修身成人路上最重要的一环。

幼时读的第一本经典便是《论语》，初读时我只知道这本书记录了"大成至圣先师"孔夫子和他弟子的言行，那一组组的对话读起来属实无聊。后来读的书更多了，了解到书中对话的时代背景和说话人的人生经历，那些言语背后藏着真诚有趣的灵魂，便觉得那枯燥的对话也鲜活了起来。直至大学，我还在读《论语》，那些对话不断引发我的思考：我真的可以做到"三军可夺帅也，匹夫不可夺志也"② 吗，颜回为何甘于箪食瓢饮居陋巷，到底怎样才能真正达到"仁"……

---

① 陈洪、乔以钢主编：《诗词名句手册》，南开大学出版社 2009 年版，第 411 页。
② 戴楠、任仲才编：《论语》，西苑出版社 2001 年版，第 23 页。

　　我从小学开始便喜爱历史，尤其喜欢读《史记》，最初吸引我的可能只是书上有趣的故事，那些跌宕起伏、权谋智斗的精彩故事。可年岁渐长，《史记》给我带来了更多东西：太史公"究天人之际，通古今之变，成一家之言"①的远大抱负让我思考使命为何物，书中那些历经磨难而不屈、大义凛然去赴死的豪杰们到底追求什么，我如果没有那种可以为之付出一切的追求和使命，我又为何而活？我反思自己的价值，反思自己生活的意义，我寻找自己的使命与理想。我苦苦思索，却想不出一个满意的答案，于是我求助于书籍，我想去看看历史上的先贤和英雄给出了怎样的答案。

　　人应该是怎样的、我们怎样成为理想的人、人的意义是什么、人最重要的是什么……无用之用，亦可有用，这些在实际生活中看似毫无用处的问题，是阅读带给我最有价值的东西，因为这让我真正学会思考、学会怀疑。我读《庄子》，读《斐多》，读《理想国》，先哲们上千年前就解答过类似的问题，他们没有统一的答案，但都有自己的使命和追求，并用一生去践行那份使命与担当：庄子拒相归隐，逍遥山水；苏格拉底忠于城邦，慨然赴死；柏拉图学院讲学，三至叙古拉……

　　那些奇奇怪怪的问题，和试卷上的问题不一样，似乎永远找不到一个标准答案，但书中的哲人告诉我，我应该要有自己的答案，他们让我知道这世上有许多人也在苦苦寻索着问题的答案，这让我备受鼓舞，这是读书带给我的礼物。也许就是因为思考这些阅读中给我带来的问题，一时无法得出答案，我开始求助于身边的人，但他们从未思考过这些问题，于是就觉得我读书读傻了，我成为他们眼中的"书呆子"。但我也不再在意，因为我知道：这些问题是我们应该去认真思索的，只有真正思考过这些问题才能构建属于自己的精神世界，只有知道我们究竟去往何方才能坚定向前、不再迷茫，"我读书越多，书籍就使我和世界越接近，生活对我也变得越加光明和有意义"②，或许读书的本质就是去感悟他人的人生、获得生活的智慧、学会做人的道理。在一次次的思索和阅读中，我见识了往哲先贤的伟大人格和思想，我也不断打磨着自己的思想，甚至一次又一次地把自己的世界观、人生观和价值观推倒重建，这个过程并不轻松，但有书中那一群伟大而有趣的灵魂陪伴倒也不是那么孤单。虽然我现在已经有了初步的答案，并且已经找到了自己的信仰、使命与追求，但思考永远不会终止，独立思考、保持怀疑、虚心学习、理想主义、追求爱与正义……这些在阅读中接触到的往圣先贤的优秀品质也会永远伴随我、指引我。

　　现今社会的人们大多很浮躁，我们追求功利、高效率，喜欢快速方便的知识摄入方式，我们愿意去看简单粗暴的爽文，那些需要花时间去体味、去感知的经典却无人问津。

① 季旭升编：《最美国学·古文观止》，中央编译出版社2006年版，第89页。
② 高尔基著：《高尔基论青年》，中国青年出版社1956年版，第248页。

但这样真的对吗？答案显然是不对。我们可以轻松地得到大量知识，可海量知识冲击之下我们的注意力反而减弱、能真正记住的知识反而更少，我们独立思考、深度思考的能力也在变弱，我们渐渐变得肤浅、盲目、情绪化、头脑简单，这是时代发展的产物，也是资本乐于看见的结果——我们正在变得容易被他人操纵。我们并不是生下来就是如此模样，我们一步步成长，今天的我们是我们所接触到的观念的集合，我们需要多读书、多读经典才能接触到那些世界上伟大的观念，否则我们的人生就只能被周围的人和事影响。而阅读经典恰好可以弥补我们先天的不足和后天事物带来的不良影响。不任由这种浅薄浮躁的社会趋势继续发展，读书尤其是阅读经典显得比以往任何时候更为重要，因此国家也倡导全民阅读。

《论语》《庄子》《史记》《理想国》等中西方经典巨作都是出自人类历史最伟大的头脑，他们为我们提供了看待人生、天性、生死、理想、爱情等基本问题的不同视角和深刻洞见。站在这些文化巨人的肩膀上，我们可以去追根溯源、深入地思考关于我们和世界的重大问题，我们能认识到世界的多样性和观点的多样性，我们可以不再那么狭隘、偏执和闭塞，我们可以保持思考、明辨是非……当然，阅读经典可以给我们带来更强的精神力量，让我们丰富自己的内心、减少外界带来的纷扰，这些阅读经典带来的改变是当下社会所急需的。

如今社会批判精致的利己主义者，但似乎在新闻和史书中我们看到的那些利己主义者都是饱读诗书之人，古语也有言："仗义每多屠狗辈，负心多是读书人"，那读书是否真的会让我们变得自私自利？我认为绝不会，如果一个人真的主动阅读了许多经典，受到伟大思想的熏陶，会自然地向那些圣人靠近，对世界多了一些超越的悲悯，应当变得更加无私和慈悲。至于古今社会上那些自私利己的读书人，或是因为古代的腐儒过多，他们并未真正读懂了经典；或是读书人树敌过多、互相抹黑；或是那些史书中、新闻中拥有出场机会的大多是读书出来的精英，所以人们知道的负心人、利己者多是读书人。

书籍出现至今已有3000余年历史，因为有了经典书籍，人类伟大的思想得以世代相传，我们可以站在先贤的肩膀上不断发展。最近数十年，社会飞速发展，几十年来人类创造的巨大生产力超过了以往所有时期的总和，可是，"虽然现在人类拥有许多令人赞叹的能力，但我们仍然对目标感到茫然，而且似乎也仍然感到不满"[1]，"我们的交通工具已经从独木舟变成帆船、变成汽船、变成飞机，再变成航天飞机，但是我们还是不知道自己该前往的目的地"[2]，我们大多贪得无厌、不会满足，我们需要知道人类前进的方向，哲人

---

[1]　［以］尤瓦尔·赫拉利著：《人类简史》，林俊宏译，中信出版集团2017年版，第392页。

[2]　［以］尤瓦尔·赫拉利著：《人类简史》，林俊宏译，中信出版集团2017年版，第392页。

们早在千年前就在他们的经典著述中给出了自己对这个问题的回答。阅读经典，我们终会找到我们所追求的前路。

　　个人或群体观念的改善、自我意识的觉醒，是阅读经典带来的最可贵的改变，是自我发展之路的起点。前路迢迢，无论是在人生还是人类历史进程中，我们永远在路上，一刻也不停歇，经典的滋养也应永远伴随我们前进。

阅以知人，读以知世

李欣怡　计算机学院（2021302111447）

【指导教师评语】本篇文章从"知己，知人，知世"三点出发，阐述了经典阅读带给自己的提升与改变。文章逻辑清晰，文笔十分优美，大量引用、分析了古今中外经典篇目，将课堂所学与课外所学相结合，使得文章内容丰富，层次分明，不失为一篇佳作。（文学院　叶李）

摘　要：经典著作作为知识与智慧的宝库，在个体成长与认知发展中扮演着举足轻重的角色。它们不仅提供了丰富的知识素材，更培养了读者对多元思想的辨识能力和高尚的道德情操。通过深入阅读和理性思考，经典作品引导读者洞察人性的丰富多样，理解历史的深厚积淀，进而在知识的海洋中探寻自我与世界的真谛。这一过程不仅提升了个人认知深度，也为构筑坚实的学术基础，塑造全面的学术人格提供了重要途径。

关键词：阅读经典；知己；知人；知世

轻捻灯花，手捧香茗。独守一纸灯楣，浅奏一曲秋歌。举手投足间，捻起论语的古雅幽香，惊奇红楼一梦的翩跹，拾落历史的摧残珠玉，诵唱斐多的正义凛然……茫茫瀚海中，经典犹如散落人间的星辰，给迷茫困顿的人以曙光，给求知若渴的人以开阔，给问学求索的人以探究，给不甘平庸的人以境界……你，我，他，都将在经典中找到自己的一隅归所，心灵有了居所，身体有了安处。读经典，是品语言文字之美，是展锦绣山河之画卷，是学礼乐六艺，是通圣贤之哲思，是究天地之万变，是悟生命之真谛，是践世间之真理……经典之美，美在科学，美在人文，更美在宇宙；经典之美，美在过去，美在当下，更美在未来；经典之美，美在个性，美在家风，更美在国韵……

阅以知人，读以知世。以手作舟，泛游经典江海；以眼作锚，领略经典思辨；以心作帆，通达经典境界……

如同母亲和胎儿之间连接的脐带，我们和经典的联系，从出生开始，便难舍难离。是咿呀学语"首孝悌，次谨信"的《弟子规》；是小学"学而时习之，不亦说乎"的《论语》；是中学"世界上最宽阔的是海洋，比海洋更宽阔的是天空，比天空更宽阔的是人的胸怀"的《悲惨世界》；是大学"向死而生，追求真理"的《斐多》，更是未来的社会生活……经典，教会我们爱家庭，更教会我们爱他人；教会我们生存，更教会我们生活；教会我们成人，更教会我们成才。且行且阅读，生命中遇见的每一场风景，会化作对经典的诠释；生活中的每一次冒险，会化作对经典的镌写；生命中每一次声嘶力竭的坚持，会化作对经典的升华。经典和我，我和经典，正在路上，相生相伴，共同成长。

读经典，是知己。经典是穿越山岗的缕缕清风，净人心灵；经典是缱绻山谷的氤氲香气，沁人心脾；经典，修炼人的天性，涵养人的性情；经典是平静来临前夕的暴风雨，席卷着层层波涛，翻腾滚涌而来，让人猝不及防；经典是光明来临前夕的黑夜，笼罩着阴沉、厚重的气息，漫长压抑，直达内心深处，让人透不过气——经典，健全人的精神，锤炼人的品格。我们读诗词，读那"东南倚盖卑，维岳资柱石"；读那"芦叶有声疑雾雨，浪花无际似潇湘"；读那"望海楼明照曙霞，护江堤白踏晴沙"，读多少雄伟峰峦，多少波涛汹涌。经典，让我们领略世间山河，增强对美的感知，提升对美的境界，从而在生活中，发现美，珍惜美，成就美。我们读《论语》，读"人不知而不愠，不亦君子乎"，知晓君子的处世态度与道德修养，领悟内在的一种沉静，端稳，淡然，不为他人的不理解动摇自己的气度和品性，感受君子内在的自信；读"不患人之不知己，患不知人也"，知晓对他人的一种包容和理解，领悟积极乐观的人生态度，纵使无人理解，也积极面世，悦纳他人，感受一种不求他人，只求奉献自我的高尚节操，用温情和关怀对待这个世界。经典，让我们知晓与己相处、与人相处的艺术，提升人文素养，增强人本关怀，从而"为天地立命，为生民立心"。我们读经典，读《斐多》，是读那追求真理，面死而生的大义凛然；是读那不惧强权，深谈哲思的淡然。读《钢铁是怎样炼成的》，是那声不甘命运、奋发向上的怒吼，骨子里的倔强；是那团永不停息，越燃越烈的革命热火，满腔爱国情。读《审美教育书简》，是歌颂人的完整性的奏歌，追求人的自由的号召。经典，教会我们勇敢，不惧生死，追求理想，不断探索，而不过分渴求名利；经典，教会我们热爱，热爱生我养我的土地，热爱塑我造我的国家；经典，教会我们奋斗，教会我们斗争，为了公平，为了正义，积极向上，不懈成就更好的自己；经典，教会我们思考，思考自己的意义与价值，思考自身与社会价值的平衡……是经典，像一声惊雷，点醒了懈怠的人不再躺平；是经典，像一轮弯月，皎洁，时明时亮，却暗示着夜间赶路的人；是经典，像一杆芦苇，满絮飘飞，惊起池塘涟漪，却耕植于一方泥土——正如培根《论读书》中说道"读书补天然之不足，经验又补读书之不足，盖天生才干犹如自然花草，读书然后知如何修剪移接"。

经典，健全了我们的精神，锤炼了我们的品格。

读经典，是知人。嗅字字墨香，触一纸婆娑，眼神交汇间，双手触摸间，都是与先贤的心灵的交谈。我们读经典，知老庄精神的逍遥，"无所待"的洒脱；知屈原拳拳爱国志，郁郁亡国魂；知鲁迅弃文从医的救国之行；知雨果控诉"两个强盗"的人道主义精神；知马克·吐温中《百万英镑》的现实关怀与责任感……读经典，了解先贤大家的精神品格，从表象中探究人的本质，深耕人的性格，理解人的艺术。我们读经典，读《人性的光辉》，感人的精神之伟大的同时，也要知晓不幸中孕育不屈的倔强；读《变色龙》，感人的戏剧荒诞的同时，也要知晓阴暗社会下普通人偏安一隅的无奈与渴望……读经典，让我们更加多维地看待人和事，不做"井底之蛙"；让我们用更加关怀的角度分析人和事，不被自己的情绪支配。读经典，不仅只是读一些文字，他们不是呆滞的，而是鲜活的；不是机械的，而是灵动的；不是单一的，而是多样的。经典，必须融进现实，融进生活，才会绽放更加美丽的花朵。从经典中读人，是为了在现实中知人；从经典中辨人，是为了在现实中了解人；从经典中感人，是为了在现实中关怀人。从而，读以知人。

读经典，是知世。阅读经典，"通古今之变，成一家之言"。读《史记》，知历史兴替，直面不同人物的命运抉择，也曾赞叹过司马迁忍辱负重的伟大，试想，若司马迁自杀，又怎么会有鸿篇巨制流传于世；也曾慨叹项羽不肯过江东，试想，若非无路可走，过江东也会无果，项羽又怎肯自刎而死；也曾惋惜苏格拉底不肯逃亡，试想他若走了，城邦的荣誉与法律尊严又形同白纸。培根在《论读书》中说"读史使人明智"，在人类漫长的历史岁月中，不同的朝代更迭，昭示着不同的社会运转真理；不同的命运抉择，昭示着不同的时代特征。阅读经典，让我们知道世界是什么样的，人在其中又是什么样的。读希罗多德的《历史》，于真真假假的叙述中，感悟人本的精神，探求人本来的意义；读《活出生命的意义》，于炼狱般的苦痛中攀登学术的高峰，找到绝处逢生的意义；读《活着》，于福贵在坎坷不平的命运中，感悟活着的意义。阅读经典，我们可以窥见不同的时代，不同的命运，但都有着探寻生命意义的梦。阅读经典，让我们知道，我们为何立世？我们在自己的时代中应有什么样的意义？《红楼梦》，一曲红楼，诉尽一个家族的兴衰沉浮；一梦红尘，道出百种人物的爱恨纠葛；一梦繁华，惊艳了时光；一梦缘灭，斑驳了岁月；一梦缘起，纯粹真挚；一梦缘灭，萧瑟凄伤。闲看怡红院的花开花落，静听潇湘馆的风声雨声，上红楼，知黛玉不同常人的敏锐聪慧，知宝玉不同众生的人生选择，更知其背后，贾府百号人物的命运选择。似晴雯，不一味顺从于主；似王熙凤，八面玲珑；似贾迎春，懦弱无能；似薛宝钗，外冷内热，端庄贤淑……凡此种种，皆是性格。我们读经典，知人，更要成人。读经典，能让我们知晓，我们应当如何屹立于人世间？在当下的社会条件下，我们又当做些什么？我们应当如何实现自身的价值？经典，知什么是世，为何立世，怎样立世，方可与世同频共振，造就一方盛世！

读经典，使人"开茅塞，除鄙见，得新知，增学问，广识见，养性灵"①。高尔基曾言："热爱书吧，它会使你的生活变得舒畅愉快，它会帮助你辨别形形色色的思想、感情、事物，它能教你尊敬别人和自己。"阅读经典，教会我们知己，知人，知世，美化我们的心灵，提升我们的境界，锤炼我们的品格，培养我们的眼光，明确我们的选择，坚定我们的执着……阅以知人，读以知世！

---

① 林语堂：《论读书》，载《申报月刊》1933 年第 2 期，第 71~75 页。

经典之光，山河万朵

陈杰　电子信息学院（2021302121243）

【指导教师评语】该文章文笔优美，遣词造句间体现了作者深厚的文学素养。作者主要结合《庄子》和《红楼梦》，对自己在阅读经典过程中的感悟和体会娓娓道来，思考有深度，让人产生共鸣。（文学院　张晶）

摘　要：追溯自己与经典文学的缘分，发现个人成长和价值观都被这段缘分深深影响。从懵懂时的漠视，到如今再次翻开时的惊喜，书中所描述的庄子的超然、黛玉的坚韧等让我的生死观、自由意志发生了改变，对于社会变迁、历代的兴盛与衰亡有了独到的见解。这些改变宛如一块块青砖绿瓦，构筑成了作者的内心世界，当我打开经典文学这扇窗时，我看到了太多雅致的风景。一朝尘尽光生，照破山河万朵，我想，拂去这曾经被我漠视的明珠上的积灰，它一定照亮了我心中的万里山河。

关键词：经典文学；个人成长；价值观

岁月无痕，经典有声。

小时候，耐不住性子，总不肯打开那些尘封的书柜，认为那些书枯涩无趣，或是不得已拿起时，也只是翻翻其中的奇闻趣事。渐渐地懂得的多了，似乎明白这柜子里藏着的是另一番雅致的风景。拿起一本经典，席地而坐。少了一分孩童时的顽劣，多了一分成人的稳重，用手划过古老的文字，思绪被经典拉到了不同的岁月。人如飞鸟，在时空的幻境里翱翔。在时空与时空的交织点，我聆听到每一本书背后的哲思。

我看到车轮轧过的国度，黄沙四起的战场，孔夫子对于仁的振臂呐喊；我看到阴郁的朔空下，萧瑟的杂草和苏武挥动着的羊鞭，目光南向，坚定地望着气节的辉光；我看到残阳如血，黄昏下的潇湘馆焚尽的诗稿，听到林黛玉对于命运的叹息。我于书中看到，有挺立在历史长河中的气节，有人性里的担当，有骨子里的自强。

你所看过的每一本书，都深深地进入了你的骨髓，组成了你的血肉。对此我深以为然。每每阅读完一本书，反复咀嚼，口齿生香，又更会有一种淡淡的不舍和落寞。每读一本经典，就像是与智者进行了一场横亘时空的对话。我读过的经典，他们去了哪里？我想，不在别的地方，就在我的一言一行，一呼一吸的滋养中。

一、白驹过隙，忽然而已

中学爱读《庄子》，或许是因为头顶似乎永远荫翳的天空，或许是因为从小到大对于自由的渴望。我爱庄子飘逸灵新的思想境界，爱庄周梦蝶的物我合一，爱他自由洒脱的人生态度。在我的想象中，庄子是一个在淤泥中踽踽独行的老者，吟着旁人听不懂的话语，皱纹在他脸上横生，而他坦然地接受衰老、病死，把这一切都视作自然的馈赠。他用不屑的目光看着在淤泥里如乌龟般爬行的芸芸众生，他们终生追逐着名利、成败，如耗子般终日忙碌奔波，却忘了自己来到世间的意义。他们为注定的死亡哭泣，为起伏的人生或喜或悲，而庄子用锐利的目光洞悉这一切，他"庄子妻死，鼓盆而歌"，他对待自己的死亡更是随便，"抛尸荒野即可""天地为棺椁，日月作璧玉，星辰做珠玑"，就这样让身体消失于自然之间。

然庄子的生死观并不是一种消极的生死观，从我的理解，我觉得更像是一种对死亡恬静自然的态度。从前我认为死亡很可怕，因亲人的离去悲恸到无法自己，害怕忽然而至的离去就像黑洞一般紧紧裹挟住我。为何如此担忧？庄子令我重新审视我的生死观，实际上正如三毛所说"生命短促，没有时间可以再浪费，一切随心自由才是应该努力去追求的"①。我不再担心忽然而至的死亡，不再感叹白驹过隙的生命长度，而是尽可能地，充实好自己的每一天，随心自由地追逐自己想要的东西。有人批评庄子"无为""消极"，而我认为，庄子或许是一种积极的消极与虚无，他不像西方哲学那样始终割离人生观，将所有人的命运放在一个大体系内，消解个体至抽象的整体，而是尊重每一个人的自由，虽然个人如同"毫末之在于马体"，微小如芥子，但其思想能流布于苍穹。

我从庄子身上学到的不止这些。当读到"日月出矣，而爝火不息"时，我被这意象震惊到了，眼前立马浮现出苍茫的天空燃烧着火也似的云，日月同现，山峦只留下一抹剪影，而微小的烛火依旧闪烁着，虽与日月争辉之难，却仍有自己燃烧的渴望。虽然原文表达的是尧的谦虚，但可以想象，当时分班后一直没有斗志的我看到这句所描绘的意象有多

① 三毛著：《梦里花落知多少》，北京十月文艺出版社 2017 年版，第 15 页。

大的感动！即便只有盈盈微光，也要不屈燃烧。其实正如顾颉刚在《怎样读书》中说的，"不是要请书本子来管束我们的思想"。我从庄子身上汲取的，是我经过自己的思考所倾向的思想源泉。或许经典的魅力正在于此，无论你有什么样的解读，你都可以找到适合自己的那一种。我会在受人揶揄时想到"大知闲闲，小知间间。大言炎炎，小言詹詹"；会在交友时牢记"君子之交淡若水，小人之交甘若醴"；会在一个人走在道上时默默念道："独来独往，是谓独有；独有之人，是谓至贵。"

或许这就是庄子吧，当你向他探索真理时，他用如鹰隼的目光牢牢锁定住你，你会看到滔天的波浪，看到陡崖式盘旋上升的世界，震悚紧紧地包裹着你，最后罡风拂过，霁月清风，终然洒落。

二、满纸荒唐言，一把辛酸泪

若是说庄子带我游离于世外，那么《红楼梦》又拽着我回到了这人世间。穿过熙熙攘攘的人群，形形色色的人们的面影闪过眼前，踏进荣国府，一草一木依旧鲜活，庭院深锁的春光也在翻开《红楼梦》的那一刻骤然展现。"嬉笑怒骂，皆成文章。"叛逆直率的贾宝玉，孤傲清高的林黛玉，泼辣爽朗的王熙凤，端庄从容的薛宝钗……其中，带给我最深思考的就是林黛玉。

世人多评价林黛玉尖酸小性、冷傲孤僻，然而在我眼中，她是一个可爱的女子。她活泼灵气、花样百出，她能斥宝玉睡一个枕头的提议是"放屁"，能起身按住宝玉拧嘴，能打趣湘云"只恐石凉花睡去"，能借惜春绘画肆无忌惮地大玩大笑，能说"母蝗虫""携蝗大嚼图""铁锅一口，铁铲一个""炒颜色吃"这样的段子，这样的女子，直率且单纯可爱，是我在《红楼梦》中看到的一大亮色。她有些小性子，对宝钗尖酸，对宝玉刻薄，我认为是少女的心事罢了，因单纯的爱恋而嫉妒吃醋，反而更见得她单纯直率。

最令我印象深刻的还是她的叛逆、反封建精神。在当时，女子不能识字读书，而她读了，还加入了诗社，她勇敢追逐着爱，宝玉挨打，她哭得眼睛肿得像桃子；宝玉另娶他人，她含着泪焚稿离世。她勇敢，她直率，也不曾因封建世俗羁绊住了脚步。她同样是多情的，"他是甘露之惠，我并无此水可还。他既下世为人，我也去下世为人，但把我一生的眼泪还他，也偿还得过他了"。如此，她看花落想到了人世无常、分分合合，用纤弱的手埋葬了花，也埋葬了她的心事。

《红楼梦》不仅仅是两个王府的兴衰史，它更是一个社会的变迁史，一场对封建由内而外的批判，一次猛烈的抨击，一部不朽的巅峰小说。"世事洞明皆学问，人情练达即文章。"品察《红楼梦》中的每个角色，收获的不仅仅是关于人性多面性的思考，更收获了如何去生活这个宏大的命题，同时也教会我们"正不容邪，邪复妒正"的道理，告诉我们"真闲处光阴易过，倏忽又是元宵节"，若是从中体会，或许到了人生的某处，你也会愤慨："到头来，依旧是风尘肮脏违心愿。""满纸荒唐言，一把辛酸泪。"深入其中，我也会随着笔下人物或喜或悲，或哭或笑。

三、一朝尘尽光生，照破山河万朵

"一朝尘尽光生，照破山河万朵。"这是一句我很喜欢的偈语，意思是"有朝一日（那珠子上的）灰尘除净，产生光芒，那光芒之强之盛能够光照万千山河"。我愿意用它来形容经典给我带来的改变，或许又与林语堂有异曲同工之妙："种种俗见俗闻所蔽，毛孔骨节，如有一层包膜，失了聪明，逐渐顽腐。读书便是将此层蔽塞聪明的包膜剥下。"①

经典擦拭着飘落在我心上的尘埃，让我心头的血液滚滚涌动，正如高尔基笔下燃烧的心那样，河也似地奔流出我的感动、喜悦。

我长久地阅读着，从儿时尘封的书库一路走过来，我看到经典在我心中开出的一朵朵迎着烈日而生的花，它们是马孔多的大雨，是撒哈拉上飘着的花，是沧浪亭畔的花开月上，是文人才子的"忍把浮名，换了浅斟低唱"，是虚无物哀的雪国，是扶摇直上的大鹏，是满地的黄花……滚烫的馨香在心间绽放，比一切美酒都要芬芳，漫过我的胸膛，从此大地长天，远山沧海，尽入眼帘。

我长久地读着、想着，将经典融入我的骨髓、血肉，在一呼一吸之间，经典的气息得以释放。

---

① 出自林语堂的《论读书》。

自我实现，通向自由

王思怡　计算机学院（2021302111095）

【指导教师评语】本文引证丰富，行文流畅优美，饱含情感，清晰凸显出作者在成长过程中的思想变化。可以看出，作者是个敏于思想、善于思考，并能以思想指导实践的人。希望作者能在进一步阅读的过程中开展出更丰富的思想空间，真正成为自由而全面发展的人。（质量发展战略研究院　李酣）

摘　要：阅读滋养人生。本文以经典阅读如何影响作者对"人的自我实现"这一主题的思考展开论述。其中，本文从何为人，我们该如何直面心中的分裂，以及我们如何面对与他人的错位三个方面展开，来讨论自我实现。行文的时间线从开始阅读的懵懂时期到步入大学的当下，反映文学阅读对作者的思维模式、思考角度的转变，以及使作者豁然开朗的启发。

关键词：自我实现；分裂；错位；自由

作为一名大学生，有幸在过去十八年的学习生涯中，不曾停止过阅读。"一世桃花源太奢侈，一时避风港亦难得。"阅读对于我，是为现实的困惑、迷茫、焦躁提供理性和温暖的避风港。我于书中穿梭时空，与前人对话。在《审美教育书简》中体验美学浸养，在《论法的精神》中思索法律与自由。纵观过去读书的日子，我无数次在书中找到解开心中纠结的答案。然而，有一个主题，从牙牙学语到现在，都贯穿着我的读书生涯，那就是——人的自我实现。

关于这个主题，我从未停止过思考的三个问题是：何为人，我们该如何直面心中的分裂，以及我们如何面对与他人的错位。

十岁左右，我的父母并没有像身边其他同学的家长一般给我报外语班或奥数课，而是将一本《论语》"丢"给稚嫩的我。虽然早已在教科书上有所窥见孔老夫子儒雅的形象和诸如"三人行，必有我师"的经典语录，但拾起并静下心阅读一本厚重的、详细的《论语》总归还是极不一样的体验。即使懵懂如我，也艰难地通过注解，感受到了千百年前传递至今的圣贤思想。年幼的我似懂非懂，却也大致明白了为人要有基本的道德约束，约莫知道了传统意义上什么该做什么不该做。但很显然，此时的我只是照做，不明所以，未曾思考过"为人"中的"人"究竟为何。

在大学的"人文社科经典导引"课上，随着老师的指引，我对"何为人"这个问题有了更深层次的理解。在《宪问》十四篇中，孔子对"成人"给出了自己的答案："若臧武仲之知，公绰之不欲，卞庄子之勇，冉求之艺，文之以礼乐，亦可以为成人矣。"我明白了，人，是为仁，是"修己以安人"的情怀，是"己欲立而立人，己欲达而达人"的责任，更是"知其不可而为之"的动人心怀的力量。孔老夫子推崇兼济天下、为国为民。一个人，应当有奉献社会的能力与担当。但我随即发现，即使这些思想被奉为圭臬，人们却往往无法身体力行、消解自身与理想的冲突，做到"仁"。甚至在很多情况下，即使依照"仁"的标准，也会导致某一方受到不符合"仁"的标准的伤害。而更多时候，个人理想会与社会期待产生矛盾。我不知这是为何，也不知该如何做，只将"也许这就是为何孔子之为圣贤，我们常人大抵还是难以企及的吧"作为借口，避开这个令我困惑的问题。直到，我遇见了庄子。

高中时读《庄子》，多囫囵吞枣，由于学业繁重，我们常常仅用"逍遥""天性"等词潦草地概括庄子的思想，却不曾仔细思索其中的内涵。上了大学，我终于有时间沉下心来，去认识、了解庄子，于一场跨越千年的文字旅行，于一场自由缥缈的蝴蝶梦。在诸侯战乱、等级森严的年代，庄子推崇"齐物"，以一种超越物物区别的态度"以心齐物"；在思想家们争挤仕途、施展抱负的时候，庄子悠悠回复楚威王："终身不仕，以快吾志"；在孔子提出"仁之功"时，庄子讲道：无用之用；在推崇报效社会的时代，庄子试图解除束缚，走向逍遥，达到心灵的无待自得。我惊讶于这种超然的处世态度，它回归到万物的本质而后归一，消去事物之间的区别，突破心中的束缚，为物的世界和道的世界建立通道，"物物而不物于物，则胡可得而累邪？"。我认识到，只有回归真我，我们所做的一切行为才有意义。唯有挣脱世俗的、社会的束缚，才能自由。否则，我们究竟为谁而活？难道只有对他人的付出才是唯一的价值衡量标准吗？

于是我陷入了对孔子的"仁性"与庄子的"天性"之间的困惑与纠结。一方面，作为青年，我有对国家、社会的理想，有对人民的共情；然而，另一方面，这种几近无私的理想常常使我以过高的道德标准约束自己，有时竟陷入适得其反的困境，疑惑自己行事究竟为谁，自己的身份是否囚禁了灵魂的囹圄。如果我像庄子般超脱，游于世外，这样不也逍遥自在吗？可这似乎又太抽离于社会了，我有我的羁绊，我仍然有为身边人老有所依、幼有所学的原始憧憬，我终究无法割舍。

"仁性"与"天性"的对立使我感到自我的分裂，而现实生活中存在更多令我纠结、犹豫的事。我发现不只在孔庄分歧，在许多问题上，我心中都有两个甚至更多的声音，它们激烈碰撞但皆无输赢。这使我感到痛苦，我竟是一个如此分裂的人吗？

内心的矛盾使我苦苦思索，我试图在图书馆里寻找答案。搜索着"分裂"等字眼，在外国文学区我看见一本《分成两半的子爵》，扉页赫然写着："现代人是分裂的、残缺的、不完整的、自我敌对；马克思称之为异化，弗洛伊德称之为压抑，古老的和谐状态丧失了，人们渴望新的完整。"这引起了我的兴趣，原来不仅仅在千百年前的古代中国有先贤如孔子、庄子于"人"的话题中思想碰撞、自我矛盾，而远隔重洋外的地方，也有思想家深谙这一现实，试图厘清并解决这一问题。而这本书的作者——卡尔维诺，有意以叙事对立的方式将"分裂"置于故事的核心，并批评"愚蠢的完整"，这无疑在某种程度上拯救了被混乱的思绪困扰已久的我。作为卡尔维诺祖先三部曲的第一部，它讲述了梅达尔多子爵在战争中被炮弹劈成两半的故事。分成的两半，一半极恶，一半极善，善恶处于不仅使自身两半痛苦且使被统治百姓痛苦的对立冲突中。后来因同时爱上一位少女——帕梅拉，两个半身在决斗中受伤被缝合而重新获得了完整的身体。

从完整到分裂到重归完整，我发现，当梅达尔多子爵被劈成两半后，在半个自我的折磨和自省下，无论善或恶的半个，都更具备与自己对话的能力，更能清晰地意识到自己每一个想法的起因，从而获得合理处理自己情绪的方式。同时，理解世界上每个人由于自我不完整而感到的痛苦，理解每一事物由于自身不完全而形成的缺陷。

我知道，不仅梅达尔多子爵是分裂的，我也是，大家都是。读完这本书后，我疑惑已久的问题——我们到底该如何面对自己的分裂呢？——终于得到了回答：我们必须接受分裂。如果我们沉溺于一味地追求完整，忽视内省、与自我对话的过程，那么我们达到的所谓完整就只是一种幻想中的不明确的总和。因为在对分裂的自我缺乏深刻理解的情况下，我们所作的每个决策，只是依赖于决策瞬间的直觉的决策，可以说这种决策是混沌、不清醒的，但我们却会误以为这是我们完整的体现，此为"愚蠢的完整"。然而接受分裂并不意味着拒绝完整，反而，接受分裂恰是追求完整的前提。只有在分裂中，我们才能真正地理解我们所言所行的意义，只有从另一半中抽离出来，才能真正看清剩下这一半究竟如何思想。因为，事实上，即使是我们自己，也不能断定是完全了解自己的。"任凭"自己分裂，细细感受每一个自我，与自己共情，才能在分裂中"旁观者清"，深入认识实在状况，从而确定一条真正的个人准则，而后根据这条根本准则行事，坚定不移，自信果断，此为"真正的完整"。而这条准则，就是我们每个人最本质的特征。有了这条准则，我们才成为自己，每个个体才称其为人。

所以，对于"天性"与"仁性"，我不再以一种必须要选择其一的态度对待它，相反，我将在今后的学习中，结合我以往所学，在认识逐步深入的基础上，回归自我，慢慢深入了解自己，以完成自我构建。当我能拥有一条自己的根本准则并坚持到底时，我便拥有了自如的底气和完整的自我。

有了这两个问题的回答，当我再次走近这位至圣先师——孔子时，我发现，即使是圣贤如孔老夫子，也不免经历过内心的矛盾与分裂。在礼崩乐坏、战乱不断的春秋时期，孔子仕途受挫、处处碰壁，胸中大志无法施展，眼看着天下百姓受苦，统治者却不以自己推扬的道治理国家，于是愤懑地发出"道不行，乘桴浮于海"的嗟叹。而这同时，却又有记载"孔子游于匡，宋人围之数匝，而弦歌不惙"的故事，孔子在万马齐喑的时代，高歌礼乐之道。我想，孔老夫子一定问过自己千万遍：这条路，我究竟还要坚持下去吗？我想他一定经历了一场声势浩大、却不为人知的分裂与内心斗争，最终明确自己内心真正想要的东西，确定了自己根本的准则。所以千百年后的我们，才能看见这位圣贤孜孜不倦的努力，才能看见孔子四处碰壁却积极传播儒学思想的坚持，才能为"知其不可而为之"的力量拨动着心弦。

出于强烈的兴趣，我翻阅了司马迁对孔子的追述，更直观地了解到孔子艰难、坎坷的一生。虽然为后人尊敬崇拜、奉为圣贤，但在当时，由于与主流思想的出入，孔子并不受统治者青睐。他的身边常常浮出劝他放弃的声音，有规劝、有责怪，也有嘲讽，有来自旁人、有来自同一条路上的人，也有来自亲人。换言之，孔子承受着巨大的与社会、与他人错位的压力。回观作者司马迁，受诬身陷囹圄之中，面对君主的怀疑与处刑，面对友人的质疑与责备，面对世人的不屑与唾弃，选择忍辱负重，以巨大的使命感呕心沥血作书《史记》，最终完成"究天人之际，通古今之变，成一家之言"的理想。这两位圣贤，都与社会、与他人产生了强烈的错位，但他们都坚守住自己的使命，在自己的路上踽踽独行，熠熠发光，为后人留下宝贵的精神财富。这让我想起了2020年浙江省的高考作文材料："每个人都有自己的人生坐标，也有对未来的美好期望。家庭可能对我们有不同的预期，社会也可能会赋予我们别样的角色。在不断变化的现实生活中，个人与家庭、社会之间的落差或错位难免会产生。"我对此产生了思考，从小到大，我们都在不同的岔路口上作出选择。我发现，与家庭、与大众，个体理想与他人期望往往存在错位，那么我们如何面对与他人的错位呢？

我去搜索了关于这个作文题的资料，发现卡尔维诺祖先三部曲的第二部《树上的男爵》正是以主人公与家庭和社会的错位为主题虚构的一个故事。故事讲述了主人公在忍受长期的姐姐离奇、恶心的食物后，他选择在树上生活，放下自己的男爵身份，拒绝父亲的劝诫，无视市民的窃窃私语，独自生活着。然而男爵从未试图逃离人际关系和社会，相反，他不断为众人谋利益，投身于那个时代的运动，全面参与、积极生活。面对家庭的不解、几近抛弃和社会的嘲笑，男爵坚守着自己的根本准则，用自己的方式实现理想。卡尔维诺在此书中通过男爵表达了这样的思想："谁想看清尘世，就应当同它保持必要的距离。

只有与人群相疏离，才能与他人真正在一起。"通过生活在树上的方式，男爵疏离了人群，实现了理想。我意识到，在个体与社会的关系中，疏离是必不可少的。如同分裂之于完整，只有保持一定距离，才能保持清醒，无为世俗的言语所影响，从而真正投身社会。在前文所述"追求完整"的过程中，我们已经形成了作为完整的人的根本准则。因此，如若我们与他人产生了分歧错位，我们只需依照这条准则，坚定不移地坚持下去，无须顾及他人目光。因为我们一旦打破了自己设定的这条准则，我们都将不再是我们自己，我们都将失去作为人的资格。

当我越靠近这三个问题的答案，我越感到一种来自内心深处的自由。这种自由是从矛盾与困惑中的解脱，是笃定内心的坚定和自信，是面对不同和质疑的淡然与从容。于是我明白，在人的自我实现这条路上，我们越往前走，越接近自由。便如孔子"浴乎沂，风乎舞雩，咏而归"；如庄子心凝形释，逍遥快活；如卡尔维诺一贯推崇的轻盈美学——生活是沉重的，但我们要轻盈地活下去。毋庸置疑，这份自由附带着我们的理想与责任。"水击三千里，抟扶摇直上者九万里"是"有所待者也"，"背负青天"才能"莫之夭阏"。卡尔维诺轻盈美学中言及"要轻得像鸟，而不是轻得像羽毛"。羽毛的轻漫无目的、慵懒随意，鸟儿的轻有力量、有目标、有方向。否则，我们将陷入米兰·昆德拉笔下的"不能承受的生命之轻"。有力量和方向的轻，便为自由。当我们完成了自我的实现，我们就通向了自由。

到此，我仍然无法说，有关"人的自我实现"的三个问题，我已经厘清并寻找到最终答案。反而，在寻找这个答案的过程中，我意识到也许我穷尽一生也无法找到答案，甚至这些问题本身也许并无答案。但在这个过程中，随着读的书越多、了解得更多，我有越来越多的想法和新的理解。阅读经典不只是丰富知识、开阔眼界，阅读带给我的是更多维的思维方式、对关键点的启发，从而改变我的固有观点，让我醍醐灌顶，让我从容开阔，让我实现自我，让我接近自由。

经典对人的三重塑造

周荣鑫　法学院（2021302171004）

【指导教师评语】论文从"何以成人"发问，思考《红楼梦》《国富论》及《论法的精神》三部经典对人的三重塑造：真实情感之自然人、智慧之理性人以及理性秩序之社会人。论证过程既充满美感，也充满理性和严谨，写作规范，体现了作者的人文素养和学术素养。（文学院　王怀义）

摘　要：经典是理性的凝结，是值得反复重读的智慧的载体，发挥着记载、传承人类文明的重要作用。而当把目光聚焦到人身上时，经典的效用同样不可忽视。如《红楼梦》提供的复杂情感世界范本促进真实情感构建，成就情感丰富之自然人；《国富论》展现的逻辑化、理性化的经济学世界塑造充满智慧之理性人；《论法的精神》建构的合理社会秩序增添人的社会属性，成就社会人。经典在纵向上帮助个人成熟，横向上予众多个体的竞争合作关系以妥善安排，构建社会秩序。多维度全方面地塑造成熟人格，其意义不言而喻。

关键词：经典；自然人；理性人；社会人

在探讨经典的意义时，厘清经典的边界即辨明何为经典当然是必要的前提。卡尔维诺提道：经典是那些你经常听人家说"我在重读……"而不是"我正在读……"的书。①《汉语大辞典》对"经典"的解释其中有一条是：经典是具有典范性、权威性的著作。本文并不针对何为经典展开具体论述，而将经典宽泛的定义为具有典范性、权威性、值得反复品读，被人们尊重，对人们有用的作品。在此基础上，探讨经典的效用与意义。此前有许多学者针对个别的、具体的经典作品详细论述其作用，还有些学者从经典作品对于文明

---

① ［意］伊塔洛·卡尔维诺著：《为什么读经典》，黄灿然、李桂蜜译，译林出版社 2012 年版，第 13 页。

的传承、人类社会的发展的贡献角度论述其作用。前者更多的是在剖析作品本身的内容，而并非对普遍意义上经典作用的抽象；后者的视角又过于宽泛，没有针对性，宛若空中楼阁。基于此，本文将其抽象为普遍的经典作品所共有的，对人的成熟的三重塑造作用，力图立足于人的角度探讨经典的作用。

一、经典在纵向上成就人的个体

（一）经典之情感构建于自然人

此文中的自然人并非指法律意义上基于自然出生而在民事上具有权利和承担义务的人，而是强调第一次形成全面朴素情感的人的阶段。人类的各种情感并非天生完全的。对于人类情感的形成，芭芭拉·罗森宛恩写道："一些学者认为情感是与生俱来的，而另一些学者则认为它是一种'社会建构'。"① 总体来看，天赋与建构二者缺一不可，人的基因编码是形成情感的基础，但意图完成从情感不丰的人向形成全面情感的自然人的转变，仍脱离不了社会环境的建构。懵懂的人不具备社会实践的能力却要求在社会中完成情感建构，这在逻辑上是悖论。在现实中，未形成正常情感的人依靠社会实践而构建情感具有长期性、滞后性，以及情感畸形的可能性。比如早些年，在社会福利不完善的背景下一些失孤少年过早进入社会，在其情感尚不完全时可能只能看到社会的黑暗面、负面因素，最终导致一系列心理问题。这种逻辑上的悖论和现实中的危险可以通过阅读经典很好地解决。许多经典内部构筑一个与现实世界价值取向相似的虚拟世界或者干脆是现实世界的缩影，通过给予读者类似的社会体验帮助完成情感建构，具有短期性、提前性、安全性。《红楼梦》"大旨不过谈情"，是一部人类情感的大百科全书。其内涵情感世界在亲情、爱情、友情以及畸形情感等方面从正反两面提供情感构建的范本。试举一例：

> 早知他来，我就不来了

这句话中暗含着林黛玉对宝玉的爱情，对薛宝钗淡淡的醋意，也是对自己寄人篱下的郁闷心情的自嘲。读者反复品读后自然可以得见其中真味，从《红楼梦》的世界观中体悟

---

① Barbara H. Rosen Wein, *Emotional Communities in the Early Middle Ages*, Cornell University Press, 2007, 1994, p. 181.

情感，完成向自然人的转变。这种方式也可以称为"感应"。余国藩指出："大家都认为说部的阅读必须就自己亲身所历加以了解，方能竟其全功一事。……读者会看到从古至今，'感应'这种美学确实宰制着中国传统，致使《红楼梦》的作者认为自己的七情六欲也可见于古往今来的文字媒介中。即使是个人的经验，即使是亲身的感受，亦然。"① "感应"不仅意味着在社会经历过后从经典中找到同感，也应意味着从经典作品中完善自己的情感，带入作品中的人物、情景，实现共情，完成预备性的情感构建，为社会活动提供基础，亦即实现情感的全面丰富，完成向自然人的转变。

（二）经典之智慧发掘于理性人

如果说从懵懂的人转变为情感充沛的人是成为成熟意义上的"人"的基础，那么理性的发扬应该是人的成熟的核心阶段。哲学家对于人的理性已经进行了数千年的思考，赫拉克利特首先提出罗各斯（logos）的概念，认为万物的始基都是理性的。亚里士多德认为思维是人的最高级功能，是人的真正神圣的特征，人的理性被认为是神圣理性的标志。② 而在近代的启蒙运动中，对理性的追求更是成了这场运动的标志。尽管对理性的确切定义众说纷纭、莫衷一是，但唯一确定的是人之所以为人，理性绝对是必不可少的要素。如何让理性取代情感的支配地位从而完成从自然人向理性人的蜕变，经典起了至关重要的作用。从系统论的视角来看，理性的发展是一个阶梯性的过程，具有连续性和上升性。经典起到的一大作用就是承前启后，将不同历史时期的人类智慧成果通过语言文字的形式记录下来，实现人类理性的进步。这一点在自然科学领域尤其突出，牛顿的名言"如果我比别人看得更远，那是因为我站在巨人的肩膀上"就是这一过程的最好写照。从本体论的角度来看，理性就是要闻百家之言，博采众长继而形成理智的判断。譬如《国富论》，亚当·斯密开启了现代经济科学的大门。他提出：某一地区及其周边，任何行业的劳动工资和资本利润都维持某一平均比率，这一比率可称为工资、利润或地租的自然比率。③ 首次完成了对商品的自然价格和市场价格的理性区分。在此之前，人们对于经济并无明确的认识，只是凭借本能进行资源分配与商品交换；在此之后，经济学变成一门学科，各个领域内的经济原理接踵而至。再如凭借朴素的情感我们潜意识中认为大量资源、资本集中在少数人手中是不合理的，但是在很长一段时间里我们不知道如何改变，对其缺少理性的认知。《国富论》首次提出三次分配的理论，提出共同富裕的概念，有着启发民智，促进发展的重要

---

① 余国藩著：《重读石头记》，台湾麦田出版社 2004 年版，第 32 页。

② ［美］弗兰克·梯利著：《西方哲学史》，贾辰阳、解本元译，吉林出版集团股份有限公司 2018 年版，第 98 页。

③ ［英］亚当·斯密著：《国富论》，胡长明译，重庆出版社 2015 年版，第 25 页。

积极作用。只从经济学一方面来看，人类的理性在不断攀升，当然经典对理性的提升不只体现在经济学方面，在所有的自然科学和社会科学中人类的理性都在攀升，这是全面的进化。这种经典的作用从反面更容易理解，体现在如果没有相关经典的滋养，个体永远处在蒙昧的状态，缺乏理性，缺少智慧，难以安身立命。人的发展将陷于停滞不前的状态。这种经典对人理性的提升表现为专业性、技术性、总结性。除却从经典中体悟从而继承其内含的丰富认知，提高智慧以外，别无他法。

二、经典在横向上规划人的社会属性

（一）经典之秩序建构于社会人

卡尔·马克思提出："人的本质不是单个人所固有的抽象物，在其现实性上，它是一切社会关系的总和。"① 人的本质属性在于社会性，任何人都不可能脱离社会而单独存在。随着科学技术的飞跃发展，全球化进程不断加剧，地球村的概念越来越深入人心。真正丰满的人也应该具有其合理的社会属性，这种社会属性更多地依赖于社会秩序的建设，在不同的时代、不同的社会环境下，人的社会属性都有所区别。在此背景下，审视社会秩序建设，完成合理的人的社会地位的安排具有时代意义。在从社会治理模式上讲，大致可以分为人治和法治两个阶段。人治将国家的治理寄托于个人的美好品德，如孔子提出的"圣王之治"和柏拉图期待的"哲学王之治"。但是权力的高度集中导致的往往是专制、暴政。其已经被历史淘汰，现代国家很少用人治的治国模式。从人治到法治的过渡，一方面是理念的进步，另一方面也依赖于科学制度的构建。这种理念转变和制度创设最早出现在《论法的精神》中。孟德斯鸠意识到："每个有权力的人都容易滥用权力而且还趋于把权力用到极致，这是一条万古不易的经验。""从事物的性质来说，要防止滥用权力，就必须以权力制约权力""不分三权，就是专制。"② 权力制约的思想成为他的学说的核心。他认为国家权力必须分为立法权、执法权、司法权，三者相互制衡。在现代社会，法律秩序是一种建构性的社会秩序，是一定的社会或群体通过专门性的立法活动创制的法律规范，并运用一定的力量和机制予以保障和实现的。③ 实际上就是因为几乎所有的国家对孟德斯鸠的三

---

① 《马克思恩格斯选集》（第 1 卷），人民出版社 2012 年版，第 135 页。
② ［法］孟德斯鸠著：《论法的精神》（下卷），张雁译，商务印书馆 1982 年版，第 154 页。
③ 李龙著：《法理学》，武汉大学出版社 2011 年版，第 471 页。

权分立思想都有着或多或少的采纳。法治因此成为世界普遍追求的治理国家的精神。以中国为例，依法治国成为治理国家的原则，江泽民同志提出："依法治国就是广大人民群众在党的领导下，依照宪法和法律规定，通过各种途径和形式管理国家事务，管理经济文化事业，管理社会事物，保证国家各项工作都依法进行，逐步实现社会主义民主的制度化、法律化，使这种制度和法律不因领导人的改变而改变，不因领导人看法和注意力的改变而改变。"① 由此可见，《论法的精神》这部法律上的经典之作的不朽意义。它奠定了法治的理念和制度基础，为现实社会复杂关系的规划提供了指导，在人的社会属性这一特点上促进了人的成熟。熟读经典有利于形成对社会制度的完整认识，同时能够帮助我们更好地处理社会关系，更透彻地看清自己的社会属性、社会地位，为和谐社会的构建贡献自己的力量。

三、总　结

从个人的纵向发展阶段来看，经典能够催化从懵懂人到自然人再到理性人的成熟过程。如《红楼梦》提供完善的情感世界范本，通过"感应"完成人的情感构建，相对从社会实践中完善情感具有短期性、预备性、安全性和可修正性，实现向自然人的蜕变；而诸如《国富论》此类经典则以科学的视角看待万事万物，深层挖掘事物内涵的理性，将人的理性通过语言文字的形式呈现，完成文明的传承过程，将人类理性连续、系统地传承下去，个人通过对经典中理性内容的品读，增长理智，实现向理性人的蜕变。

从横向来看，个人与个人之间组成了各种社会关系，这是由点到线到面的过程，在此过程中，点状的个人被面状的社会限制，增加了社会属性。而像《论法的精神》此类著作，以更高视角分析社会关系，提供社会秩序构建的指导范本，为人能够更好地生活提供帮助。

应当注意的是，这三重塑造作用并非与具体的哪一部经典一一对应，换言之，《红楼梦》也能提升人的理性，《论法的精神》亦可成就人的社会属性，《国富论》并非不能丰富人的情感，这三重塑造作用是所有经典作品共有的，只是为论述方便取这种顺序而已。

阅读经典多维度的塑造成熟人格，但这并不意味着这种作用一定会通过某种确定的方式立即外化表现出来，更多情况下自然人、理性人、社会人这三重属性是错综复杂的空间结构，而非线性成长的阶梯状，并且多数情况下是由内而外的。因此经典的作用往往并不直接表现出来，而是一种内在的量变与质变过程，这也正是所谓的"无用之用，方为大用"。

---

① 《江泽民文选》（卷二），人民出版社 2006 年版，第 28~29 页。

从伟大的灵魂中看见我们

肖启阳　国家网络安全学院（2021302181180）

【指导教师评语】 文章指出，阅读是与伟大灵魂的对话，从经典中认识发展自我。文章从青年人眼中的经典谈起，论述何为经典，再阐释经典如何帮助我们认识自我，如何帮助传承民族文化，最后强调了博雅教育的重要性。文章观点明确，说理清晰，言之有物，表达了自己对阅读经典、成人成才的思考。（哲学学院周可）

摘　要： 在当今全球化高速发展的时代，文化交融与民族认同是社会所必须面对的问题。大学生开展博雅教育，不仅是"成才"前所必需的"成人"教育，同时也筑牢我国民族文化自信的基石。新时代青年人与伟大的灵魂对话，在经典中认识并发展自己，真正地"成人"。

关键词： 经典；成长；文化价值；博雅教育

一、青年人眼中的经典

当我们每每谈到"经典"时，我们一定产生过这样的想法：什么是经典？什么样的作品才能被称为经典？问题的答案对每个人都不同。我们儿时就曾被要求读过许多"经典"，譬如《论语》《西游记》《钢铁是怎样炼成的》。对于青年来说，我们对这样的"经典"不以为然。

若想认定一部作品是否为"经典"，前提需要判定者本就博览群书。可是"博览群书"这样的词语本就不适合青年，显然权威的认证方法于青年是不适用的。首先，我认为青年眼中的经典是一本古老的书，是我不会将它挂在嘴边，但是却能在生活的细微中捕捉到它的书。

　　"古老的书"就要求"经典"在世的时间足够长。当今时代书架上摆放着成万上亿的书籍，绝大部分的书籍甚至都只是品尝先哲思想的残羹。试问现在的书籍有多少能在百年后仍有人阅读？所以"经典"必须足够老，能在历史的大浪淘沙中淘出来，他们的思想即使百年千年，依然能在青年人的心中熠熠生辉。

　　"能捕捉到"就意味着这本书足够让人印象深刻。也许青年人尚未经历许多的跌宕起伏，但是我们读过许多书中的故事、道理。这些东西通常在初次阅读时带给我们极大的兴趣。我们先是以旁观者的身份看待书中的人物经历，在《奥德赛》中，奥德修斯奇幻惊心的旅程最能激起兴趣，在海岛上战胜魔女喀耳克，挣脱女妖塞壬歌声的诱惑……艰辛的奥德赛之旅，贯穿着奥德修斯不折不挠战胜自然的精神。后来，我们将会作为主人翁，经历人生的奥德赛之旅，而奥德修斯精神将会隐藏在人的深层记忆中，它不会像泛滥的鸡汤语录在你耳边聒噪。因为"经典"更像是一颗种子，在青年成长的过程中会逐渐遗忘它的存在，但是当我们在某个时机遭遇书中的情节，我们就会发现它已经塑造了人的精神品质。这样的"经典"不会说教读者，会感染读者，会让读者潜意识地重新看待这个世界。

　　更进一步，青年人眼中的"经典"是一本在人生的每个阶段都有机会重读，且每次重读都会发现新内涵的书。这样的"经典"势必使青年人"温故而知新"，当处于中学时期的我们第一次接触《史记》时，迫于考试压力，对于其内容不会深入揣摩。但是随着人的成长，对同一事物的看法会改变。当我们步入大学，重读《史记》中的项羽，他不再是一个孤注一掷、重情重义的霸王，而是一个鲜活饱满的人。"雅不逝兮可奈何，虞兮虞兮奈若何！"说明他也有着缠绵哀婉的情思，"天之亡我，我何渡为！"说明他也有着自尊自负的性格。所以这样的重读，对待同一人物的态度会有微妙的转变。在我们逐渐成熟的过程中，不再是对这样的"经典"简单地感兴趣，反而是一种欣赏和感同身受。

二、从伟大的灵魂中看见自己

　　当我们谈及"阅读经典带来的改变"时，最容易想到的便是阅读经典带给青年人的改变。青年人的思想正处于一个交汇点，我们已经有着相当的生活经验，世界观初具雏形，但我们的生活经验又相当的稀缺，世界观仍在塑造中。阅读经典带来的改变，首先就是帮助青年人从伟大的灵魂中看见自己。

　　伟大的作品帮助我们认识自己，这里就包含两种方式：一是哲学性质的"经典"，如《庄子》《斐多》等，它们是先哲思想的直接阐述。阅读这样的经典常常振聋发聩，一针见血地让我们认清自己的劣根，但同时他们也常常如春风化雨，循循善诱地教我们完善自己的人格。在视频音乐泛滥的社会，我们无意识地接受输入。在阅读中与作者对话才能真正地感触心灵，将自己的思想与伟大的灵魂碰撞。当我们读到苏格拉底说："主张灵魂是和谐的人，对灵魂里的美德和邪恶又如何讲呢？"我们开始思考灵魂的和谐是否就是美德的和谐；当我们读到："因为有知识就是得到知识之后还保留着，没丢失。而失去知识呢，西米啊，不就是我们所说的忘记吗？"我们开始理解认识的本质就是记忆；当我们读到苏格拉底在死刑前坦然地说出"至少我死前可以学习这首曲子"，我们开始明白苏格拉底不仅是在与他的学生对话。当我们阅读经典时，伟大的灵魂也正在与青年人迷惑的内心对话，或将我们领向思想的乌托邦，或将我们扎根现实的黄土地。

二是故事性质的"经典"，如《史记》《奥德赛》等，通常专注描写引人入胜的情节。这些伟大的思想，不是以说教的形式要求青年人领悟，而是通过一个个性格鲜明，仿佛以我们身边的人为模子的角色，我们不自觉地，自然而然地从经典的人物形象中看见自己的影子。他们也许是愚昧封闭的市井人，也许是一群穿梭在亘古时代的苦旅者，这些时代局限并不重要。这些故事或记录在册，也经人代代相传。《儒林列传》中汉武帝征召辕固生、公孙弘入朝为官，当时辕固生瞪着眼睛对公孙弘说"务正学以言，无曲学以阿世"，意思是学者要为真理发言，不要为奉承权势而扭曲真理。诸如此类在《史记》中随处可见，也许司马迁最初只是为一五一十地记录史事，但是经典之所以被称作经典，在于它被赋予了作者伟大的思想灵魂，而他们的思想正契合人类社会的普遍认可。我们总能从经典中找到与各种人、各种事相似的模型，仿佛历史的场景就在身边重现。"经典"好像人呼吸的空气，也许只有化学家才会去研究空气的组成，但是平凡人都能从中汲取普适的真理。

三、阅读传统经典的文化价值

"经典"总是会被分为东方经典和西方经典。之所以会区分东方西方，是因为东西方的文化内核存在较大的差异。我们传承着上下五千年的中华文化，"一个国家，一个民族，最可怕的是自己的根本文化亡掉了，如果文化亡掉了就会万劫不复，永远不会翻身"。阅读传统的文化经典，是对大学生民族自信的建设。改革开放以来，我国不断受到西方文化的冲击，"取其精华，去其糟粕"的同时，我们也要扎紧中华传统文化的根。

传统经典最为根本的便是儒家，"为世忧乐者，君子之志也"。我们民族精神的核心——爱国主义，也能从中溯源。我们要首先做一个像样的中国人，才能来复兴中华文化。阅读传统经典正是塑造个人民族意识的好办法，我们需要达成一个社会共识。当街上每一个普通人都能以身为中国人而自豪时，我们才能说我们民族精神没有消颓。

阅读经典，笔者认为首先也是最重要的，是阅读我国的传统经典。他们不仅承载着我们民族的过去，也指引着我们民族的未来。当丰富多彩的社会极力地宣扬个性、独立时，我们是否应该从传统经典中追寻更深刻的答案。个性固然重要，但是"地势坤，君子以厚德载物"也告诉我们个性之下不能丢失德行。人不会作为孤岛，意思就是个性的张扬背后依旧需要民族精神为依托。而这种依托，需要将青年人短暂拖离缥缈的西方，理解"君子和而不同"。阅读传统经典的意义就在此。而人之独立，不应该是西方文化下的个人英雄主义。中华人民是团结统一、爱好和平、勤劳勇敢自强不息的人民，我们都可以从传统经典中找到源头。

我们拥有个性，人格独立，现实中又与国家的命运、民族的前途休戚与共。培养青年人的爱国情怀并不是憎恨敌国的手段，而是以阅读传统经典的形式正面地认同自己的国家。所以阅读传统经典的文化价值是一种对民族精神的认同感，对我国文化的自信感。这与阅读西方经典并不冲突，因为汲取人类优秀文化的前提是，我们能先认同自己的文化。

四、我们为什么要接受博雅教育

在步入大学前，很少能听说"通识教育""博雅教育"这样的名词。突然让大学生接触众多的"经典"，其实我们更应该清楚为什么要接受博雅教育。

社会物质条件的迅速发展，导致社会对于人才的培养更加趋向"专业""有用"。而人生的真谛却不在于熟练地掌握一门技术，教育的本质不在于培养出精尖的技能人才，如果我们以技能为目标，那么只能勉强称为教学。著名的大学教育家哈钦斯就曾对美国的职业教育提出过深刻的批判：当时的教育重实用轻学术，学校变成了社会服务站。这对我国的大学教育有着借鉴意义，哈钦斯反对过早的专业教育。只有一个人在接受了自由教育的基础上才能接受专业教育。专业教育在一定程度上是为经济发展服务，但是经济发展的最终目的是人本身。正如前文所提到的，我们须先成为一个真正的中国人。设若一个人接受了先进系统的专业教育，可是却不清楚这些技能的归旨，那与机器又有何异。

在一个全球化高度发展的时代，传承民族文化显得更为重要。博雅教育不是专业教育，而是将青年人引入人类优秀文化的万花筒。在这里探寻精神上的寄托，同伟大的灵魂共鸣。博雅教育不是为把学生培养成博闻强识、志存高远、坚忍不拔的亭亭君子，博雅教育就是为解决最普通的"成人"问题。"成人"便是要求大学生摆脱高考的功利主义，纯粹地认识"人"。做一个对自己、对家人、对社会、对国家负责的人，做一个能融入社会却不随波逐流的人，做一个渴望知识具有共情力的人。如果我们只是将阅读经典当作功利性的增长见识，这并不是博雅教育。回归最初的源头，回归那些古老的经典，正是普通人汲取优秀文化的有效手段，于是我们接受博雅教育。

在有限的人生内，用经典润养人生

张润含　电子信息学院（2021302121192）

【指导教师评语】 用感性的心写出理性的文字，实属此类作文的佳品。后人的著作某种程度上是先贤思想的重复，而庄子的齐物足以照出我们争吵的浅薄，这些看起来简单不经意的小思想、小句子，没有广泛的阅读和深入的思考很难写出。经典是宏大的，而个人是平凡的。相较于那些形式严谨、气势宏大的写作，本文日常聊天式的写作在某种程度上更能呈现经典阅读这门课的价值。（文学院高文强）

摘　要：文章探讨了阅读经典文学和哲学作品的意义和影响。作者通过学习"人文社科经典导引"课程，深入阅读经典著作，并从中汲取了丰富的人生智慧和指引。文章强调了经典作品的珍贵性，认为阅读经典可以提升个人的思维方式和品性，对生活产生积极影响。最终，作者决心将阅读经典融入未来的人生之中，追求更高层次的认知和成长。

关键词：阅读经典；人生智慧；思维方式；品性提升

从小到大，我们身边的每一个人，我们受过的各个阶段的教育，都在向我们强调着读书的意义与重要性。而当我们翻看书籍的过程中，无论是西汉著名文学家刘向所说的"书犹药也，善读之可以医愚"①，还是近代民族英雄、中国民主革命的伟大先驱孙中山先生的那句"我一生的嗜好，除了革命之外，就是读书，我一天不读书，就不能够生活"②，抑或西方哲人培根教育后人所说的："书籍是在时代的波涛中航行的思想之船，它小心翼

---

① 陈远明著：《和合生活》，浙江工商大学出版社 2018 年版，第 48 页。
② 宋犀坤著：《生活需要仪式感》，成都地图出版社 2019 年版，第 95 页。

翼地把珍贵的货物运送给一代又一代"①。如此种种，都在向我们揭示着，阅读书籍，是所有人，无论古今，无论东方还是西方，都应该去做的一件事，这不仅仅是当今时代的呼吁，更是无数优秀的前人先辈的呼唤。

那么，既然要阅读，这世间的书籍千千万万本，阅读哪些好呢？以前我一直对开卷有益这个观点深信不疑，然而，在进入武汉大学后，通过"人文社科经典导引"课，我了解到，并非所有的书都值得我们耗费时间去阅读。人的一生是有限的，命运留给我们的每一分每一秒的时间都是宝贵的。这也就能理解为什么庄子会说："吾生也有涯，而知也无涯，以有涯随无涯，殆已！"② 确实如此，但如果仅凭这一点就放弃阅读，用这个观点来作为自己游戏人生的挡箭牌，未免有些太浅薄无知了。因此，有选择地去阅读那些经典作品，才是对生命之中有限的时间的最好把握与利用。

若想要阅读经典，首先必须去了解经典是什么。

那么，什么叫经典？"简单来说，不会被淘汰的，就叫经典。"③

而从我个人理解的角度来看，用一种更通俗易懂的语言来表述——经典，是经过时间的考验留下来的东西，就像古董一样，虽历经沧桑，但仍被后世千千万万的人民视作珍宝，而绝不是那些仅仅以一些无聊的噱头吸引当时的人民，即使流传到后世，也是毫无营养，毫无价值的作品。

君可见，刘勰所著的《文心雕龙》就是以孔子美学思想为基础而具体论述文学创作方法、文学艺术表现形式和文学理论批评等。而刘勰作为南朝齐、梁时期著名的文学理论批评家，在做研究的时候，不去广泛地搜集书籍，而是仅仅针对儒家经典著作进行分析，通过对于这些经典文章的行文结构的分析，告诫后人写出一篇好文章的方法，这是一个非常明智的决定，我认为，这也是为什么《文心雕龙》被后人称作"中国历史上第一部'体大而虑周'的文学理论著作，就文学创作、文学批评、文学演变及其规律等问题，提出了深邃而精湛的见解，对后世文学理论产生了巨大的影响"④ 的最大的前提。作者刘勰将自己的时间、精力、才华花在了研究最有价值的文学作品上，这样，怎么可能不获得成功？

阅读经典，就好比是与历代先圣的对话；研究经典，就好比是站在巨人的肩膀上眺望世界。

随着科技的发展，社会的进步，越来越多的青年人在面对未知的未来，越发感到迷茫，所以才会有像"emo""网抑云""心灵鸡汤"这样的词层出不穷。面对这一社会现

---

① 时伟主编：《教育学》，安徽大学出版社 2020 年版，第 78 页。
② 李建中主编：《人文社科经典导引》，武汉大学出版社 2021 年版，第 40 页。
③ 蔡澜著：《我喜欢人生快活的样子》，湖南文艺出版社 2019 年版，第 20 页。
④ 李建中主编：《人文社科经典导引》，武汉大学出版社 2021 年版，第 101 页。

象，我们该如何解决呢？其实答案很简单，那就是阅读经典。我认为，在面对不确定的前途与漫漫人生之路的时候，阅读经典是最唯一、最有效的方法了。阅读经典，从经典中找到支撑自己人生信念的观念，而这个观念必须非常强大，能够超越我们有限的精神，当你在阅读经典的过程中发现这一观念并将其作为自己一生的精神信仰后，你就会发现一切迷雾将会散开，而你自己，也如同在黑暗中高举明亮的火把般，坚定不移地继续前进下去了。

而你开始捧起经典，并仔细去阅读它的时候，你会突然发现，很多后来的伟大的思想家，就是在重复前人的观点。举个例子，尼采不就是在重复色拉或马叙斯的观点吗？尼采重估一切价值，不就是色拉和马叙斯所说的相对主义吗？

而你阅读经典的过程，你的人格、你的思维方式、你的品性也开始在不断地被重塑。只有阅读经典，才能锤炼你的思维，才能超越你的浅薄，才能避免你的平庸，才能抵制有毒的思想，才能避免一元化的独断。现在很多人常常会因为对于一件事物的两个不同视角而争论不休，但其实，在阅读经典后，你们会发现，这种争论是毫无意义的。早在公元前，思想家庄子就通过《齐物论》这篇文章启迪后人。"物无非彼，物无非是，自彼则不见，自知而知之"① 这句话读起来有点像绕口令，但其中深藏的大智慧却不少。物象，没有不是作为他物的"彼"，作为自己的"此"存在的。也就是说，凡物有"那方面"，即有"这方面"。正如王先谦先生所言："有对立皆有彼此。"更通俗一点讲，可以说成"横看成岭侧成峰，远近高低各不同"。② 相同的一个事物，相同的一个论题，从不同的角度来思考是不一样的。许多人会因为对同一个问题的不同看法而辩论得面红耳赤。但若是我们从庄子的思想出发，不禁会发现这样的争论其实是毫无意义的。我是对的，你也是对的。"夫吹万不同，而使其自己也，咸其自取，怒者其谁邪？"③ 由此观之，我们在与他人相处过程中，应避免用立场代替思考，广泛地阅读经典，避免做一个头脑简单的杠精，避免一元化的偏激，去接受相对合理性的美妙之处。

阅读经典，走出自己的傲慢。人们或许会发现自己是因为无知而去阅读经典，但是却在阅读的过程中，越发了解自己的无知，这个是我们在阅读中经常会发现的一点。这种目标与结果背道而驰的现象似乎体现了阅读经典的局限，但事实并非如此，恰恰相反，这种现象往往是走向博学的第一步。在阅读的过程中不断收获自己对于这个世界更深层次的认知，而随着自己对于这个世界的认知越来越丰富，我们对于自身的局限和世界的广博之间矛盾的认识也越来越深刻，但实际上，正是因为经典带给我们无穷的精神财富，才让我们

① 李建中主编：《人文社科经典导引》，武汉大学出版社 2021 年版，第 39 页。
② 木子著：《你若决定前行，全世界都将成为风景》，北京工业大学出版社 2018 年版，第 227 页。
③ 李建中主编：《人文社科经典导引》，武汉大学出版社 2021 年版，第 38 页。

更加坦然地去接受自己的无知。正如"苏格拉底认为，道德行为必须以知识为基础，他自己和这些自认为聪明的人一样，都是没有什么知识可以值得自吹自擂的，但是那些自认为聪明的人却认为自己知道某些他人不知道的事情，苏格拉底对自己的无知相当清楚"①。

当然，面对经典，我们不能完全奉行"拿来主义"。认为前人所有的伟大思考都是对的，然后将其运用到如今的生活中去。这一点，是万万不可取的，同时也可以说是没有读懂经典的一个误区。请记住，不要用今人的观点苛求前人。每位思想家都会被烙上其时代的印记，即很难超越他们时代的局限。而我们所要做的，便是在阅读经典中，理解前辈们的思想核心，不断寻求经典的思想在当今社会中的适切价值。

其实，就我个人而言，在步入大一后，学习"人文社科经典导引"这门课，在高文强老师的介绍和助教老师的指引下，阅读了许多的经典，也不断地学习收获了许多人生哲理与指引，同时，也提高了自己对美的鉴赏能力，学会了文学创造的思路与构造一篇好的文章的方法。无论是第一节课上的破除成见，法无定法，舍筏登岸，还是老师介绍的《金刚经》中的"凡有所相，皆是虚妄"②，抑或课件上的那一句"君子应藏何器？博学于文且不器"，诸如此类，不胜枚举。而这些，都是我在经典中所挖掘到的宝藏。这些如珍珠般闪耀的前辈们的伟大的哲学思考必将陪伴我的一生，指引着我前行的方向，化解着我未来生活中的每一次迷茫。

我是一名不折不扣的理科生，我热爱数学、物理严谨的逻辑推理和科学家坚持不懈地去追寻真理的执着与勇敢。小时候，我认为哲学思想不过是一些摸不着边的东西。但是，通过这门"人文社科经典导引"课，在老师一次又一次地认真细致地讲解阅读经典的方法，介绍一本又一本的文学著作的美妙之处；在每一次的小班研讨前，认真去图书馆查阅每部经典相应的解释文献，并不断学习体味蕴含在一句又一句晦涩的语言中的大智慧后，我明白了阅读经典的意义，并坚定了将阅读经典贯彻到我未来人生中去的想法。

---

① 李忠刚著：《古训新解：你知道的和你不知道的常识》，哈尔滨出版社 2015 年版，第 189 页。
② 江才普俊著：《红尘易醒》，中国财富出版社 2018 年版，第 238 页。

踏入人生新阶段　经典阅读作指引

张珺然　信息管理学院（2021301041148）

【指导教师评语】本文行文十分流畅，足见作者的文字功底很好，从经典的教育引导作用入手，谈自己在阅读过程中的切身体会，情真意切，同时又能从个人理解出发，思索经典对个人、对集体、对社会的价值所在，在论述过程中旁征博引，且都能很好地和观点结合在一起，足见写作中对经典的理解是到位的。
（经济与管理学院　文建东）

摘　要：初入大学，生活剧变，快节奏时代促使着我们在初入人生新阶段便拼命前奔，却尚未明确人生的方向与目标。此时，经典阅读意义卓著，它对身处人生新阶段的我们有着不可忽视的指引作用——沉心静气品读经典，让人生新阶段用清晰的视野、善好的情操开篇，让人生面向更广阔、自由的前方。

关键词：人生新阶段；经典阅读；指引

2021年9月2日，初入珞珈山，武汉大学赠予我的第一本教材——《人文社科经典导引》。尚未从持续了六年的应试教育模式中跳脱出来，我依照高中的学习方法开始从第一章《〈论语〉与仁性》读起——注释、批注、字字对译、理解文意。仅仅止于对文本的理解，我将目光锁定于《论语》而忽略了"仁性"，后续依旧关注《庄子》《国富论》而忽略紧随其后的"天性""理性"……我快速地完成了前几章的"机械学习"，并对该书有了最初的判断——大学语文教材。

紧接着，短暂的适应阶段结束，我们迅速开启了全面的大学生活模式，一头雾水的专业必修课、思路清奇的高等数学接踵而来，烦琐复杂的学生活动、数不胜数的学习任务纷至沓来，这本书也被搁置了下来。身处快节奏社会催生的内卷时代，我们在"不明所以"的状态下，一同踏入了人生的新阶段，也心照不宣地展开了方向不明、目标不详的角逐。

比绩点，比综评，比学分……我们把传统意义上的"杰出表现"当作所谓的追逐目标，正无意识地陷入对利己主义的实施，不以自身素养的提升、社会价值的实现、自我梦想的追寻为目标，我们到底是在追求生命的意义，还是追求他人接纳的"成功"？

不再是纯粹的学生年代，也不算纷扰的成人世界，我们踏入大学、踏入了人生的新阶段，问询了许多新老同学，极少有人在那时表达出"快乐"的感受——为何如此？我们是在督促自己前行，还是逼迫自己别停？

而在此时，"人文社科经典导引"这门课的进行，使我颠覆了对于其原初的判断，也让我迅速找到了所谓的生活正轨——

经典阅读，为我解答了这人生十字路口的种种疑题。

《人文社科经典导引》"引导"着大一新生们学习"社科经典"，而随着循序渐进地课堂教学、小班研讨，这些"社科经典"便自然而然地内化于心，对我们新阶段、新生活产生着无法忽视的指引作用。

它指引着我们明辨是非、透彻客观地认识到个人所缺、社会所缺、国家所缺，也即我们当下应该做什么——这是问题；它指引着我们去辩证地看待幸福的本质，也即我们的终极目标（也即是幸福人生）到底是怎样的——这是方向；它指引着我们用怎样的处世态度去面对一个崭新的世界，也即我们该怎样前行——这是过程。

初临人生新阶段的平台，我感叹着普遍存在的"精致利己主义"，为自己内心滋生的"利己驱动心态"感到不齿，也为该趋势下的社会前景感到悲伤。

而亚当·斯密的《国富论》恰在此时给予了我十分踏实诚恳的答案："每个人都不断努力为自己所能支配的资本找到最有利的用途。当然，他所考虑的是自身的利益。但是，他对自身利益的关注自然会，或者说，必然会使他青睐最利于社会的用途。这就像'有一只无形的手'在引导着他去尽力达到一个他并不想要达到的目的。"

不同于普世的哲学理解，亚当·斯密并不以审视的眼光去对"利己"的根源进行批判，他也并不将"利己"囿于品性的低劣。出发于理性的宏观视角，亚当·斯密揭示出：源自"天性"的"利己"往往是推动社会前行、个人提升的原动力，大多数人并不会在生命之初就拥有克己利他的奉献意识，我们只是在为了满足个人的基本需求和对幸福的梦想渴望而去进行日常的工作、生活，而恰恰是这些无数社会人"个人追求"的同时进行，从各个方位交融共通的环环相扣，营造出了眼下社会正常运行、生机勃勃的模样。

通古观今去观察历史发展的规律，我们不得不承认"利己"自始而终伴随人类的发展，尽管许多卑劣因它生，但许多伟大也同样来源于此。至此，我们就不可再完全将自己束缚于道德意义上的"利己"，而否认社会经济学角度上的"利己"所带来的"人类社会顺利运作"的切实成果。

十八九岁的我们，当然无法在初来乍到时就欣然接受：将"利己"视作一种社会的必然性，但当阅读经典后，我们便开始反观生活：若没有活动分的激励政策和与之相辅的综评规划，学校的运营便不会像现在这样有条不紊；若每一个同学都没有为了追求个人成绩的"利己心"，那么阳光下的操场上或许会少了许多青春活力的身影，那么小组活动中也会少了许多积极参与的活泼模样——这很现实，也很真实。

人生新阶段，我本在踟蹰犹豫于"为了活动分去完成任务很功利，不美好"，而读罢经典，经理性思考，我意识到：正是这出于本能的无恶意的"利己"，让每一个小社会、每一个大国家，不停歇、积极向上、不断竞合，而不失人情味儿。

诚然，经典自然不可能推崇"利己主义"——亚当·斯密在《道德情操论》中作出了进一步指引："当维护一个个体与一个整体的安全相互矛盾时，最公正的做法就是择众弃寡。"

正如诺贝尔经济学奖获得者米尔顿·弗里德曼所说："不读《国富论》不知道应该怎样才叫'利己'，读了《道德情操论》才知道'利他'才是问心无愧的'利己'。"[①]

经典阅读为我解决了当下关于"利己"的矛盾心理，又使我从中获得了关于"利他"缺乏的现世思考——人生新阶段，我们可以坦然地面对生出的"利己"，但也应该习得何为理性、无恶意的"利己"，也该试图去将"利己"逐渐升化成"利他"，如此方可称之为真正的问题与思考。

上文提及源于"天性"的"利己"，那是否完全依从"天性"呢？若不然，又该遵循何种"天性"，又该摒弃何种"天性"呢？人生新阶段时，对于过程中的每一步的选择，我又在经典阅读中触发了思考、得到了引导——

《庄子》内篇中的《逍遥游》是贯穿了高中大学两个重要人生阶段的经典之作，初读"至人无己，神人无功，圣人无名"，我认为这是一种无我的极致境界，或许它只是理想主义上的一种想象；再读，我又认为这是将"放浪形骸、游戏人生"说得冠冕堂皇，有些懒散、无为的消极意味；现下再读，我又感悟出其间伟大——真正的"乘天地之正、御六气之辩"，是超脱了所有纷繁的坦荡，是对小我的释然和对大我的真挚，是我们不能、不愿也不敢及的境界。

那么面对每一次选择，都去"顺应"一切吗？

反复咀嚼千年流传的经典，我方才领悟：这绝不是教我们"顺应"，更不是教我们躺平。以"躺平"为内涵的"顺"，是斥宴讥笑鲲鹏时的"彼且奚适也"；而庄子笔下的、真正想要表达的"顺"，是"顺物""顺理""顺性"，是"物各其主，人各其用，顺之则成，逆之则亡"，是所谓"识时务"。

跨越两千多年，经典依旧不朽。21世纪的青年踏上人生的新阶段产生了种种疑惑与犹疑，都在经典的阅读中获得了心灵的慰藉、成长的指引。

---

① 出自米尔顿·弗里德曼在一次采访中的自述。

是"小知不及大知，小年不及大年"教我：一要认清自己，二要谨言慎行谦卑处世，三要不断求索——人外有人，天外有天，"道生于安静，德生于卑退，福生于清俭，命生于和畅"。

是《养生主》对于"大小之辩"的阐述教我：一要破除对大小之用的世俗之见，二要将目光从物质本身移转到内心本心，三要明白"无用之用，方为大用"的真谛。

"子非鱼焉知鱼之乐"教我不以己欲强加于人。

"无厚不可积也，其大千里"教我厚积而薄发。

"临大难而不惧"教我将危机化为转机的沉着。

……

鲲鹏展翅、偃鼠饮河、庖丁解牛、井蛙之见的故事伴随我的成长，也随着我个人思想的成熟，逐渐从寓言小故事变成处世大哲学，从幼儿智力与人品的开化启蒙，变成人生新阶段诚恳可信的指引。历经两千多年的打磨，传递的是亘古的道理、不变的准则。

庄子没有被时代所绑架，选择"终身不仕，以快吾志"的自由天性，这带给我的或许更甚于"指引"了，在这迷茫而焦虑的人生新阶段，它更是为我带来了莫大的安慰与安全感——我们自小被传统的"成功理念"裹挟，虽心中持有梦想，但看着周围趋同而去的人流，考虑着梦想实现的路障重重，总会在徘徊之后默默选择普适性的成功道路。

庄子没有出仕，庄子没有趋同，庄子没有迎合大众的品位——但末了，庄子书写了天性、展现了自由、演绎了伟大。

那我为何不可改变？

那我为何不敢追梦？

那我为何不能活出真我、熠熠生辉、有别他人、超越众人？

读《庄子》，不同阶段有不同感悟，虽说未达到融会贯通的地步，但它总是合时宜地给了我勇气与决心，也在步入大学的新阶段赋予了我对于天性中的理想进行大胆追逐的热情，也使自由不再是"不切实际"的"放肆"，使自由成为了"昂首挺胸"的"追逐"，它使我不畏惧于孤独前进，使我可踏实践行"心之所向，素履之往"。

读罢庄子，我敢正视孤独，享受其带来的自由，也更能快乐地去享受那些独自起舞的时光——为使经典语言更加有力，在此我引用现代青年作家刘瑜的话："年少的时候，我觉得孤单是很酷的一件事情。长大以后，我觉得孤单是很凄凉的一件事。现在，我觉得孤单不是一件事。至少，努力不让它成为一件事。"① 是阅读，带来了这些改变。

经典阅读带来了书本外的人生指引，也同时给了我们辩证思考的能力。一如《历史》中梭伦口中的幸福观，也让我深刻地去思考着我这一生究极追逐的幸福到底是什么——

---

① 刘瑜著：《送你一颗子弹》，上海三联书店 2010 年版，第 152 页。

"对于凡人而言，死了要比活着更好。"① "一个人在他死前，不能说他幸福，只能说他幸运。"② 梭伦口中的幸福着眼于结果，而不是感受，耳濡目染于贵族氛围的他站在道德制高点，将善终作为幸福的评判标准，于是对于平凡少年，此刻的经典阅读并不是以"醍醐灌顶"的形式给了我们"指引"，它激发了我的"反驳欲望"，给予了我们另一维度的思考方向，也让我更加清晰了个人对幸福的追求方向。

总而言之，经典的阅读不是始终给我们灌输某种知识，它力量的来源一是教育，二是引导，三是对思维的开化与塑造。

许多人质疑着，千年前的经典是否具有足够的前瞻性来雕刻现代社会，西方的经典是否具有包容的普适性来推进中国社会，圣人智者的经典是否具有笼统的实践性来指引踏入新阶段的青年。

端坐默究后，我切实地从字里行间读出了不会褪色的智慧、看到了没有地域限制的思想。

踏入人生新阶段的我们，虽说朝气蓬勃，但不可否认的是，我们还尚未拥有完全明辨是非的目光和完全坚定不移的立场与信念，此刻，答案便藏在林语堂先生的《论读书》中："读书便是将此层蔽塞聪明的包膜剥下。能将此层剥下，才是读书人。"

读什么？——经典。

"经典"之所以被称为"经典"，它的真实性与教育意义经受住了千秋万代的考验，我们只需花一些空余的时间，便可将那么多智者毕生的精髓思想内化于心。

有时读经典，仿佛是占了大便宜：我们省去了求索的艰辛，打破了时间、空间与语言的隔阂，可以通过《论语》感悟民族文化里的仁性，通过《审美书简》学习浮躁时代下如何秉承内心的善恶与感性，通过《正义论》看西方的社会、学习理智、敏锐、正直……

"经典"是前人回溯人生时所作的总结或是评论，那是他们在（我们后人看来）十分成功的人生的基础上，对过去作出的精练概述，以及进一步反思。对于踏入人生新阶段的我们，便可通过文字的桥梁，提前去学习他们那样伟大的人生，提前观照古人沉淀良久的理念，在借鉴的基础上可再作出自己的选择——这便是"经典"之所以可以带来"指引"的原因。

"经典"也是前人对于社会发展的展望、对于社会现象的追根溯源。无论是人性还是历史发展的本质都是大致不变的，正如《阿房宫赋》中所述的"亦使后人而复哀后人也"，唯有以人为镜、以史为镜，才可避免规律性的历史消极重演，当我们诚心领会传承千年的经典，社会才会在宏观意义的"不变"之中，向每一个微观的方位产生积极的

---

① 参见《圣经》第四章。
② ［法］安东尼·德·圣-埃克苏佩里著：《小王子》，典藏家出版社 1943 年版，第 85 页。

"变"（进步）——这便是"经典"之所以带来"指引"的原因。

阅读经典，也是阅读过去。对于该行为的解释，尤瓦尔·赫拉利说得更加有力："研究历史最好的理由：不是为了预测未来，而是要将自己从过去释放出来，想象是否会有另外一种命运。"[①] 人生新阶段，阅读经典带来了自由视野，自由视野便带来了无限可能。

"经典阅读"对于身处人生新阶段的我们的指引，亦师亦友——既有因材施教的教育，也有潜移默化的影响；既有义正词言的答疑解惑，也有激发无限潜力的交互沟通。

最有趣莫过于：指引我"经典阅读"的，也正是"经典阅读"本身。

庄子有云："《诗》以道志，《书》以道事，《礼》以道行，《乐》以道和，《易》以道阴阳，《春秋》以道名分。"

诚然，书经典者莫过于智者，读经典者莫过于你我，悟经典者何惧于人生征程之迷雾霭霭，用经典者自有璀璨星光指引路途，照亮前方。

---

① ［以色列］尤瓦尔·赫拉利著：《未来简史》，中信出版集团 2016 年版，第 63 页。

儒道思想的人生导向与现世意义

罗　京　资源与环境科学学院（2021302051093）

【指导教师评语】本文角度别致，分别从儒家和道家经典入手展开思考；内容翔实，细致探讨了儒道的人格导向、异同点、优劣势和对当今的借鉴意义；行文规范，标题、摘要、关键词和全文一脉相承，文笔清晰流畅、逻辑严密。（经济与管理学院　李雪松）

摘　要：春秋战国时期，随着氏族公社的解体没落，社会行将走进大统一大融合阶段。意识形态领域群雄蜂起，构成了中华思想史上最活跃、最辉煌的百家争鸣时代。这段黄金时代的文化源流几千年来沃灌滋养着华夏文明，而儒家思想与道家思想更是奠定了中华民族的心理结构。在人生导向上，儒家讲秩序、仁性、入世；道家讲自由、天性、出世。分析它们的异同点，探究它们的现世价值，对我们健全人格，面对人生具有重要的启示意义。

关键词：儒家与道家；人生导向；现世意义

卡尔·雅思贝尔斯在其著作《历史的起源与目标》中将公元前800至前200年视为人类文明的轴心时代。在这个思想大解放，文明大发展的时代，可以看到孔子奔走流离，著书讲学，倾其一生追求、践行、传播"仁"，希望能改变动荡的时局；而庄子逍遥物外，曳尾涂中，自始至终坚守、诠释、传播"道"，捍卫人的精神自由。儒家重入世，道家重出世，一入一出，人生态度不同；儒家重有为，道家重无为，一有一无，处世方法不同。两者对立统一，于个人而言，均是探讨如何"过好一生"的千古谜题。

一、儒家与道家的理想人格分析

（一）儒家：君子人格

"君子"一词最早在《易经》中已有记载，广见于先秦典籍之中，孔子将其发扬光大。君子是儒家的人生理想，行为准则，生活态度的凝结，成为后世儒者修身励行冀以达成的目标。《论语》中有大量关于君子特征的阐述，可以归纳出几个基本特点，如"仁智勇""喻义怀德""恭而有礼""扬善无争"等，总体上，可以归纳出三个基本特点。

1. 修身好德，自我完善

从"君子怀德"到"君子固穷"，从"君子喻于义"到"君子耻其言而过其行"。《论语》中对君子的描述有一百多处，涉及内容从内心世界到外部行为。君子从生活的方方面面内省改进，贴近以至达到"仁义礼智信"的标准。

2. 好学敏思，多才多艺

《论语·为政》中有云："君子不器。"[1] 意指君子不像某种器皿一样，只有单一的作用，而是可以胜任多种工作，把握全局。达到这样的目标，便要好学。"敏而好学，不耻下问"，"学而时习之，不亦说乎"，"博学而笃志"，"切问而近思"……孔子如此要求弟子通过"学"达到"知"的境地，他自己亦流传有"十有五而志于子"，"问道老聃"，"韦编三绝"的佳话。可以得出，君子要追求"才"和"智"，不断提升自我的才能。

3. 坦荡光明，积极幸福

儒家所推崇的理想人格不仅是道德完备、敏学善思的，还是积极幸福、坦荡强大的。君子处世明达，因而"坦荡荡"；君子慎独自持，问心无愧，因而"不忧不惧"；君子因有高素养而极具人格魅力，"其德如风"，"文质彬彬"，不受俗物所困，为人所尊敬；"君子食无求饱，居无求安"，知命而乐道。

需要指出，儒家的君子人格是动态而鲜活的榜样，而不是僵硬而完美的神像。这体现

---

[1] （清）程树德撰：《论语集释》，程俊英、蒋见元点校，中华书局1990年版，第96页。

在《论语》中，孔子说"躬行君子，则吾未之有得"①的同时，也说出"仁远乎哉，我欲仁，斯仁至矣"②，指出"仁"和"君子"都是我们愿意做就可以达到的目标。是否严格符合君子的标准并不重要，重要的是不断修身学习，使自己臻于完善，使自己与社会向更好的方向发展。

（二）道家：至人人格

《庄子》开篇借浪漫不羁的想象，热情奔放的情感，描绘出一个鲲鹏蜩鸠共处的神话世界。在阐明万事万物"有所待"，无法真正自由之后，庄子提出了一种理想的人格——"至人无己，神人无功，圣人无名。"③至、神、圣互为变体，陈说不同方面，可归一看之。庄子认为只有达到至人境界，方能真正地逍遥游。而于后文中庄子又详细描绘了至（神）人的特点：

"之人也，物莫之伤，大浸稽天而不溺，大旱金石流土山焦而不热，是其尘垢秕糠，将犹陶铸尧舜者也。孰肯以物为事？"④透过汪洋恣肆的文辞，我们可以知道"至人"不为内情困，不为外物伤，以"旁礴万物以为一"的心境观乎天地众生，结合全书，可从以下三点观之：

1. 自然无为

《知北游》中写道："圣人者，原天地之美而达万物之理，是故至人无为，大圣不作，观于天地之谓也"。⑤庄子眼中，至人尊重自然，顺物而为。"我"不是依赖于地位、财富、容貌而存在，因此无须倚仗外物为自己增光添彩，进而也就摆脱了诸多忧患。庄子的"无为"与当时世人的争相"有为"形成对比，他便以"天予子之形，子以坚白鸣"⑥驳斥惠施以为得意的饶舌；以蜗角小国"伏尸数万，逐北旬有五日而后返"批评各国毫无意义的征伐；以"往矣，吾将曳尾于涂中"⑦拒绝世人迷之狂之的财富。于世界而言，庄子主张"天地有大美而不言，四时有明法而不议，万物有成理而不说"⑧。顺应自然，远比

---

① （清）程树德撰：《论语集释》，程俊英、蒋见元点校，中华书局1990年版，第492页。
② （清）程树德撰：《论语集释》，程俊英、蒋见元点校，中华书局1990年版，第239页。
③ 陈鼓应注译：《庄子今注今译》，中华书局2009年版，第16页。
④ 陈鼓应注译：《庄子今注今译》，中华书局2009年版，第26页。
⑤ 陈鼓应注译：《庄子今注今译》，中华书局2009年版，第601页。
⑥ 陈鼓应注译：《庄子今注今译》，中华书局2009年版，第182页。
⑦ 陈鼓应注译：《庄子今注今译》，中华书局2009年版，第474页。
⑧ 陈鼓应注译：《庄子今注今译》，中华书局2009年版，第595页。

个人的积极事功有力且有效。

2. 天人合一

栩栩然蝴蝶，蘧蘧然庄周，"周与蝴蝶，则必有分矣。此之谓物化"①。翻开《庄子》，我们可以看到庄周反复描摹物我交融，天人合一的精神状态。从庄周梦蝶到濠梁之辩，从庖丁解牛到佝偻承蜩，无不体现出一种天人合一的哲学意味与美学意蕴。通过将"我"投射于无穷之宇宙，以"我"的情感出发延伸到万物的情感，在这个过程中，万物"著以我之色彩"，而"我"也消弭于茫茫宇宙之间。物与我的裂缝得以弥合，身与心的矛盾得以缓解。后世如李太白"相看两不厌，只有敬亭山"；如苏东坡"认得醉翁语，山色有无中"，也都体现出这种物我相欣的审美感受。同时，也正因天人合一，用心凝神，至人才能找到真我，不为物所役，不为事所困，达到纯、静、虚的澄明境界。

3. 达生忘我，与物为春

于道家而言，万物均处在变化之中，正所谓"物之生也，若聚若驰，无动而不变，无时而不移"②。这种变化的观点尤其体现在庄子的生死观上：道生天地，天地万物均由"气"构成，人之生死无过气的聚散，人生于世自然可喜，而死后化于万物之间，亦无可悲之处，仅是存在形式的变化。因此，庄子于妻子亡故之时扣盆而歌，于弟子欲厚葬自己时，声称自己"以天地为棺椁，万物为赍送"③。放弃妄为，并认识一切事物的本质并无区别之后，至人也就到了达生之境。"达生"即通达生命。达生丧我，指小我消失，却缔造出"天地与我并生，万物与我为一"的大我意识。于是至人可以坦然面对生死，对人对物均可报以春天般的温暖。

二、儒家与道家的人生目标及代表

人是复杂的，往往不能用标签化的语言去评判。人在不同境遇、不同社会文化背景中会作出不同的选择，一个人也会因年龄阅历的增长进行目标的调整与改变。存异求同，可以概括出两种人生导向的基本路径。

---

① 陈鼓应注译：《庄子今注今译》，中华书局 2009 年版，第 102 页。
② 陈鼓应注译：《庄子今注今译》，中华书局 2009 年版，第 457 页。
③ 陈鼓应注译：《庄子今注今译》，中华书局 2009 年版，第 903 页。

（一）儒家的庙堂之路——兼济天下

《礼记·大学》中所载的"修齐治平"被历代儒生奉为圭臬。理想人生是博学增加才干，学而优则仕，为官造福一方，立言传泽后世。君子人格号召我们无论居庙堂之高还是处江湖之远，都要尽己所能，烛照一方，哪怕了无希望，也应"知其不可而为之"，因为在奋斗的过程中，个人生命的价值已得到彰显。

其代表，从治世能臣到博学大儒，从爱国志士到时代先锋……他们守底线，有理想，不向恶势力低头，不断为道义所拼搏。他们的理想热情与道德风骨被一代代人传颂景仰，激励着后人拼搏奋斗。

（二）道家的江湖之路——独善其身

此处的独善其身并非指自私自利，目无他人，而是修心诚意使精神臻于饱满。标准是变化的，是非是变化的，福祸是变化的，身外功名转瞬即逝，连同自己也仅是沧海一粟，迫切改造自己去适应标准无异于削足适履；无视自己的价值去追求世俗价值无异于本末倒置。与其投身人为"兴，百姓苦；亡，百姓苦"的循环之中，不如内在探索，"乘天地之正而御六气之辩，以游无穷"①。无为之为，无用之用，有时更能达成目标。

正如李泽厚先生所言："道家在看似神秘的说法中，比其他任何派别更抓住了艺术，审美和创作的基本特征。"② 因此如陶潜、苏轼、林和靖等文人隐士终于在天地间找到灵魂的安放处，自己于美中沉醉，也为后世留下宝贵的精神财富。

三、儒道两种人生导向的分歧与统一

（一）分歧点

（1）认同感的分歧：儒家的认同感多来自社会认同。《论语·宪问》中，子曰："桓

---

① 陈鼓应注译：《庄子今注今译》，中华书局 2009 年版，第 18 页。
② 李泽厚著：《美的历程》，生活·读书·新知三联书店 2009 年版，第 56 页。

公九合诸侯，不以兵车，管仲之力也，如其仁！如其仁！"①可以看出，儒学并不囿于道德训诫，"功者之功"是高于"仁者之德"的。真正评价一个人要看他与周围人的联系，以及他对国家民族的贡献，这比谨守个人品德更重要。反观《庄子》，庄子主张破除成见，把自我投射于天地之间。在他看来，芸芸众生无一不若处在洼地中的鱼，"相呴以湿，相濡以沫，不如相忘于江湖"②。正因"旁礴万物为一"，于是心定神飞，认同源自内心，源自无须认同。

（2）有为与无为的分歧（出世与入世的分歧）：儒家认为人要创造美好生活，要将混乱改造为美好。所谓"君子之仕也，行其义矣"③，做官不为显赫的声势，而是对理想的践行，其根源体现出一种人定胜天的积极态度。道家已明确指出天地有大美而不言，《庄子·秋水》中借河伯海若的对话，批评人的狂妄："无以人灭天，无以故灭命，无以得殉名，谨守而勿失，是谓反其真。"④

（3）修行方式的分歧：儒家重修身，总结出诸多良善的品格，让人们学习之，反省之，从而使自己的言行身心合乎规范。所谓"三省吾身"，所谓"克己复礼"。"子不语怪力乱神"⑤即是不挂空蹈虚，而是着眼于切实可行的事物。道家重修心，所谓"心斋""坐忘"，专注于从事心理活动，而概念教条有被曲解玩弄的隐患，因此"绝圣弃知""求乎于心"方为正途。

（4）个人与集体关系的分歧：儒家视角下，君子和而不同，人终究是生活在社会大环境中的。因此，遵循一定的秩序，在集体中相互学习，通过对善者与不善者的学与改，个人与集体趋于和谐与完善。《礼记·礼运》中详细描绘了一个欣欣向荣、和美安康的大同社会，个人应当为建立这样的桃花源不懈奋斗。而道家视野下，人与其他人的关系并不那么重要，均是天地间的一分子，均是整体的一部分。基于天性的自由抒发，人们内心充盈，与物为春。认清财富名利生死的本质，也就不再有诸多纷扰痛苦。"至德之世，同与禽兽居，族与万物并，素朴而民性得矣。"⑥

（二）统一点

（1）对生命的尊重与颂赞：儒家倡导有为，但反对人殉。儒家珍惜生命并希望以有限的生命创造更多的价值，因此采取积极有为的态度。而庄子尽管避世，却对生命抱有珍贵

---

① （清）程树德撰：《论语集释》，程俊英、蒋见元点校，中华书局 1990 年版，第 982 页。
② 陈鼓应注译：《庄子今注今译》，中华书局 2009 年版，第 195 页。
③ （清）程树德撰：《论语集释》，程俊英、蒋见元点校，中华书局 1990 年版，第 1277 页。
④ 陈鼓应注译：《庄子今注今译》，中华书局 2009 年版，第 461 页。
⑤ （清）程树德撰：《论语集释》，程俊英、蒋见元点校，中华书局 1990 年版，第 477 页。
⑥ 陈鼓应注译：《庄子今注今译》，中华书局 2009 年版，第 270 页。

的态度，体现在他的泛神论思想与审美化人生态度上。

（2）整体上的理性精神：周瑶在《古典丛谈》中提道，"儒道互补"从实践理性和精神理性两个方面构筑了中华民族的理性基石。仪式服务于现实，情绪导向至生活，始终强调平衡适度，这是儒道的共性。

（3）至高境界的普遍性和超越性与对其执着的追求：细读文本便会发现，"仁"与"道"有很大的相似性，它们都源自生活，但难以全面把握。无论是庄子还是孔子均未明确给"道""仁"的定义，却都阐释了两者的可贵。同时，他们从未放弃过对至高理想的追求，于是著书立言，授业解惑。这种最高境界可意会而不可言传，具有普遍性与超越性。

四、两种人生导向的不足之处

儒家思想的人生导向积极昂扬，对于个人与社会均有裨益。几千年来一直为正统，被代代承袭。虽受诸多"僵化，奴役，顺从"等的指责，但必须认识到这是封建时代，部分人出于政治需要，对儒家思想进行曲解改造。儒家的修齐治平之功与仁义礼智信之德是具有很大积极意义的。本文想谈的，是在儒家的人生导向下，普通人是否具有应有的话语权？在"君子人格"鼓励人们昂然奋发有为的同时，是否使人们在一定程度上失去了追求"小欢喜""从前慢""我乐意"的自由？王侯将相的声音遮蔽了俚语村言，"温一壶月光下酒"者始终无法对"横渠四句"形成有力的回应。当范仲淹的"前后忧思"广为传颂，当功利实用的框架大行其道，我们是否失却了更多可能？

道家思想的人生导向超逸而潇洒，长期以来为艺术发展、哲思精进提供了源源不断的推动力。庄子将精神世界无限拔高，形成了一个瑰丽奇诡的美妙世界。然而，这个世界仅仅存在于幻想中，缺乏现实奋斗精神，使"至人"对改变现实并无大的助益，对除自己之外的其他人也无积极的影响。正如君子人格中的道德标准常被曲解用以涂饰丑恶，至人精神也因其高玄而拉大了与群众的距离，往往沦为不知所云的空中楼阁，同样偏离了本旨。

五、儒道两家人生导向在今天的借鉴意义

（一）理想

从上文分析中可以看到，无论是君子还是至人，都有一个坚定具体的精神内核，都有一腔理想主义者的激情与热血，这使他们能够坚定地向目标迈进。在消费主义、拜金主义

甚嚣尘上的今天，我们有必要重温经典中对"何以成人"的回答。无论是君子讲"任重道远"还是至人说"无用之用"，都点明时下盛行的精致利己主义者永远只是"伪精致"。而人行走在人生道路上，需要葆有理想主义情怀。

（二）奋斗

境界的达成要以"修"为手段。从《论语》中强烈的学习意识、昂扬的奋斗精神，到《庄子》里对追求内心至境的苦心孤诣，对打磨高超技艺的用志不分，可以看出面对困难挫折，只有不懈奋斗才能打破困局，创造幸福。

（三）敬畏

《论语·季氏》中写道："君子有三畏：畏天命，畏大人，畏圣人之言。"[①] 君子要认识到自身的局限性，摆正自己的位置。孔子"五十而知天命"，在积极有为的同时也清醒地认识到世间有太多人力不能支配的事情。因此，君子既不会任由欲望的无限扩张，也不会因理想的落空陷入情绪的迷狂。在此基础上，儒家将"节制"作为生命的重要原则，作为贯穿君子之行与圣人之德所必备的理性特征，在今天也能给我们启示；而敬畏精神在《庄子》中体现得更为淋漓尽致。"上古有大椿者，以八千岁为春，八千岁为秋"，"有鸟焉，其名为鹏，背若泰山，翼若垂天之云"[②]，在那些雄奇奔放的神话中，庄子以千百年为时间单位，以全宇宙为空间单位，不断强调天地的永恒，反衬出人自身的渺小与浅薄。"吾知生也有涯而知也无涯"，人尚且不能以"有涯"随"无涯"，可见人自视甚高，甚至以为凌驾"道"之上的想法是多么可笑，势必受到自然的惩罚。

六、结　语

如何过好一生？这是每一代人都要面对的谜题。笔者匆匆梳理了《论语》《庄子》两本经典中关于人生导向的阐述，希望能给自己及其他同学一点小小的启发。书籍是人类进步的阶梯，本文既为结课论文，亦是阅读体会。学习"君子"与"至人"之长，体会儒道互补之妙，相信可以对人生有更多的理解。

---

① （清）程树德撰：《论语集释》，程俊英、蒋见元点校，中华书局1990年版，第1156页。
② 陈鼓应注译：《庄子今注今译》，中华书局2009年版，第3页。

　　高中学习儒道互补时曾十分渴求相关知识，仿写下一首小词，拙劣却真诚。附于此，权当是给那时的自己一个小小的交代：

　　杏坛千载高义，英才纵展登闻久，儒冠端冕，文墨炼意，十年功就。躬身行世，潜学继往，经纶不朽。论是非功过，君子自当，揽乾坤，公愿否？

　　还看紫云西去，无为道，似水风流。朴质凝心，星海一念，逍遥神游。邃然蝶梦，磅礴万物，至善本有。今去矣，丧我大宇之内。

基于《审美教育书简》和《庄子》
对"完整的人"的思考

田子昂　弘毅学堂（2021300004057）

【指导教师评语】 论文逻辑完整、论述较深入；概念分说十分完备；有角度、有思考、有表达。（哲学学院　苏德超）

　　摘　要：在《审美教育书简》中，作者对当下人们"完整性"的丧失而感到可惜，试图寻找恢复人们完整性的途径。经过一系列的理论架构和分析后，作者论证了审美教育是必经之路。而《庄子》从其倡导的"天性"出发，体现了庄子对于其所倡导的理想人格的思考和要求。两部著作虽然论述方法不同，但是对美等概念的观念有重合之处，各自倡导的理想境界也有相关。在当代社会人们似乎都是被割裂开来的不完整的个体，因此如何做一个真正意义上的"完整的人"值得思考。笔者学习两部著作后，基于二者倡导的理想人格各自的特色与局限，得到了关于"完整的人"这一概念的启示。

　　关键词：完整的人；碎片化；天性；恢复完整性

一、"完整的人"概念的提出与局限

（一）"不完整的人"与"完整的人"

　　席勒在《审美教育书简》中，将这个时代最大的问题归因到了两类人：一类是一些处于下层阶级的人（野人），他们虽然保有原始的同理心，但是因为接受的教化不够，变成了物质的奴隶；另一类，则是部分处于文明阶级的人（蛮人），他们接受了教育，歌颂理智，却丧失了对自然和情感的感知力。① 而与上面两种人形成对比的，就是既保留着对自然、对情感的感知力和敬畏心，又足够有教养，能够用理性来约束自己的粗野冲动的个体。而古希腊人就是这样的"完整的人"的典范，因为他们的个体都享有独立的生活，而在必要时又都能融合成一个强大的整体。

在席勒看来，造成近代人片面化，以致成为两个截然不同的极端的原因，正是近代文明本身。② 一方面是职业的区分。工业革命以后，社会的分工化提高，人因此被割裂为一个个的碎片，被社会这个机器强行拆开并安装到对应的位置；另一方面是阶级的划分：阶级社会的固化导致人们被局限在自己阶级的眼界和态度，阶级之间的矛盾又往往使对立阶级的准则受到扭曲而对立。在职业和阶级的划分下，人也变成了束缚在整体的一个个孤立的碎片。

（二）"完整的人"实现之路

既然完整的人是可以存在的，譬如希腊人，那么已然被当代社会机器破坏的人们如何恢复其完整性呢？由于人类既存在原始自然状态下的冲动与欲望，又在社会、国家机器中形成了懦弱的根本性格，因此需要对二者加以克服，即克服自身天性的懒惰与心灵的怯懦。但是这种克服的决心和力量并不是凭空而来的，它是一种对自由精神的渴望，而人们只有在对美的追求和欣赏中才能得到这种鲜活的动力。考虑到我们所处的社会是科学技术已经相对发达的社会，人们已经获得了基础的知识。因此，实现"完整的人"，就要在当代人的理性之中加入美的憧憬和被社会剥夺的美的感受。

为了进一步分析美的艺术的本质，席勒将作用于人的驱动力分为 3 种：物质冲动、理性冲动和游戏冲动。③ 前两种冲动，一种使人要果腹着衾，另一种使人遵纪守法。而游戏冲动是一种自由的创造，让人获得普遍与必然，因此美是一种游戏。在一个审美创造的假象王国里，一切的强制都被摆脱，平等的理想可以得到实现。

（三）实现之路的空想性

在理想的推理和分析之中，席勒构建了一套完备的概念来设想一个这样的"理想王

---

① ［德］席勒著：《审美教育书简》，冯志、范大灿译，北京大学出版社 1985 年版，第 22 页。
② ［德］席勒著：《审美教育书简》，冯志、范大灿译，北京大学出版社 1985 年版，第 29 页。
③ ［德］席勒著：《审美教育书简》，冯志、范大灿译，北京大学出版社 1985 年版，第 62~63 页。

国”的存在，但它正如其名，只是一个“理想王国”。对于一个实际的社会，并不是每个人都有着足够强烈的游戏冲动驱使其来进行审美乃至对真理的探索；有大量的人，他们的自身条件尚且无法满足自身的物质冲动，这一点从全球数以千万计的贫困人口和饥民就可以看出；也有大量的人，他们没有接受全面的教育使得他们的理性冲动能够发挥作用。那么对于以上两种人，对他们来说，游戏冲动的两个前提和基石没有得到保证，那么对他们进行审美教育就更不现实了。

从以上的分析可以看出，席勒给出的理论实际上是一个非常理想化的模型，实际上人们面临的根本矛盾远不只是“物质冲动”与“理性冲动”的矛盾，但是他的观点却揭示了“人的完整性”是人最原初的自由。由此进行的所有的努力——审美活动也好，教育也好，都是为了帮助人们弥合社会高速发展时由于极度分工化、阶级化留下的伤疤，将被国家和社会撕扯成碎片的自己找回。这样看来，《庄子》倒是在另一方面，为人们提供了一个找回自我，回归原本的“逍遥”的状态。

二、《庄子》中的理想观念及其局限

由于《庄子》成书年代久远，当时社会远没有《审美教育书简》成书时那样工业化。相比由社会高度分工化导致人的碎片化，《庄子》更多地提供了对于一个个体来说实现完整自我的途径，解决的是个人层面的普适性问题。

（一）齐物观

庄子对“天性”有着相当的重视。在他看来，“天性”是万物自由时呈现出的原本的样子。而由“天性”这一概念生发出来的齐物观，则是指：每个人，每个物都有其最自如、最本真的状态，并且都可以达到这种状态。在《秋水》篇中，夔只有一只足，蚿有百足，蛇无足，但是却有“夔怜蚿，蚿怜蛇”[1]，它们都无法理解对方的行走方式，但又不清楚自己为何能按照自己的方式行走。倘若给它们加上足或是去掉足，反而会让它们离开自己原本的状态，那么反倒无法正常行走了。

庄子所指的齐物，并不是让“万物齐平”，而是让不同的万物都达到属于其自身最本真的状态。而只要万物都处于最原真闲适之态，人们便不会以自己的成见评判他人。这便是庄子设想的理想境界。

---

[1] 《庄子》，方勇译注，中华书局 2010 年版，第 271 页。

（二）养生观

纵然庄子清楚"小用"与"大用"的区别仅仅是心的区别，一味地入仕更可能在复杂的政治斗争中失去心灵的自由甚至生命，他选择了"吾将曳尾于涂中"，但庄子深深地清楚，人无法真正地脱离社会。在社会中如何保全自身，就涉及庄子的"养生观"。

在《庖丁解牛》的寓言中，文惠君听了屠夫杀牛的一番经验，却得出了"养生"之道。① 原来在文惠君看来，不是牛在"养生"，而是庖丁使用了19年仍然如新的刀刃得到了养生。对生命的保养就像对刀刃的保养一样，用它直接与坚硬的骨头相击，必然导致巨大的毁损；而用刀刃在有空隙的骨节间游走，便可以使刀常新。人过生活，应该顺着自己的天性，按照天理行动，也就将一生活成了一件艺术品。一言以蔽之，庄子是在齐物观的基础上，论述了回归本真对个体的养生之益。

（三）局限性

《庄子》既对集体方面提倡了统一回归本真，也对个体方面提倡了回归天性，追求逍遥。在集体方面，若是万物都处于本真状态，人们就不会用自己的成见评价他人，纵使这样的假设可以在一定程度上达到，那么处于本真状态的大多数人构建成的社会难免处于迟滞的发展状态。这样一个社会将会是和谐的和欢乐的，但很难取得发展和进步。而在个人层面，与席勒的想法不同，比起在宏观上用审美教育来使社会的快速发展与个人的完整性共存，庄子实际上直接在微观上倡导了"从心""顺从天性"。这样一来，通过直接回避成为社会进步过程中的牺牲品，人们可以在自己的一隅"逍遥而游"。但是，采取此态度的人难免会与世界脱节。他们确实可以达到从心而游，但是在一个高度分工化的、飞速运行的世界中，他们也很难与社会真正融入。

三、带有庄子色彩的"完整的人"

席勒从社会的整体角度，通过对美这一概念进行作用的分析，得到了美育最终可以达到人的自由，建立由审美创造的假想王国的结论。在这个过程中，美是达到"完整的人"的途径和手段，而不是终点。而庄子却更倾向从个人的角度出发，假定每个人都能达到

---

① 《庄子》，方勇译注，中华书局2010年版，第45~46页。

"从天性"的理想状态，分别分析在个人和集体方面取得的效果。前一个西方近代的思想和后一个古老的东方哲学根本上都涉及了同一个问题，即如何达到自由，本真的"完整的人"的状态。席勒尝试在高度分工化的社会之中通过美的艺术恢复人的完整性，而庄子则更多地试图倡导天性来和谐人与人，人与天的关系。

若是同时考虑两种看似截然不同的想法，即：在一个高度分工化、阶级固化的社会里，对"蛮人"和"野人"进行美育的同时，削弱功利性的焦虑心理，同时增加灵活的调控机制，即每隔一段时间允许社会成员离开自己的岗位，回归闲适的状态，进行周期性的调整，这样便有可能对当代人的碎片化进行更好的改善。事实上，纵观历史，有相当多的艺术家就是类似地离开了自己原来的工作，投身审美艺术追求自己久被压抑的旨趣。从弗朗西斯科·巴切柯重返画室，到陶渊明挥笔写下《归去来兮辞》，甚至到曹雪芹家道中落后十年书成《红楼》，他们或多或少地通过这样的方式找到了"完整的自己"。而在集体中，这种举措已经在管理学中得到了实践：在"脸书"公司，员工会得到健康津贴和艺术津贴用于健身和创造，纵然其中有着最大化公司利益的考量，但是这不失为一种两全其美的方案。

在文章的最后，笔者不禁想到，在分析、比较两本著作的过程中，比起可能的有价值的结果，更令人感到惊奇和感动的还是两本著作之间令人惊奇的相互融通之处。纵然有着巨大的时间差距，纵然有着迥异的文化背景，《审美教育书简》和《庄子》这两部著作，在一些根本的角度上解决的是类似的问题。它们都跨越了数个世纪，为处于当下社会的我们提供了思考的空间，这也许就是经典的相互共同之处，也是它们的永恒魅力所在。

观书中百态，拓人生边界

吴　潇　生命科学学院（2021302041038）

【指导教师评语】本文围绕品读经典之益展开论述，作者认为阅读经典带来的改变是多方面的，从宏观和微观两个层面展开论述，有理有据，层层递进，结构清晰，观点鲜明，语言流畅。（哲学学院　余婉卉）

摘　要：经典是人类文明与民族传承的核心之一，阅读经典一方面让人得到文明精华的滋养，另一方面也让个人及至整个社会发生改变。本文认为阅读经典带来的改变是多方面的，宏观上使民族与文明整体生发与汇聚开拓未来的力量，落于细处则使个人读者能一览世间万象，拓宽人生边界。

关键词：经典；阅读；传承与发展；改变

当今时代，文明昌盛，景象繁华，有的人因物质的充盈而欣喜，有的人因重复的工作而麻木；有的人为车水马龙的繁华而高歌，有的人为理想的遥不可及而叹息。但不论是喜是忧，是积极还是消沉，我们的生活唯一不可缺的是书籍。罗曼·罗兰曾这样劝导："和书籍生活在一起，永远不会叹气。"读经典，不只是一时之逸乐，而在于对个人思想文化以至内涵气质的蕴养。人的一生时光有限，资源和精力也有限，想去探索与发现更多的精彩，阅读经典是体验红尘百态，展望万千风景，以至终达"认识自我"的上上之选。阅读经典，是对本民族文化的继承，是推动文明进步的源泉，更是补足自身心灵，拓宽人生边界的道路。

一、阅读经典是对民族悠久文脉的传承

（一）阅读民族的经典，便是在感悟民族的文化

在中华民族源远流长的历史中，曾经绽放过多种多样的思想之花。这些思想的精华在

一个时代里耀眼夺目，并在悠远的岁月中影响深远，香远益清。以中华传统民族文脉为例，因有着 2000 年来独尊儒术的格局，儒家文化在中国文化谱系中占据着鲜明的主导地位。对国人来说，了解儒学是解析自汉代武帝以来古人行为模式，与历史长河中或伟岸或落寞的身影共情并对话的有效方法；于外国人而言，通读《论语》对于理解中国人民价值取向，解构中国传统社会形态有着显而易见的益处。正如中国自古以来便被视为"仁义之邦"，若是对于儒家经典有着一定了解，那么便不难明白"仁义之邦"的"仁义"体现于何，源自于哪。

儒家的"仁"文化的内涵深远，涉及广泛。以《论语》为例，读《论语》，收获的不仅仅是提升个人修养的方法，更是构建仁爱社会及理想国家的优良建议。《论语》中有言："克己复礼为仁"，这是儒家文化对于个人修养的要求，在礼崩乐坏的春秋，这是孔子对于自己的要求以及对世人的期许，而在多元发展的现代，它可以成为我们对自我修养的标杆。"我欲仁，斯仁至矣。""为仁由己，而由乎人哉？"正是中国能在当今云谲波诡的世界格局中不因它国言行而改变自身求索"共同发展"的思想源头之一。孔子说："为政以德，譬如北辰，居其所而众星共之。"① 正是其强调为政者必须关注民主的需求，同时还要宽刑罚而重教化的体现，这也正契合我国对于民主、法治与教育的重视。真正经典中的思想，就是如此深度结合到一个民族文化中的方方面面。翻开一本民族经典，映入眼帘的便是该民族的生存之本、思想之核。

（二）民族经典为读者提供了具有民族特色的处世原则

经典有着滋养人的思想，塑造人的三观，进而确定处世原则的能力。儒家赋予中华民族"见贤思齐""不耻下问"的学习精神，让万千学子与科研者对于真理秉承一以贯之的追求；其"君子爱财，取之有道"的经济理念，保障了广大劳动者以劳动创造价值的热情；而"成人之美""欲立立人"的相处原则，更使接受了该理念者保持着对他人的友善，使互利互助的社会图景有了存在的思想基础。

民族经典中的思想亦是丰富多元的，除儒家之论，道门之理等亦在人的行为与社会运转中发挥着潜移默化的作用。如《庄子》中"安时处顺"的行为方法为作为面对"不可为"之事时的柔性补充；"为善无近名，为恶无近刑"的告诫亦可令人对自身所作所为进行深入思考，从而作出正确的选择。当然，经典的思想要适应时代，还需要变通与创新，从而发挥经典思想之长处。

---

① 出自《论语》。

（三）阅读民族经典增强了民族凝聚力，赋予了民族个体回馈整体之心

"英贤虽异世，自古心相许。"因为阅读民族经典，我们得以知晓自己的曾经，才能拥有开拓未来的动力。《史记》所载"三代余音"让我们明晰了中华文明的源头，诸子行道、列国纷争的画卷向我们阐述着往昔的记忆与和平盛世的不易，太史公的批言跨越时光评价人事对错。这样的民族经典正是当今时代中华儿女走向世界面对未来的立身之本，是激发我们回报家国的动力源泉。

二、阅读经典是确保文明活力的基础

除了本民族的经典，这个世界上诸多民族、多彩文化、万千思想当中，同样蕴含着不可忽视、价值巨大的宝藏。人类文明的发展重在传承，而传承便是依托于后世之人对于先辈探索者所著经典的阅读与理解带来的反馈。

（一）阅读经典是文明宝贵财富的继承，是保证推陈出新的重要前提

现今诸多领域的根基，不少正是先人写下的经典著作。如经济学领域，其整个体系正构筑于一本本经典著作之上：它起源于古希腊家庭管理理论，代表作有色诺芬的《经济论》与亚里士多德的《政治术》。色诺芬认为是否管理好自己财产的标志是看其财产总量是否得到增加，亚里士多德论述的则是家庭关系以及家庭如何致富。《经济论》被认为是最早的经济学著作，而经济学从家庭层次走向社会的标志正是法国人蒙克莱田的《献给国王和王后的政治经济学》，这本书主旨是建议国王运用家庭经济管理的相关办法进行国家治理，在此之后经济学与政治社会活动便变得密不可分。社会活动自然也包括农业与商业的运转，因此也就形成了以威廉·培第的《政治算术》《赋税论》为代表的重商主义与以魁奈发表的《经济表》为代表的重农主义，而18世纪的亚当·斯密正是在仔细研读了这些经典著作之后，按照自己的理念进行了系统总结，最终写下了对市场机制、人的利己心有着深刻剖析的《国富论》。亚当·斯密在书中前四卷解释了全体国民收入的根本来源是什么，以及就不同的时代与国家，说明每年供应全体国民消费的那些资本储备的性质；最后一卷则是讨论君主或政府的收入。这本书成为了现代经济学当之无愧的奠基之作。现代经济学理论的发展大多是对《国富论》的细化与对其中观点的代代改进，这也体现了经典在文明传承与发展过程中无法替代的作用。过去的经典改变着个人，而个人

改变的正是未来。

（二）阅读经典是保持人类价值，确保文明连续性的核心

经典之所以为经典，正是因为它们当中饱含着人类价值的闪光点以及文明的精华。如孟德斯鸠的《论法的精神》中凝聚着人类对于自由的理解与追求，以及对如何实现个人自由的思考与探索；约翰·罗尔斯的《正义论》中展现出人类对社会公平与分配正义的向往与求索；柏拉图的《斐多》闪耀着人类对于生死的通透感悟与对自我价值一以贯之的追寻；席勒的《审美教育书简》流露出人类本初对"美"这一"活的形式"的普遍需要。经典倒映着人类价值的群星，阅读经典让个人得以传承人类价值，进而使文明保持发展的连续性，洋溢进步的活力。

三、经典补天然之不足，阅读拓人生之边界

有的时候，阅读经典并不带有什么崇高的目的，而仅仅是对于自我心灵的一次满足。是那书中的光明驱散了我们心中的孤独，照亮了人生的边界。

（一）阅读经典是对自我心灵的补完

人生而非完人，每个人都是从渺小无知逐渐成长，最终走出自己的道路。而"读书补天然之不足"，在经典作品的海洋之中，我们可能会遇到一座座拥有各异风景的岛屿，也可能会有一次次触及心灵的感动。我曾站在弗吉尼亚号的舷梯之上，注视着"1900"在广袤大地面前静默，又终是放不下自由灵性的天空；我驻足在树荫之下，听着福贵坐在石头上缓缓诉说着生与死的意味；我曾坐在破败酒馆的木椅上，见证着享受酒店老板加冕时堂吉诃德心中苍白无力的幻想；我迎着古巴的海风，凝望圣地亚哥坚毅的身姿与不可磨灭的刚强。我为他们的命运感慨，亦被他们的人格打动，我的心得以与他们的心触碰，从而增长对生命的认知，实现心灵的补完。

（二）阅读经典令人看到目光之外的世界

我生于中国，亦长于斯，我的脚步未曾踏足过远方的山和大海，但在经典中，自有红尘百态与世间万象。我曾漫步于巴黎与伦敦，体悟那个最好也是最糟的时代；我也曾流连

于长岛的海滨别墅，呼吸着喧嚣年代的气息；我欣赏着"大观园"的一角天地，眼眸中倒映封建王朝与家族的兴衰荣辱；我踏足"太阳城"的无暗之地，感受理想国度中的社会形态。这些来自世界各地的光影，让我的人生具有更多绚丽的色彩。不同的人于经典当中会看到不同的世界，看到这些在现实当中与我们有着时空界限，处于视线之外的世界。这也正是我读经典的缘由之一，它滋养了我的心灵，也改变了我的世界。

四、结 束 语

人类的文明是建立在传承之上的，而经典正是先行者们留给后世最宝贵的传承。翻开经典的书页，与民族的先哲交流，和世间的圣贤对话，从而获取滋养，引发改变，使自我的心灵升华，让认知的世界拓宽。这份滋养似水，此种改变如风，于每一个呼吸刹那间，潜移默化地推动着民族继往开来，促使着文明发展进步。而我们个人的人生，正与民族与文明息息相关，随着他们的发展而拓宽边界。阅读经典更是一段找寻自我、认识自我的旅程，在一次次心灵的颤动间，在一片片风景的图卷中，阅读经典，带来了改变人生的力量。

浅谈阅读经典于众人的裨益及改变

吴木子　基础医学院（2021305233100）

【指导教师评语】本文结构清晰，层次分明，内容丰富，可见作者具备较好的文字功底，可读性强。（哲学学院　余婉卉）

摘　要：本文探讨了经典文献阅读在当下社会的重要性及其对个体思想境界的积极影响。经典作品能够通过其深刻的哲学思考和人性探索，提升读者的思想深度，并激发其内在的积极品质。在物质主义盛行的当下，经典阅读有助于个体保持本真，勇于表达真实的自我，并在社会交往中展现仁爱和无畏的态度。这些影响不仅对个人成长具有深远意义，也对社会的和谐发展具有积极的推动作用。因此，提倡并推广经典阅读应当成为当下教育和社会文化发展的重要议题。

关键词：经典阅读；仁爱；社会发展

"这是最好的时代，也是最坏的时代。"

这说的不是英国作家查尔斯·狄更斯笔下18世纪轰轰烈烈的法国，而是21世纪的当代中国。当代中国无疑是最好的时代，即改革开放如火如荼地开展之后，百舸争流，千帆竞发，中国人民已经迈上了建设社会主义现代化强国的新台阶。但是，就在这样一个时代，人们却不得不为了自己的生计所活，时时背负着沉重的负担。人们心浮气躁，无法在内心寻得一隅安宁。其实，只要有一本经典阅读，就可以让我们安静下来，在物欲横流的时代升华自己的思想境界。阅读实在是大有裨益，经典的滋养，更是给我们带来了改变，为人则"仁"，处世不"饰"，对爱无"碍"，经典的滋养于我们的教益斐然，却又远远不止这些，我们自当慢慢发现。

一、为人则"仁"

犹记得上初中的时候，我们学习的第一篇文言文就是《论语·学而》。"学而时习之，不亦说乎？有朋自远方来，不亦乐乎？人不知而不愠，不亦君子乎？"类似的话耳熟能详，但却懵懵懂懂。其实才刚刚十一二岁的学生又哪里能参悟出孔子的深奥道理呢？左右不过是在老师、家长的"逼迫"下学着去阅读经典罢了。也许很多人觉得这样没有意义，只是死记硬背又怎么灵活运用呢？可是阅读经典的益处是潜移默化的。我们在不知不觉中褪去了小学时的幼稚可笑、不讲理，逐渐礼貌友善地对待他人。

有人会觉得，这大概是《论语》等一众经典的教益，可是，孔子曾说："仁者，人也。"人生来即是有仁义的，阅读经典，不过是将我们本来的"仁"激发出来并表现得更明显而已。据杨伯峻先生统计，《论语》中讲到"仁"有109次之多。[①] 由此看来，孔子认为"仁"为核心，任何事情都必须建立在仁道的基础之上。

那么"仁"到底是什么呢？仁，即仁爱，仁善，仁慈等。仁的道德准则要求我们具备友爱和善、设身处地地为他人着想的能力。这样说可能显得略微抽象，其实有很多例子都可以体现"仁"。像早年北京大学季羡林校长放下架子而帮大一新生看包几小时；影视明星江一燕每年前往贫困山区支教；当红歌手韩红将个人所得尽数捐助来帮助他人……这些事例无一不体现着人性中"仁"的一面。而与之相反，在我们身边发生的"黄包学姐"的故事就是一个很好的反面事例，想必大家都已经有所耳闻，我在这里就不再赘述。但我要说的是，在这一件事当中，"学姐"的做法的确是欠妥的。她漠视公共学习休息区域的规矩，缺乏将心比心的能力，被指出后仍不知悔改，实在是不可称之为"仁"。

每年的南京大屠杀纪念日，无数人怀揣仁心，沉重缅怀着逝去的无辜人民。可是总有一些败类，妄图抹黑事实，歪曲历史，实在是令人发指。"上海某高校老师就南京大屠杀一事发表不当言论"一事，仅就这件事而言，主角宋某一着实愧为人师。可是，广大群众早已从经典阅读中了解过历史史实，他们依然是清醒且理智的。无数网友的声讨，官方的处理通报，都告诉我们仁爱的人永远是大多数。阅读经典，我们不仅可以学得知识，还能尽自己的一分力教益苍生，实在不失为一件好事。

---

① 杨伯峻译注：《论语译注》，中华书局 2009 年版，第 16 页。

二、处世不"饰"

在一众花朵当中，我最爱的就是荷花。不仅仅是因为它的馥郁芬芳，也不仅是它的清高，还因为它的处世不"饰"。所谓"清水出芙蓉，天然去雕饰"，这大概就是对它的最好描述。

"读书使人充实，讨论使人机智"，我们在日常学习中，思考与讨论并行不悖。我想，大概是老师们深谙这个道理，才会对我们的"人文社科经典导引"课程采用"大班授课，小班研讨"的方式吧。记得当时老师教授《斐多》的时候，老师为了让我们更加深刻地理解而布置了出演舞台剧的小班研讨题目，我们组负责的就是苏格拉底之死前夜的片段。该幕中，苏格拉底没有登上逃跑的船只，而是毅然选择了承认审判结果，面对即将到来的死亡。剧中苏格拉底在饮鸩身亡的当天，他知道自己大限将至，却依然从容地与学生谈论哲学。苏格拉底说过，一个人如果有了坚定的信念，为了生存而放弃死亡是可耻的。就这样一幕短短的舞台剧，我却从中看到了灵魂不朽，处世不"饰"。苏格拉底作为雅典城邦的公民，始终是雅典的忠诚卫士，甘愿用自己的死亡去换得思想的自由，而这就是对灵魂不朽，处世不"饰"的最好诠释。

处世不"饰"，要求我们诚以待人。当今时代，很多人都热衷于记录自己的生活点滴，到后来，"游览五分钟，摆拍两小时"的景象屡见不鲜，甚至还传出了不少人只是为了满足个人虚荣心而花钱跟豪车合影的新闻，让人哑然失笑。这真的是精致的生活吗？一边摆拍美景、美食，一边与尾款作斗争，现在的人们都太过于修饰自己了。"人之才智但有滞碍，无不可读适当之书使之顺畅，一如身体百病，皆可借相宜之运动除之。"① 真正高级的、让人羡慕的生活是与经典为伴的生活，与其用各种手段让自己显得优越，倒不如处世不"饰"，静下心来在书海中沉淀，受经典滋养，唯如此，方能真正懂得人生的真谛。

"一箪食，一瓢饮，在陋巷，人不堪其忧，回也不改其乐"②，处世不"饰"，实为经典对我们的重大教益，我们当谨遵教诲。

三、对爱无"碍"

"读史使人明智，读诗使人灵秀"，以《红楼梦》为首的四大名著兼具历史性和诗性，

---

① ［英］弗朗西斯·培根著：《论读书》，北京理工大学出版社 2009 年版，第 156 页。
② 出自《论语》。

确实能让人受益匪浅。在其中，对于爱情的描写，《红楼梦》无疑为最。我一直都非常喜欢《红楼梦》这本书。曹公将红楼著成一梦，我为红楼饮泪纵情。剧中对王熙凤的入微刻画，对贾家无限风光的细致描写，都十分地引人入胜。但在我看来，最深得我心的还是贾宝玉和林黛玉的爱情。"这个妹妹我曾见过的"，贾宝玉初见林黛玉时说的这句话，深深地打动了我。宝玉和黛玉的似曾相识，正验证了后来的爱情。

只是，这爱情与其说是唯美，倒不如说是凄美更为合适。在这段凄美的爱情里，可惜了，正如"倾国倾城貌"前面对应的那句"多愁多病身"一般，林黛玉葬花虽美，病骨却成为了他们爱情路上最难过的那道关。贾母担心林黛玉身子不好，恐不适合与贾宝玉成亲，还是身体康健的薛宝钗更合适；更何况贾宝玉不愿入仕，这显然不利于贾家世世代代的荣华富贵，比起热衷于仕宦的薛宝钗来说，林黛玉是这样不入贾家人的考虑范围。纵是弱柳纤纤，风情万种，她却也只能在宝玉成亲之夜含泪香消玉殒。

但是我是那样地佩服他们。

贾宝玉脱胎于下凡还泪的神瑛侍者，他从一个与姐妹们一同贪玩的不谙世事的小少爷成长为一个仅仅因为林黛玉出生时没有玉便摔下"命根子"的成熟少年。从"女儿是水做的骨肉……我见了女儿，我便清爽"到"任凭弱水三千，我只取一瓢饮"的转变，感人至深。而林黛玉则一如那绛珠仙草一般，默默地回应着贾宝玉的爱情。即使最后由于世俗的羁绊等各种原因两人没能如愿，这样凄美的爱情，也依旧被后世代代所歌颂。

三月柳絮，不如我对红楼倾心一爱的痴狂；七月流火，不如我对红楼倾心一爱的炽热。贾宝玉和林黛玉对爱情超越世俗的执着，无疑是给当今的青年男女们树立了典范。其实当今时代的青年们都十分地向往甜甜的爱情，并不是像有些人批评的那样只喜欢游戏的"垮掉的一代"。君不见，当时武汉大学开设恋爱讲座，莘莘武大学子是何等的积极，搭梯爬窗也要听得老师的讲话内容，甚至一度带着武汉大学上了微博的热搜。《红楼梦》等阅读经典告诉我们，对异性拥有爱慕之情并没有什么不好意思，我们理应向往、憧憬爱情。正确树立自己的人生观包括恋爱观，才是我们每个人都应该注意且践行的要事。

"读书的意义，是使人较虚心，较通达，不固陋，不偏执。"林语堂如是说。其实在我看来，阅读的意义远不止此，只不过是我们还没有发现罢了。经典的滋养，阅读的改变，已经给了我们太多太多的教诲，我们也将上下而求索，在阅读路上继续前行。

珞珈山之梦

曾　茜　新闻与传播学院（2021301031010）

【指导教师评语】全文结构合理，逻辑思路清晰，观点表达准确，文笔优秀。通过叙述未来大一学生"小珞"的一段经历，直观地表达了人文经典对于文化传承的必要性，论证方法合理。文章内容结合课程所学，参考的文献资料符合主题要求，从主题到内容符合专业要求，达到毕业论文要求。参考文献引用格式正确。虽不是一篇学术论文，但仍不失为一篇成功之作，内容以及格式符合课程论文要求。（外国语言文学学院　张申威）

摘　要：本文探讨了在科技高度发达的未来社会中人文社科经典的重要性。在2122年的设定中，大一学生小珞经历了一个梦境，梦中她受神秘老人的启示，意识到人文社科经典如《红楼梦》《史记》等，不仅是文化的核心，更是个人全面发展的重要支撑。这场梦虽醒，却深刻改变了她对学习和人生的看法，开始重视人文社科的学习。此文章强调了人文社科经典对于个体成长与文明传承的不可或缺性，即便在科技飞速发展的时代，这些经典著作仍对个人文化素养的提升有着至关重要的作用。

关键词：个体成长；文明传承；教育转型

2122 年，湖北武汉，珞珈山。

周末，阳光正好，大一学生小珞正在校园的小径上闲逛，她已经很久没有像这样漫步在校园中了。2122 年的大学校园，学生已经不需要如从前一般到教室上课，"赶早八"只是先辈们口中一种近乎大学生"习俗"的活动，"大家一起赶着去上课？好奇怪的做法"，小珞想。作为"新科技时代"的学生，她只需在入学前确定好自己的专业，学校系统便会将分配好的所有课程录入她自己的学习系统中。每天，小珞在宿舍打开笔记本电脑，点开老师的录播课程，一天的上课便开始了，如果想体验跟前人一般在教室上课的感觉，也可以打开全息投影，古朴的教室，甚至或吵闹或认真的同学也就在身边，不过都是虚拟的罢了。现在大家已经见不到同学了，老师也只是屏幕里面的一个影像，来大学的目的只有一个——学好专业知识，毕业后适应自己的岗位。

现在的大学是配合着社会发展逐渐改革至此的。20世纪，整个世界处于高速前进状态，科技进步带来的翻天覆地的变化让人们越来越痴迷于技术红利，从人工智能、大数据、区块链等当年的前沿科技出发，大量的资金投入、人才培养与国家支持使得各项技术得到突破性进展，被称为"光速技术"时代。社会的变迁促使了大学的改革，先是加大对理工科的投入，削减文科，到慢慢将学科精简减少大类学习，最后演变成现在的专业细分。经济的飞速发展使得社会只需要专业性人才，若是还如从前一般进行经济系、法学系、物理系等学院制教学，大量庞杂的信息会使学生无法承受，而社会需要的也只是精通某一知识的人才。人们在巨大的信息洪流中选择自己所需要的一部分，在社会上各司其职，让世界高速、有效地运转。从前的人文社科经典因为并不能适应现在的飞速发展战略而成为了边缘性或者消遣性学科——甚至人们消遣也只会选择虚拟游戏，有人预言再过几十年保留着一丝古老气息人文社科经典最终会被人类淘汰，世界正式进入社会井井有条，人们和谐安定的"黄金时代"。

小珞的专业是虚拟游戏服务，生活在新时代并即将掌握这个时代主要的娱乐技术的她，对人文社科经典实在是提不起兴趣，甚至觉得现在就应该取消这一只会让人胡思乱想而并不能促进社会发展的学科分类。

不知不觉中她走到了学校里的居民区，里面居住的都是一些年纪比较大的老师们，也许纯属为了让学校保持一些"人味"吧，毕竟学校现在慢慢地连教学楼都只是摆设，空空剩下一副躯壳。漫无目的地走过一个拐角，小珞眼前突然出现了一个书店。"这个年代怎么还会有书店？要什么东西直接上网搜资源不就好了，读书？读纸质书？"

内心充满疑惑的她走进书店，屋子不大，但却有着不属于这个时代的温馨感。一本本书整齐地放在木制的书架上，从架子上的灰尘可以看出已经很久无人问津了。"也对，现在应该没人会来看书了吧。"小珞想，随手拿起手边的一本书，是柏拉图的《理想国》，她正要放回这一本古老得与自己格格不入的书时，一个沉稳又带着些许老态的声音响起："孩子，你喜欢这本书？"

声音的主人似乎是这个书店的主人，一个白发苍苍的老人。"不喜欢啊，现在谁还看这些书呀。"小珞回答道。

"难道你们不懂柏拉图了吗？或者说，不需要？"出乎意料地，老人十分疑惑。

"前人已经把这本书的内容提炼出来了，我们只需要从里面找我们需要的东西就好了。而且现在也没人需要它啦，'洞穴之喻'一类的，对我们有什么用呢？这都是过去的东西。"小珞随便翻了几页答道。早在几十年前，政府便启动了"文明挑选"计划，集中起顶尖的学者，把全世界所有的文明经典中能为人们所用的一部分挑选出来供大众使用——这或许是文化经典最后的闪耀了。在这之后，没人再提起这些已被时代尘封的书籍，就算是所谓被挑选出来的精华也渐渐无人问津，晦涩的人文内容对现在这样一个井然有序、和谐运转的社会毫无用处，物质生活的极大满足给人带来即时的幸福快乐，大家关注的只是现在和未来——当然是靠技术进步推动的未来。

"孩子，你口中'过去的东西'已经延续了上千年，怎么到了现在就没用了呢？"

"因为现在是最好的时代啊，人们工作有序，用学到的专业知识各司其职保证社会高效运转，物质条件大丰富，不愁吃不愁穿，也有智能虚拟提供任何想要的娱乐活动，这难道不好吗？"

"这些书，这些经典，是文明，是文明的源头，按照你说的，现在应该已经没有文明了。"老人叹道。

"文明的源头？"小珞问，"我们要的是现在，是未来，为什么要去关注人类那些久远的、于现在来看一无是处的所谓源头呢？这些东西，随着时代慢慢消退就好了。"

"文明是有接连性和联系性的，如果没有了文明，人类社会也就没有存在的意义了，你别看现在看起来似乎是人类大进步的时代，一旦文明中断，社会迟早会崩坏。"

"那您可以告诉我，什么是文明的意义吗？"

"在于'成人'。而'成人'的奥义，可以从经典中寻得。"老头郑重道，"跟我过来。"他向小珞摆摆手。

"首先是这一本，《红楼梦》——从中可寻得人的爱恨情感。"

感情？小珞在心里不解，爱恨痴缠只存在与人类很久前的记忆里，现在人们在电子系统中输入自己对伴侣的需求，大数据会自动匹配上另一方，两人就此结合——精准又幸福。

"《红楼梦》是中国封建社会情感的缩影，展现的是连绵不断的感情涟漪。在这连绵不断的感情涟漪中，曹雪芹给各个阶级、各个阶层的人物，都涂上了各自独有的感情色调，而这些感情色调又都经过了作者自己感情的过滤，从而铸成了独特的与社会发展方向相一致的。爱的大蠢和恨的丰碑。"①

"听起来似乎很有趣，每个人都有自己的情感？"

"嗯，书中最精彩的便是宝黛之间'灌溉/还泪'的爱情故事，两人在精神与情感上

---

① 薛瑞生：《大千世界总多情——论红楼梦的感情表现》，载《红楼梦学刊》1985 年第 3 期，第 73~108 页。

的完全一致造就了一场'任凭弱水三千，我只取一瓢饮'①的爱情神话，而封建社会的环境所迫与二人所向往的'纯粹之爱'也酝酿了一部爱情悲剧。除了爱情之外，还有甄士隐贾雨村、贾宝玉蒋玉菡之间的友情，史太君与众孙子孙女间的祖孙之情，甚至薛蟠的同性之情、贾珍与秦可卿之间的'爬灰'之类的畸形之情，等等。总而言之，整部《红楼梦》情感包罗万象，细致入微，真正表现了人类情感世界的丰富和复杂，是人类情感的宝库。"②

小珞不禁有些向往："所以我们人还是需要这些情感的对吗？"

"是的，没有了情感，人不过是一副空壳，在《红楼梦》中，你可以感知到人类社会的细微而隐晦的感情，爱恨别离，痴缠缱绻，这怎么是一个精准匹配的伴侣能够带来的呢？'成人'之一，即为'人的爱恨'。"

小珞心中好像有些许东西改变了，她把这一本红色封面的精装书本放到了自己的包里。

"接下来呢？接下来是什么？"她开始有了期待，这是那些电子屏幕里的网课所不能带来的惊喜。

"'成人'之二，在于'使命'。"老人说道。

"人的使命，是维持社会运转，对吧？或者推动未来发展？"小珞理所当然地认为。

"不，那是你们现在的所谓'使命'，也可以说是社会给你们安排的任务。"老人摇头，"中国历史上有这么一位'使命者'，他叫司马迁，这是他的《史记》"。

小珞接过一本泛黄的书籍，史书在她的记忆里跟无聊的甲骨文没什么两样，在当今这样人类野心极度膨胀的世界中，人们只在乎未来前景有多么美好，当下的每一秒都是"过去"，没什么记录的必要，而且不断更新迭代的技术也在某种意义上记载了人类的"历史"。

"《史记》的作者司马迁本人便是'使命'的诠释者，其父司马谈临终前告诫司马迁，'幽、厉之后，王道缺，礼乐衰，孔子修旧起废，论《诗》《书》，作《春秋》，则学者至今则之……今汉兴，海内一统，明主贤君忠臣死义之士，余为太史而弗论载，废天下之史文，余甚惧焉，汝其念哉！'③ 在被汉武帝狱中处以腐刑期间，司马迁也毫不动摇，自勉道'昔西伯拘羑里，演《周易》；孔子厄陈、蔡，作《春秋》；屈原放逐，著《离骚》；左丘失明，厥有《国语》；孙子膑脚，而论兵法；不韦迁蜀，世传《吕览》；韩非囚秦，《说

---

① （清）曹雪芹著：《红楼梦》，人民文学出版社1996年版，第970页。
② 刘永春，刘洋：《红楼梦的情感世界》，载《兰台世界》2015年第36期，第1006~7744页。
③ （汉）司马迁：《史记·太史公自序》，中华书局1982年版，第3295页。

难》《孤愤》；《诗》三百篇，大抵贤圣发愤之所为作也'，① 历代文人所传承的文化使命也同样内化于司马迁的使命感之中。"

"他们这样做是为了什么呢？"小珞不免有些感动，"这就是人的使命感？"

"对啊，文化的记录，文明的延续，这是根植于人们内心的文化使命感，人之所以为人，就是因为他拥有活着的意义，而这种意义一定是之于民族、国家甚至整个世界的，也就是这种意义，才让人类文明得以延续至今。只是没想到，到了现在人类不过是社会机器运转中的一个个齿轮罢了，又谈何'使命'？"

"我们的世界好像真的不应该是现在这样的……"小珞有些迷茫了。

见她不解，老人继续道："最后，成人之三为人的'根本'，顾名思义，这也是我们今天所谈论的一切的'根本'。"

"这该如何寻找？还是经典？"小珞发问。

"对，咱们从中国儒家文化的核心中去找。你们还认识孔子吗？他对你们而言意味着什么？"老人突然发问。

"嗯……他就像是一种精神符号，我们都知道他，但是似乎，并不明白他真正的意义。"

"《论语》核心为'仁'，即人与人之间的友爱、互助、同情，具体说来，便是'君子坦荡荡，小人长戚戚'之修心、'见贤而思齐焉，见不贤而内自省也'之自省、'君子敏于行而讷于言'的行动，以及'己所不欲勿施于人'之智慧。《论语》中还有许许多多极富内涵的话语，仔细品读，相信你一定能感悟做人的道理。"

小珞第三次接过书，从未感觉薄薄的纸有如此的重量。

"还有最想和你说的，《论语·为政》中曾记载：'君子不器'，这是孔子心中的理想人格，要求君子的学识应该如天地般宽广，而不是像器皿一般，只有着特定的用途，成为片面发展的工具，君子应当'修身''宽厚''仁德'，成为一个博雅的人，而非异化之物。"

小珞明白了，自己就是一个社会的"器皿"，而整个世界只是一个有序运转的机器，好则好矣，却毫无意义可言。

"所以这三本书，爷爷您想告诉我些什么？"小珞心中似乎有了答案。

老人笑了："孩子，我想告诉你的是，你现在是一名学生，是这个社会的未来，然而却如现现今今千千万万的人一般，满足于这个科技高度发达的社会，甘心做机械的一个齿轮。你是不是已经很久没有接触过专业以外的知识了？是不是已经忘记了何为这个世界、这个文明的源头？急功近利的工具主义即使短期内能够推动文明的进步，但文明的源头依

---

① （汉）司马迁：《史记·太史公自序》，中华书局 1982 年版，第 3296 页。

然是文化，是我们人类本身，文明不能在傲慢的技术社会中断，相反地，要不断延续，不断发展，成为我们每个人身体的一部分。你应该作出改变。"

"改变？我怎么改变？文明是一个多么庞大的体系，我该如何寻求？"小珞急迫道，这似乎是一个不可能完成的变化。

"阅读，读经典，这是一切文明源头的核心。《红楼梦》里有人的爱恨纠葛，《史记》中含着无数文人的历史使命，《论语》内有一切做人的根本。再往远了说，还有柏拉图的《理想国》，达尔文的《进化论》，甚至是爱因斯坦的《相对论》和欧几里得的《几何原本》，你应该广泛地阅读人类历史上的经典著作，成为一个'博雅弘毅，四通六识'的真正的人。你或许不能改变这个世界，但是可以改变你自己，从阅读经典开始。"

说完，老人便突然消失在小珞眼前，不止老人，整个书店都开始扭曲，仿佛到了另一个奇异之境，奇谲的景象让小珞不由得闭上了双眼。

当小珞再次睁开眼时，发现自己其实正坐在鲲鹏广场旁边的石凳上。这到底是怎么一回事，小珞头痛欲裂。慢慢地，她恢复了意识。原来今天是周四，她正在赶去教六上"人文社科经典导引"小班研讨课，因为"赶早八"的缘故没来得及吃早饭，便坐在石凳上休息，没想到低血糖便晕了过去，做了那样一个奇异的梦。

不过这并不仅仅是梦而已。小珞心中有些东西似乎被点亮了，起初她一直抵触甚至些许厌恶"人文社科经典导引"这门课，认为学的东西既没用，也占据着她大量的专业课学习时间。但是现在一切都变了。"博雅弘毅，文明以止，成人成才，四通六识"，她看着手中的课本不禁有些感动，"或许我能够成为一个真正的'人'，让未来的世界不那么糟糕吧。"她想，是时候作出改变了，那就从好好阅读今天上的《红楼梦》开始。

小珞继续走在前往教六的路上，回头一看，"鲲鹏广场"四个大字在晨光下微微发亮。

"海运将徙于南冥，南冥者，天池也。"那正是我想要去的地方，她想。

好将一点红炉雪，化作人间照夜灯

鲍子峻　法学院（2021301061025）

【指导教师评语】本文选取中华儒释道三部经典《论语》《庄子》《坛经》，阐释了三部著作带来的何为仁性、何以知天、何为悟性的改变，文章浑然一体，结构完整，脉络清晰，语言流畅，体现作者对经典著作的深刻认知和深厚的文学功底。（文学院　鲁小俊）

摘　要：阅读经典带来的改变，读《论语》而知何为仁性，读《庄子》而知何为天性，读《坛经》而知何为悟性，中华的儒释道三教经典为我们成人提供了精神食粮，构筑了我们内心的文化长城。阅读，是哲思的交锋，是心灵的滋养。阅读经典，领悟其中深意在我们成才成人路上具有重要意义。

关键词：阅读；经典；《论语》；《庄子》；《坛经》

阅读，是一场一个人的朝圣，是一次哲思慧言的交锋，是一个灵魂与另一个灵魂的低语，更是对何以成人、何以为人的追寻。心灵无处安放之时，一腔热血往往会倾向那有着厚重历史感的经典，满腹经纶诉与先辈贤达。而作为中华儿女，我更想谈谈儒释道三教经典给我带来的改变。

面对"阅读"这个人们耳熟能详的命题，诗人杜甫挥笔写就"读书破万卷，下笔如有神"。英国小说家毛姆也曾发出同样的感慨："和书籍生活在一起，永远不会叹气。"诚然，无论是在个人短短的百年光阴里，还是在人类漫长的文明长河中，总有些珍贵的存在值得我们铭记和传承。于人类而言，书籍就是这个独特的存在。

"天不生仲尼，万古如长夜。"前人感慨道，泱泱中华文化，可以说是一半自儒家。《论语》之名下到初学蒙童，上到古稀老人无不知晓。而今，我们仍然会手持《论语》，期望一探仁者的世界，追寻赵普半部论语治天下狂言的真假。犹喜欢鲍鹏山所著的

《寂寞圣哲》，他浪漫而又形象地将孔夫子比作黑暗王国的最后一根蜡烛，哲人之光
照耀四方。

一、何以知人

　　人的仁性何在，论语微言大义地展示了一番仁与礼。《论语》之核，人人皆知，"仁"
是儒家所求，"仁"即爱人，是己所不欲勿施于人，已经不必多说，更是己欲立而立人，
己欲达而达人的兼济天下。放在当下，就是尊重自己的同时也要学会尊重他人，是严于律
己，更是宽以待人。当然，这些也只能概括仁性的一小部分。在《论话》中，"仁"有过
许许多多不同的面貌，在不同的时空不同的时代下出现了无数次。是的，夫子对仁不同的
解释，或许我们会困惑仁的本意，怀疑孔子的"仁"是不是没有"一以贯之"的主旨，
而相反，正好说明了"仁"意蕴的丰富。每一个人问仁，孔子却总给出不相同的答案，樊
迟问"仁"，夫子告诉他"爱人"；颜回问"仁"，夫子却告知颜回"克制自己"，曾子又
总结说，"夫子之道，忠恕而已"。在宋代理学家朱熹眼中，尽自己所能可以称之为忠，推
己及人可以称之为恕，做人之道，忠恕而已。这样看来，孔子的"仁"，又与如今我们所
推崇的"人类命运共同体"有着相似之处，观古而知今。

　　每个人都能从论语中学到许多，子夏向夫子问孝道。夫子反问："色难。有事，弟子
服其劳；有酒食，先生馔，曾是以为孝乎？"① 中华孝道文化便留存于心中。夫子直言
"三人行必有我师"的谦逊，我们便欣然领会谦虚好学的重要。夫子最爱的弟子颜回一箪
食一瓢饮在陋巷不改其乐，安贫乐道的风骨就此烙印在中华士大夫骨中。

　　读《论语》，知人何以为人，之所以区别于其他生物，是因为我们不是只有原始本能。
在我看来，读《论语》是一种不可多得的体验。犹如盘膝静坐于深山中、流水旁，静默，
伫立，品茶。《论语》的字字精华似乎便在这清幽的氛围下，凝练成华，一口清茶便是无
尽仁义。读《论语》更是一次历练，穿梭在儒家伦理正义的字里行间，如同漫步江南烟雨
小巷，体会何为仁义、何为君子，悟透人生而为人的仁性枷锁。"人不知而不愠，不亦君
子乎。君子务本，本立而道生。孝弟也者，其为仁之本与。"②君子的立身之本在字里行间
透露出来，浩然之气充斥于《论语》的字里行间，读《论语》不失为一次灵魂历练。读
《论语》还是一种学习。每每朗诵之余，心中便记下学习为人处世之道，在"仁义"的思

---

① 杨伯峻译注：《论语译注》，商务印书馆1980年版，第15页。
② 杨伯峻译注：《论语译注》，商务印书馆1980年版，第1~2页。

维陶冶下，感悟仁义人心之伟岸，仁义之树在我们心中扶摇而立，树影婆娑。每每朗诵之余，我们会默默记下君子为人处世之道，静悟修身齐家平天下之理，《论语》正如我标题所写，如同一点红炉雪，如同人间照夜灯，如雷鸣，如钟吕，震醒了你我，也如春雨，浸润了被淹没在快节奏生活下人们贫乏无力的心灵。

二、何以知天

谈及庄子，我往往醉心于其浪漫超脱，梦蝶的潇洒灵动，鲲鹏的扶摇而上，老龟的曳尾涂中，不禁让我怀疑庄生是否生活在一个独一无二的童话世界。卢梭说过："人生而自由却无往不在枷锁之中。"① 事实的确如此，人生何处无枷锁，孔子亦画地为牢，自囚于西周礼制的世界。而庄子，却超凡脱俗，不受拘束。如果说以《论语》为代表的儒家思想所关注的是秩序与仁性，那么《庄子》则特别突出了自由和天性。虽然后来荀子曾批评庄子"蔽天下而不知人"，却也恰恰点出了《庄子》一书对于天性的深刻洞见。

初读《庄子》，我们一眼就可知此书不仅是一部讲述玄奥哲理的著作，更是一部语言优美的文学佳作，书中的许多典故寓言大多成为了后人耳熟能详的成语，例如：鲲鹏展翅、越俎代庖、大相径庭、鼹鼠饮河、朝三暮四，等等。可是我们读《庄子》感受最深的还是天性。

天性，顾名思义，是人的个体生命里原初纯粹的那份本真。而当人来到这个世界，便开始了与社会的无穷交汇。在物欲横流的现实之中、在人与人之间钩心斗角之中，生命最容易走向对自己本真的背离，心灵最容易陷入生活世界的困境。而庄子身处于战国纷乱的时代，去与同时代主流思想大家作出不同的选择，他们往往限于思考如何治世，庄子却在思考如何治心，思考如何在此乱世中保留人的那份天性而逍遥于人间。生而为人，自带枷锁，对待这个世界我们自然无法选择退缩逃避，当然也不可能真正地逃避，因而对天性的思考实际上是对世界中的人的个体生命的思考，是对心灵安顿的回答。

人是社会人，离不开社会的存在，可社会又如同枷锁，慢慢消磨人生而就有的灵性。读《庄子》的独特魅力便在于，它可以让我们冲破形对心的束缚，开性灵，通茅塞。人生在世就如庖丁解牛，人世间种种关系的错综复杂往往如同牛之筋骨般复杂，我们可以从庄子中得知，只有遵循自然之道的天性"缘督以为经"，才能在这个纷杂的世界中游刃有余而保全其生。

---

① ［法］卢梭著：《社会契约论》，庞珊珊译，海峡文艺出版社 2020 年版，第 5 页。

三、何 以 开 悟

犹喜欢蒋捷的这首《虞美人听雨》，时光荏苒，不同年岁下我们往往会有不同的心境。无论是少年时的红烛，还是壮年时的漂泊江湖客舟听雨，抑或老年无依时于僧庐回首曾经。每读此词，又总会想起《坛经》，"佛祖拈花，迦叶微笑"，看似平常无奇，却又不知所以，在生活泥泞中忙忙碌碌的我们，总会局限于眼前的如烟利益，只见当下，不见未来，只见树木，不见森林。"佛观一钵水，四万八千虫"见微而知著。不读《坛经》时，未曾理解初见时看山是山，再见是看山不是山，最后看山还是山的境界，只觉玄妙高深。我们会困惑，人的悟性从何而来，是天生带来的，还是可以后天修炼而得？《坛经》告诉我们，人的悟性，天生有之，但是人们的悟性往往被后世的种种烦琐、固执的偏见所蒙蔽，从而导致我们对世界和对自我的认知容易陷入偏见和谬误之中。而读《坛经》，则能以大智慧扫除那些固执的偏见，解封世人沉寂的悟性，从而让我们正确认识世界本然真理成为可能。

慧能讲法，最重要的工作就是打破人们内心的成见，让人们能观到佛法的本然，观到世界的本然。慧能说"经书"，揭示出经典对我们的滋养，他指出，一切经书皆因人而有的工具罢了。因而，后人学习经书，不应把经书作为学习的目的，而应借助它去悟到心中的佛性。所以，经书好比是渡人到达彼岸的那条"筏"，只有"舍筏"才能"登岸"。故遵守经典，也是一种非常不容易察觉的执着。

真正的读书，可以开茅塞，除鄙见，得新知，增学问，广识见，养性灵。正如林语堂先生所言："人之初生，都是好学好问，及其长成，受种种俗见俗闻所蔽，毛孔骨节，如有一层包膜，失了聪明，逐渐顽腐。"[①]《坛经》告诉我们，读经典的根本方法恰恰不在"记"，而在"忘"，得意而"忘"言，破除成见后，我们才能解放自我的悟性。

阅读，是一场一个人的朝圣，是一次哲思慧言的交锋，是一个灵魂与另一个灵魂的低语，更是对何以成人、何以为人的追寻。经典带来的滋养浸润灵魂，启迪性灵，望我们能与经典为伴，与大师同行。

---

① 转引自魏建主编：《中国文学（第六册）》，齐鲁书社 2003 年版，第 343 页。

读以修己

敏锐感性，强化知性，淬炼理性

姜羽晨　马克思主义学院（2021301181031）

【指导教师评语】全文紧紧围绕"感性、知性、理性"三个层面展开论述，并且在层层递进中将经典阅读带给人"敏锐感性的认知，强化知性的能力，淬炼理性的情怀"上升到人类终极追求的高度。无论是在结构还是论述中都显示出很强的思辨能力和逻辑能力，尾段宕开一笔，从说理转为抒情，将读者目光引向闪烁着人类智慧的万古星辰，让人豁然开朗。堪称佳作。（马克思主义学院　卢丽珠）

摘　要：滥觞于 17 世纪，启蒙运动（Enlightenment Movement）在 18 世纪下半叶兴盛，此时的康德是集大成者。在调和怀疑论和独断论中，康德将人的认识能力（人类理性）分为三种：感性、知性、理性，并进行区分和阐释。不言而喻，如何提升认识能力从来都是横亘于人类面前的重大课题，而经典的阅读则不失为解决这一难题的一种优解。不妨从感性、知性、理性三个维度出发，分别考察经典的阅读带来的众多改变之一——认识能力的提升。

关键词：康德；感性；知性；理性；经典阅读

人是生活在目的的王国中的。人是自身的目的，不是工具。人是自己立法自己遵守的自由人。人也是自然的立法者。① "启蒙"（enlightenment）的法语本义是"光明"。意指人类摆脱蒙昧与不成熟的状态，被引导走向光明。其中值得推敲的是"引导"一词的使用，结合当时具体史料可知，"引导"在很大程度上体现为一种文化普及，例如咖啡馆、酒馆的政治讨论、印刷术推广带来的街头小报的流行。虽相较而言，"人文社科经典导引"通识课的开设官方化、制度化色彩较为浓厚，但其本质上同属文化普及。经典的阅读与熏陶亦具备提升认识能力（"引导"）的重要功能，具体内容可以从感性、知性、理性能力

---

① ［德］康德著：《实践理性批判》，商务印书馆 2003 年版，第 95 页。

的提升三方面展开。

一、感　性

（一）感性的定义

德语"感性"（Sinnlichkeit）一词最早来源于"感官"（sinn），与"感官"在形式上的派生关系类似，含义上的"感性"在某种意义上也可以理解为"感官"基础上的派生。在康德哲学中，感性的产生需要两大前提：第一，外在对象的刺激，这是感性的来源；第二，感官的接受能力，主要表现为心灵和心理状态。

（二）感性之于经典阅读

经典书籍作为一种外在刺激物，与其他外在刺激物相比有其自身独特性。首先，书籍，不同于书画或影视作品，经典书籍对感官刺激具有长期性、渐进性，即一般情况下人阅读书籍所需时间较长且随阅读进程推进对书目的理解更加深刻。其次，不妨以刘勰《文心雕龙》中"六观"为评判标准，对经典与非经典文学作品进行比较，不难发现经典书籍在内容上的"通变""奇正"和形式上的"置辞""宫商"具有不可比拟的优越性，《红楼梦》中深沉的人生哲学、时代悲剧和其中诗词歌赋的音韵美堪称一例典型。事实上，阅读真正的经典是内容与形式上的双重满足，因此经典书籍是一种极佳的正向刺激物。从感官接受能力方面考虑，在《纯粹理性批判》中，感性的认知能力被认为是一种先验的存在，即人类与生俱来具备的能力。然而即使天生具备感性认知能力，也并非意味着能够激活感性认知能力。笔者以为，激活感性认知能力有两条路径：生活和阅读。马克思以为，人的本质在其现实性上是一切社会关系的总和，① 人作为社会性动物，不可避免地需要面对各类社会关系，社会关系则包含众多感性因素，因此通过人际关系处理的磨炼，人能够提升自身感性认识。类似于直接经验与间接经验的关系，阅读经典也能间接达到类似效果，读者从《红楼梦》特定情节中的时间空间建构出某种虚拟的"图形"，因此在间接意义上具备了感性的基础，能够体悟人情冷暖，并进一步通过经典观照现实，对周遭的一草

---

① 郑祥福、周志山、陈向义选编：《马克思主义经典原著选读》，浙江大学出版社 2018 年版，第49 页。

一木产生更加细致入微的感受。不妨类比：在生物学中，正常人类有 3000 多个味蕾，然而，这并非代表所有的食物都能够充分刺激并调动味蕾，这恰与人生来具备的感性认知能力类似。正如前文叙述，经典书籍在"六观"尺度上具有广泛而突出的优越性，好似某种鲜香俱全的美味佳肴，能触发并调动味蕾产生多种层次的独特味觉体验，对个体感官的刺激全面而深入，充分调动先验存在的感性认知能力。某种意义上，感性认识能力的激活也是一种感性认知能力的提升，即通俗意义上的"感觉更敏锐"，更能体察到外界存在事物的多面性和层次性，同时为理性与知性的认知提供前提和可能。

二、知　　性

人们通过"时间"与"空间"形式获得的感性认识并不具有普遍性和必然性，感性只能认识直观材料，不能成为科学，这还必须经过更高一级被称为"知性"的人类思维活动。

（一）知性的定义

康德所谓的"知性"是指主体对感性对象进行思维，把特殊的、没有联系的感性对象加以综合成为有规律的自然科学知识的一种先天认识能力。① 如果说感性这一范畴指的是一种被动的接受能力，那么知性作为一种高级认识能力，则更加强调一种主观的能动性，是一种思维的能动构建。

（二）知性与悟性辨析，知性之于经典阅读

康德说："人类知识有两个主干，它们也许出自一个共同的、但不为我们所知的根源，这两个主干就是感性和知性，对象通过前者给予我们，但通过后者被思考。"② 事实上，在东方哲学中也有类似的概念——"悟性"。所谓悟性，是人类认识和理解自然、社会和人生真理的一种能力。笔者认为，悟性和知性类似，强调的是一种将潜在的东西演绎出来的能力，是一种理解能力，而不同于理性所侧重的推理能力（推理是判断的联

---

① 赵建：《评康德的感性、知性、理性的学说》，载《今日南国（理论创新版）》2008 年第 3 期，第 194~197 页。

② ［德］康德著：《纯粹理性批判》，中国人民大学出版社 2011 年版，第 127 页。

结）。然而悟性和知性也有相当区别，知性的运用范畴不局限于人文领域（康德提出"知性"这一概念是最初出于驳斥休谟怀疑论摧毁近代自然科学根基）。由于本文讨论的范畴在于人文社科导引、阅读人文经典，在这一领域知性和悟性有若干相似点，不妨将其综合论述。

惠能和康德分别把悟性和知性理解为一种先天的认知，认为这是人天性中固有的属性。惠能认为常人的悟性多被各种固执的偏见所遮蔽，所以我们对世界和对自我的认识容易陷入偏见和谬误之中；而康德则更侧重于知性本身理论阐释，对方法论层面缺乏论述。因此，慧能所提出"去除偏见"的方法论不失为康德哲学如何提升知性认知能力的有益的补充。经典书目的阅读和学习，本质上是"祛除偏见"的过程。林语堂在《论读书》中阐述如此观点：人之初生，都是好学好问，及其长成，受种种俗见俗闻所蔽，毛孔骨节，如有一层包膜，失了聪明，逐渐顽腐。读书便是将此层蔽塞聪明的包膜剥下。之所以被偏见所蒙蔽，很大原因在于个人生活环境的局限，而经典书籍恰好为读者提供更广阔的思考维度，以宏观格局对事物进行新考察。

三、理　　性

由感性提供对象，知性提供思维对象，两者配合之下"知识"由此形成。然而以十二大范畴编织而成的认识之网并不足以捕捉一切存在。作为现象界之外的自在之物，康德在此树立起"到此止步"的界碑。"我不得不扬弃知识，以便为信念腾出地盘。"[①] 康德对知识赋予了有限性，保证知识并非伪科学，同时也给信仰留下空间。

（一）理性的定义

理性是一种超越"现象世界"把握"自在之物"的先天认识能力。我们的认识从感性开始，通过知性范畴的综合形成知识。但为了追求知识的圆满，人类需要理性发挥作用。理性本身并非知识，但其可以扩展知识；不能直接以知识运用于经验之中，但可以为经验提供泛导作用。撇开康德对于上帝等带有时代局限性的错误理解，"自在之物"中的自由意志、个体信仰等内蕴关乎人类的存在方式和文明趋向，仍具有极强现实意义。因此，提升理性的认知能力至关重要。

---

① ［德］康德著：《纯粹理性批判》，中国人民大学出版社 2011 年版，第 55 页。

（二）理性之于经典阅读

厘清概念后回归阅读经典主题，经典文学作品中的理性往往作为一种隐性的存在，而由感性和知性共同构成的知识则作为一种显性存在。例如经济学理性：清楚自己的目标、能力以及达成目的的方法论，这样的理性并未在《国富论》中单列章节阐述，但作为隐藏的主线埋伏于字里行间，潜移默化地塑造读者的思维，笔者以为，将经济学理性与哲学理性分立讨论并不可取，德·卢戈指出"审慎的经济理性"概念的核心是自然理性概念，将经济学中的理性和哲学理性视作隔如鸿沟实际是一种误解。这一实例亦恰好论证了康德"泛导作用"的深刻内涵，即理性对知识起辅助作用。值得一提的是，与知性判断能力的功能有所不同，理性是推理的功能。因此，知性的认知偏重于判定，一种经验的统觉；理性的认知偏重于推理，由推理连结判断，把判断推向整体。笔者认为，理性将知性的判断无限拓展，拓展到整体性的经验之外的本体领域，类似地，经典作品绝不是作者头脑中的某个构想或身边某些事实的简单复刻，而具备映射时代的特征，这一特征亦带有反映整体性的内涵，与理性达成契合。康德认为，对于理性，我们并非出于知识的目的，而是出于道德的目的去认识它。把握理性不同于前两节论述中把握感性和知性所构成的知识，把握理性意味着把握康德心中神圣道德律，真正的理性法规在道德领域才能建立。幸福和道德并轨，人文主义充分发挥，人不是出于某种意志而被利用的工具，而具备自我反思、自我批判、自我怀疑的能力，成为自身的目的与主宰。

四、结　　语

街灯斑驳一片树影，枝头摇曳一树繁花，捧一部经典，啜一口清茶。不妨让思绪随氤氲开的油墨芬芳恣肆飞扬，追寻某个邈远的时空，赴一场伟大心灵的邀约。揆诸当下，内卷成为社会焦点，其本质上是康德的哲学体系中人本身目的性丧失而工具化，回归人本身的目的提高认识能力，阅读经典不失为一种极佳的解法。阅读经典，敏锐感性的认知，强化知性的能力，淬炼理性的情怀，通过感性、知性、理性真实意识到并占有道德和自由，实现康德的"宇宙的终极目的"，完美诠释所谓经典的滋养、阅读的改变。

从经典中看人性，从人性中看神性

姜宇威　基础医学院（2021305232042）

【指导教师评语】论文论证逻辑严谨，体现出深厚的人文素养、思辨能力和反省能力。（哲学学院　余婉卉）

摘　要：经典作为经过时间长河涤荡而留下的珍宝，其中妙趣不可言表，而笔者认为经典之所以为经典的一个重要原因即为其对人性深刻的反映与讨论。本文即通过对《红楼梦》《论法的精神》与《斐多》等经典书籍的分析从三个方面来讨论和揭示人的矛盾本质：爱的灵与肉中的矛盾、自由的矛盾以及神性欲望中的矛盾。同时也讨论了经典在现实生活中的指导意义：意识到人性的复杂和矛盾，进而逐渐理解和接纳他人，并最终悦纳自己。

关键词：经典；人性；神性

从古至今，阅读的意义被无数古今中外的名家讨论和强调。林语堂说："除鄙见，得新知，增学问，广识见，养性灵。"[①] 顾颉刚则说："寻出一条求知的路。"[②] 阅读，本就是直接与人的精神对话的过程，或追求爽感（例如各种网文），或求索知识，或涤荡灵魂。而阅读经典，就如同品尝酒心巧克力里的那一点点看不到却嗅得出来的酒香，直击人的心灵深处。经典之所以会有这样神奇的力量，我想有一个原因十分关键，同时也是经典的底层特质，那就是都深刻地反映了人性、讨论了人性。挖掘出了经典的底层逻辑，我们就可以按照这样的思路来剖析经典，借此对我们的实际生活和处世方法产生实际的影响，而不仅仅停留在近乎形而上学的感性层面。

---

① 林语堂：《论读书》，载《申报月刊》1933 年第 2 期，第 71~75 页。
② 顾颉刚：《怎样读书》，载《艺术品鉴》2021 年第 4 期，第 62 页。

一、爱中的灵与肉——《红楼梦》中人性本能的讨论

《红楼梦》作为一本在国内外都地位崇高的名著，其中最为人津津乐道的内容就是贾宝玉的"多情"，那一句"我见了女儿便清爽"更是体现了宝玉的"博爱"，而这"博爱"之中的"真爱"和作者重点着墨的便是宝黛之间的情爱。一直以来很多读者醉心于宝黛之间的爱情，他们的爱是前世的缘分，更是今生的因果，最后高鹗续写的"宝黛之殇"的悲剧更给人留下了深刻的印象。按照现代很多青年人的观点，真正的爱情就应该是如同这般命中注定、灵魂互补，先有精神之爱，而后顺理成章的大婚，最后是肉体之爱、性之爱。而《红楼梦》中宝黛的"神仙爱情"是这样发展的吗？不是的。真正和宝玉有肌肤之亲的反而是在精神和灵魂上没有那么契合的袭人，其实书中还有一些细节和暗示表明宝玉和其他丫鬟之间也没有那么清白，反而按照世俗观念最应该和宝玉有肌肤之亲的黛玉一直只是和宝玉有情爱而没有性爱。我在这里仅仅讨论一下宝玉的第一次"偷尝禁果"，那便是和袭人的"偷试"。书中宝玉在宁国府秦可卿的卧室里梦游太虚幻境后和警幻仙姑学习了"云雨之事"，之后便与袭人"偷试"，原文中一个细节值得推敲："宝玉亦素喜袭人柔媚娇俏，遂强袭人同领警幻所训云雨之事。"贾宝玉一向是喜欢袭人柔媚之姿的，他不吝于表达自己对于肉体之美的爱，也不吝于追求和黛玉的灵魂相通之爱。在他看来，爱的精神与肉体是分开的，灵魂之爱在书里只有黛玉，而肉体之爱却不只一个，由此看出宝玉对爱的态度是：灵之爱具有独一性和排外性，而对肉体的欣赏和本能可以是自由的。

贾宝玉作为曹雪芹塑造的主要人物，可以说宝玉对于爱的理解基本也反映了曹雪芹对于爱的看法。让我们从其中人性的角度来看爱的灵与肉，人性本就有性的欲望，正如道金斯所说："基因为达到生存目的会不择手段。"让人在性爱中产生愉悦感和沉溺感是基因生存的手段之一，而按照这样的理论推下去，灵之爱也应该是"多多益善"才符合逻辑，我想在这里就展现了人性的矛盾一面：既要追求爱的纯粹和排外性，又要追求爱的目的——繁衍。在爱欲方面，人性是矛盾的，而这是否证明人性的本质就是矛盾的呢？这个问题我将在讨论过人性的其他方面之后再得出我的结论。

二、自由之欲——万物有"法"，人性中"法"

"神有神法，物质世界有物质世界之法，高于人类的智者有智者之法，兽有兽法，人

有人法。"①孟德斯鸠如是说。《论法的精神》开篇即点出：法无处不在。这个法是什么，其实就是规则。存在即有形，有形即有界，界塑法，法为界，所以所有存在的事物无论于精神上存在还是物质上存在都不能逃离一个词——法，而自由本身就是存在之物，按照苏格拉底三段式推理：世间存在之物有法，自由是存在的，所以自由有法。

在此处，既爱欲之后人性中追求的自由方面矛盾也就出现了：我要无边界的自主权即自由，而自由本身有界定，所以我们永远得不到纯粹的自由。但在要讨论人性自由之欲之前，我想先暂且将人放在一边，来聊一聊孟德斯鸠所说的自然法。

在这里我想我有必要提及一点，经典之所以为经典，绝不是因为经典无一错处，所以对于《论法的精神》中的一些论断我不得不阐明一些认识上的错误。首先是和平是否自然法的第一要义（"和平是自然法的第一要义"）。和平不可能是自然法的第一要义，它充其量是维持自然法的动物或者其他群体选择的策略之一，也就是说，如果发动战争与和平相较能更好地维持自然法的秩序，即传递基因（此处可以指个体的基因也可以指向群体的基因组），那么群体或个体就会选择发动战争或者通俗点说就是打仗。说到这里我们回到人性的自由之欲上，人也是自然的一部分，所以我们可以说人类追求自由也是一种策略，这种策略的意义有很多方面，或许是让人在主观上有一种掌控感，或许让人在客观上有决定权，无论是哪一方面的作用无疑都有一个底层逻辑，就是让人能活得更好更久，而人性中对于自由边界的认识也由此得到了合理的解释：有了边界的自由才能让人活得更久更好。

到此我们论证了爱欲方面和自由之欲方面人性的矛盾点，接下来让我们看看苏格拉底展现的"终极"的人性矛盾点——生与死之欲。

三、神性之欲——苏格拉底之"死"是神性之"生"

《斐多》的开篇就记录了一个看似"反人性"的论断：热爱智慧之人应该愿意追随正在死去的苏格拉底。看似荒谬的观点在苏格拉底的论证下逐渐变得合理了起来，他是怎么说的呢？第一，他认为，灵魂与肉体是可分的。第二，真正的智慧只能由像灵魂和精神的东西去领会，肉体往往会限制人对智慧的理解和觉悟。第三，灵魂不灭。由此推出：要获得智慧，就只有"死路一条"。这句话看上去令人忍不住地发笑，而这也是苏格拉底选遵守古希腊法律去死的核心原因。

一直以来我们提到"神"总觉得它比人要高级，是不可接近的存在，但请不要忘记，

---

①　[法] 孟德斯鸠著：《论法的精神》，许明龙译，商务印书馆 2016 年版，第 9 页。

"神"是人脑中的概念，没有了人的思想，神无处可去。所以我们不妨这样说：神是人的一部分。苏格拉底的智慧之处在于他意识到了这一部分，他意识到肉身之死不是人之死，因为人有神的部分，有"反人性"的部分，他相信灵魂不会因肉体之消逝而消逝，神的部分会继承他人性的目的，去追寻智慧。苏格拉底的肉身"死"了，他的神性也随之而"生"。可以说，这是某种意义上的"向死而生"。

至此，人性的爱欲、自由乃至生死的矛盾都被论证，接下来的"人的矛盾本质"这一论断也不是看起来那么奇怪了。

四、人的矛盾本质及现实意义

《红楼梦》中爱的阐释让我们意识到爱的矛盾；《论法的精神》让我们讨论了自由的矛盾；《斐多》又给了人生终极话题——生与死的矛盾，至此人性中的种种方面都表明了它的矛盾属性：人本身的高尚和卑鄙，人所追求的事物的自由与禁锢，世间对立事物的相生相克，等等。让我们回到标题中的"神性"，"神性"是什么？神性就是人性的矛盾面。

当我们意识到了人性矛盾的本质，意识到人本身神性的本质，这世间几乎所有有关人的行为和事物都有了解释：当我们看到有人既贪小便宜又大度的时候；当我们经历不公和善待的时候；当我们在幸运的同时感到不幸时；当我们被人误会和误会别人的时候，我们会懂得：这并不奇怪，这就是人啊，这就是人性本身的矛盾和复杂啊。

其实经典的最大作用就是改变了我们自认为相信和正确的东西，当我们从绝对的童话中的"对"和"错"中脱离出来，认识到神性与人性共生时，我们就会明白，当年盘古一斧子劈开的混沌形成的现在的世界其实没什么本质的变化，它还是一团混沌。认识到人的矛盾本质也是在认识自己的一部分，当认识到自我本身的矛盾性，我们就会发现更容易接纳自己，也更容易理解别人，我们就不会要求自己走极端，也不会要求别人走极端，因为我们本身就是由极端组成的，只有一个极端的那个部分就不是我们自己了。

至此，感谢经典阅读给我的启发，从别人的书中窥见自我并且改变自我，我想这就是阅读经典的意义吧。

最后，我想对所有看到这篇文章的读者说：接纳别人，更接纳自己。

从博观约取中厚积薄发，
汲取多面向迁徙的能力

张宇轩　马克思主义学院（2021301181049）

【指导教师评语】 作者从开阔个人视野、传承历史精神和培养理想人格三方面说明了经典的滋养之效，内容充实，行文流畅。文章引用了许多中西社科经典的片段，同时结合当今实际对其中精神进行了新的解读，显示出作者丰富的积累与深入的思考。（马克思主义学院　卢丽珠）

摘　要： 如果期冀生命的丰盈，就要有不竭的清泉滋养。因此笔者一直热爱着阅读，就这样一页页翻开又翻过，总能触碰到许多思想的花火，看见许多素未谋面的景色。在中西人文社科经典的滋养下，学会从博观约取中厚积薄发，汲取多面向迁徙的能力，体悟阅读带来的改变。

关键词： 迁徙能力；空间；时间；职业；通识教育

一、始于文字，终于远方——指向空间的迁徙能力

人天然具备社会属性，甫一降临于世间，便自发抑或是被动地参与了与社会的无尽交互之中。这本是拓宽生命半径的良机，然而，心灵往往因物欲横流的现实生活走向对自己本真的背离，头脑每每因错综复杂的人际关系陷入内外矛盾的窘境。人生的格局便这样囿于一己悲欢，失去了在地平线之外眺望的姿态。

春秋战国时期，王权衰落，诸侯称霸；诸子争鸣，百家蜂起。以《论语》为代表的儒家呼唤仁性，试图挽狂澜止逆势；以《庄子》为代表的道家则高举天性旗帜，深刻洞见个体生命中最朴素自然的那份本真。

那个时代，大风起兮云飞涌，江山逐鹿竞称雄；六韬三略指兵锋，纵横九州笑谈中。

墨子破云梯、商鞅入西秦、孙武克楚国……多少思想家都在著书立说渴望照临四方，庄生却反其道而行之，梦化蝴蝶，不肯曳尾涂中。他的目光落在"治心"，他在思索如何破除形的束缚进入道的世界，保全自己的天性而逍遥于人世间。庄子对天性的思考，实质上是对社会化的"人"作为个体生命的思考，是对心灵安顿的回应。

哲学史上有被誉为终极命题的经典三问：我是谁？我从哪里来？我要到哪里去？但是，当局者迷，当我们已置身于"人"这个状态里，完全客观正确地解答这三个问题便已成为奢求。普罗大众因此选择假设、虚构、臆想——而这往往成为各种宗教的滥觞。

庄子无疑是特别的。他似乎格外擅长将自己与俗世凡尘剥离开来，超脱于现实，以一种旁观者的姿态观望生活：俯则以生命视角视寰宇，去除人类的固有属性，花草鱼虫万物有灵，宏富世界光怪陆离；仰则以宇宙视角视人、社会与国家，将人置于时空的维度，以其无穷超越性映衬人类之有限，如《庄子·则阳》中所述："有国于蜗之左角者，曰触氏，有国于蜗之右角者，曰蛮氏，时相与争地而战，伏尸数万，逐北，旬有五日而后反。"① 读罢只觉得，换一个姿态远眺，人间纷争竟是如此滑稽可笑。

《庄子》的独特魅力不仅在于其想象天马行空、笔法抑扬捭阖、行文汪洋恣肆，更在于它力图破除对心的束缚，打造出了一个有别于眼前凡尘的世界，从而使得个体进入一种艺术的生命。

通过阅读《庄子》，收获达观的人生态度，突破现世的枷锁，走向心灵自由的非功利的世界，纷繁芜杂与众声喧哗似乎都离我远去，我开辟出一块崭新的精神疆土，凝望到一片广袤开阔的空间；我向比现实更远的远方跋涉，终于窥得平芜尽处——原是春山正好。

二、始于过往，续于新章——指向时间的迁徙能力

在浩浩历史的烟波中，有一部史书，拨开过往的雾云，拂去岁月的烟尘，让每一个历史人物都如同镜鉴，清晰依旧；用一腔热忱将千载风霜揉进皇皇五十万字，酿了香茗一杯，濯了人间百世。

千秋功过，皆在青史。司马迁青年立志，壮游山河。跟随他的笔触，我溯源而上，感知时间的长河缓缓流淌：在舜和禹的善治中看见美德，在越王勾践的经历中学到隐忍；在孔子故里追慕先贤，在汨罗江畔感受屈原的家国情怀；在乌江之畔记取项羽的英勇，也反思他的败亡……"究天人之际，通古今之变，成一家之言。"② 司马迁的历史意识深邃厚重，心灵却细腻缜密，因而由他流泻到笔下的文字，也就充满了多层次多曲折的感情与经

---

① （晋）郭象注：《庄子注》，中华书局 2018 年版，第 162 页。
② （梁）萧统编：《文选》，上海古籍出版社 1986 年版，第 1847 页。

验表达，无法用单纯听故事的轻松态度来对待。

感慨最大的便是《史记》所承载的使命传承精神。张骞作为外交家以毕生精力两次出使西域，始终牢记武帝交予他的神圣使命，终成凿通西域之伟业；孔夫子将自己视作中华文化的传承者和复兴者，以上天赋予自己的责任为动力；《文心雕龙》的作者刘勰，亦以自七龄之梦至逾立之梦的转变，坚定道出追随孔子的决心；西楚霸王项羽少时立豪言，发惊世之语，在历史演进的关键时刻一展英雄使命……更罔论司马家族史官的一脉传承：他们以自己的姓氏为荣，以整个家族的使命为傲。昨日笙歌昨夜月，当时醉眠当年酒，都已被他们细细密密地织进民族记忆的锦，裁成华夏熠熠生辉的裳。

"如何读《史记》"是一种试图穿越两千年时空距离的努力，我试着去触碰那些明确影响他终极生命价值建立的事件。太史令本来只是一个普通的官职，许多人都做过，却唯独司马迁对这份工作给予了高度的重视，以至把它变成一种"vocation"——这个词在英文里有一种宗教式的意涵——是一个"calling"，是更高、更神圣的声音召唤他去实现生命的意义。[①]

司马迁没有辱没这份使命。他开创了以纪传体记载历史的一代先河。《史记》全书翔实生动，从黄帝到汉代，有本纪、世家，也有许多底层人物的写照。他用笔锋为我们刻画每个脚印中的甜辛悲喜，拂去每处积藏在角落中的微尘，似擦亮一盏心灯，让我们清楚地看见历史沧桑的注脚。后辈人在读《史记》时，带着这份澄明，只觉前途也被涤荡得清晰。

使命担当，渊源有自，余续绵延，至今未绝。立足当下，眼前蛟龙入海，嫦娥升天登陆月背，华为引领 5G 时代——发展科技促中国腾飞，这是尖端科技工作者的使命；而不久前地摊经济成为"人间烟火""中国生机"，这是普通人在平凡的岗位上恪尽职守，正如水滴之于汪洋、细胞之于躯干、齿轮之于机械，他们从来也都是社会有机体的根基，坚守着自身的使命。我们不忘初心、牢记使命，勤勉躬行，赓续中华民族一以贯之的使命感，于是平凡的力量就这样凝聚起希望的光芒，开启时代崭新的篇章。

若说历史是飘散在风中的低吟浅唱，那么《史记》便是捕捉这轻喃絮语的网。司马迁将其深深拓入薄宣，镌进青简，让那吹拂千古的清风，在开卷的一刻仍能掀动后辈的心海层浪，让属于民族的记忆奏出绵邈的长歌。

三、始于专长，成于博广——指向职业的迁移能力

漫谈了这许多，归根结底还是要回到一个话题——成人与成才。教育的本质乃是培养健全的人，就这一意义而言，通识教育即为本然的教育。倘若一味突出专业教育，固能为

---

① 杨照著：《史记的读法》，广西师范大学出版社 2019 年版，第 5 页。

各行各业输送一批学有所攻、学有所长的专业型人才，却同样易于造成受教育者的单向视野。理想的人格，理应文化素养与科学知识兼备、微观体察与宏观视野并存、感性情怀与理性思辨相依，拥有关于"人"的身份认知、历史回忆和未来想象的自觉意识及探索能力。这种意识和能力在人类漫长的历史进程中，以经典的方式留存、传播和通变。通识教育是时间和逻辑的起点，因而必然也必须是经典阅读。

跳脱出稍显狭窄的专业领域，突破阅读对象固化的藩篱，走近那些素未谋面的著作。

谁引导我们走向自由？在法国这片广袤的领土上，有高耸的埃菲尔铁塔，星型广场矗立着的凯旋门，哥特式风格的巴黎圣母院，还有无数先哲们，没有被淹没在历史车轮的滚滚红尘之中，而是用思想的呢喃给后世以警醒，用行动的刚毅给后人以启迪。例如孟德斯鸠，安然端坐于其中，留下一本《论法的精神》，描摹"自由"的轮廓。

谁又在字里行间呼唤理性？环视我们所处的世界，马路上车辆川流不息，道路旁高楼林立；暮色降临，华灯初上，都市的街巷灯影婆娑，分明是一场流动的盛宴。一座座城市涌动着奋进的渴望，也寄托着整个社会经济的蓬勃生长。当大多数人沉醉于市场这个精巧设计带来的福利，亚当·斯密更进一步，以理性的思维剖析财富和繁荣背后的原因，深刻洞察市场的底色与初心。一本鸿篇巨制《国富论》，将钟表的表壳透明化，让机芯的脉动映入我们眼帘。

读《论法的精神》，从三个层次领悟自由之精神；阅《国富论》，从经济学角度修习如何树立理性思维，在约束条件下寻求最优解。从学有所攻、学有所长，到所学非其所用、所用或非其所学，我在浩如烟海的典籍中了解不同知识的内在统一性和差别性，探索不同学科的智慧境界和思考方式；我在润物无声的文字中，认知自我存在的意义，懂得尊重所有生命与文明的价值。

经典著作，往往因奇辞奥旨而平添几分晦涩，更遑论语言天然造就的文化门槛。《文心雕龙》以骈文写成，堪称炳烁联华、玉润双流，我起初读来却只见其诘屈聱牙；《论法的精神》《国富论》理论阐释深邃厚重，我却因对外国社会历史背景认知的匮乏而备感梳理逻辑之艰辛。然而，经典作品自有其美学力量。它们穿越地域和时代，跨越专业的壁垒，在每一次未曾预期的阅读中释放自身的独特能量以及复杂性。我因为阅读而见证寰宇的浩瀚，觉察自己的渺小，于是油然而生丰盈自我的热望。

经典的滋养究竟带来了什么样的改变？思接千载中，指向时间的迁徙能力让我通古今之变化；心游万仞里，指向空间的迁徙能力让我破外物之束缚；走出专长的桎梏，指向职业的迁徙能力让我绘知识图谱，悟思想先声，见多维世界。

从博观约取中厚积薄发，汲取多面向迁徙的能力。唯当我们在阅读时默默汲取每一寸养料，最终方能发出一茎永恒的芽，于无色处开得一树葳蕤蓊郁的花。

对阅读经典所带来的认知改变的思考

蒙　堃　计算机学院（2021302111481）

【指导教师评语】本文符合文体要求，准确把握观点，有敏锐的生活洞察力，思路清晰，对于课上所学的经典文本有较为深入的思考。作者充分利用自己理科专业的优势，将科学的理性与人文的思考相结合，碰撞出了独特的火花。内容翔实，逻辑严密，有自己独特的思考。（文学院　曹建国）

摘　要：对世界的认知有许多方式，阅读是其中较为特殊的一种。尤其是在阅读经典的过程中，通过领略迥然不同或者独树一帜的观点，我们对认知世界的水平将得到提升。本文从人对世界的认知方式说起，将其分为印象式理解与逻辑式理解，论述了在这两种不同的理解方式下，阅读经典所带来的对认知敏感性、横向与纵向理解水平的提高，进而让世界观得以完满，并阐述了阅读经典可以使世界观再扩大，然后再完满，形成封闭的认知循环进步。最后补充说明了阅读经典能够从印象多极化和逻辑严谨化两个方面，来提高认知敏感性以及横向与纵向理解水平。通过以上线性的论证思路，链式证明阅读经典对认知水平提高有重要作用。

关键词：经典阅读；世界观；认知循环；认知接纳

一、人的认知来自对世界的印象式理解与逻辑式理解

认知是人对世界的认识与理解，但这里的认识与理解并不是单单地说物理学上那样要把对世界的认识追究到分子、原子甚至夸克，非要将世界严谨的量化。人的认知应该说要

分为感性与理性的。在这里，必须对感性与理性作出解释。席勒在《审美教育书简》便有说过，人是有冲动的，一种让我们身内的必然转化为现实，另一种让我们身外的现实臣服于必然的规律，① 其实就是感性冲动与理性冲动。不得不说明的是，"身内的必然"与"必然的规律"是什么？前者来源于人对世界印象式的理解，而后者来源于人对物质关系的逻辑式理解。人在出生时懵懂无知，谈不上任何感性与理性，但自从人通过感官获取世界信息的那一刻起，人其实就已经开始理解世界了。这时的人获取的大量的关于这个世界的信息以记忆的形式产生人的印象，这就是印象式的理解。当人发现这些印象相互之间有着某种相似又不太契合时，人就会去寻找其中的规律，这种规律不随人对世界的印象改变而改变，是对所有人对世界印象的统一描述，这便是逻辑式理解。可见，当现实出现与印象相重合时，人就会因契合先前的印象式理解而产生感性冲动；当现实与印象式理解契合得不那么好却又存在些相似时，人们就会利用先前逻辑式理解中的规律去阐释这一现象，便产生了理性冲动。由于人们对世界的理解总会把现实与过往进行比对，因此我将上述的直接获取世界信息的"印象"称为过往印象，将为解释过往印象而生的用一般规律间接获取世界信息的"逻辑"称为过往逻辑。

从上述对认知的解释来看，阅读是一种获取信息的方式，而且不难理解的是，阅读应是一种特殊的方式。书籍可以在任何时间任何地点产生并记录下人的思维甚至思想，这意味着通过阅读来获取信息的过程可以超脱时间与空间，如此对人的认知将是大有裨益的。当然在此之前，我们得保证经典其实与人的过往印象或过往逻辑有某种契合方式，但我不会在此论述这些方式有什么，我会在认为这种契合方式是真实而广泛存在的情况下，论述阅读所能带来的人对世界认知的裨益。

二、阅读经典提升我们对世界的敏感性、横向理解水平与纵向理解水平

即便我们不得不承认基因对人秉性的重要作用，我们也不能忽视后天对人的塑造。在这里我不会讨论在基因与环境塑造下的阅读能够得到什么，我将假定一个人天生就是"空白"，在家庭及社会的塑造下，一个人的阅读能够得到什么。

首先是对世界的敏感性。《庄子》记载了庄周十分深邃的思想，而且是平常人难以想象的一种思想境界。庄子对自然的思考十分深刻，例如顺其自然，无用之大用，大小之辩等观念，都体现出庄子对世界观察的独到，既有细微性又有整体性。说有细微性，是因为

---

① 李建中主编：《人文社科经典导引》，武汉大学出版社 2021 年版，第 224 页。

"顺其自然"的观点发现了自然世界中不易被人察觉的规律——自然之所以呈现在你面前是如此的，是因为自然本就是顺应变化而生的；说有整体性，是因为"顺其自然"的观点是来自对自然整体规律的观察。当然，还有像无用之大用，提示人们从另一个角度去看待问题，这是人们难以察觉的细微性；像大小之辩，鲲鹏之大无法数计却依旧有所凭依，这一观点突破大有大用的旧说，观照物的各个方面，有着一定的整体性。就阅读《庄子》这本经典而言，我们可以领略古人对自然的思考。效仿古人，我们可以在认识世界的时候从整体把握，又从细节切入，这样，无论我们再次接受任何一种维度的信息，我们都能从先前的印象式理解与逻辑式理解中找到相似，以此便能提高对世界认识的敏感性。

阅读经典往往能促进横向与纵向理解水平。我们以《史记》为例，其中记载了各种各样的古人的传记，有帝王，有大臣，有将领，也有一些大事记。史书记载历史，意味着史书是试图包囊时间长河的东西，阅读史书显然能突破当下世界对信息获取的时间限制。这意味着我们获取的信息不再只来自我面前的这一个世界，而是包括过去的无数个世界。从获取信息的范围上来讲，这无疑是增大了。阅读得越多，横向理解水平也就因为我们对世界的横向印象变多而提升。当然，这不仅仅限于横向理解水平的提高，而且有纵向理解水平的提高。还以史书为例，当我们阅读时关注于时间长河的一个节点时，我们就可以对其进行深究。如《史记》中记载的《项羽本纪》，项羽只是时间长河的一位匆匆过客，他对人类社会而言有着重大影响，但对无尽的时间长河而言却无比渺小。这意味着我们对世界的横向理解是没有穷尽的。人在横向理解世界时，往往能收获一些与印象或过往逻辑相契合的信息（我们可以俗称为感兴趣），这便是人对世界纵向理解的开始。假如一个人对项羽的事情感兴趣，我们可以说是有关项羽的事情契合了这个人的一些对世界的过往印象；当然，也有人会带着目的去研究项羽，那是一种遵循过往逻辑的人对项羽产生了兴趣。从"阅读"项羽中人们能得到什么，这就是仁者见仁、智者见智了。当然，我们不妨以《项羽本纪》为例，来探讨其是如何带给人们一些共有的对世界的认知——特别是纵向理解水平——有促进的东西。

《项羽本纪》记载了项羽的一生：项羽出身并不平凡，乃是将领之孙，年少便有雄心壮志，跟随叔父项梁起义，后来项羽继项梁位，与刘邦争霸天下，却不料最后自刎乌江。许多人都赞同项羽想要称霸天下的野心，但为何最后放弃卷土重来而自刎？我们姑且解释为项羽有的是雄心而非野心，四面楚歌大破楚军让项羽雄心受损，便无颜继续活下去，可是项羽的内心真就如此脆弱？接下来我们会考虑项羽自杀的更深入的原因，我们可能会想到生命的意义，活着的使命，是否因为什么而终结了。也许最初项羽的雄心是为了推翻暴秦的统治，造福百姓；也许项羽觉得刘邦更适合成为一代君王；也许项羽想与虞姬一同赴死……我们永远找不到正确的解答，因为即便是史书也不能记载一个人的内心想法。但我们在这样的思考当中会如同在与一个历史人物对话，会不断地摸索这位历史人物的内心，即便凭借印象式理解与既往的逻辑式理解往往并不能真正探究这位历史人物的真实内心。但这时我们会注意到，我们在用既往的印象与逻辑去探究时，由于用既往的理解对历史人物以及历史事件进行契合的过程中，会渐渐发现一些不符的地方，这是自己既往印象的缺失与既往逻辑对世界理解的不足，因此我们能发现不足并得到如何去改善这些不足的提示。这样的过程使我们对世界的认知趋向入微的水平，所以对世界细节的认知体现出深邃性。如果说这样一种纵向理解水平的提升使得我们对世界的认知变"满"，那么前文提到的横向理解水平的提升使我们对世界的认知趋于"完"，而敏感性使这种"完"与"满"能够对接起来，这样世界观便可趋于一种圆的形态。由此我们对世界的认知才算完满。

以上以史书来例证阅读经典对人的横向与纵向理解水平的提高作用，但这种作用的来源不局限于阅读史书，我在这里只是试图以更具体的几个例子来说明阅读经典对我们认知的重要作用，事实上，我是用这些具体的例子来提供一种对阅读产生的作用的分析方法。我们在阅读任何一本经典著作时，都可以用敏感性、横向理解水平、纵向理解水平三要素的方式来分析其作用。总而言之，阅读所能带来的对我们认知世界的改变无疑是巨大的。

三、世界观的完满与再扩大——阅读带来的认知循环

在阅读的时候，尤其是阅读经典的时候，我们常常会有一种自己知识储备不足的感觉，这种感觉其实源于经典著作往往具有的深刻的思想性与带有的作者的主观理解。在此，不得不说明的是没有谁的理解能认为是最接近于客观的：任何人对世界的印象式认知与逻辑式认知都是受曾经获得的信息的影响的，而因为没有人能获得所有人获得的信息的总和甚至说获得广泛世界（指不局限于当前时空的、人所生活的广义世界）的信息的总和，如此一来任何人的理解都是片面的，尽管我们的目的是尽可能地全面理解世界以及人们通过分工合作各自理解世界的一部分并将其保留下来，一个人的认知却始终因为最起码是生命长度的限制而做不到绝对全面的理解，也就是说我们只能让我们的认知尽可能地趋于全面。当在这种分工中，某些人能够做到超出其他人的深刻认知世界，那么这些人便可被称为专家了。由于人们各自分工的不同，导致人们互相传播自己的理解时，对方往往会觉得新奇，因为这些观点对这个人来说是与自己的过往印象与过往逻辑所不符的。但为什么在日常生活中，我们不会总是觉得自己能够获得他人新奇的理解呢？这是因为日常生活中的人们处在一个相似的环境，相似的环境能够塑造相似的过往印象与过往逻辑。这样，阅读经典在其中发挥的作用就凸显了——经典往往记载了不同环境下的、往往有着不同于读者过往印象和过往逻辑的大家对世界的、人们往往所忽视的独到的见解。这样，阅读经典所能汲取的智慧之大就无须多言了。

上述正说明了经典之所以成为经典有着一定的理由。比如《国富论》，当贸易出现时，人们并不理解背后的经济原理，人们只是在用过往印象去理解这一现象，甚至于在古代中国有着重农抑商的政策。但是亚当·斯密用理性的眼光看穿经济学原理：他从人是自利的出发，引出市场中存在的"无形的手"。多数人可能对于人的自利问题持有批判态度，并且要追求人的他利性，实现人的德性，这种多数人的观点被广泛接受的原因在于这种观点的实现有利于全人类的进步，这显然是好的。但在看待现实问题的时候，尤其是探究一些现象背后的原因时，斯密抛开这种批判思维，反而去接受现实甚至包纳现实，于是他才能找到他人所找不到的东西。他于是成为了专家。我们不禁提出疑惑，人们在分工中试图尽可能全面地理解世界，但为何从斯密的事例来看却发现多数人的理解并非尽可能完满的？这便是我想要讨论的关于世界观的完满与再扩大。

其实笔者在描述阅读经典时总有获得新知识的感觉，正是一种世界观在伪完满的情况下的再扩大。需要说明的是伪完满的世界观来源于人们对世界理解过程中存在的心理上的蒙蔽，或者说世界观本身对人在横向宽度与纵向深度方面的欺骗性。由于人们总希望趋于认知上的完满，从而自动地让自己对世界的过往印象与过往逻辑形成闭环，并选择性忽略不完美的地方，这就产生了伪完满的世界观。如果我们用圆来类比世界观的话，伪完满的世界观会认为自己已经包纳了整个世界，殊不知他人的与自己的伪完满的世界观是，夸张点说，甚至不相交的，于是这意味着世界应该仍在更大的范围中，而伪完满的世界观只是其中的一小部分。大家的经典著作所蕴含的世界观往往就是独立于常人世界观之外，或者准确点说与常人世界观的交集很少，因此，我们在阅读经典时就有了一种获得新知识的感觉。约翰·罗尔斯的《正义论》之所以被认为是实践哲学史上的一个"轴心式的转折点"[1]，就在于罗尔斯用更加独到甚至说更加完满的世界观去阐释正义，这突破了常人的世界观，进而人们对此十分推崇。我们不妨具体来分析一下，在过去，功利主义正义推崇符合社会最大利益的社会正义，但不得不说这引发了一些社会问题，比如自然灾害后物价飞涨极大地刺激了商品再生产，这是符合社会利益的，但为了社会利益我们能选择忽视灾害后受害人的生存利益吗？用罗尔斯的话而言，这是不符合处于社会地位最不利者的最大利益的。因此，为了实现社会正义，罗尔斯提出了正义原则，一是让所有人都有平等的自由权利，二是获利最多者的获利应该最大限度地符合获利最少者的利益并让这种不平等所联系的职位对所有人开放。可以想象到，在这种原则指导下，灾害后的物价是不允许飞涨的，这给解决这种社会问题提供了一种方案，并且这种方案在功利主义流行的社会里是新颖的，因为这种方案的世界观与通常的世界观不契合。但这种提供新方案的方法无疑使得人们的世界观不再局限于原来的范围之中，如果人们接纳了这种新世界观，那么世界观就

---

[1] 李建中主编：《人文社科经典导引》，武汉大学出版社2021年版，第294页。

扩大了。如果人们本身处于一个伪完满的世界观中，在这种情况下接纳了新的世界观，那么世界观就再扩大了。

值得注意的是，在对那些再扩大的世界观接纳的过程中，人们会由于此前从未或极少研究这一认知方法而需要将其再完满化，但这一完满化带来的仍然是伪完满。例如，在马克思提出科学社会主义之前，人们总是认为资本主义社会是好的，这是因为伪完满世界观具有欺骗性。而科学社会主义提出后，人们的世界观就被刷新了（比喻世界观的再扩大），并且这种新的世界观是不完满的，因此中国人在实践的过程中不断研读《共产党宣言》《资本论》等经典并将这种世界观完满化。可以从这样的例子中看到，阅读经典带来的改变是一种认知的循环，让我们在世界观的伪完满中再扩大，然后再完满，再扩大，反复循环。也许别的获取信息的方式也有类似的作用，但我想说明的是，阅读经典在这方面，通过不同认知方式或者说世界观的相互传递，达到了一种明显的认知上的良性循环且进步的效果。这应该就与林语堂先生所说的"一人在世上，对于学问是这样的：幼时认为什么都不懂，大学时自认为什么都懂，毕业后才知道什么都不懂，中年又以为什么都懂，到晚年才觉悟一切都不懂"[1] 是有异曲同工之妙的吧。

四、阅读经典带来认知接纳中的印象多极化
与认知反省中的逻辑严谨化

在上文的论证中，我们讨论了阅读经典对认知水平与认知完满性的作用，接下来我将对在阅读经典的过程中，经典所能带来的、在印象认知与逻辑认知两个方面的具体改变，作一些补充。前文提到阅读对人认知世界的两种方式——印象式理解与逻辑式理解——都起着重要作用，那么阅读经典在给这两种认知方式带来改变时，是如何让对世界的认知敏感性、横向与纵向理解水平提高，进而使世界观完满化与再扩大的呢？

我们知道，过往印象来自对世界信息的直接接纳，而过往逻辑来自过往印象的一般规律，在阅读经典的过程中，我们会直接接纳经典的印象，同时也会思考这些印象与过往印象有什么联系与规律，并试图去改善过往逻辑。这样就产生了认知接纳与认知反省。

例如，《红楼梦》写了主人公贾宝玉的爱情故事，其中的爱恨情仇直接给我们带来了新印象。我们会直接接纳它，特别是当我们认为其中的爱情与过往印象中的爱情相似时，对过往印象有增进作用。但先前说到，每个人的主观理解都是不一样的，虽然曹雪芹在写这篇小说的时候是什么样的心态我们无从得知，但由于这种不一样是肯定的，并且这种不

---

[1] 林语堂：《论读书》，载《申报月刊》1933 年第 2 期，第 71~75 页。

一样所带来的与过往印象之间的差异越大，读者在接纳了这种印象之后，印象的外延就会越大。我们不否认差异过大的时候，读者就无法接纳了，但正因如此，读者所接纳的印象都是连续的，这使得过往印象会在不知不觉中由量变产生质变，在部分保留先前的印象的过程中又产生不同于以前的印象，这就是印象多极化。可能某一名读者在读《红楼梦》之前对爱情的理解可能比较接近罗密欧与朱丽叶式的爱情，在读了《红楼梦》之后，对其中的宝黛的爱情能够接受，于是他就知道了世界上另一种可称为知己式的爱情。当他读了《呼啸山庄》后，又接纳对希兹克利夫的爱的印象，然后他把这种复仇式的爱也称为爱情……这样他就会对这个世界上的爱产生多极化的认知印象。

当然，人并不会一味地接纳印象，事实上，他还应该会去思考背后的逻辑，或者说去比对其背后的逻辑与自己的过往逻辑。就刚才的《红楼梦》而言，如果宝黛的爱情与读者的过往印象有着较大的不符，读者就会很自然地思考背后的合理性，或者说以自己的过往逻辑去衡量这种爱情的产生是否符合规律。如果人们心底里是选择接受这一种观点的，那么人们往往会用一种符合自己过往逻辑说法来解释这样的印象，并补充自己的过往逻辑，使其更完善。如，为了解释宝黛的知己式爱情，我们会去探究宝黛生活的社会环境与家庭环境，从这一点出发，我们就不难解释这一印象了。并且，在这一解释的过程中，我们不知不觉地对自己的过往逻辑作了补充，社会环境与家庭环境可以通过塑造一个人的性格来塑造一个人的爱情观。这样的过程，严格来说，算是自省的。于是，过往逻辑便在认知反省中严谨化了。

在印象多极化和逻辑严谨化这两个作用下，人对世界的横向理解拓宽了，纵向理解加深了。直白地说，就是看得多了，知道得就多了；思考多了，认识就深刻了。同时，在阅读经典的过程中，对新观念的不断接受，也在提高认知敏感性，由此，认知便在不断地趋于完满，直至下一次再扩大，然后就是认知上的循环进步。这样一来，阅读经典所产生的对认知作用的过程就清晰了。

综上所述，阅读经典对认知世界带来的改变即便不一定是巨大的，至少内在的潜力是巨大的。尤其在当今信息碎片化的时代，我们接触了太多当下社会的零碎印象，要想塑造成熟的感性思维与理性思维，阅读经典这样获取连续信息的方式无疑是一种好选择。

经典是思想融合的载体，
阅读是文明纠偏的渠道

彭佳琪　生命科学学院（2021302041102）

【指导教师评语】本文的文学体裁偏向小说、剧本。写作视角独特，语言流畅优美，观点独到鲜明，能够将所学知识融会贯通于文章之中。（哲学学院　余婉卉）

摘　要：经典，指具有典范性、权威性的，经过历史选择出来的最有价值的，最能表现该领域的精髓的，最具代表性的，最完美的作品。经典往往具有极高的可读性，作者的思想在其中熠熠生辉，而读者的思想又与其碰撞，进行具有个性化的再加工与再创作，以产生精神上的进步。阅读作为这个过程中不可或缺的一环，实际上是一种思想交流的载体。通过这种交流，我们通古识今，收获知识，增长智慧，借鉴前人的经验而自省。而对于社会来说，这更是一个重要的发现和解决问题，及时纠偏的渠道。本文借由一个未来背景的故事对阅读与思想交流的关系作出讨论，并期望引发对阅读意义的思考。

关键词：阅读；经典；美学；传承

一

法则在崩溃。这是这个时代人们说得最多的一句话。

每个人都知道，"那一天"就要来了，尽管没人说得清它，或者说它会怎么出现。可是焦虑的气息还是飘过林立高楼的间隙，乘着长途飞梭机在行星间穿行，引出一片哗然的惶恐。就连首都星最新的画展，主题都变成了"末日畅想1023"，展厅里满是盘虬的曲线，混乱的散点，灰色的废墟和飞尘。

还有，像素化失真的模糊和寂静。

二

"问题越来越严重了，阁下"，助理抱着厚厚一沓仿真纸页，那是刚刚传过来的各地情况，办公室终端像伤了胃似的吐了一个半小时的杰作，"第三星系最外侧的几个居住行星都出现了严重的认知混乱，造成不小的损失，这种情况如果再持续下去，地方控制不住。还有一个坏消息，科学院的人说，荒漠最边缘的陨石带明显变窄——"

"这是什么？"艾文·卡拉扬，有史以来（如果有的话）最年轻的第一星系办公室主任，抬手打断助理先生絮絮不绝的汇报，拿起最上面压着的一张全息屏，蹙眉扫视上面的信息。

"噢，这是安全大厦刚传来的消息，叛军首领 X 今晨落网，目前关押在 I32 的……少管所里。"

"少管所？他们又在搞什么鬼。"

"阁下，他本身就是脱联状态，我们查不到他前几轮的信息，而且按照规定，只要本轮年龄不超过 21 岁，都是符合未成年人保护法的，马上就要大选了，这个时候，您身上不能出现任何疑点。您放心，一应措施都已经安排下去了，咦？"助理突然对着终端上跳出来的一条新消息眨了眨眼，抬起头说，"那边说，他要见您，有一条有关'那一天'的'重要'消息"。

谢天谢地，艾文心想，大选还能不能进行已经是个疑点了。

"现在就去"，他说。

三

如果任何一个 21 世纪的人来到这个时代，一定会震惊于这个先进到奇幻的世界。数千层的高楼间蛛网般彼此相连，中间穿插着飞梭车专用高架，围绕着一个个巨大的街心公园，像巢里拥着一颗颗卵。在这张网的最顶端，往往是这个城市的中心区，比如星系办公室、星球办公室，比如安全大厦，比如系统能源站。

第一星系办公室是所有 3 个星系的首脑，办公室主任及各职务都由大选选举产生。实际上，大选很少出问题，而且理性往往对此事相当热衷，而感性通常漠不关心，他们更愿意去尝试新的果酱配方。用著名画家张小花的话来说——他的最新一幅作品是"末日畅想

27"——操心那个干什么，他们都一样，反正不会有哪一任办公室主任能想到修改一下营养剂的口味。

是的，不知道从什么时候流行起新的性别分类法：理性清楚地知道自己要什么，能力有多少，怎么达到预期，从不做多余的事，就像是《国富论》中提出并最终被经济学进行部分修改和明确的非利己性的纯粹理性，是国家机器运行的重要齿轮和科学院出品营养剂的忠实拥趸。而感性自由散漫、无拘无束，除了必要的法律，没什么让他们非遵守不可的，但他们通常缺乏对事物的具体认识，过于随心所欲，就算是在中央公园开画展，在最昂贵的高楼显示屏上一展歌喉的艺术家们，也会因为突如其来的一阵情绪失踪数天——并且不吃饭。

每当一个人的生命走到尽头，他们会被送去系统能源站的第六间房，随机保留部分记忆或能力（基本上是系统自动判断对这个人最重要的），进入下一轮，星际人的年龄往往前缀轮数。所以不难理解为什么未成年人保护法与轮数无关，主要是大部分人，都不太可能在下一轮初始时，就保留有生存能力和社会意识。接着，经过统一的照料和教育后，经过测试区分性别，获得一个手环式（理性，因为方便）或者其他形式（有些感性也许更愿意吞下去）的个人终端，变成社会的一个成分。

这个社会看起来太正常了，正常得让人难以警醒它正逐渐凸显的危机，直到毁灭的怪兽在深渊中露出形貌。

直到有人发现，这辆高速行驶的列车，已经被看似并行，间距却逐渐增大的两列铁轨，拉扯得几乎分崩离析。

如果此时真的有一个21世纪的人在这个地方，也许能够发现危机的端倪初现——这个世界，没有任何形式、任何意义的书籍。知识的传递与交流在这里是完全客观的，同一件事情，对同类的每一个人来说都是一样的。

四

"现在是2278年7月16日，飞船上的时钟是这么写的，但是我也不确定，因为至今我们已经穿过了两个白洞。不过这都没有关系，姑且按仪器上的日期来算好了。飞船上只剩我了，也许很快我也会死去。我已经用这么多年来所有的研究成果写了一个程序，希望人类能以某种形式永生。该死的黛安娜，她失踪在了那颗冻得要命的星球上，我现在打不开那个文件了，现在这个循环没办法自主学习——"

"我已经译过了，不放心也可以自便，我亲爱的长官。"这是X和蓝色方块一起扔出来的唯一一句话。

透明的蓝色方块把短短 52 秒的视频反复放了 3 遍。第一遍刚放完的时候，科学院高层已经循声而来，一群人围在逼狭的看守所里，和一个著名通缉犯一起看一段不知道是什么时候的航行日志。视频中的人头发稀疏，腰身浮肿，眼珠有严重的病变，肩周和腰椎都有相当明显的问题，看起来非常、非常不健康，如果让系统能源站来给他评等，至少体质上能有 F 都还是因为没有更低的等级了。

"所以，它有什么用。"艾文按下通话器，问对面的少年。

"你相信造物主吗？"X 露出一个十分不像理性的笑。

"那是感性考虑的事情。"

"日志的 37 秒处"，X 瞬间放弃了那个话题，转而开始解释日志的事情，助理迅速调到那个位置，"这里，露出了一串字符。我最后用各种组合方式解析——你们应该能知道我剩下的知识——这是一个坐标，而且是一个，'存在'的坐标。"

"你去过。"艾文肯定地说。

"但是我进不去。准确地说，我打不开。"

"所以，你觉得我可以？"

"我想试试"，X 翻过双手摁在桌面上，"如果我的消息没有问题，阁下在能源站的轮际评等里，您应当年年都是双三 S 吧"？

五

"你也是"，直到两人踏进那个坐标点对应的空间，始终沉默的艾文说了漫长旅途后的第一句话，"而且你已经发现了什么。你试图让我一起来，不是因为我能解决什么问题，而是因为我能做到什么事。你有东西让我看"。

"您真是太聪明了"，X 一边说着，一边触碰着眼前半透明的加密数据流，游刃有余地回头冲艾文眨了下右眼，"跟您聊天真是令人感到轻松和愉悦"。

数据流在他的操作下逐渐解密，他活动了一下手腕，笑道："那位'黛安娜'死得确实不是时候，如果我没有猜错，那份'文件'的缺失就是末日的根本原因，但是我们永远也无法拥有它了，遥不可及的女神。但是在我对比了很多我能打开的数据库之后，我找到了另一个解决办法。或者说，我找到了一些'差别'。"

"根据我的对照，这一部分应该就是'书籍'——真庆幸他们记得弄了一份我们能理解的形式——是'造物主'们用来记录和传递知识的方式，就像能源站的轮回。由于我们的特殊性，这种低效率的知识传递途径从来没有出现过。能源站不会出错，我们继承的都是最有用的东西。而这些，比起我们毫无偏差的记录，更主观，对同一件事，不同的作者有不同的描述和看法，这是我们没有的。从别人的主观里感受客观，获得思考，这也是我们没有的。"

"我原先一直没有想过我们最主要的问题就是理性和感性的割裂，直到我看到这里，对溶解性的美和振奋性的美①的描述，我突然意识到，'我们'的理性过于紧张，而感性过于松弛，就像两条腿朝着不同的方向前进，总有一天会拉伤。"

"所以法则的崩溃，实际上就是由于，用他们的话来说，'严格的循环执行得太久，会在运行中由于各种干扰出现 bug，必须进行修复'。"

"我打算把这种自主修复和自主纠偏的方式带回去，要一起干件大事吗，长官？"

六

这时已经是很多年——但是也没有那么多——之后，星际人都已经习惯了一家家书店在鳞次栉比的高楼里开放，大大小小的中心区里也都建成了图书馆。人们把那段压抑的日子称为浩劫时期，却也已经不再受过去的影响。思想的交流模糊了感性和理性的界限，而许多人开始拿起笔，创造出一个个属于自己的独立思想世界。值得一提的是营养剂产业终于遭遇了前所未有之一大危机，大约是相当一部分曾经的感性写了不少极受追捧的菜谱的原因。

紧邻中心区的一家专卖"浩劫期"书籍的书店门口风铃响了一声，一个身形修长的人走了进来。

"还在卖这些书？"来人对坐在柜台后面，正一脸认真地往红茶杯子里加方糖的老板说。

"大家都愿意看"，依旧年轻的老板用小勺搅匀杯子里的糖，心满意足地喝了一口，"'读经典总比不读好'，卡尔维诺说的。也有不少新作品，不过多数都是对'这些'书的解读和评论，但是写得不错"。

"他们总觉得这些东西会有什么用，不过这也是一件好事，至少有一天他们能发现这确实没什么用，除了某些事情似乎变得更好了。"艾文从标着"大卖！新出版！"字样的书架上拿了一本慢慢翻着。

"你现在真的已经完全不像一个理性了。"

"你是（were）感性？"

"我是人。"X，现在应当叫艾克斯，一脸神秘地冲他眨眨眼。

"我们像他们，但我们不是他们。"

"他们像我们，但是他们也不是我们。"艾克斯耸耸肩，"Who cares？"

---

① 李建中主编：《人文社科经典导引》，武汉大学出版社 2021 年版，第 220 页。

浮尘从此逝，书海寄余生

刘朱颜　外国语言文学学院（2021301021016）

【指导教师评语】 本文行文流畅，结构清晰，文风优美，在阐述大师观点中融入自身的思考和感悟。（外国语言文学学院　包向飞）

摘　要：本文深入剖析了经典文学作品对个人成长及价值观的深远影响。以《庄子》和《红楼梦》等经典文学作品为例，揭示了这些作品如何改变读者的生死观念、自由意志以及对社会变迁和历史兴衰的理解。文中指出，这些经典形象如同精心雕琢的青砖绿瓦，共同构筑了读者的内心世界。通过引述相关经典片段，本文进一步强调了阅读经典文学作品的真正内涵和意义，展示了文学如何成为塑造个体精神世界的不可或缺的力量。同时，本文也倡导拂去被漠视的明珠上的积灰，重新发现和欣赏经典文学的光芒，以照亮内心的万里山河。

关键词：阅读；孔子；庄子；斐多

什么是读书？仿佛是只身游于一城迷雾，一场梦境，容华谢后终于得见春草暖阳。一日读书，一刻读书，便觉皮囊束缚尽数脱去，世界被雨水浇洗过般透彻清朗。读书时，志得意满，仿佛一切都把握在手中，却又常常惊觉，发现自己原来什么都不懂得。读书人总是谦逊含蓄的，我们永远无法触及知识的边界，而其探索和挖掘的过程是绝美的。我读《论语》的儒家风骨，和《庄子》逍遥游于人间世，在《斐多》中审视生命。凡有所学，皆成性格。读书本不带功利性，和任何一篇文字的邂逅，都会长成精神，融入骨血。

一、在《论语》中拥天下入怀

滔滔者天下皆是也，为何知其不可而为之？

楚狂接舆歌而过曰："已而已而，今之从政者殆而！"为何要义无反顾，走进水深火热？

在这礼崩乐坏的春秋，如何力挽狂澜？

公无渡河苦渡之。

夫子驾车，枕风宿雪。转徙于江湖间，周而复始。

只是，一个人走这样长长的路，夫子你，孤独吗？

我读《论语》，循着夫子的足迹，把这乱世走上一遭。

他说他很幸福。我想象阳春白雪，不辍的弦歌。无数个春日，夫子执经讲学，莽撞的子路，贤明的颜渊，思想与灵魂碰撞而熔铸成极致的高妙。"不愤不启，不悱不发。举一隅不以三隅反，则不复也。"夫子的教学法向来高明，学生在独立思考的同时慢慢接触事物的核心，师者再加之必要的引导，如此用心良苦，循循善诱，学生当可最大限度地把握知识的本质。夫子是君子，"如切如磋，如琢如磨"。静心，修德，学习仁，实践仁。我敬佩夫子的义利观："富与贵，是人之所欲也；不以其道得之，不处也。贫与贱，是人之所恶也；不以其道得之，不去也。"① 夫子并不是如后世儒家扼杀人性的正常欲望，反之，他很坦率。荣华富贵人人趋之若鹜，这无可厚非，但一切的一切都要建立在以"仁道"为道德标准的价值基础上。同时夫子认为"久要不忘平生之言，亦可以为成人矣"，所以他分外赞赏颜回，身处陋巷，志犹不改，实乃"贤哉，回也"。

他说他很孤独。黑与白，喧嚣着的呐喊，寂静的无声。鸠兮佞兮，何占鹊巢。凤兮飞兮，无处归乡！这何德之衰的乱世，他是孤独的殉道者。"何彼苍天，不得其所！逍遥九州，无有定处。"② 贤德的人太少了，知音太少了。他老了，无法驾车了，亲人都离他而去了。他的眼睛花了，他不再奢望自己的政治主张得以推行了。小小的窗扉，关上了。

"莫春者，春服既成，冠者五六人，童子六七人，浴乎沂，风乎舞雩，咏而归。"③ 夫子为何说："吾与点也？"他在两鬓霜华拂落，而大志未能舒展之后也是有失意的吧，有时也会想把天下滔滔置之脑后，只在舞雩台上吹吹风，兴尽后一路唱着歌回去吧？

夜，永夜。寂静得像是再也不得窥见天光。

可终究是意难平。

虽不能至，心向往之。"非礼勿视，非礼勿听，非礼勿言，非礼勿动。"④ 大同的、合于礼的、人文的社会。

那是心中的艳阳。浮光掠影的、温柔的幻梦。

① 金良年撰：《论语译注》，上海书店出版社 2001 年版，第 24~25 页。
② 王孺童著：《古琴曲溯源》，漓江出版社 2014 年版，第 27 页。
③ 金良年撰：《论语译注》，上海书店出版社 2001 年版，第 96 页。
④ 金良年撰：《论语译注》，上海书店出版社 2001 年版，第 99 页。

他去写《春秋》，去编《诗》。诗三百，思无邪，鸿篇巨制。政治上失意，那至少留下足迹，让这一生不会轻于鸿毛。

君子之伤，君子之有。夫子的人格，在乱世中沉淀，繁华落尽，愈见真淳。

"知我者谓我心忧，不知我者谓我何求。"①

哲人带着他的雄心去了。黑暗中他驾着车，在历史的长河中跋山涉水。

因为热切地爱着这河山，温暖鲜明得像要融入骨血。爱这人间世，爱这苍生，爱脚下一寸一寸割裂而又饱经风霜的土地，所以"仁以为己任，任重而道远"，从来未曾放松分毫。

颠沛流离，还是年少春风，天下之大，不缺君子。

风雨如晦，既见君子，云胡不喜？

"天不生仲尼，万古如长夜。"

泱泱中华，有这样的君子，这样的民族的脊梁，我们何其有幸。我们如何不满怀感激，满怀敬意。《论语》仿佛是生长于血脉中的割舍不去的情怀，我的秉性在《论语》中养成，冀以尘雾之微补益山海，荧烛末光增辉日月，有一日长成一位君子，如松如翠，意志坚定。

二、在《庄子》中体悟逍遥

我看见庄子。明明已经清贫到骨，却仍"心似已灰之木，身如不系之舟"，只携着他心爱的书卷，在滚烫的三千红尘中固执地守望心中的月亮。

"泉涸，鱼相与处于陆"，我羡慕它们的"相呴以湿，相濡以沫"，而庄子却喟然叹曰："不如相忘于江湖。"当时读的时候极困惑，很久很久之后我才能慢慢意会到，"相濡""相呴"总还是有依附和牵绊，挣扎于生与死的边缘相互扶持，不若汇入河海，剥离出完整的，不为外物所纠缠的独立人格，方能逍遥游于人间世。

我惊叹于庄子一泻汪洋的想象力："昔者庄周梦为胡蝶，栩栩然胡蝶也，自喻适志与！不知周也。俄然觉，则蘧蘧然周也。不知周之梦为胡蝶与，胡蝶之梦为周与？周与胡蝶，则必有分矣。"② 我不禁在想庄子到底是有怎样纵横捭阖的想象力，那样生动而又鲜活地使我明白"物我界限消解，万物融化为一"，蝴蝶和庄周有何分别，我和万物又何尝存在

---

① 袁梅译注：《诗经译注》，齐鲁书社 1985 年版，第 221 页。

② 卢忠仁：《庄生晓梦迷蝴蝶——庄子"蝶梦"散论》，载《华夏文化》2016 年第 1 期，第 53~55 页。

难以逾越的界限。物我本不是割裂的，人性应在大自然中忘我，天真烂漫，无拘无束。

他说"井蛙不可以语于海，夏虫不可以语于冰"。他讥讽井蛙和夏虫的目光短浅，于它们却又有异常的怜悯。井蛙勇不可冲破石井的藩篱，而夏虫也无法挣扎到冬天，去看一看落雪的盛大与宏丽。我们常常难以突破自然和规律的局限。而到底是应该拼尽一切，去抓住枝头散落生长的欲望，还是归去，任一蓑烟雨洗刷平生？我终究不如庄子透彻，我到现在仍未得出答案。

我还在去读《庄子》，读它仿佛冬天饮雪水，冰凉而灵魂清透。我得以把皮囊剥去，只留一颗心，听一个伟大思想家的絮絮私语。文字的力量细碎而又磅礴。我在庄子的文学狂想中渐渐雕琢出自己对人生的感悟，看见败坏与腐烂，也看见瑰丽、从容和盛大。

三、在《斐多》中凝视生命

我抬头仰望浩瀚的穹顶和亘古的星空，也曾迷惘于何为生命与不朽。

我翻阅《斐多》，穿过2000多年，到苏格拉底饮鸩而亡的那一天，去听一场极致的哲学盛宴。

西米亚斯和克贝对离开了肉体的灵魂的存在性问题产生了疑义，苏格拉底用辩证法对此作出了解答，他说："凡有对立面的事物必定从其对立面中产生，而不会从其他来源中产生。"有对立事物才有存在的可能性，一切事物均以相反相成的方式产生，较快来自较慢，较弱来自较强。两个对立面之间的转化需要一个过程，比如睡产生于醒，醒产生于睡。同理，死产生于生，生也自然产生于死。人的一生过完，这就是由生到死，那么必然会有由死到生的过程，这就是灵魂复活。既然灵魂能复活，那么在人死后灵魂仍然存在就是必然的了。"一旦死亡逼近世人，会死的部分就会死，不死的部分则会安然无恙地，不灭地离之而去，避开死亡。"层层论证，他得出灵魂不朽不灭的结论。

苏格拉底说过：一个人如果有了坚定的信念，为了生存而放弃死亡是可耻的。故他宁死不负信仰。肉体已死，精神和灵魂犹然不朽，在历史的长河中一直走向明天的明天。

平凡如我们，或许医生也不会讨论灵魂是否不朽这么高深的哲学命题，可我一直记得文中的一句话："这种男人会热切追求涉及学习的快乐，用灵魂自身的装饰而非不相干的装饰来安顿灵魂，亦即用节制、正义、勇敢、自由和真实来安顿灵魂——就这样等待去哈得斯的旅程：一旦自己的命份召唤就启程。"① 如果不负平生志，如果一生充盈着奉献和燃烧的快乐，那么即使立刻失去自己的生命，我也毫不惋惜。

---

① 李建中主编：《人文社科经典导引》（第三版），武汉大学出版社2021年版，第212页。

　　我嗅得见笔墨芳香，我看见长衫的诗人登高壮观天地间；看见冷雨敲窗，青灯下的史官为历史作注，究天人之际，成一家之言；看见无数文采斐然的青年，用文字描摹出文艺复兴的一缕天光乍泄。我的心充溢着巨大的狂喜，欢欣得仿佛快要裂开。我听见远古的神话，听见风花雪月，听见民国三年的一场雨。孔夫子、庄周、苏格拉底、柏拉图……无数的先贤哲人在微笑，他们的口唇开开合合，无声地汇出那一句话："那么就让你，读你的书去吧。"于战栗中我伸出双手，抓到的却是一纸书页，洁白的纸张轻盈得像是羽毛，又像是漫漫落雪一触即碎。可它已经超越了物质的含义，让我在经典和文字中觅得心安处的吾乡，让我在精神的极乐世界做一场长醉不复醒的大梦，让我得以攀折明月中生长出的青花。

千言如烟日夜诵　万卷火然教做真

王辰妤　法学院（2021301061078）

【指导教师评语】文章紧紧围绕无经典的危害与览经典、诵经典的益处，阐述经典在于"千教万教教人学真，千学万学学做真人"的作用，逻辑严密，结构完整。有对回到经典的呼唤，有对现实的考量。辞藻华丽，语言优美，文学功底深厚。（文学院　鲁小俊）

摘　要：本文围绕阅读经典给今人带来的裨益之主线，选取《庄子》《论语》《文心雕龙》等中国古典名著为例，述说茅塞顿开之后的洞察明智、谦逊彬彬之后的固陋遂明、求知若渴之后的博观独立，三者之间层层递进，只为达到论证阅读经典之所以"千教万教教人学真，千学万学学做真人"的最终目的。尽管"求真"一词仅在第三部分即接近文末处正式点明，但其实则为贯穿全文的主线。如"明智"篇对《庄子》以"真"为文眼的强调、"谦逊"篇对孔子放下身段周游列国之实际目的的暗示，等等。而这些论述，皆是对题眼"万卷火然教做真"的重申与强调。

关键词：明智；谦逊；求真

一、千言如烟，且诵明智摒茅塞

（一）无经典，则惶惶无知

"人之初，性本善。性相近，习相远。"《三字经》依其独到的说理和朗朗的读音在中华大地上代代传诵，更是当代不少家庭为孩子选择的启蒙级读物。吟诵着言简意赅的"人性"本真之言长大的我们，又何曾理解过其真正含义？百家争鸣时期以儒家为首的"性善论"流派，其正确性历经岁月洪流早已湮灭不清，但它同时启示着我们一箴普世至理：天性，乃生而为人最自然纯粹的本真。可待我们呱呱坠地、受着雨露滋养、经历社会影响之后，却在这错综复杂的联系中越发走向背离天性的道路。而读经典，正是对远行天性的补救与挽回。

过分追求麻木无实的物质享受、对真理真知不求甚解浅尝辄止……现代社会附加的如此种种拖拽着我们与初遇人世时的纯粹本性渐行渐远。在此目标渺茫、信念不稳的人生危急之际，回归传世经典、品味名家箴言可谓久旱甘霖。须知若失了日夜诵读经典著作的习惯，则心灵将会终日惶惶，难以澄澈。不仅如此，长时间缺乏对丰厚知识的汲取，也会使人头脑空空，不学无术而只知酒醉金迷及时行乐之事，久而久之精神缺"钙"、内质坍塌、品行不端，甚至从此无法在这世间立足。

（二）览经典，则顽腐渐开

林语堂先生曾感慨道："自由地看书读书……得以开茅塞，除鄙见，得新知，增学问，广识见，养性灵。人之初生，都是好学好问，及其长成，受种种俗见俗闻所蔽，毛孔骨节，如有一层包膜，失了聪明，逐渐顽腐。读书便是将此层蔽塞聪明的包膜剥下……并且要时时读书，不然便会鄙吝复萌，顽见俗见生满身上。"① 唯此金句一言，可谓将阅读经典使人明智开通之功用阐发得淋漓尽致。

身处战国乱世的庄子，今日虽背负着"消极避世"的名号，在当时却是少有的专注于思考如何保全人之天性的奇才大家。正如其代表作《逍遥游》中绮丽的想象看似是个人对纷繁现世的逃避，实则字里行间皆是对天性对心灵的反思探查。笔者将其解释为："反（返）真就是对天性的复归。"诚然，在《庄子》一书中最为突出的字眼便是"真"——讲"真人"，述"真知"，复"真性"。阅读经典《庄子》，可知为人一举一动当顺应自然规律，"纵其天性方能处于自得的境地"；可晓齐物论中"天地与我并生，万物与我为一"之正理；可得破除形的遮蔽才能进入心的通达，心灵自由才能达成真正的逍遥；可见"无用之用"却也有用，所谓"大用""小用"的世俗之别何其荒诞……

---

① 《林语堂散文精选》，长江文艺出版社 2013 年版，第 52 页。

（三）诵经典，则养灵性又明智力乎哉

古有庄生梦蝶尽逍遥，今有读《庄》咏叹天性真。前人已随风而去，只留千言如烟以供后世品味。赏玩之余，不经意间茅塞顿开似的神迹，惊觉浮躁之身早已与经典之境融为一体，浑然不可相分；受累于社会高速运转的步伐也变得沉静从容，全身心只顾徜徉于老庄仙境，与千年以前的著者心有灵犀一点通。郭沫若曾言"千学万学学做真人"，想来此番道理经抚毕《庄子》之"真"，就已在如你我般的读者心中燎燎火然，掀起雾浪千千。

合上《庄子》，想来有远离世俗芜杂的神清气爽之感，恰如神启降临，灵气顿悟，天性回归。再细细想来，发觉随着庄老夫子的脚步，许多虚妄之言于此刻看来不攻自破。不难想见，学问素养越丰，则返溯本性越真；返溯本性越真，则才识博见越透；才识博见越透，则无数浅薄蜇语再难迷惑近身。庄公若在天有知，必不枉费当年化蝶梦一场，逍遥教做真。

二、千言如烟，且诵谦逊挡狂傲

（一）无经典，则妄为自负

"仁义礼智信，温良恭俭让。"言及"五常"之道，通览《论语》者皆知其为立身做人之道德准则，为和谐社会之伦理原则。儒家思想自春秋时期发轫时起即为"显学"之一，后虽偶有波折，但兜转千年仍是当代国人的精神滋养和民族内质。奉《论语》为传世经典，则将"五常"列为不可逾越的底线；视《论语》为无用糟粕，则难履温良恭俭，莫提修身齐家。

古往今来，无论孔子的形象在人们心中如何千变万化，不卑不亢、谦逊有礼始终是其无法否认的本质内核。而与之形成鲜明对比的，是《论语》一书中曾记载过的种种狂妄自大、无理取闹之人。恰如民间谚语所言："人狂必有祸，天狂必有雨。"倘若当时已有《论语》成书传世，辅以上层阶级的赏识推崇，这些"不仁不义"之人的盲目半生可否因此得以见明？他们的悲惨结局又可否由此得以逆转？往事已逝，斯人难追，如上猜想未有印证之日，但其个中道理却无时无刻不在警醒今人——阅《论语》，习谦逊，则万事无不能往也。

（二）览经典，则固陋遂明

"读书的意义，是使人较虚心，较通达，不固陋，不偏执。……幼时认为什么都不懂，大学时自认为什么都懂，毕业后才知道什么都不懂，中年又以为什么都懂，到晚年才觉悟一切都不懂。"① 阅毕《论读书》篇，不禁遥忆宋代禅宗大师青原行思的参禅三境界："参禅之初，看山是山，看水是水；禅有悟时，看山不是山，看水不是水；禅中彻悟，看山仍然是山，看水仍然是水"，想来也有此理。

千年以前，与此二言遥相辉映的，恰有孔子一说"由，诲女知之乎？知之为知之，不知为不知，是知也"。故得无论在人生求识的哪个阶段，无论学识尚浅抑或自觉满腹经纶，都不应称为自弃或自负的缘由，而应折中处之，以"谦逊"二字为佳，始终保持虚心求学、必要时不耻下问的态度，方为"是知也"。意即切勿如韩愈《师说》所提"士大夫一族……彼与彼年相若也，道相似也，位卑则足羞，官盛则近谀"一般搪塞借口，终是失了谦逊之道。

（三）诵经典，则弃偏执及拾谦逊乎哉

谦逊二字，意为不自矜、不浮夸、不倨傲，并认为己之所为或达到水平与他人相较仍属逊色。闻此言，不难忆起《论语·述而》篇中曾记载的孔老先生一句"若圣与仁，则吾岂敢"——毕生以"仁"作为最高追求、为此不惜常年风餐露宿奔走相告、已至被后人奉为"圣人"的孔子，当切身面对这一道德要求时竟坦荡而言"则吾岂敢"！这与谦逊之释义何其贴切，于世人之训诫何其生动！

年幼初习《论语》时，少不更事，不甚理解这本传世经典为何只是出自孔丘身后门人弟子之笔，而未由其本人在晚年著书育人之阶段亲笔记述。而今想来，或许这也正是他为人谦逊的最好例证——从不将自己的言论作为金玉良言用以苛责他人，从不揣偏执之心待人接物以求敬畏顺从，从不自负自大奢求以一人之言贯彻各国理政方针……纵使默默无闻，纵使不被接纳，纵使感怀于天地不公却心有余而力不足，孔子始终严于律己，谦逊待人。否则，也必将同其余大部分诸子百家一般淹没在历史洪流中，更难提被后世代代礼奉直至今日。万卷火然，词句间也似跳脱出这位大家的真正模样：身着草褐，却心怀天地社稷；立于汩汩流水侧，振臂呼呐间携曳满天星斗一同述说着——谦逊之思。

---

① 《林语堂散文精选》，长江文艺出版社 2013 年版，第 52 页。

三、千言如烟，且诵求真破缥缈

（一）无经典，则懵懂盲从

曾在孩提时代、尚未触碰几许书卷是有幸阅至顾颉刚在《怎样读书》中所言："我们的读书，是要借了书本子上的记载寻出一条求知的路……读书的时候要随处会疑。换句话说，要随处会用自己的思想去批评它。我们只要敢于批评，就可分出它哪一句话是对的，哪一句话是错的，哪一句话是可以留待商量的"①，那时便感深以为然。但现实却是，大部分读书人往往只习惯于囫囵吞枣、不求甚解，甚至不加取舍地吸收来自书中的一切知识，而懒于分辨黑白对错，可谓是被"管束了思想"，不知明辨求真，只知懵懂盲从。

若在此时可获经典文学之滋养，可习大家著者之捷径，便不用再受盲目呆板之束缚，而易通求真创造之境界。恰如被誉为"体大而虑周"的文学理论经典《文心雕龙》中，批评论五篇"时序知音"重点探讨的"博观""雅鉴"等良方，不仅能助我们的思维如"为有源头活水来"般活跃着真知灼见，更能培养后辈们勇于批评、长于鉴赏之风，如此一来便不愁吾侪青年腹中空空、随波逐流矣。

（二）览经典，则疑虑愈通

"凡操千曲而后晓声，观千剑而后识器。"将古事揽作明镜，曾有刘勰"博观"而臻"圆照之象"，借明光映照今时，可见从具体到抽象、从特殊到一般之推理良方。读《文心雕龙》，无疑可摘取打破浅知以通真理的经验之谈；学克服"五弊"，诚然能规避贵古贱今、贵远贱近、崇己抑人、信伪迷真和深废浅售以求四通八达的真理箴言。此外，"博见为馈贫之粮"，即学识通泛方可挽救思绪贫乏、文思阻滞之症；"思接千载""视通万里"方可"登山则情满于山，观海则意溢于海"，也便卸下盲从，消解疑虑。

诵读经典，则明晰事理、破解疑虑。刘勰所推崇的博学雅正与我们今日所学人文社科经典导引之内核虽跨越千年却别无二致，皆为培养"振叶以寻根，观澜而索源"的博雅之材。他在著述《文心雕龙》中也时刻以此为戒，处处强调这一良苦用心。顺沿其语，解读其意，可知"博观"使人得以进入"圆照"境界，疑虑愈通；而阅读经典则使人学渊视

---

① 顾颉刚著：《顾颉刚自传》，北京大学出版社 2012 年版，第 51 页。

远，终成"雅正"气概，同研天人真理，同做至情真人。

（三）诵经典，则解束缚而学做真乎哉

著者身份之疑、抄本真伪之争、剧情走向之辩……自《石头记（红楼梦）》面世之时起，似乎早已注定它给代代后人留下的无尽遐思将终世纷纭、不得析辨。听闻红学家们舌灿莲花的理论分析，面对自古以来浩如烟海的典籍文卷，我们何以辨明"甄士隐"那迷蒙未知的真相，又何以论清"贾雨村"那真假参半的言语？孰知其仅语焉不详，抑或为微言大义？谁辨其书红粉佳事，而或叙家国情怀？历史本就难以查证，更何况是自由心证的文学之作？

既如此，何不放下心中无根无据的猜疑和混乱无章的推演，投向蕴藏着无限学理和真知的经典名著呢？明知千言如烟，然来者犹可追，实应为今人后辈先忧后乐，汲取祖辈呕心沥血之作，辅以内化于心、外化于行，怎难日臻"千学万学学做真人"？始觉万卷火然，况死生亦大矣，怎能不诵经典以解束缚，学做真以达万物？今我读《文心雕龙·时序知音》，愧曰无所适从，难言博雅精通，但求学有所用，不为忠言逆耳，不被魑魅迷眼，以慰先灵天高地远、跋涉至今。

我持明智摒茅塞，只求为天地立心；我执谦逊抵狂傲，只盼为生民立命；我扬求真破缥缈，只望为往圣继绝学；我诵千言日夜升，学做万卷火然真，只许为万世开太平，秉经典传国运。

文以缘情载道，沁润人心

魏朋轩　测绘学院（2021302141270）

【指导教师评语】文章从缘情和载道入手，探讨了古今中外的经典文学以及阅读的意义和文化的传承。角度新颖，观点清晰且颇有创新点。内容丰富充实，且能将本学期所学经典及课外经典灵活、恰到好处地运用其中。（文学院　宋时磊）

摘　要：说到经典的滋养和阅读的改变，不得不想到的便是文以缘情，文以载道，文章作为承载二者的载体，与之相融，共创了经典的诞生。这篇文章便是从缘情和载道入手，去探寻文学经典带给我们的滋养与改变。

关键词：文学经典；缘情；载道

一、文学与缘情载道

（一）文学是什么

文学是以语言文字对现实世界的反映与升华。月亮，在科学体格中是"绕着地球转的行星"，而放在文学作品之中，会是"月出皎兮，佼人僚兮"这种优美诗意的表达，给予人们朦胧的美感。杜甫写下"朱门酒肉臭，路有冻死骨"，文学是记录现实的一张照片。但丁在神曲中幻游天堂，走过地狱，文学是星空之上的一片幻影。以诗歌、散文、小说与戏剧为题材，文学为人类辟出精神的广厦。文学经典，便是在文学这个舞台上最耀眼的那颗繁星，不光照亮着文学这座大厦，还将这光常亮着，亮入了万家的内心，洒入了人类生活的历史长河之中，这点点繁星，必将永远璀璨。

（二）何为缘情载道

载道，指文章用来承载道理，传达理念。缘情与载道都是文学自然产生的功能。作者在创作的时候可能寄之与道，也可能动之以情，读者接受的时候，也许悟以真理，也许有感于怀。文学的枝丫会结出不同的果实。正是缘情与载道，让人们在阅读经典的时候，会有自己独到的情感带入，也会有自己独特的阅读体验，这是这样，才会有那一句经典名句，一千个读者眼中有一千个哈姆雷特，想必这就是体现了这个道理吧。

二、圣哲格言明道理，身心格言沁人心

梁启超在《读中国书的好处》中写道：

"我所希望熟读成诵的有两种类。一种类是最有价值的文学作品；一种类是有益身心的格言。好文学是涵养情趣的工具。做一个民族的分子，总须对于本民族的好文学十分领略，能熟读成诵，才在我们的'下意识'里头，得着根柢，不知不觉会'发酵'。

有益身心的圣哲格言，一部分久已在我们全社会上形成共同意识。我既做这社会的分子，总要彻底了解他，才不至和共同意识生隔阂。一方面我们应事接物时候，常常仗他给我们的光明。要平日摩得熟，临时才用得着。我所以有些书希望熟读成诵者在此。但亦不过一种格外希望而已；并不谓非如此不可。"

从这个材料便可以看出来，一个好的缘情作品可以带给人情感体味，一个好的载道作品富含哲理，我们能从中得以成长。

列夫托尔斯泰在他的《艺术论》中指出文艺作品的最主要特征是用艺术家所体验的感情感染人。可见文学的本质是其带来的情感体验。野有死鹿，白茅包之，有女怀春，吉士诱之。文学在年轻男女相遇于朴樕间互诉的爱意萌发，在昔我往矣杨柳依依的哀戚中流传。热烈而直白的情爱、哀恸而郁结的愁思在田间的土壤中灌溉出文学最早的新芽。而在希腊湿润温暖的海风中，盲眼的诗人荷马用恢宏的英雄史诗唤醒西方的文学，这些史诗同样来自人们口口相传的短歌。如果没有对爱情的热望、对苦难的哀诉，如果没有对英雄们无畏荣光的崇拜，对他们悲剧命运的无奈，文学无法来到世上，也无法走入人间。《红楼梦》一文之中充满了对于女性情感的描述，这些情感的描述让这本书里面的女子的情感更加立体并且让我们产生了共情，是情感把我们带入了其中。在第六十三回"寿怡红群 芳开夜宴"中，众女子轮流抓花名签字，暗示书中的每个女子其实代表着一种花。宝钗抓的签名是牡丹，探春抓的签名是杏花，湘云是海棠，李纨是老梅……花是众女儿的象征，雅致自然。① 真可谓是百人百色，举个例子，虽然《红楼梦》的王熙凤给大家呈现的是一种泼辣的形象，但是她在一群女人在的大家庭中左右逢源，坚强生存所体现出的是那一种在当时女性地位不高的社会中，努力生存的情感，给人一种女性力量的光辉。正是这种情感力量，让《红楼梦》脱颖而出，不同的人拥有着自己的情感，这些别样的情感让读者得以体验后，反馈的是一个个鲜明的文学人物，并且也是这些情感的体验，让人们也感受到了情感背后所蕴藏的东西，可能是当时社会的映照，可能是当时社会的一条出路，可能是女性之光，可能是普通人物所迸发的力量。一切的一切都是情感的作用。也正是一部部经典的情感力量汇入了文学的大舞台，为文学注入了新生力量，推动了民族的情感走向了更加广阔的明天。可谓是身心格言沁人心。

周敦颐《通书·文辞》中就有："文所以载道也。"可以看出，文学的另一个功能便是载道，这也是梁启超先生在之前提出的，有益身心的圣哲格言，他会指引我们学到些什么，并且走向何方。作为哲学的巅峰之作《论语》从小在阅读它的时候便可以从中学到许多的道理。《论语》中有："樊迟从游于舞雩之下，曰：'敢问崇德、修慝、辨惑？'子曰："善哉问！先事后得，非崇德与？攻其恶，勿攻人之恶，非修慝与？一朝之忿，忘其身以及其亲，非惑与？"告诫了我们要戒除自己身上的各种戾气，从自身道德的角度出发，不断整修自己，让自己成为一个品德优良的人，这可以看出《论语》教会了我们做人的哲理。《论语》中也有"子贡问曰：'有一言而可以终身行之者乎？'子曰：'其恕乎！己所不欲，勿施于人。'"也蕴含着当今各国提倡的平等的思想，人与人之间的相处是平等的，正如己所不欲勿施于人一样，这些文学经典的哲理帮助了我们成长。《国富论》里有："劳动生产力最大的改进，以及劳动在任何地方运作或应用中所体现的技能，熟练和判断的大部分，似乎都是劳动分工的结果。"从中可以看出，文学经典不一定只包含着对于我们个人的一些哲理，它还包含着对于经济社会，乃至全人类社会的哲理，就比方说《国富论》，仔细研读它可以从中学到更多的对于当代经济社会的看法，并且对于经济社会有着更多的指导作用。无论是个人哲理还是社会哲理，是文学经典让我领略到其独有的风光，从载道中学会道理，运用道理成为更好的自我和创造更美好的明天。

三、文明的传承需经典

著作对于文明传承具有重要的作用，可见，无论是历史发展的快慢与否，文章也是一

---

① 陈芳芳：《中国荷文化在园林中的生态审美呈现》，载《汉字文化》2020年第10期，第193～194页。

直传承着的，本文是从缘情载道来看文学经典，所以现在也会用缘情载道的角度去看待文学的传承。

千百年间，文学踽踽而行，体裁早已不限于直白热烈的民歌，主题也发展出葳蕤的枝丫，但无论技巧如何高超、辞藻如何精妙，在浩浩的文学长河中，留下来的既非道学先生的文章，也非宗教和党派的经典。朱熹在理学上的成就何等赫赫，但当人们想起他的文学成就，却并非任意一个理学理念，而是一句"等闲识得东风面，万紫千红总是春"。明朝归有光这一辈子研究了理学知识，后世记住的却是《项脊轩志》结尾那一句"庭有枇杷树，吾妻死之年所手植也，今已亭亭如盖矣"所寄予的哀思。文学无论走到哪里，跌宕的边界始终是寄文以情。《史记》之所以脱颖而出于其他的史学作品，正是因为它有着强烈的情感，它会为项羽的壮死恸哭，会为刘邦的智谋称赞，这一切的缘情，是《史记》立足于文学舞台上的关键。

说完缘情，再来看看载道。文学创作的最初意义在于传递人类文明，其根本价值便是"载道"。当苏美尔人用削尖了的芦苇秆在泥板上画出最初文字的雏形，他们是用这些符号来记录打猎的数量。再经一代代发展，文字出现了，而与此同时，文学相伴而生。因此，文学从出现开始，其目的就是传递信息，传布思想道理，从而让信息在人与人之间流传，在一代与一代中流传。在刘慈欣的《乡村教师》中，星际舰队的最高指挥官惊讶于一个没有记忆遗传的文明竟会如此先进。正如其中舰队统帅所说："在每代之间积累和传递知识，而这是文明进化所必需的！"而文学创作正是在每代人之间积累和传递知识的最好媒介。这是文学创作的意义，也是其归宿所在。因此，站在人类文明的宏观视角看，文学创作的价值其中所包含的思想与道理，不正是我们所说的"载道"吗？

可见，一篇文学作品，正是有了缘情载道，才会在历史的长河中起到关键的文明传承作用，在历史的长河中，走过的一代又一代的人阅读着那经久不变的经典，这便是经典的魅力吧，它目送我而来，目送我而去，在历史的长河中它依旧在那里，一点点地传承着我们的文明。

四、抛开功利读经典

卡尔维诺也说道，其实文明阅读经典并不是出于某种用途，而是阅读经典总比不读好，可以看出，其实阅读经典并不是我们要出于什么目的去读，而是当我们内心空虚无聊时，阅读经典永远是可以饱腹我们精神世界的最重要的手段之一。阅读经典是什么，是我们在《论语》寻找哲理，是我们在《坛经》中领略宗教的魅力，是我们在《史记》中探寻人类的使命，是我们在《红楼梦》中体味当时的社会风气，是我们在《斐多》中了解生命的真谛，是我们在《论法的精神》中探讨何为真正的自由，也是在《正义论》里找寻正义的足迹。这一切的一切都不是出于功利，而是怀有平常心去阅读经典，学习经典。

五、总　　结

道也好，情也罢，我们从来不是要文学丢掉其一。文学本身是一个能够与你对话的形象，我们不妨想想，当她从日月盈仄、从人间草木、从悲欢离合中走来的时候，她是想与你分享一缕情思，也是想教你一点道理，是我们从文学中得到的道与情。文学的价值究竟在哪里，这份答案无须由我们来传道，只需要大家从诗歌小说，从散文戏剧中去体会。这可能便是经典的滋养，阅读的改变吧。

行文有道，君子有道

覃思元　基础医学院（2021305233003）

【指导教师评语】文章以经典著作《文心雕龙》为例，探讨了何以成人以及阅读于我的意义所在。全文结构规范，立意明确，逻辑清晰。（政治与公共管理学院　曹龙虎）

摘　要：何以为文？博观以为文。博览经典，向外探求未知，将先进的思想凝结于创作中；熟能生巧，向内发展情思，用精练的语言使内外达到和谐统一。何以成人？博雅以成人。如同写文章一般，博雅教育的核心就是培养君子人格，内外兼修。揆诸自身，悟经典之道义，归宁于内心的成长，达到精神成人，映射于外得以形神兼备，显露出君子人格。行文有道，君子亦有道。阅读经典以求其道，常自省，常修正，于经典中获得灵魂的洗涤与淬炼。

关键词：阅读经典；君子之道；写作

一、博观以为文

"粗缯大布裹生涯，腹有诗书气自华。"① 读书可以帮助我们拓展自我的文化视野和提升自我的思想境界，通过读书，充盈自己的内心，从而由内而外改变自身的气质，产生所谓"华"的效果，即：读书人身上蕴含的书卷气。古时候，书籍的内容大多无外乎关于礼，读书时间长，内容广，把书本内容牢记于心，言行自然会受到影响，日常生活中依照书本内容规范自己的言行举止，形成了读书人特有的气质。如此一般，好似腹中的诗书化

---

① 王水照选注：《苏轼选集》，上海古籍出版社 2014 年版，第 24~25 页。

为特别的气质横溢出来，高雅光彩。现如今，这句话也同样适用。读书可以改变人的气质，涵养人的灵魂。由此，读书的重要性可见一斑。

阅读经典之于我，是一个探求未知的过程。对于这本弥纶群言、体大思精的文学理论著作——《文心雕龙》，我早有耳闻，却在这学期的"人文社科经典导引"课堂上才初次与它会面。读《文心雕龙》，试与刘勰为友，以知音之心，觅得几分博雅思想之内涵。正如"凡操千曲而后晓声，观千剑而后识器"① 所揭示的那般，我们需博观博览从而达到圆照之境，继而逐渐培养自己雅正的气质。阅读经典乃是其重要途径，人唯有多读书，才能在森罗万象的经典书籍中寻得心灵的洗涤，文字或清雅，或壮丽，或隽永，或朴实，心有明珠，方能引来阵阵清风。"难易虽殊，并资博练，博而能一，亦有助乎心力矣。"② 如何写作一直是萦绕在我心头使我困惑不已的一个难题，我曾试图探求一个行之有效的方法，然而对于不擅长的领域，我似乎没有头绪，找不到任何出路。如今读到这篇文字，茅塞顿开之感油然而生，未知的领域向我敞开怀抱的感觉，好比天降甘霖于涸泽之鱼，给予了我这一方小小天地去探求解难的方法。

学识广博以成文，即是要求我们博览群书，博采众长。历史已经告诉我们，阅读几乎是人类积累知识文化的唯一途径，而阅读经典，则成了获取知识的道路上事半功倍的途径。人类文明发展至今，历史的浪涛翻腾不停，各国、各民族都产生了自己的传世经典。经过时间的检验和实践的证明，经典之所以能从众平凡者中脱颖而出，其最突出的一个特点，就是它凝结了先进的人类思想，横跨时空的局限。阅读经典，探索先进思想的本质，学习并交付自身实践中。正是如此，在进行创作时，胸中怀有先辈们的思想精神，能够斟酌事理以酝酿文思。欲写水，则生"问君能有几多愁？恰似一江春水向东流"③ 之感；欲写山，能悟"不识庐山真面目，只缘身在此山中"④ 之理。当文思开始酝酿时，纷繁复杂的念头争相萌生，对这些念头加以选择，再用文字对其进行阐释，将我的思想，或者说是我从我所学习并获得的前人的思想上加以融合消化的产物赋施在作品之上，一篇文章便跃然纸上。

熟能生巧以成文。如果不熟悉文章的创作方法，文思迅捷的人也无从下笔。创作文章需要经营考虑，思路闭塞、才疏学浅的人苦于文章内容贫瘠，学识广博、辞采丰裕的人苦于文辞的杂乱。如果说博览群书，增长见识能成为补救贫瘠的粮食，那么，熟能生巧就是才华横溢之人作文的制胜法宝。同时，应该兼具对文章的审美意识和批判意识，寻找和创作遵循内外之美和谐统一的有风骨之作。刘勰指出"风"是作品具有感染力的根源，意味

① （南朝）刘勰著：《文心雕龙》，上海古籍出版社 1984 年版，第 204 页。
② （南朝）刘勰著：《文心雕龙》，上海古籍出版社 1984 年版，第 117~118 页。
③ 《李煜词全集》，长江文艺出版社 2019 年版，第 54 页。
④ 王水照选注：《苏轼选集》，上海古籍出版社 2014 年版，第 159 页。

着我们创作文章需要注重其情志，要将自己的情思融入文章，使文章变得鲜活真实、清新灵动，富含感情。特别要注意的是，文章所蕴含的情感不能是滥情，这样会使文章缺乏生气和灵魂气息，从而变得呆板、僵硬。"骨"则是要求要把话讲得明白不歪曲。刘勰在《文心雕龙》中明确指出"骨"和文辞之间紧密相连，它是支撑文辞的基础和框架。繁复的言辞固然可能会使文章变得华丽，但过度繁芜驳杂难免会使文章落入俗套，所以要求我们作文时语言精简干练，直击要害。如此一般，一篇佳作便能信手拈来。

二、博雅以成君子人格

由《文心雕龙》中博雅理念延伸出来的博雅教育与成人息息相关，其目标便在于培养君子人格。何为"君子"？何为"君子人格"？《论语》有言："君子博学于文，约之以礼，亦可以弗畔矣夫"①，对于君子来说，博学成为了必备条件之一。只有通过日积月累的学习，君子才能够不断地提升自己的综合素质水平。同时，君子也要兼具"雅正"的气质。《论语》有言："君子不重，则不威"②，意味着要求君子具有敦厚的品格，注重自身的气质修养。因此，君子应该是内外兼修，内外皆善的。内里要注重道德修养和知识水平，外表要注意气质和行为习惯。

另外，君子在《论语》中还有着丰富的阐释和内涵：其一，君子要心怀道义，重在人格追求；其二，君子要仁，要爱人；其三，君子要克己复礼，时刻谨记自己君子的身份实施一言一行；其四，君子要有才能，有担当，要敢于承担自己在社会中的责任与义务，不逃避，不畏缩；其五，君子要有胆识，有勇气，有魄力，为达成目标有万死不辞的决心……总而言之，君子要做到仁、义、礼、智、信方能名副其实。仁要求君子仁爱，心怀天下，忧国忧民；义要求君子以义为行为准则，重义轻利；礼要求君子言行守礼，依照礼制约束自身；智要求君子博学广才，敦品达人；信要求君子志存高远，眼界开阔。亦为《论语》所言："君子有九思：视思明，听思聪，色思温，貌思恭，言思忠，事思敏，疑思问，忿思难，见得思义。"③ 意为：君子有九方面事情需要思考：看清楚与否，听明白与否，气色是否温和，面貌是否恭敬，讲话是否忠诚，做事是否严谨，有疑问如何请教，气恼时的后果，得利时是否符合道义。④

阅读《论语》，对我的生活处世态度有极大的影响。我们在大学接受专业教育外的博

---

① 刘兆伟译注：《论语》，人民教育出版社 2015 年版，第 123 页。
② 刘兆伟译注：《论语》，人民教育出版社 2015 年版，第 9 页。
③ 刘兆伟译注：《论语》，人民教育出版社 2015 年版，第 401 页。
④ 刘兆伟译注：《论语》，人民教育出版社 2015 年版，第 401～402 页。

雅教育，正是为了培养我们的君子人格。其不仅仅是警示我要仁爱，要克己复礼，要笃志，更重要的是给予了我"君子讷于言而敏于行"的谆谆教诲。实践是提升素养的根本途径，要做到将这些要求内化于心，外化于行。

三、何 以 成 人

佛家有人生三重境界之说，私以为，成人便也如此。初涉世之时，怀着对万事万物的新鲜感和好奇心去学习和获取知识，用真诚稚嫩的眼光看待事物，看见什么便相信什么，学习什么便记住什么、运用什么。对事物的认知只是流于表面。如果不继续探寻，便是在泥泞中找到一个落脚点即停歇，依赖这一方土地存活。只看得见脚下满是狼藉的渠沟，生怕一失足而坠入深渊，自然无暇顾及头顶繁星灿烂，也囿于困苦而难寻诗和远方，成为了快时代进程下碌碌无为的牺牲品。随着年龄的增长，经历渐渐丰富，看待世界的角度发生了变化，可能会看不清虚伪面具后隐藏着的究竟是真诚的关心还是虚假的伪善，才知人心隔肚皮，一切如雾里看花，似真似幻。山不是单纯的山，水也不是单纯的水，倘若苦苦停留，不再提升自我，劳碌一生也会抱憾。生活改变着我们，我们也在以自己的力量改造世界。或许不必急于揭开人与人间交往的面具，打破心灵的隔阂，只需注重自身的价值，塑造自身完整的君子人格，实现自身的价值，无形中也在与他人一起合作为这个世界共同体作出贡献，或许也算某种意义上的打破隔阂。最后便是洞察世事后返璞归真的释然，也是成竹在胸的体现，看见的不再是外物，而是归宁后自我的内心。这边也是成人和成君子的终极奥义。或许世间种种为我们自由的灵魂戴上镣铐，但也要学会戴着镣铐舞蹈。

时时自省，常常自省。任世事纷乱复杂，我自清风朗月。或许虚妄的只是偏见下的世界，或许他人戴上虚假的面具只是自我有色眼镜的产物，世界恢复本来的面目，这便也是作为君子的要求。君子要用仁义礼智信要求自己，对待世界和他人。成人包括三方面：生理成人、法学成人和精神成人。随时间流逝，终将长大的你我他都会自然迎来前两个阶段，但要做到真正的精神成人，可谓是个硕大的难题。这便要求我们常自省，勤学习，重实践。何以成人？何以为君子？我给不出一个确切的答案。唯有叩问心灵，方能寻得一丝踪迹。

行文有道，君子亦有道。阅读经典，品悟先人的思想精粹，能让我们的文章变得生动鲜活，能对我们行文的思想深度有很大裨益。但或许对于成为君子，恐怕还是要揆诸自身，悟经典之道义，寻找真正行之有效的康庄大道。任何时代，都缺少真正的君子，也呼唤真正的君子。我们这个时代当然也没有例外。成为君子不仅仅是我们对自身价值的期待，更是我们希望自己在这个时代创造辉煌的目标所在。我们的灵魂在漫长人生浪潮中经受洗涤，不管我们来自天南地北哪个地方，最终我们都要回归到无垠的宇宙中去。认识到自身的虚无缥缈和微不足道，才能从心底摆正自身位置，谦虚恭谨，方能更好成人，也成事。而我们所需要的君子态度，能在阅读经典时得到很好的锤炼，正视自己与先贤的差距，学习并领悟本本经典著作中那希望能熏陶自身，洗涤灵魂的内容，从而使自己的内心丰盈充裕。

君子之道，正存在于这样的经典著作当中。

阅读中的"你"和"我"

张　宽　弘毅学堂（2021302031012）

【指导教师评语】 文章分享了学生对于课上阅读经典的独特感悟，从《庄子》《红楼梦》到《斐多》，学生从"所以兴怀，其致一也"、横看成岭侧成峰、千秋胜负在于理三句诗阐述自己阅读三部经典的不同感受，表明阅读经典对自己的影响与启迪，是一篇不错的文章。（哲学学院　苏德超）

摘　要： 文化的代代相传，文人雅客总是发出相似的感慨，王羲之发出千古一叹"所以兴怀，其致一也"，跨越了时间和空间，引起读者与作者的共鸣；从"少年不识愁滋味"到"而今识尽愁滋味"，站在人生不同的阶段的观景台，我们看到相同的风景，也会发出不同的慨叹，"温故而知新"也是文学著作的魅力所在；"一片树林里分出两条路，而我选择了人迹更少的一条"，真理的探索也是经典吸引读者的一大原因，历经时间的大浪淘沙，经典里的真理光辉却更加耀眼。

关键词： 经典阅读；真理探索；古今对话；文化内涵

《反脆弱》书中涉及的林迪效应，明确表示："对于会自然消亡的事物，生命每增加一天，其预期寿命就会缩短一些。而对于不会自然消亡的事物，生命每增加一天，则可能意味着更长的预期剩余寿命。"而阅读经典则属于后一种，经典的书不会因为时间的改变而湮灭，对于不同时代的人都给以智慧的启迪，同样他会给予一个处于不同阶段的人以不同感受。

一、所以兴怀，其致一也

"鹏之徙于南冥也，水击三千里，抟扶摇而上者九万里。"① 《庄子》中的大鹏展翅，

---

① 《庄子》，三秦出版社 2017 年版，第 1 页。

我的第一印象是壮美恢宏，仿佛目之所及一只大鹏乘风而动。而作为婉约派的李清照，同样有过相同的感慨："九万里风鹏正举，风休住，蓬舟吹取三山去。"① 同样，在诗仙李白的奇思妙想下，在诗仙的酒中，在"大鹏一日同风起，扶摇直上九万里"②，其诗中逐渐融入了庄子的超脱："人生得意须尽欢，莫使金樽空对月。"③

小班研讨课上，我主要查阅了苏轼与庄子的契合之处，苏轼一生出入儒、释、道，在各家之间撷取其精华，最终熔铸入苏学的铜炉，他词作中表现出的乐天达观和闲散随性的人生态度，尤其与庄子思想契合。"公驾飞车凌彩雾。红鸾骖乘青鸾驭。"④ 面对友人的离去，苏轼没有表现出强烈的悲伤，而用飞车、彩雾来将悲伤一扫而空。其中的豁达与庄子《养生主》中"安时而处顺，哀乐不能入也，古者谓是帝之县解"⑤ 的安贫乐道不谋而合。苏轼在穷困之时以自我开解来表达自己的自适情怀。在《齐物论》中庄子提到了："天地与我并生，万物与我为一"⑥ 天人合一的精神境界，"但愿人长久，千里共婵娟"，由天上到人间，由明月到怀思，时空融合，苏子巧妙地将思念之情上升到对于人生的探索，人、自然、宇宙的契合，可以说达到了天人合一的境界。在《定风波》中："归去，也无风雨也无晴"⑦ 同样是一种宠辱不惊，旷达潇洒的境界，达到了"至人无己，神人无功，圣人无名"的境界。在苏轼溘然长逝后，苏辙在其墓碑上留下了："初好贾谊陆贽书，论古今治乱，不为空言。既而读庄子，喟然叹息曰：'吾昔有见于中，口未能言，今见庄子，得吾心矣。'"苏轼将庄子融入自己的思想境界，又加入了自己所处时代的特征与个性气质，熔铸成自己的性命之学，实现个人的超越。

而明代的徐渭则采用："庄周轻生死，旷达古无比。"并且以庄子为榜样，认为他是"高士"，在现代，闻一多曾评价："中国人的文化永远留着庄子的烙印。"⑧ 李泽厚则说："中国文人的外表是儒家，但内心永远是庄子。"⑨ 同时，鲁迅、闻一多都曾从《庄子》中汲取营养用于个人的写作。可见，从古至今，大家对庄子的精神大多是推崇与追求。在各个时期与古人的对话中，大家都有自己的体味和感悟，但是在与古人的思想继承中，我们得到了那千古而来的一盏精神之灯，中国传统文化得以发扬光大，也正是在

---

① 《李清照诗词集》，民主与建设出版社 2019 年版，第 162 页。
② 《李白诗词全鉴》，中国纺织出版社 2020 年版，第 262 页。
③ 《李白诗词全鉴》，中国纺织出版社 2020 年版，第 114 页。
④ 出自苏轼的《渔家傲》。
⑤ 庄子：《庄子》，三秦出版社 2018 年版，第 36 页。
⑥ 庄子：《庄子》，三秦出版社 2018 年版，第 14 页。
⑦ 出自苏轼的《定风波》。
⑧ 闻一多著：《古典新义》，中国书籍出版社 2022 年版，第 213 页。
⑨ 转引自文碧方、鞠秋洋：《人间何以难逍遥——评储昭华〈何以安身与逍遥：庄子'虚己'之道的政治哲学解析〉》，载《哲学评论》2021 年第 2 期，第 347～355 页。

一代代的文化赓续下，其有了属于自己的独特的发展和表现，体现出了中国文化的博大精深。

"所以兴怀，其致一也。"不同时期的读者，在经典的引领下，于不同的时空中，与作者达到了契合，逐渐体味到了作者的思想境界。经典会引起大家的共鸣，在同频共振中，读者与作者穿越了时空，体味到了经典之后作者的人生与体会。

二、横看成岭侧成峰

"少年听雨歌楼上。红烛昏罗帐。壮年听雨客舟中。江阔云低，断雁叫西风。而今听雨僧庐下，鬓已星星也。悲欢离合总无情。"[①] 蒋捷的词句，将不同年龄的心境展现得淋漓尽致。同样再次回首看红楼，心境已然不同。

同样，在不同的时期看同一本书，其书中表现的情感也不致相同。而我作为一个读过两次《红楼梦》的读者，在初中读此书时，感受到的是贾府的繁华与衰败的叹息，其中的繁华令人流连忘返，王熙凤的出场装扮，元春省亲的奢靡，秦可卿的葬礼，刘姥姥进大观园的痴醉，而在繁华中，贾王史薛四大家族逐渐自我迷失，最终走向了衰败，贾府抄家，凤姐的八面玲珑化成一卷草席，黛玉含恨而终，贾母在目睹贾府的衰落后禁受不住打击同样仙去，宝玉出家。而如今再读，则感受到了其中青年自由恋爱的美好，与封建礼教的桎梏下，爱情的悲剧，宝黛爱情的真挚与爱而不得，湘云最终的孤苦，尤三姐与柳湘莲的决绝爱情，贾芸与小红因手帕结缘，不同的爱情透出别人的故事，却照亮了我们自己。

随着阅历的增长，或许还会有更多感悟，其中的人情世故，与人性的百态，展现了善恶美丑边界之外的灰色地带，那里没有完全的好坏清浊，同样这里也是最考验人性的地方，我们都会在不同的年龄段悟出属于自己的那一个深藏于"红楼"的自己，这也是经典值得细细品味的地方。同样，在看到一些"红学"大师对于红楼梦的品评时，我更能感受到红学文化的魅力，它可以融入学者的一生，将不同时期学者对于红楼文化的不同理解如画卷般展开，他们也在对红学的穷奇中找寻着那个深藏红楼的自己。

"横看成岭侧成峰"，在不同的人生阶段，人处于不同的观景台，看到了不同的风景，在风景旖旎中，我们逐渐看到了自己的人生际遇。经典之所以为经典，是其对人生的持续影响，它的深邃思想境界在读者的逐渐品味中，犹如一杯茶，入口微苦却回味无穷。

---

① 出自蒋捷的《虞美人》。

三、千秋胜负在于理

马克思曾言：最好把真理比作燧石，它受到的敲打越厉害，发射出的光辉就越灿烂。曾经苏格拉底在雅典的讲坛上侃侃而谈，希腊思想的光辉照亮了西方文化。

《斐多》中的苏格拉底，在将死之时的超脱，他的死亡是他经过理智思考后作出的选择，他的灵魂只是在肉体消亡后选择了"行万里路"。生死在苏格拉底的思想中浑然一体，他将自己的知行合一的哲学观融入了他的灵魂。

苏格拉底的朋友克力同在其被判处死刑时，四处为苏格拉底打点，最终使苏格拉底可以离开雅典，暂保自己的性命从而追求更大的义，但是苏格拉底却认为肉体的磨灭确是精神的升华，去慷慨赴死是对雅典法治精神的支持，也是苏格拉底作为雅典公民的"自律"，他将国家的威信置于自己的生命之上。他同样也劝诫克力同"唯有理智最为可贵"，他将身体上的快乐与痛苦比作一个个钉子将灵魂的超脱钉入世俗，而将自己则比作天鹅，在面对死亡时，会不停地歌唱，在歌唱中快乐地迎接自己的死亡。

苏格拉底在死亡前的最后一句话是对克力同说，他欠了阿斯克勒皮奥斯一只公鸡，柏拉图用一个细节将苏格拉底的坦然展现得淋漓尽致，小中见大，对真理的无穷探索贯穿了苏格拉底的一生。他将知行合一，不断探索的精神留在了世间，他的坦然赴死，其实是对更多麻木的人的精神召唤，他呼吁真正的民主到来，呼吁大家逐渐形成自己的思想风格，不要在为他人所左右。在苏格拉底死后，启示了许多的后人前赴后继地追求真理。伽利略、哥白尼、布鲁尼，文艺复兴时的仁人志士在苏格拉底的启示下，在真理之光的引导下，"选择了人迹罕至的那条路"。

或许在当时，他们被认作异类，但是在时光的洪流中，只有那真理经历了考验，才逐渐展现出其光辉。曹禺曾言"千古胜负在于理"，只有在探索真理的道路上不断地坚持才使得真理可以代代相传，而在代代相传中，真理之光才能照耀天空和大地。

读者之间的契合，使我们得以在古今中找到自己的知己，在相同的际遇下，我们叹息人生的潮起潮落，看天上的云卷云舒，虽然"逝者如斯"，但是经典激起的情致却不会随时间而改变，带来的人生思考也不会改变。《庄子》穿越千年由战国顺着中国文明逐渐向下传承，而其中的精神同样滋养了无数的炎黄子孙；《史记》将黄帝炎帝到春秋战国的历史展现在眼前，被鲁迅誉为"史家之绝唱"；《论语》中孔子的仁爱精神，激起了我们中华儿女心底最深的儒家思想，是中国文化的重要组成部分。

而站在不同的人生舞台，我们同样会有不同的际遇和体味，以不同的角度来阅读经典，在不同的角色中找到了自己的灵魂，与之契合。或许他们的角色不同，但那都是我们那个阶段的自我倒影。现实中的荫翳、欣喜，逐渐与经典中的人物融为一体，在他的人生中，我们也能为自己找到心里的慰藉。或许我们在某一个阶段，会体味到自己是红楼中的黛玉，为无法获得爱情而感伤，或许，在另一段时间，我们更认为自己是宝玉，自己无法摆脱世俗的束缚，对于世俗的追求却嗤之以鼻；我们也会认为自己是史湘云，在大观园中，我们恣意快乐，直率坦然。在一次次的心灵升华中，我们逐渐地感受到经典的滋养，它会像一个朋友，在你需要的任何时候出现在你的身侧，坐在你的对面与你侃侃而谈，告诉你如何面对生活的酸甜苦辣，如何交出一张理想的生活答卷。这也是经典之于我最大的作用——启发。"不识庐山真面目，只缘身在此山中。"或许站在经典的肩膀之上俯瞰自己的生活，我们会发现其中的辛酸不过是生命旅途的必经车站，而只有在经历过种种之后，我们才能抵达终点站。

同样，在真理被蒙上一层薄纱时，唯有时间可以证明其正确性，在苏格拉底被诬陷时，他选择了自己的哲理；在面对学生的劝诫，他仍然在生命的最后为学生上了"知行合一"的最后一课。也许《斐多》中的苏格拉底在喝下毒芹汁的那一瞬间，才是真正地达到了自己追求的哲学境界。在中国的革命道路上，真理之光一直熠熠生辉，才使先辈们不断地向前奋发。在南湖的红船上，共产党的先锋们，将自己的生命投入了祖国的解放；在南昌的枪响中，中国共产党逐渐找到了自己的方向；在长征的漫漫途中，共产党毅然决然粉碎了国民党的围剿；在百团大战上，共产党利用铁道战游击战，予以敌人沉重的打击；在解放战争中，扎根于群众的路线是共产党的成功法宝；在建设中国的过程中，一个个新时代建设中国思想的出现。这些都是在先哲的真理下不断探索的结果，也正是共产党人在《共产党宣言》滋养下的内化成果，最终也证明了真理的持久价值。

在经典的滋养下，我们逐渐丰满自己的内心，将阅读经典融入自己的日常生活中，我们将自己生命与古今的作者相结合，在一次次开卷后，达到一个"入乎其内"的境界，在一次次的课前准备中，我们逐渐与作者达到一个契合，在与小组其他成员思想碰撞的时候，体味到人文科学之美，在将所学化为所用知识，我们最终实现了人文社科与工科的有机结合，最终内化成自己的知识储备，在其中寻找另一个自己。

奇 遇 解 惑

吴佳慧　信息管理学院（2021301041193）

【指导教师评语】 形式新颖，用几段古今对话的形式将《论语》《坛经》及陶渊明等人的不同思想串联起来，最后以王国维三境界作为收尾，脑洞大开又能结合课堂所学，从治学之道、待己之道、处世之道三个方面来分析经典阅读所能带来的人生启示，寓理于乐，生动地表达了自己在课堂上的收获，非常不错，当然，个中细节也有尚待打磨之处。（经济与管理学院　文建东）

摘　要： 初来珞珈书院的"李边请"，面对高手如云的师门，原本自信乐观的自己变得自卑胆怯。三次奇遇为"李边请"解惑，与万世师表的孔子先生相遇，帮助"李边请"掌握如何做好学问的真谛；与禅宗六祖的慧能大师相遇，帮助他接纳自己，渐悟与顿悟都是大智慧；与五柳先生的陶渊明相遇，帮助他不忘初心，保持天性逍遥于人世间。也是这三次奇遇，让他的生活发生翻天覆地的变化，一次次找到自我。王国维《人间词话》中曾说"古今之成大事业、大学问者，必经过三种之境界，"立""守""得"也。困惑时，阅读经典，得经典助之，让人生之路明朗开阔。

关键词： 乐学；渐悟；不忘初心；阅读经典

江城遥有一东湖，湖傍山而流。山曰珞珈山。山似仙境，珞珈山下立有一门，门上写着"国立武汉大学"。武汉大学又名珞珈书院。珞珈书院作为一方学派，致力培养数批"文理双全"的学者。这里学术氛围浓厚，高手如云，学者们劈波斩浪，尽显其能。今日故事所讲主人公乃是众多高手中的一位"李边请"。

之所以叫这个名字是因为李边请的学识能力还尚未达到里面请的地步吗？其实，非也。李边请很自卑，在所有的场合都不敢发言，师傅传道授业时，李边请也总是坐在最后一排的边上，同伴们招呼他坐进来，参与进来，李边请笑着打趣说："不了不了，边上请我去坐，我就坐在边上吧！"久而久之，李边请便由此得名。李边请一直都苦恼于自己的学问应该如何增进，自己究竟适不适合这里，自己在这里的人生意义在哪里。在这高手如云的书院里，李边请丢掉了自己。

一、做学问，定要好学，会学，乐学也

这日，天朗气清，惠风和畅。阳光照在草地上，空气中弥漫着好闻的花香。美好又静谧的氛围却与李边请心中的阴霾形成巨大的反差。李边请散漫地躺在草地上，闭上眼睛静静地回想今天高数课上自己连最简单的一个问题都没回答出来时尴尬的样子，想着还有很多没有完成的作业，比如"人文社科经典导引"的结课论文马上就要交了，但自己却还丝毫没有头绪，狠狠地叹了一口气。阳光打在脸上，暖洋洋的。

"可恶，竟然有些困了。"

李边请正想着，突然发现天空发生了一些变化，霞光异彩，天门大开，异彩满天。李边请坐起来不相信地揉了揉自己的眼睛。忽然，李边请只觉得自己的身体忽然变得轻巧起来了，向天空的那道霞光飞去。穿过一片云海，李边请来到了一座庙宇前，这里好似孔夫子庙，李边请好奇地走进去，看见庙里的主院有一棵高耸入云的桂树，院子中心有一个坛子，坛子前栽着四棵杏树。

李边请心中暗想："这定是杏林坛了！"

"没错，这的确是杏林坛，在下孔丘。"孔子缓步从屋中走出来。

李边请一脸震惊地看着孔子，半天才反应过来，连忙向先生问好。

"小生李边请拜见先生，不知先生怎会知我心中的所想之事？"

"老夫不仅知道你心中所想之事，还知道你现在正在为学业一事十分苦恼。"

"先生，正是如此，过去在家乡小生的学习十分优秀，所有的师父都称赞我，所有的同门都羡慕我，但现在，小生的学习十分堪忧。"说着，李边请便痛哭了起来。

"孩子，你可知你为何而学？你是否掌握正确的学习方法？"

李边请眼睛里闪烁着泪花，抬头看向孔子。

"做学问，定要好学、会学、乐学也。"

"先生，小生愚钝，先生可否指明一些。"

"我非生而知之者，好古，敏以求知者也。好学，是发自内心的渴望知识，这不是谁强加给你的责任，也不是非完成不可的任务，不要让学习成为你心灵的枷锁，孩子，你现在就好比叶公好龙，应该用心感受学习的魅力。"

"知之者不如好之者，好之者不如乐之者。乐学，以学习为乐趣，快乐的学习会让你事半功倍。你会有走进书本，身临其境的真实感，仿佛与原著对话。"

"三人行，必有我师焉，择其善者而从之，其不善者而改之。会学，是你在武汉大学里必修的一课，既然身边高手如云，何不向他们请教一二，想必同门师兄的经验定会让你少走许多弯路，同辈的方法你也可以尝试一番。孩子祝你好运！"说罢孔子的手一挥，李边请就又看到一道耀眼的白光，连忙用手挡住了眼。

李边请再一睁眼，就来到了最大的教学楼前。

"李边请，站着干什么，快进去啊，蔡大师的课，要来不及了！"李边请抬头看到高数牛在向他招手。

"来啦！"李边请边走边喃喃着，"好学，乐学，会学"。接着就坐在了高数牛的旁边。

"呦，今天太阳打西边出来了，李边请怎么舍得坐中间了呢？"

"害，这不高数课想向仁兄请教一下嘛。"

"你小子，终于开窍了！"

"做一个好学，乐学，会学的人。"李边请在自己的武功秘籍本上写下这句话。

二、对自己，是接受自己，渐悟与顿悟都是大智慧的体现

冬去春来，夏去秋来。珞珈书院，武汉大学，一条浪漫的樱花大道，游人如织，深秋的樱花大道虽不似春天樱花盛开烂漫如雨，但依旧有别样风采。遥看蓝天白云，青瓦红墙，近看樱顶雕梁绣户，古色古香。李边请站在通往樱顶的台阶上，低着头沉思着今天的比武，一步一步向上走，走了很久。李边请心里很奇怪。

"咦，奇怪，这台阶怎么这么长？"于是李边请猛地一抬头，发现自己竟然又来到了这片云海。云雾缭绕，远处传来《南无阿弥陀佛》低沉的歌声，与之相伴的是杳杳钟声。

李边请看见不远处走来一位长者，步履坚定。走进一看，这位长者身披砖红色的袈裟，右手盘着一串佛珠，左手持一锡杖。慈眉善目，眼里透着睿智的光。

"这小施主，你好，这里是六祖山，贫僧慧能。施主来到这里想必定是有什么想明白的事情吧？"

"我这是……你这是？"李边请心想，"难道我又穿越了？那正好借此机会向慧能大师问问，一解心中疑惑"。

"慧能大师，难道世界上真的有完美之人吗？"

"哦？小施主何出此言？"

"近日，学校举办了一场才艺比试，我发现自己几乎没有什么才艺，有站上擂台的心，

却没有站上擂台的本事。看着身边的人各个身怀绝技，琴棋书画，吟诗颂词。他们成绩优异不说，还这般多才多艺，堪称完美之人。我本以为上了大学这般高等学府，就不必过分忙碌学习，生活也会轻松不少，不曾想我竟然焦虑到惶惶不可度日，既有羞愧难当之感，又有无力回天之空虚。"

"小施主，莫慌。人无完人，首先，你要学会破除对自己的成见。学会接纳自己。小施主问贫僧世界上有完美之人吗？答案是当然没有，不可否认这天底下的确是有天资聪慧、独具慧根的人，但同时也有资质平庸的人。那是不是那些资质平庸的人就要伤心难过，抱憾终生呢？并不是，即使资质平庸的人也一定有天赋异禀的一面，无须在意，但不要把所有的比较都是建立在自己的短处上，你要学会发现自己与众不同的一面。正如《世说新语》里殷云言：'我与我周旋许久，宁做我也。'其实施主不必懊恼悔恨，做自己，是一件好事，放平心态，向有慧根者学习，渐悟也是一种大智慧啊！"

"小施主，不仅如此，你也要有学会破除对大学的成见，大学已经不再是象牙塔了，你要学会跳出自己的舒适圈，大学的任务远比从前的任务艰巨。可以说小施主从前的学习经历就是为现在的大学研究打基础的。在这里，小施主鸿鹄之志的梦想才能得以真正实现。"

李边请幡然醒悟，心中的那团阴霾也早已烟消云散。

"多谢大师，小生领悟了。"

又是一个春去秋来，李边请站在"群英荟萃，唇舌烽火"的辩论赛上侃侃而谈。哦，对了，最近大学进行了一次志愿者之星的评选，李边请的名字最后被张贴在通知榜上，后面写着：

　　鉴于李边请同学一共进行过 99 次志愿服务，共计时 180 个小时。这种热心公益的行为应给予鼓励，特给予李边请同学"志愿者之星"的荣誉称号。

　　以资鼓励。

珞珈书院

×年×月×日

三、对人生，是不忘初心，保全天性而逍遥于人世间

转眼间，四年过去了，李边请从珞珈书院里顺利毕业，带着满身的本领与自信，入职

了珞珈公司，成为了公司的一名编剧。

办公室闪烁的灯光下，李边请正在忙碌地加班，他最近在读《陶渊明集》，打算写一个陶渊明先生的故事。在键盘"激烈"的敲打声中，李边请听到主编的办公室里，有一个同事在给主编说：

"主编，下雨了哦，我来给你送伞，听说明天有最佳员工的评选，主编更是不能缺席的！"

轰隆隆，天空突然打起闪电，窗外的雨下得更大了。

李边请心中很不屑，他清楚自己不愿阿谀奉承，更不愿与他们一般见识，同流合污。

"阿嚏，糟糕，感冒了，怎么办，故事还没写完，但好想睡觉啊。"

李边请昏昏欲睡，半昏半醒时，眼前又亮起一道强光。

又是熟悉的云海，但这次天空在下雨。

李边请环顾四周，这次没有亭台楼阁，琼楼玉宇，只是远处有一座在风雨中摇摇欲坠的茅草屋。李边请没有多想，就急忙跑进茅草屋。李边请快速扫视了一下茅屋：没有什么像样的家具，透风的窗户，冰冷的床，上面铺的芦苇席，不过正值夏天，也无所谓。虽是如此，但墙上挂了一首诗，笔迹狂草，但刚健有力：

"采菊东篱下，悠然见南山。"

李边请早已不再震惊自己穿越这件事，但让他感到诧异的是自己竟然来到了陶渊明的家里。

"天下竟有如此巧合之事，果然是念念不忘，必有回响！"

此时听到了开门的声音，只见陶先生也是衣服湿透地走了进来。

陶渊明先生见李边请穿着不像当代人便询问：

"来者何人，来此地做什么啊？"

李边请连忙拜见陶渊明先生，告诉先生：

"我乃未来之人，正于珞珈公司打工，小小编剧，正在研读先生经典《陶渊明集》打算写一个有关陶先生的故事，却不曾想，天空突然闪起一道强烈的光，再睁眼，便来到了这里，想必定是先生的诗将小女呼唤过来的吧！"

陶渊明捋了一把胡子大笑："哦？竟还有这等神奇之事？可真叫老夫开了眼呐！既如此，来得正巧，老夫烧了一些菜，再烫一壶酒，既然你与我如此有缘，我们何不畅谈一番？"

李边请心中一阵欣喜，陶渊明就请李边请上座喝茶。李边请环顾四周好奇地问道：

"陶先生，读书人那么刻苦，既然读书了，何不入仕，一展鸿鹄之志呢？"

陶渊明提起水壶倒满了茶杯，不紧不慢地端到李边请的桌前："官场黑暗，我不愿披着官服为了那几斗米阿谀奉承。"

李边请笑了笑，没有再多说什么。李边请望着窗外，又看了看陶渊明，欲言又止。

"采菊东篱下，悠然见南山"李边请问，"先生喜欢菊花吧？"

"是，菊花素净，不争不抢，傲然独立。我爱它的风骨，爱它与世不争。"陶先生回答。

李边请一边喝茶一边感慨："就像您一样"。

陶先生又抬起头看了看李边请。"那你呢？"

"我喜欢莲花。"李边请笑着回答。

"哦？何出此言？"

"我爱莲，出淤泥而不染，濯清涟而不妖。"

陶渊明脱口赞叹道："好文采！"，但又再次陷入沉默，仿佛在反复琢磨着。

这时，李边请再也按捺不住压抑着的情绪说："我一直向往着您，我了解您，您之大作无一不表现出您对污浊社会的憎恶，您之大作无一不表现出您对闲适田园生活之喜爱。酒，是您之钟爱；诗，是您之精神寄托；菊，是您之品性化身。您居陋室而不悲，因为那里没有污浊；您常食不果腹而不急，因为您有精神食粮；您的庄稼"草盛豆苗稀"而不烦，因为您的志向犹存，没有违背您的初衷。但是先生，隐，就能解决根本问题吗？隐，不就是在一味地逃避吗？为什么不学莲之'出淤泥而不染，濯清涟而不妖'？为什么不像梅'零落成泥碾作尘，只有香如故'？与其一味逃避，不如与那污浊社会一搏，哪怕是以卵击石也留得千古美名。在当朝官场上，也有许多正在为生民立命的人，为这世间奉献着自己。出世也好，入世也罢，这世间，保全初心而逍遥人间的方式有很多，也许，先生，你可以试一试换一种实现人生抱负的方式。"

话罢，李边请恍惚了，他被自己的话给震惊了。曾几何时，自己是那般漫无目的，沮丧失落，曾几何时自己也是小心翼翼几度陷入自我怀疑，但是今天，一切都变的不一样了。李边请的脑海里浮现出孔子教导自己如何做学问，慧能大师告诫自己学会接受自己，破除成见，渐悟也可以是自己的大智慧。李边请在最后一次穿越里找到了自己，这下他肯定了自己的初心，这最后一惑，竟是自己给自己解的！是啊，对人生，最重要的是保全初心，然后逍遥人间。

王国维在《人间词话》中曾说"古今之成大事业、大学问者，必经过三种之境界：

'昨夜西风凋碧树。独上高楼，望尽天涯路'。此第一境也。

'衣带渐宽终不悔，为伊消得人憔悴。'此第二境也。

'众里寻他千百度，蓦然回首，那人却在，灯火阑珊处'。此第三境也"。

　　李边请的经历何尝不能用这样的三大境界来概括呢，做学问，做学者时乃对人生的迷茫、孤独而不知前路几何。投影至自己，第二境界乃有了目标，在追逐的道路上，求之不得之后形容消瘦而却继续追逐无怨无悔。再投影至人生，在足够的积累后，量变成为质变，不经意间已追逐到了最重要的境界。

　　李边请回顾这些年自己阅读的经典，感慨他们带给自己在思想上的浸润：

　　《论语》智慧，耀古铄今；《庄子》逍遥，率真可爱；《坛经》睿智，司空顿悟；《历史》知历史而求真鉴；《国富论》知理性而作抉择；《正义论》知正义而立正气。

　　未来，李边请的故事会继续，保持初心，逍遥于人世间。

问　道

耿江天　生命科学学院（2021302042012）

【指导教师评语】 文章较为深奥，作者问真理的存在、问如何接近真理，将真理起底，抑或是自己关于真理的些许看法，并在文中融入大量文献，算得上是一篇佳作。（质量发展战略研究院　李酣）

摘　要： 与其讨论是否存在可以追寻的真理，不如只是去相信真理存在，并尽力去追寻。或许我们无法达到真理，但一定可以无限逼近真理。同时，每一点信息都是一块碎片，每一串文字都是一个图景。拥有并选择碎片，才能让镜像趋于完整；尽览并挑选图景，才能让选择接近真理。

关键词： 真理；图景；经典；道

一、真理的存在性——这万象，恒有道可求？

关于真理存在性的辩论古来有之，这个世界是否存在真理，是困扰人类无数年的话题。虚无主义者们认为通过知识认识自己不可能，不可知论者认为认识或彻底认识某件事物不可能，但可知论者则相信真理是可以追寻的，从而穷尽一生去寻找。

而在古代中国，这个真理又有另一种称呼——道。

（一）关于真理的两种观点——到尽头，这至简的真言知否？

元好问曾写下"无穷宇宙无穷事"的诗句。我们身处无穷的宇宙中，自然无法探索遍每一寸角落，而在这样宏大的宇宙中，事物同样无时无刻不在变化。正如庄子在《齐物论》中所提出的齐万物的观点，一切事物似乎都处在动态的无尽变化中，而这种变化是多样且难以摸清的。基于宇宙与变化这二者的无穷，追寻某个恒定的真理似乎就变成了不可能的事。

同时，人的主观性也让人类对事物的认知变得复杂。庄周一觉醒来，却不知究竟是自己梦见蝴蝶，还是蝴蝶梦见自己；而千年后，西方同样出现了与此内核神似的哲学问题——缸中之脑。既然我们大脑活动与认知的本质就是生物电信号的传递，那我们根本又如何证实或是证伪所感知到的一切呢？或许在大多数人的眼中，这个世界可见、可触、可感，那当然是真实的，但没有人能完全否认以下这种可能：我们只是一群泡在水缸中泛黄的营养液里的大脑，意识所感受到的痛苦与美好都来自外界给予的电流刺激。在诸如此类的影响下，许多人认为思考真理是没有意义的。我们甚至连自己的存在都无法正确认识，又何谈追求真理呢？

但似乎更多古人认同真理的存在，而且，他们不约而同地使用同一个简单的字来表示真理，就与《还金述》中阐述这个字的话一样简单——大"道"至简。我们对"道"最初的认知可能更多是来源于道家，但其实在道家之外，儒释两派同样使用了"道"的说法。《论语》中认为士人要把追求"道"作为自己的志向，而释教的《坛经》中同样有"实性者，处凡愚而不灭……名之曰道"的说法。虽然各派对"道"的具体见解并非一致，但"道"作为学派真理的核心地位却是相似的。不论是道家将"道"作为自己的学派之名，还是儒家士人追求道，抑或是释家佛祖菩提树下悟道，"道"都是作为学派所追求的真理，为门人所追寻。先哲们都认同"道"，也就是真理的存在，这就有了如卫宗武所言"物盈宇宙皆有穷"，而穷尽宇宙的，就是"道"中蕴含和包罗的一切规律。"天地虽大，其化均也；万物虽多，其质一也。"是的，宇宙的大小是无穷的，但"道"可以概括这个无穷的宇宙；事物的变化是无穷的，但"道"可以作为事物变化的规律来说明一切。

（二）相信真理——这万象恒有道可求

或许你画不出一个完美的圆，但圆的概念是真实存在的。

1. 永不相交——自古有谁堪知道

当然，不可否认，如今没有一个人能找到普适的"道"，可以概括世间万物的道。以自然科学的研究为例，日心说推翻地心说，相对论与量子力学推翻经典力学……现在大家眼中的"真理"可能在下一秒就被推翻；同时在微观物理上，一种预言的粒子被发现，总有另一种或几种粒子被科学家预言。百年前，我们就试图寻找一个大统一理论，但仅是四大基本力统一方面，如今被确定完成的也仅仅是弱力与电磁力的统一。从这种角度来看，似乎"道"又是一种缥缈的东西，似乎真理确实不可道、不可名了。

但，这并不是那么重要。

2. 无限接近——万古毕一，竭其有极

先借用罗翔教授常用的比喻：不论工具如何精密，我们都无法画出一个完美的圆，但圆的概念是真实存在的。而"道"或者说真理，就像是这个圆的概念。而我们所需要做的，就是相信这个完美的概念存在。因为只有相信真理存在，人类至今所做的一切才有意义；只有相信真理存在，我们才能无限逼近真理。虚无主义者不相信一切的意义，所以他们中的相当一部分人拒绝去寻找真理。可若认为真理不存在，那我们所做的研究还有什么意义？如果不相信某个存在的"真理"，那只会陷入"人一次也不能踏入同一条河流"的诡辩论，只能把一切交给"命运"来决定。这显然是消极的，也必然是不合理的。

如果没有"圆"的概念，我们可能连画圈都无法做到；而如果不相信"道"，就不可能"闻道"。我们无法画出一个完美的圆，但因为圆的概念存在，我们才知道如何让用于画圆的仪器更加精密；或许我们确实无法明悟真正的"道"，但因为"道"的概念真实存在，我们才知道进步与发展的方向。

二、如何接近真理——万里旅途又一年，人间载道多一篇

（一）寻找图景——烟海典籍

在一个落后封闭的村子里，当一个人生病了，如果他只听说过一种说法，说生病是因为被诅咒，他选择请巫师前来解除诅咒是理性吗？这是肯定的，因为他的见闻不足，他只知道被诅咒这唯一的说法，那必然也只有"去除诅咒"和"继续生病"这两种选择，而相较于决定选择"继续生病"，在其中决定选择后者是相对更加合理的。

也就是说，人的理性几乎完全取决于视野。任何选项都是一套对世界的描述方式，都可以算是一种图景。如果一个人仅仅见过一种图景，那按照这种图景去做就是理性，而不是他人看来的疯狂，无论这种做法在他人看来有多么不可理解。拓宽视野的过程，就是一个搜集合理的、更接近真实的图景的过程。不论是《秋水》里庄子所写的河伯望洋兴叹的预言，还是《世说新语》中刘向介绍的管中窥豹的故事，都是故事的主角见识狭小而贻笑

大方。而对于搜集图景，实践是其中一个重要的角度。

儒家所推崇的"格物致知"正是某种意义上的实践。既然天下万物遵循同一个真理——"道"，那去亲身观察世间万物，从中自能悟出共同之处，从而让自己获得更多的认识，让自己对世界的理解更接近真实与本质。佛教释迦牟尼在见过人间疾苦之后悟道，儒家孔圣年逾七十，阅人遇事无数，才达到无论如何随心所欲也不超越规矩的边界的这种极高境界。

在实践之外，阅读是另一个拓宽视野、搜集图景的角度。刘勰在《文心雕龙》中的"博观"观点尤其突出地表现了阅读，特别是广泛阅读的作用。正像其书中所言，只有谈过上千首乐曲，才能真正知晓音律；只有观览过无数刀剑，才真正可以评判宝剑的好坏。实践所见的是真实的图景，而阅读带来的是他人所见的图景。《史记》是司马迁呈现给世人的历史图景，而司马迁可以书写无数重要历史人物的图景并尽其所能贴合真实，成就"史家之绝唱，无韵之离骚"，正是因为他广泛阅读了春秋史书中所记录呈现的图景；《红楼梦》被誉为封建社会的百科全书，是由于曹雪芹（也包括高鹗）通过自身的生活以及更多的阅读、调查，让自己所看过的图景更加多样，这才有了他们所呈现的封建时代所特有的图景。

（二）拼合碎镜——覆载万物

在经历与阅读之后，我们见过了足够的图景，但我们依旧需要选择，从图景中寻找出合理的地方，将它们拼合在一起。郝景芳曾在《流浪苍穹》中将每一门学科，每一种观点的呈现都比作广义语言。文学、感知、绘画、科学、逻辑、政治、心理，所有这些都是对世界的呈现，而所有呈现都可以被称为语言。语言是世界的镜子，而每一个方面，其中的每一个观点，都是镜面的一个碎片。每一块碎镜都照出一个特殊的弧度，从某个角度表现出某个观点。亚当·斯密的《国富论》的市场论与罗斯福新政的政府干预似乎相悖，儒家的学而优则仕与道家的逍遥似乎同样矛盾。但这些观点都只是镜子的碎片，碎片所映照出的影像就像管见所及，但太多人不明白这一点。我们被先入为主的错误直觉所困扰，一味坚持自己的观点，只是抱持着自己所拥有的碎片，相互隔绝。我们谁也不相信谁，固执地重复己见，忘记了无论是春秋时期的百家争鸣还是古希腊的哲人辩论，那些思想火花的迸发都来自观点的交换，忘记了佛家《坛经》中"顿悟"的根本含义——改变被固执的偏见所遮蔽的状态。我们以为只有自己最接近真理，却殊不知我们所坚持的只是支离破碎的影像，这种自负与固执让真理越来越远。而刘勰在《文心雕龙》中也同样有着解决方式——博通雅正。

在思想文化方面，《文心雕龙》的一大特点是兼宗儒释道三教，这不禁让我想到 B 站

2021 年拜年祭歌曲《万象霜天》中以儒释道三教对"道"的理解来展示中华传统文化的方式，而该歌歌词也是该论文每一个小标题后引文的出处。历史上，陶渊明兼有儒者的文化素养、道德追求和道者的高洁情操，才成为古往今来的隐者第一人；王维兼有儒家的抱负和释家的超然，才成就了一代诗佛；而苏轼身兼儒教的报国和政治热情，道教的飘然如仙的气质和释教的开阔胸襟，使他的诗书画均为大家，同时被世人广泛喜爱，在历史上留下浓墨重彩的一笔。当然，在如今的世界环境下，只是兼宗三教已经远远不够，除了中华文化，我们同样需要兼收外来文化的精华，博取各类文化的精髓。

而思维方式上，刘勰提倡折中，这与儒家的"中庸之道"有着异曲同工之妙。现今，著名刑法学教授罗翔老师也多次在自己的视频中提过"折中说"的观点。"折中"在某种程度上是辩证思维与批判思维的体现。它并不意味着我们面对一切都要寻找优点和缺点，它绝不是鸡蛋里挑骨头或是"骨头里挑鸡蛋"的极端模式，而是引导我们放下惯性思维和固化思维，转而全方位思考的方式。但恰好，"完美"是困难的，大多数观点都有其闪光点和局限性这两面，这使得这种思考方式在这样的现实中难能可贵。我们所应做的不是抱持着碎镜自我封闭，而是思考每一种观点，反思自己固执地坚持着的观点中的不足，接纳看似针锋相对的观点中的可取之处。我们需要尽量将每一块碎镜拼合成完整的镜子，从而使每个碎裂的影像结合成世界真理的全貌。

三、总　　结

相信、博观、兼宗。

相信存在真理，接近完美的概念。

博观优秀经典，寻找散落的图景。

兼宗合理观点，拼合碎裂的影像。

当我用《论语》读《红楼梦》

杨荔钧　文学院（2021301112017 18897837798）

【指导教师评语】本文语言流畅，很有新意，全文对经典的引用较为出彩，层次较为分明，总结得当，不失为一篇佳作。（文学院　刘春阳）

摘　要：《论语》系儒家经典，《红楼梦》为四大名著之首，二者都是经典著作，是中华民族的宝贵精神财富。在阅读经典时，笔者发现《论语》与《红楼梦》有诸多区别与联系，并且找到了不同的阅读体验，从中体会到经典的滋养与阅读对自身带来的改变，包括修养方面、知识方面、质疑方面与自省方面等，从中可以窥探出另一种世界观与方法论，对阅读主体提供了不少利好。

关键词：《论语》；《红楼梦》；经典阅读

一、《论语》与笔者

谈到《论语》，你会想到什么？是 2000 多年前的"知其不可而为之"① 的仲尼游说图，是秦始皇不堪儒生议政"焚书坑儒"的惨烈决绝，是汉武帝听从集大成者董仲舒提议"独尊儒术"的果敢，还是如今作为中华民族厚重的历史文化载体开遍世界的孔子学院？

"半部论语治天下"②，半部论语修己身。我从四岁开始读《论语》，作为中华优秀传

---

① 《论语》，张燕婴译注，中华书局 2009 年版，第 224 页。

② 典出宋·罗大经《鹤林玉露》（卷七）：宋初宰相赵普，人言所读仅只《论语》而已。太宗赵匡义因此问他。他说："臣平生所知，诚不出此，昔以其半辅太祖（赵匡胤）定天下，今欲以其半辅陛下致太平。"

统文化的载体，《论语》又多次出现在教学课本里。可以说，《论语》塑造了我的灵魂，是我修身的参照，是我行事的依据。修得己身，齐吾之家，治理国家，平定天下之标准，已成中华儿女社会尺度的参照。读《论语》，我明白了仁、义、礼、智、信对于成人的重要作用，并以此为标准严格要求自己。

因社会污浊而放弃靠近"君子"意识的大有人在，但"严于律己，宽以待人"的思想要求我们，此后如竟没有炬火，我们也要成为唯一的光。

没有《论语》，就没有今天的我。

二、《红楼梦》与笔者

系统地阅读《红楼梦》是在大一。早听闻《红楼梦》大名，是中国最著名的长篇小说，名不虚传。而此前，谈到《红楼梦》，我浅薄地认为，考试题上的都是标准答案，考试题就是这么填的，也不愿意思考其原因。《红楼梦》是一部追忆文学，本质上是对繁华往事的眷恋，以及对失败的悲痛和自我谴责。

遇见《红楼梦》，不早也不晚，只是刚刚好。宏大如《红楼梦》，读一遍怎能言语？偶尔会想，穿越到红楼梦里，我会是谁？我该如何生活？有一千个读者就有一千个《红楼梦》，作为读者的挑战，不仅仅是穿越时间的长河与人物的见面，更是要克制自己直觉反应的常识性意见，以超常的敏锐捕捉细节，且要时刻注意时代价值观的不同可能导致的误读现象，避免因个人好恶导致作品本身价值与观点失真的情况。

三、当我用《论语》穿越《红楼》

（一）仁

孔子对"仁"作过多种阐述，比如，"克己复礼"，就是要克制自己的行为和想法，让它们符合礼仪与自然规则，而"仁"又有另外的说法，即非礼勿"视听言动"。《红楼梦》里，不仁者，下场大抵是凄惨的，无论是胡乱断案的贾雨村，还是见色起意的贾瑞，抑或是呆霸王调情遭痛打。我们可以清楚地看出不仁者，在曹雪芹的小说里，纵然一时得失，幸免于难，但终究会落得悲惨的下场。《论语·颜渊》记载了，孔子的学生樊迟问孔子"仁"是什么，孔子说，仁就是爱人，但是"仁"需从本心出发。"佛口蛇心"王夫人便是一个好例子，王夫人平时不仅仅吃斋念佛，常常烧香，对大观园里的姐妹们看似慈眉善目的，可当遇到金钏事件时，却毫不心软、杀伐果决，哪里还有一点"仁"的影子。而从始至终贯穿"仁"的贾政兢兢业业、勤勤恳恳，到最后依然被叔伯兄弟牵连，其本质在于没有做好"齐家"，对于叔伯兄弟做出的不仁之举，他并没有坚决阻止，选择了"睁一只眼闭一只眼"，任由不仁之风发展，此之谓"假正"，这也成为贾府倾颓的重要原因。

（二）义

孔子在《论语·阳货》里提出"君子义以为上"①。

《红楼梦》的第二十四回——醉金刚轻财尚义侠，就正好体现了"义""利"价值判断的不同，贾芸的街坊，倪二，绰号醉金刚，颇有"义侠"之名，在路遇因没钱而苦恼的贾芸时，他慷慨解囊。相比之下，贾芸的舅舅卜世仁，在侄子上门借钱时，与舅母连同气走贾芸的作为，就真是小人之举了。一个是街坊，一个是亲戚，"义"与"不义"之对比便是如此明显。

（三）礼

孔子强调礼仪，渴望恢复周礼，以平天下，《论语》里，有着对"礼"的多种解释。如"不学《礼》，无以立"②"上好礼，则民易使"③"上好礼，则民莫敢不敬"④。周礼又以宗法观为代表，强调等级森严，制度严明。孔子谈及季氏的"八佾"，明显是僭越礼制的。

在孔子"是可忍，孰不可忍"⑤的宗法观影响下，当我用《论语》读《红楼梦》时，明显感觉到了儒家"礼教"方面一脉相承的厚重，儒家的"礼"思想也渗透在《红楼梦》中人物的一举一动里。如宝玉和姐姐妹妹们每天早晚都要向家中长辈请安，其孝心以礼的形式展现。有一次，宝玉折了院子里的花，本来是准备自己插花玩的，转念一想，母亲没有，祖母也没有，就将花给长辈送去。不仅是对内，在对外的"外交"上，贾政、贾母也非常重视礼仪，一切按照礼数办。正如元春省亲的安排，作为皇亲国戚，贾府早早就建造了大观园，以防失了礼数，到元月十五日，从贾母这些有身份的人，到院子里的奴才，都

---

① 《论语》，张燕婴译注，中华书局 2009 年版，第 275 页。
② 《论语》，张燕婴译注，中华书局 2009 年版，第 259 页。
③ 《论语》，张燕婴译注，中华书局 2009 年版，第 226 页。
④ 《论语》，张燕婴译注，中华书局 2009 年版，第 188 页。
⑤ 《论语》，张燕婴译注，中华书局 2009 年版，第 25 页。

按照品级严肃装扮，园内的帐篷，金银饰品，珠宝万千，都按照一定的规制。

（四）智

孔子说，"知之为知之，不知为不知，是知也"①。在智慧之智通常以"知"的字形出现，还有"知道""了解"之义。显而易见的是，"智"本身包含辨别的认知判断能力。如何成为一个"智"人呢？孔子为我们作出解答，"三十而立，四十而不惑"中②，"智"是人情练达，是世事洞明，是在实践中悟出的道理，看到事情的本质，而不为表面现象所迷惑。如何达到这种"智"呢？从认识自己到道德实践，需要"吾日三省吾身"③。又有"三人行"④"见贤思齐"⑤ 等说。

在《红楼梦》里，最配得上"智"的，应是黛玉。黛玉的判词——堪怜咏絮才——就是最好的证明。诗社里，她夺魁菊花师，其作诗的水准高出众人许多，也获得了元春的赞赏。除此之外，黛玉还教会了香菱作诗。在初进贾府时，她的机敏也是对"智"的践行。一为能辨明是非，二为能自省其身。

（五）信

《论语》记载："人而无信，不知其可也，大车无輗，小车无軏，其何以行之哉。"⑥ 信是人说话算话的基本条件。孔子在回答子贡怎样治理国家时说："足食，足兵，民信之矣。"⑦ 孔子先去掉"兵"再去掉"食"，人本有一死，若民众对统治者失去信任，那么国家也就不复存在了。

在《红楼梦》中，提起"信"，一是巧姐的舅舅王仁，二是刘姥姥。荣国府被抄之前，王熙凤将巧姐托付给了她舅舅王仁，而王仁在看到贾府大势已去后，转手就将自己的亲侄女巧姐卖掉还钱，其不信不义，不言而喻。而刘姥姥的言行举止却不同。一进荣国府，刘姥姥获得了二十两银子，这对一个农村家庭来说可是不小的数目了。二进荣国府，刘姥姥又获得了一百两银子，日子过得越来越好了。但是在听闻贾府落难后，她带着板儿

---

① 《论语》，张燕婴译注，中华书局 2009 年版，第 19 页。
② 《论语》，张燕婴译注，中华书局 2009 年版，第 13 页。
③ 《论语》，张燕婴译注，中华书局 2009 年版，第 3 页。
④ 《论语》，张燕婴译注，中华书局 2009 年版，第 95 页。
⑤ 《论语》，张燕婴译注，中华书局 2009 年版，第 47 页。
⑥ 《论语》，张燕婴译注，中华书局 2009 年版，第 22 页。
⑦ 《论语》，张燕婴译注，中华书局 2009 年版，第 174 页。

给在牢房里的贾宝玉、王熙凤、一众丫鬟送了不少物件，王熙凤声泪俱下地请求刘姥姥找到巧姐，刘姥姥便二话不说，启程寻找，其中千辛万苦都未能阻止。找到巧姐后，老妈妈狮子大开口，要求超出刘姥姥承受范围的钱财。可是刘姥姥"砸锅卖铁"，最终救出了巧姐。答应别人的事情就做到，刘姥姥用行动践行了诚信。试想，若是刘姥姥没有履行诺言，那么家庭财富状况一定会好许多。而一个亲舅舅王仁，爱钱财卖骨肉，一个远方连宗，卖钱财救骨肉，百年来的赞誉已经告诉我们"信"与"不信"的千差万别，一次次地教给我们"民无信不立"① 的道理。

四、经典的滋养 阅读的改变

（一）气韵涵养，浸润心灵

当我用《论语》读《红楼梦》，我感到了一股文化的力量，带我从 2000 年前鲁国的一次次课堂、一次次师生的讨论，飞到几百年前的清代屋宇案前，透过一列列的字里行间，穿越到金碧辉煌的敕造荣国府里，漫步在大观园的小道里，折一只花，扶一支柳，探一回石头边上的小兔，捉一回飞舞在花园里的蝶。我该是穿着清代的衣服的，头上挽着漆黑油光的髻儿，银红袄儿，水绿裙子。从外走进，脚步也是要细细算计好的，不能半步踏错，进入三层门，真叫人叹荣国府之大，不仅是"檐牙高啄"，更有一个"巧"字，看正房的游廊，屋檐上的装点，皆是小巧别致，倒也不似处处轩峻壮丽；走几步，又看到摆设考究的树木山石，这都是学问，一看就是有道家先生专门算过风水的，建设陈列的图纸大概藏在某一处书房，与玉雕、印章、毛笔、砚台陈列在不同的格子里。走进一处屋子，门槛是不能踩的，需细细提裙子，抬到刚刚好的角度，不疾不徐，轻轻放下，这没个三五年工夫，哪来这准确判断的优雅。稍稍无聊，且去林妹妹房里玩一玩，伴着不少竹子，那竹子青悠的，直耸云霄的，可不像林妹妹的才情？这就不得不说道《四书》了，我应是捧着一本《论语》要向林妹妹请教的，顺便问了下一次诗社的时间，黛玉可是桃花社的社长。想当年，海棠诗社的盛景，可真是让我惭愧。探春先提了一首，接着宝钗的也出来了，黛玉的也有，湘云也有，她们哪来那么多才情，各种手法典故运用自如，从下摆裙里烘出一朵云来，眉眼中、心怀里，全是胸有成竹，嬉笑逗闹，又是一首好诗。算时间，大概需要吃饭了吧，那是宴席，是一大家子人一起吃，其中菜品的选择摆放，宴席的座位怎么安排，谁

---

① 《论语》，张燕婴译注，中华书局 2009 年版，第 174 页。

站着、谁坐着，吃饭一系列准备活动和一系列后续收尾，聊什么，怎么聊，都是学问。

气韵的涵养，就在这一言一行、一举一动中，心灵的浸润，就在这环境的感召、同伴的嬉笑里。当我用《论语》读《红楼梦》，欣悦、感动、震撼、愉悦……千万种心绪拉扯着我，我不得不内敛地、神圣地、和盘托出地承载经典想要赐予我的灵性与灵感。我爱《论语》，也爱《红楼梦》。

（二）求真求知，答疑解惑

当我用《论语》读《红楼梦》，它们不再是为了应付考试而存在的知识点，而是向我敞开怀抱的世界观。之前因为各种功利的因素没有心情和兴趣投入这些经典的世界里，在摆脱高考重压下，我终于恰好投入了经典的怀抱里，听到经典的召唤，我也确有必要，感悟经典的真谛了——不能从别人的口中听说。

当我真的投入《论语》的世界，文本背后的喜怒哀乐就有了痕迹，顺着"感觉"，可以探知到动乱年代的气息如何影响民众的生活，孔子如何感知到时代赋予他的伟大使命，游说的道路为何艰辛，一路相助的人是谁又为何要相助，而这些文本直接的刺激，无法从课本上的注释中获得，也无法从细碎零散的语录里获得，当它们汇编成书，一个个故事连起来，它们的力量便形成了由量变到质变的突破。我只要一想到，手里的书卷承载千年的历史，无数的学子也抱着相同的书卷，背诵吟读，用不同的方言和口音，读着同一句话，书上是同样的句读，同一个文字，同一种思想，书卷就好似炙热了起来，迫不及待地要告诉我一些事情，一些千百人同在思考、猜疑、推究、考证的事情。

当我翻开《红楼梦》，曹雪芹的经历藏在贾府的兴衰里，我再也不用从他人的口中得知文本的消息，我开始独立地探求书中的细节，细细分析每一首诗歌，从千万字里寻找埋下的伏笔，拨开各种修辞手法，将深层的意义挖出来剖析。解读《红楼梦》的人那么多，各有各的体系，但是前人的思想不应该成为后人的牢笼，当与经典独处时，属于你自己的阅读体验才能生成，我们才是有独立思想、有灵气的灵魂。只有自己认真细致地阅读经典文本，思考自己的问题，才能给出自己最满意的答案。

（三）批判思考，参悟己见

吾爱吾师，吾更爱真理。我无法控制我自己去质疑他人的解读，甚至质疑经典本身。《论语》在现代社会的运用与再解读应该如何发生，《论语》说的标准和要求在当代是否有其局限性，我们应该如何去面对《论语》，面对儒家思想，面对其记载的事件，又应该如何在当代中国对《论语》进行创新性改造和创造性发展？我想，我们更需要明白，《论语》的糟粕在哪里，对《论语》的误读是如何产生的，才能更好地让它发挥应该有的巨大能量。

言及《红楼梦》，经典误读就太多了，五四运动以来，胡适先生对于《红楼梦》一书作出了丰富的解释，提出了众多的观点，在"一千个哈姆雷特"里，各种说法也层出不穷，我在各家之言中，隐约发现了自己与他们观点的不同之处，其来源于"我"这一读者主题本身，当读到一些句子，产生不同解释，联想不同场景，悟出不同道理，这本是自然而然的事情，当这种"自然产生的想法"与其他人的不一样时，独特性赋予我对自己更大的价值认同——我是独立自由的思想主体，不是他人思想的跑马场，更不是人云亦云的墙头草，我是我自由意志的胜利。

（四）以书为镜，向内剖析

"见贤思齐焉，见不贤则内自省也。"[1]《论语》将读书之法一一传授，回答了我们怎样读书的问题——在书中找自己，找自己的灵魂所在，找自己的好恶，找自己的独特性，找自己的经历，找自己的未来。当我用《论语》读《红楼梦》，故事不仅仅是故事，它在试图告诉我，我该如何抉择，潜移默化地，它进入我灵魂的深处，抽取了往事的片段，质问我，如果再来一次，你怎么做——通常我会作出调整，并且分析当年的自己为何如此行事，原谅或不原谅当年的自己都是向内剖析的结果罢。

其实不仅仅是《论语》和《红楼梦》，《庄子》的顺其自然，《史记》的英雄世家，《历史》的异体思维，《斐多》的生命教育……确信地说，我更明确了应该如何做人，做什么样的人，如何做事，做什么样的事。以书为镜，我在镜子里找自己，找周围的环境，找表皮下不完美的本质，并尝试用镜子给我的感悟弥补，让自己在镜子里看起来更向善，向美，向真。

五、结　语

《论语》与《红楼梦》是对我人生影响最大的两本书，可以说是立身之本。仁义礼智信的社会要求，与《红楼梦》对气质修养灵性仪态的内在追求相结合，确让我在 21 世纪的中国社会里得到心灵的栖息地，当我用《论语》读《红楼梦》，在经典的文本里，另一个世界的大门向我缓缓开启，我扑向它，心心念念，神向往之。

---

[1] 《论语》，张燕婴译注，中华书局 2009 年版，第 47 页。

给母亲的一封信

王佳慧　法学院（2021301061134）

【指导教师评语】本文从内容看，情真意切，妈妈的教导、女儿的领悟跃然纸上；从主题看，一直紧扣经典对"我"的滋养、阅读经典给"我"带来的转变；从形式上看，涉及了两部以上的经典，每部经典和"我"的转变有机结合，条理清晰，是一篇难得的佳作。（外国语言文学学院　张申威）

摘　要：阅读是人生活中不可或缺的一部分，经典中哲人的思想、品质深深地影响着我们每个人的成长，它帮助我们形成良好的行为习惯，让我们用辩证的思维去认识这个世界，培养我们的气质，对个人的成长意义重大。

关键词：成长；悟性；使命；孝；自谦

亲爱的妈妈：

展信佳。

您最近身体可还好？我非常地想念您，但是由于疫情和学业原因，我不能与您面对面地交流与讨论，分享我最近阅读经典的所思所想，但是我内心激动不已，迫不及待地想告诉您我对成长的感悟，因此我写了这封信给您。

不知道您是否还记得那个夏日的黄昏，夕阳染红了天空，昏黄的路灯孤零零地站在长长的青石巷里，您拉着我的手漫步于小巷中。在经过一个拐角时，前方有一位老人不小心摔倒了，我拉着您跑过去，扶起了老人。事后，您笑着跟我说："我家的宝贝长大了啊。"当时，我不理解，奶声奶气地问您："妈妈，我还只有九岁，哪里长大了？"您轻轻地摸了一下我的头，语重心长地说："成长呢，其实不仅指年龄的增长，也不仅仅指生理上的变化，更重要的是一种心灵上的、精神上的成熟。成长的过程，会有风吹雨打，需要我们笑对坎坷，有'一蓑烟雨任平生'的精神，有必备的品质。"但是当我问您成长需要的品质是哪些时，您只是说："很多，以后你就会知道了。"

时过境迁，如今的我已步入大学的殿堂，接受着系统的教育。当我沉浸于经典的海洋时，突然想起了您说的这段话，我陷入了沉思。

记得孩提时，您常常跟我讲禅宗的小故事，引导我去思考禅宗故事背后所蕴含的深刻的思想。但是直到我进入大学，才开始真正认真阅读《坛经》。当我沉迷于这本书时，禅师的一颦一笑都映入了我的眼帘，我的耳边萦绕着他们的对话。这时，我突然想起了您关于成长的那段话，突然觉得，成长需要悟性，需要认识这个世界的本然，而要做到这点，便需要我们破除成见。成见，在一定程度会变成一种执着，使人对事物作固化理解。就像我们在学习《论语》时，往往会谈论起"亲亲相隐"的话题，如果对这个问题有成见，就容易站队。要么只看到它的坏处，比如隐瞒犯罪事实，不利于打击罪犯，鼓励人们包庇等；要么只看到它的好处，比如说符合儒家所说的"仁"，更符合人性，有利于让罪犯感受到世界的温暖，利于其改过自新。当然，站前一队的人会更多，并且站队的人具有排他性，就算对方说得有道理，也会想办法反对对方。这就使人们的知识有了一个边界，人们没有办法认清这个话题的全貌，没有办法搞清它的本然。而现实是，我们只有在认识它的全貌的基础上，才能权衡利弊，找到一个最佳点，作出决策。对事需要破除成见，其实对人也一样。记得您曾经跟我说过大多数人困于第一印象理论，对人的认识总是不全面，难以改变对他人的错误看法。成长需要有破除成见的能力，不能只是看到只言片语就作出结论，要学会独立思考，从各方面把握，这样方能认识到世界的多彩，认识到人性的多样。

妈妈，我还记得以前冬日的篝火旁，您拉着我的小手，看着那从火炉里迸出的火星，短短的一簇，飞向空中，最后消失不见。我当时觉得这些火星像极了您跟我说的古代名人，他们的一生如同流星划过天际，短暂绚丽，让我既惊叹又惋惜。印象最深的是司马迁的故事，但是我不太能理解他，搞不懂他为什么宁愿选择宫刑，也要活下来，也不知道到底是什么支撑着他走下去的。但是，当我阅读了他的《史记》，理解了他的生平以后，我明白了。记得司马谈在《命子迁》中曾嘱咐司马迁，让他成为太史以后，要接续祖先的事业，不要忘记撰写著作。正是由于一种家族使命感和责任感，使得他在之后的生活中坚强地活了下来，也完成了他的著作。其实，《史记》也记载了许多有使命感的人物，比如项羽，他有抱负、有担当，在历史的演进中扮演了重要的角色。回归到现实，妈妈，我记得您时常教育我，要有使命感，要担当起时代的责任，这又何尝不是一种成长的品质呢？长大意味着要承担更多的责任，意味着你要付出更多的努力。但是光有一腔热血还不足够，还要有自己的实际行动。看完《史记》以后，我感触颇多，我觉得我应该从现在开始好好学习法学知识，为以后的法律建设贡献出自己的力量，这个目标很难实现，但是我有信心。

妈妈，除了这些，我觉得成长还要讲究"孝"。曾记得小时候您经常给我讲孔子，讲

"孝"，教育我"孝弟也者，其为仁之本与"。当时我并不能理解您，觉得孔子的思想太深奥了，并不适合我学习，同时也有质疑，孔子生活的年代离我们这么远，他的思想在我们这个时代还适用吗？但是经过最近一段时间的阅读与思考，孔子的身影在我脑海里开始变得越来越清晰，那层遮住他的浓雾慢慢地，慢慢地散开，直至消失不见，他温润如玉，大耳垂肩，威严却不凶猛，谦虚而和气的内在气质深深吸引着我。您的教导也让我在《论语》的学习中更加深入地思考，明白了孔子所讲的孝不仅仅是物质上的孝，还是一种发自内心的精神上的孝。对此，我想跟您说声对不起，不知道您是否已经猜到了原因。让我们一起把时间倒流回高三吧，那段时间里我比较叛逆，逐渐厌烦您和爸爸对我的关心，我总是在想凭什么你们管我这么多，我已经成年了，为什么还要天天听你们唠叨？于是，我总是忤逆你们的意思，你们让我往西，我绝对往东。那段时间里，我开始上课化妆、扎头发，与朋友交流的内容不再有代数几何、诗词散文、化学性质……相反，我们总是讨论今天谁的裙子最好看，哪个口红的颜色最亮丽，哪种指甲油的气味不难闻。后来，我学会翘课，并且向往所谓的爱情，寻找那个"正确的人"，为此走了不少弯路。您总是找我聊天，希望我能早点投入紧张的学习中，并且为我而着急。我没有听您的话，开始对您态度冷淡，不与您说话，甚至在您的面前骂您，与您吵架。即使在高考以后，我们的关系仍然比较紧张。现在想想，其实，您与爸爸在我耳边的叮嘱是爱的音符，从始至终萦绕在我耳畔，给我力量，支撑我前行。而且我的那些行为实在不符合孔子所讲的孝，它们一定给您和爸爸造成了巨大的精神伤害。所以，我想对你们说声对不起，希望你们能原谅我。

　　妈妈，最后呢，我觉得成长是一个不断让人认识不足的过程，在这个过程中我们开始学会不炫耀，不骄傲。曾经的我，您是知道的，自恃聪明，爱炫耀，易骄易躁，您总是教导我要虚心向他人求教，学习他人的优点。但是，当我看到有人成绩不如我好或者知识面不如我广的时候，我就会暗暗嘲笑他，觉得自己是天生聪慧。直到有一天，我看到孔子的一句话"我非生而知之者，好古，敏以求之者也"，产生了疑惑。孔子在我们普通人的眼中，已经是神的存在了，很多人都说半部《论语》治天下，而《论语》集中体现的是孔子的政治主张，这不是进一步说明孔子是"大佬"一样的存在吗？可是，这样的"大佬"居然说自己不是生来就什么都知道的天才。于是，我开始思考，开始细细琢磨您曾经跟我说过的话，我渐渐发现，其实我的成绩也是我自己努力过的结果。我的成绩上下波动很大，是因为自己考好了就不勤奋求学，导致成绩下滑，这时自己感到焦虑，再次奋起直追，成绩又开始上升，如此循环往复。正所谓读书的意义是使人较虚心，较通达，不固陋，不偏执，学习《论语》以后，当我开始醉酒脚踩棉花，飘飘然的时候，我会把自己掐醒，用孔子的那句话来提醒自己，同时，告诫自己："何其以臧？"妈妈，这算不算我在大学中的进步呢？这种进步来自《论语》的熏陶，更来源于您的教导，是您为我打开了《论语》的大门，让我有幸与孔子"结缘"，因此，妈妈，谢谢您！

　　其实，经过经典的滋养，我学到了很多很多。每次提起《历史》，我的脑海里就会浮现出一片大海，一只海豚驮着一位老人。每次讲到《红楼梦》，我就会想起那探春，她有着一身的才能，却无处施展，自己向往的生活也不能实现，最后只能通过远嫁的方式来保全自身。曾经您跟我说过，只要我开始沉浸于经典，就会难以自拔，现在我真的相信了。看一本好书，虽然你不可能永远记得它的内容，但是它会渗透于你的言行举止、你的气质之中。我也会谨遵您的教导，继续在经典的海洋中遨游。

　　祝您天天开心，工作顺利！

　　此致

敬礼！

您的女儿

澄观时弊

阅读为思想插上翅膀

林清徽　弘毅学堂（2021300006018）

【指导教师评语】文章敏锐捕捉到了当下信息时代的困境，即我们虽然拥有了海量的资源和丰富的感官享受，但人格却日益贫困。之后作者博采中西方的思想经典，既讨论苏格拉底对克服身体欲望的启发，席勒在审美活动中综合欲望和理性方式，也思考道家和禅宗如何破除成见、追寻自由。作者有效整合了从不同经典作品中收获的启发，对问题的认识全面而不偏激。文章书写非常流畅，蕴含真切的生活感受。（哲学学院　苏德超）

　　摘　要：在信息时代，大数据和算法为网络用户编织了一张看不见的网，无形中禁锢着网络用户的思维。阅读经典，能够帮助我们反思信息时代的弊病，打破思想的束缚。本文通过回顾《斐多》《审美教育书简》《逍遥游》《坛经》四本中西方经典中关于自由的论述，对比中西方关于自由的不同看法，探索如何在信息时代寻找思想的自由。通过品读阅读经典，我们能够重新为思想插上自由的翅膀。

　　关键词：自由；信息茧房；经典阅读

　　这是信息爆炸的时代，也是视野受限的时代。我们拥有了打开海量资源的钥匙，我们失去了挑选不同视角的自由。支离破碎的"名句"刷屏网络，夺人眼球的短视频改变了我们原本的休闲方式，我们正处于一个"短平快"的时代。互联网、大数据的发展看似为我们插上了翅膀，使我们能够超越时空的局限，遨游于信息之海。然而，当算法为我们献上精心计算过的推送，当我们每天都重复着、加深着我们的既有观点，我们正在陷入名为"互联网"的闭塞之网。既有观点之不断累加，使我们的思维逐渐走向极化、单一化、平面化，三维的世界逐渐被压缩成扁平的黑白。如何才能挣脱信息的网，重新找回鲜活的立体世界，在阅读经典的过程中，我想我找到了几条答案。

苏格拉底在《斐多》中告诉我们："灵魂在思考中才触及真实……灵魂要最完美地思考，就得不受任何感觉打搅，无论听还是看，无论是痛觉还是某种快感。"①要破除被网络捕获的困境，我们需要与我们的身体欲望告别。在读《斐多》之前，我很少思考身体欲望与迷失网络的关系。而苏格拉底对于身体的鄙弃，对真实的追求，忽而点醒了我。举个很简单的例子，当我们在感到饥饿的时候，由于缺少能量，我们的大脑无法支撑我们的思维活动。肉身的饥饿感战胜了思考的能力，使我们陷入呆滞。这是人生而具有的、进食的欲望。同样地，我们也有对视觉冲击的欲望，我们喜欢扑面而来的视觉冲击。当今社会对脸、对所谓"颜值"的强调，其实也是这种欲望的反映。如今流行的视频，有许多是简单粗暴的"美颜混剪"，它直观明了，愉悦了我们的眼睛，也不需要过多的思考。然而，在简单的享受过后，留下的是什么呢？是下一条类似的推送。于是我们的视觉欲望支配着我们一次又一次地点进类似的视频。逐渐地，我们便落入了名为"美丽"的网。然而这美丽又是如何地浮于表面，一次享受过后，留下无尽的空虚。缺乏思维的支撑，我们近乎是被欲望支配的兽。因此，也许我们的确应该与我们的身体欲望告别。当然，这并不是说我们要如苏格拉底一般，庄严地喝下毒药与世界作别。人类既然能从蒙昧中走出，就代表我们拥有克服欲望的能力，我们的理性是我们的武器，帮助我们剪断欲望的丝线，挣脱困住我们的网。

如何调和自己的欲望和理性，我想答案也许是审美。席勒在《审美教育书简》中写道"那么，人是如何从限制上升到绝对，是如何在他的思考和意愿中对抗感性，就不再可能是问题，因为这一切在美中已经发生。总之，人如何从美过渡到真理，再也不可能是问题，因为真理按其能力已在美中"②。在席勒看来，我们在审美王国中获得自由，从而走向理性。③ 在我的理解中，我们是游戏王国的主宰，我们可以运用我们的思维做任何事。就好像我们欣赏一幅画时，我们的眼睛接收到了信息，大脑也同时在运作，感知画的意境，勾勒画背后的故事，在与意境的交融中，我们感受到了美，在这一刻，我们的思维是自由的。请注意，这种审美的活动，与我上文所提到的所谓"享受"各类令人眼花缭乱的视频是不同的活动。诚然，两者有共通之处，都有取悦感官的部分。然而，审美活动给我们带来的余韵、滋养，是这类为了迎合观众视觉刺激的视频所不具有的功能。

西方先哲以理性的眼光为我们指明了一条克制欲望，走向自由的道路。他们的思想深邃而敏锐，如剑一般穿透信息的茧房。而在古老的东方，沉静的东方思想正在向我们微

---

① 李建中主编：《人文社科经典导引》（第三版），武汉大学出版社 2021 年版，第 178 页。
② 李建中主编：《人文社科经典导引》（第三版），武汉大学出版社 2021 年版，第 237 页。
③ 李建中主编：《人文社科经典导引》（第三版），武汉大学出版社 2021 年版，第 237 页。

笑，为我们指出一条不同于西方的道路。不同于西方克制自己的欲望以获取自由，这条道路更像是挖渠，将阻塞思想的土壤挖开，使思想如源头活水，不断涌流，将心灵浇灌成绿洲。

庄子在《逍遥游》中，开创性地提出了"逍遥"这一概念。他没有直接告诉读者什么是逍遥，而是用鲲、大鹏、宋荣子、列子的例子来告诉我们什么不是逍遥。只是在最后才提出"若夫乘天地之正而御六气之辩者，彼且恶乎待哉"①这种"逍遥"的态度，是一种不依附、不被拘束的态度，人只是随着天地运行的"道"而生活。庄子所指的"道"，超越一切限定的事物，它无法用语言明说，因为它是打破限定的存在。随着生活而逍遥，这是庄子的潇洒。在《庄子》的研讨课上，我们小组曾经提出过一个问题，如果随着科技的发展，少部分人掌握了全世界的顶级科技，统治世界。而剩下的人，居住在一个舱室内，依靠人工智能的算法来回应舱室主人的脑部活动。在这个舱室中，这个人的一切精神需求都能被人工智能满足，所以他/她就没有什么渴求的，他/她就是这个地方的主宰，他/她即是规则。在这种情况下，是否可以认为这个人达到了逍遥的状态。我们小组给出的答案是否定的。这种情况与我们的现实何其相似，我们看似在主宰我们脑中的一切，其实正在沦为算法的奴隶。我们所看到的，都是我们想看到的，我们的每一步都在算法的预料之中。这是一个危险的信号，因为人之所以优越于机器，就在于人除了形式逻辑，还有机器所无法辨别的跳跃的、灵动的、充满活力的一部分。灵感是人的特殊天赋，人的思维能够创造新事物，而算法只能将我们框定在既定的程序框中。如果我们的灵感源泉在算法的计算下日益枯萎，那该是多么可怕的一件事。这种看似"无所待"的状态，恰恰是让我们完全依赖于算法，是彻底的"有所待"，而非我们所希望达到的逍遥状态。

与道家思想紧密相关的中国禅宗，融合了庄子的逍遥思想，呈现出"超越"的空灵智慧。禅宗的核心，就在于一个"空"字。就好像每次电脑关机注销以前的使用者的痕迹一样，禅宗的思想也是一个不断清空、不断更新的状态。禅宗所强调的超越固有的印象，打破成见，不正是治疗我们如今固有立场、固有思想不断加深的良方？的确，希望听到符合自己期望的话是人的天性，但是能勇敢地超越自己原有的执着，打破自己给自己设下的牢笼，是生命更加壮美的姿态。如此，更能避免自己走向极端。人如果走向极端，就如同一支铅笔，削得过尖了，写字的时候笔尖就很容易断，平时拿起来，既容易扎到自己，也容易刺伤别人。

禅宗的思想既吸收了中国传统的老庄思想，又依旧带有宗教独特的慈悲和关切，如同清风一般给予人间众生慰藉。阅读诸如《坛经》的禅宗经典，能够帮助人们摆脱偏执，走出自己狭小的一方，心平气和地面对不同的事物和观点，避免思想的极化。

---

① 李建中主编：《人文社科经典导引》（第三版），武汉大学出版社 2021 年版，第 32 页。

其实，我本人就是一个被信息茧房困住的人。每当我游览过什么网页之后，下一次就一定会收到类似的推送。如果是符合我心里预期的文章或是视频，我就会持续地点进去看，不知不觉中，我感到自己被束缚了。而当我尝试去回到最初的起点，却发现算法已经记录下了我的每一条活动轨迹。这是一件多么可怕的事！我的生活被一台机器窥视，我的喜好一览无余，而它还在不断加强这种喜好。我害怕自己也变成网上那些一上来先给你贴个标签的"理中客"，此时阅读经典给我指明了道路。在先贤或激昂雄壮或清新和煦的文字中，我的不安被抚平。我想，这就是阅读经典的意义所在——意识到自己的局限，从过往人类的智慧中汲取力量，实现自我的超越和完善。人被自己的欲望束缚，被自己的偏见局限的情况，从古至今一直存在。我们今天所说的"信息茧房"，也可视作这种情况在信息时代的特殊表现形式。只是科技的发展使得这种束缚尤为明显，引起人们的警觉。诚然，其中也有商家为了更好地获取利益的推动。但是对我们日常用户来说，阅读经典也可以为我们对抗偏见和信息茧房提供足够的指引。

西方式的通过克制自己的欲望走向自由的道路，彰显了人性的庄严与厚重。令人想起米开朗琪罗雕刻刀下目视前方，眼神坚定的大卫雕塑。而东方似活水源头的灵动思维，则让人想起了广阔的江海，包容一切又冲刷一切，生生不息，源源不断。在阅读东西方经典的过程中，我感觉自己似乎摸到了一点东西方之间相似却实则不同的边角。两者似乎都是在讲超越束缚，但是看待的方式角度、解决的方法、最终所追求的状态却又不同。意识到不同并不是要加深对某一方的认同而否定另一方，而是要意识到原来世界上还有这样的思想，以此拓宽自己的眼界和胸怀，能够面带微笑地去包容这世上的同与不同。

发达的信息技术看似给我们提供了可以通向何处的翅膀，实际上却将我们束缚在某一方。而阅读经典，将再次为我们的思想插上翅膀，让我们可以打破这约束，真正地在思维的天空轻快地飞翔。

论经典文学对自我损耗的积极作用

陈欣欣　经济与管理学院（2021301052230）

【指导教师评语】现代社会人的焦虑感日增，由此带来种种负面情绪与行为。作者敏锐地抓住这一时代特征，引用美国心理学家"自我损耗"的概念，结合中外经典，讨论了阅读对自我损耗行为的积极作用，有非常强的现实针对性。文章结构清晰，引用合理，论证有力。（文学院　刘春阳）

摘　要：自我损耗行为是指现实生活中，人们往往会因为犹疑、焦虑和拖延等心理认知和行为活动在每一次的抉择中出现意志力和能力暂时下降的现象，而在当下普遍内卷的社会，自我损耗现象更为普遍和严重，巨大的内耗产生了相当大的情绪成本，以至于对生活和工作会造成不良影响。而阅读经典文学，能启润心灵，沉淀气质，丰富精神世界，有助于我们减缓焦虑、纠结等负面情绪，降低自我损耗的副作用。

关键词：自我损耗；经典文学；情绪；自控力

一、自我损耗行为及其消极影响

忙了一整天，晚上回到家中，睡前进行今日复盘时发现一天居然无所事事，但是无论是身体还是生理上都觉得疲乏；再者，有一项早就下发要完成的工作，心里一直惦记着要完成，但是总觉得无处下手而一直拖延，内心一直惶惶不安，快到最后的期限才开始着手做，但发现自己毫无头绪后更加焦虑不安；或是在听到他人的一些言论后开始无理由地焦虑，处理事情的时候总是会被消极情绪影响，没有意愿去继续处理事务……以上行为，都是内耗的体现。情绪内耗在心理学上的术语被称为"自我损耗"，也可以称其为"自我消耗、自我内卷"，这是由美国的一位著名心理学家鲍迈斯特提出的，核心意思是，在每一次的抉择、焦虑、纠结、分散精力的过程中，都会损耗一些心理能量。而人的心理能量在一定时期内是有一定限度的，随着心理能量的逐渐消耗，人们在低心理能量的状态下思辨力、执行力都会大大降低，不仅影响执行任务的效率，而且会使得人深感身心疲惫。

回溯当下，爆炸性的碎片化信息充斥着我们的头脑，令人眼花缭乱、目不暇接，多样化的信息带来多元的选择，而在一次次的纠结与焦虑中我们的情绪内耗也更加严重。其实多样化的选择给我们提供了更广阔的机会和道路，如果能在使人眼花缭乱的选择中保持理性和坚定，信心十足地坚定目标，始终朝着目标前行，排除外在不良因素的干扰，则不会产生巨大的情绪内耗成本。但实际上，瞻前顾后、犹豫不决才是常态，往往甚至也会因为外在的声音而去动摇和怀疑自己的选择，在一次次的纠结和焦虑中情绪也在一次次地损耗，最后致使思考力和洞察力甚至执行力显著降低。就青少年群体来说，情绪内耗已经是普遍存在的现象了，例如现在出现在学生之间越发严重的内卷现象。自我损耗消耗的不仅仅是我们的精力、体力，更是我们的意志力和动力。往往许多人深陷自我损耗而不自知，自我损耗正在逐渐加剧年轻人的生活成本。

二、阅读经典文学作品的积极作用

自我损耗的主要影响因素有三点：主观认知、情绪、动机。主观认知主要指人们对一项事物的主观认识，对任务的认可度和其完成难度和自我能力的认识；情绪则是指人们在事前、事中、事后的情绪起伏和变化；动机是指一个人对事物结果的在意程度。当然还有一些其他外生因素如环境、交际等。自我损耗有很多表现，如不清楚自己想要什么，不能清楚地作出选择；放不下，想不通，时时刻刻纠结于结果而不能坦然面对；拖延逃避，面对事情总想着拖一拖，拖到最后不得不做时才着手做……

我认为情绪因素在自我损耗中占据了较大的地位，控制自我损耗最重要的就是控制情绪，提高自制力和自控力，在每一次的选择中降低纠结、犹疑、焦虑的时间成本。这并非一朝一夕能够达成，而是一个漫长的过程，而能产生显著成效的方法是阅读，读经典文学作品，开阔视野、广阔心胸。古人说，读万卷书，不如行万里路；培根说，读书足以怡情、足以博彩、足以长才；苏轼说，腹有诗书气自华；梁启超提到读书的好处，认为我们待人接物时，常常仰仗其给予的光芒。刀要平日里磨得光，临时才能用得着……

读经典文学的好处不是功利性地"有用"，不是在于简单地被要求，读过的书会处处体现在一个人的气质和谈吐中、对待生活的态度中。随手翻阅一本文学作品，抑或是囫囵吞枣式地读书，仅仅能获得对书籍浅层次的理解，未能达到阅读的真正高度，自然不能够瞬间改变一个人，能显著地减缓焦虑，缓解自我损耗。真正的阅读是在品味经典，深刻认识和理解作品的基础之上，潜移默化地改变着我们的生活态度，甚至影响我们世界观、人生观、价值观的构建。

经典文学与科学作品、奇幻文学不同，其内容大多来源于现实生活，读者也更容易产生共鸣。以庄子为例，许多人说最开始读不懂庄子，不理解什么是"无用乃为用"，无用便是无用为何是有用？实际上这体现了庄子对个体生命的思考。他所作的《庄子》一文可谓是道家思想的经典著作，它阐述了庄子对人的天性和自由的理解。所谓天性，则是人之本能，人在社会中最朴实无华的一份纯真，身处在乱世或是纸醉金迷的社会，应当如何治心的学问。庄子在《人世间》篇同弟子一起看到一棵参天大树，于是便问伐木者为何无人伐此树，伐木者回道，这棵树是不成材的，不能做木质材料，没有什么用处，所以一直无人砍伐这棵树，就这样长到现在了。庄子感慨，正是这棵树自身不成材，它才能长成如此繁茂的大树，这正是无用之用。所谓"无用之用"，即没有用的用处才是最大的用途。我们往往判断一件事是否有用，其实大多数情况下是用了短期功利性的实用主义的眼光来看待的。一个东西、一件事是有用或是无用，不能仅仅着眼于眼前的、具体的好处，更要从长远的发展的眼光来看待。

所谓"天下熙熙皆为利来，天下攘攘皆为利往"即仅仅着眼于眼前的物质利益。在现实社会中，人们往往在衡量事物价值时习惯以看得见的现实物质利益作为参照物，能称之为"有用"的是能够在短期内带来可衡量的物质利益的，反之就认为是"无用"，这样用直接的物质利益作为衡量有用、无用的标尺，很大程度上忽视了长远的、处于发展中的利益，也一定程度上致使了看问题眼光不够全面的问题。以物质利益、财富和金钱等作为标准去衡量和判断事物的有用性，显然是不可取的。当我们真正能理解无用之用时，我们会对使我们焦虑的事情更加坦然，我们总是纠结于眼前这些看似无用的事情，想更多地把精力放在"有用"的事情上，在无数次的纠结和焦虑中我们的自我损耗加重，严重的内耗会损耗我们的精力和执行力，无论是"有用"还是"无用"的事情或许都无法完美完成。

如果说《庄子》是在悟天性，那么《国富论》则是论理性。庄子告诉我们无用往往有用，在生活中不必过于功利性地纠结无用与有用。这是感性层面的哲理，那么《国富论》作为一本经济学的开山之作，更多地论述了理性思维，并且更加深入论述了自利心和利他心的观点。

《国富论》中的人是一个理性的自利者或者称为经济人，理性体现在：这个人清楚地知道自己想要什么，知道自己有能力要什么，知道如何获得自己想要的。当然仅仅阅读完这本书我们是很难做到如此理性的，但是我们可以从中悟得如何成为一个理性的人，在学习生活中融会贯通。一个理性的人不会盲目内卷，不会轻易地被他人的言语影响，不会时刻焦虑于任务而无限制地拖延……成为一个理性人，自我损耗或许会大大降低。但是我认为《国富论》或许要结合《道德情操论》来理解，单单阅读《国富论》，或许我们可以成为一个理性的人，但也是一个利己的人，读了《道德情操论》我们能够更深刻地理解到利他才是真正的"利己"。

读《庄子》悟无用之用，悟逍遥之真义，面对快节奏的社会，多一分豁达和坦然；读《国富论》，做一个理性的人，悟利己与利他之义，在纠结和焦虑中坚定选择，朝着理想目标前进。除却这些文学经典，还有许许多多的著作能够启润心灵，滋养精神。在孔子和弟子的对话中感悟人之仁性；在司马迁十年磨一记的《史记》中感悟历史人物的使命；在《审美教育书简》中深化对美的认识……经典文学作品不胜枚举，如何品读一本经典著作，如何在阅读中感悟作者的思想，如何从作品中获取力量，滋润心灵，使我们的心胸更加开阔，心态更加豁达，在内卷严重的社会也能淡然处之，坚定理想和初心不为功利性声音扰乱，在人人内耗严重的当下，减轻内耗成本，这是我们都需要思考的问题。

三、与自我损耗和解

阅读经典文学启迪思想，滋润心灵，对自我损耗有着积极的作用。自我损耗本质上来说是个体受外界影响而出现的自控力下降的情况。那么外在的影响是不可避免的，人作为社会性群体，不能脱离社会而存在，那么如何能够减轻外在的影响并在损耗发生后作出改变才是我们应该思考的问题。

既然自我损耗不可避免，那么首先需要学会与之和平共处，与之和解，将损耗成本尽可能地降到最低。一位美国的精神分析学家卡伦·霍妮在她的书《我们内心的冲突》中写道：我们越是正视自己的冲突，并寻求解决的方法，我们就越能获得更多内心的自由。正视损耗，直面焦虑，才能寻找更好的方法解决问题。

其次，在选择后立即采取行动，不要拖延，心无旁骛地朝着目标前进，为之不懈奋斗。心理学家研究表明，一味地拖延会使人心理产生愧疚感和自我谴责，并且可能是持续性、长期性的，那么负面情绪的无限蔓延也会使人产生自我否定的心理，更加剧了拖延，这种恶性的连锁反应会扩大自我损耗，而这种情况在立即采取行动后会显著向好，将精力放在目标上，排除外界和内心焦虑、犹疑等负面情绪的干扰，采取积极的行动，走一步、再走一步，那么不仅能有效改善拖延，更显著降低了自我损耗的成本。

当然，成为一个理性而坚定的人十分困难，普遍情况下，或许都是"当局者迷""只缘身在此山中"的状态，练就一双去伪存真的慧眼和塑造一个坚定强大的精神世界，需要长期的沉淀。或许最好的方式就是阅读，书中自有黄金屋，书中自有颜如玉，纷繁世界中进退两难的困境，或许能从书中获得答案或启示。阅读经典文学，表面上，我们仅仅是增加了自己的阅读量，而实际上，阅读的益处远不止于此，张爱玲说，你的气质里藏着你走过的路和看过的书，所谓腹有诗书气自华也正是如此吧。

浅论经典阅读对精神文明建设的贡献

文泓博　弘毅学堂（2021300002054）

【指导教师评语】语言成熟，无论是用语、格式、结构，体现出较强的论文感，表述清晰，从经典到精神文明建设，论述合理，富有逻辑，紧密结合时代主题，无疑是佳作。（文学院　王怀义）

摘　要：广义的经典，指的是重要的、有指导意义的权威作品。大多数人本就对阅读较为权威专业的作品避之不及，再加上在现代社会背景下，碎片化、电子化、快餐化的阅读方式以不可阻挡的势头冲击着传统阅读习惯，使社会大众进一步远离经典。本文旨在讨论阅读经典带给人们的改变以及今时今日阅读经典的重要性，阐明经典在精神文明建设中的贡献。

关键词：经典；阅读习惯；精神文明建设

经典是什么？经典就是在某些领域具有相当程度重要性、权威性以及原创性的作品，如映射了中国古代社会百态的文学瑰宝《红楼梦》，追寻着爱与自由的文艺复兴思想结晶《神曲》……但随着社会的飞速发展，人们的生活节奏变得高速而浮躁，阅读时间碎片化、阅读方式电子化、阅读文本快餐化使得大多数人厌倦思考，沉湎于大数据编织的信息茧房之中，经典阅读已经渐渐淡出多数人的生活。即使在各类社会调查中给出"非常愿意去阅读经典"的回答，又有多少人真的进到书店从书架上取下一本经典著作？即使用厚重的大部头经典填满了自家的书架，又有多少人真的用经典阅读充实了自己的心灵？

1980年12月，邓小平同志在中央工作会议上指出，"我们要建设的社会主义国家，不但要有高度的物质文明，而且要有高度的精神文明"[①]。在人民物质生活日益富足的今天，更应加快精神文明建设的脚步，所以今时今日阅读经典必须被重新提起，必须认识到

---

① 《十四大以来重要文献选编（中）》，人民出版社1997年版，第1674页。

阅读经典的重要性，认识到经典阅读带给我们的改变，认识到经典阅读在精神文明建设中的贡献。

一、经典是智慧的源泉

经典之所以能在其所在领域具有较高的权威性、代表性，正因为经典历经时间的考验，在岁月的长河中将精神光辉内化积淀，而后浓缩结晶形成的即是"智慧"。人们将在实践探索中总结出的经验汇编成作品，作品历经风霜的打磨逐渐形成特有的文化魅力，成为具有权威性、代表性的经典，后世的人们再从中撷取知识、领悟智慧。

以《坛经》为例，佛教在中华大地上传播的过程中，汲取了千万劳动人民从生产生活中凝集出的中华文化和中国智慧，从梁武帝普通年间达摩进入中国到唐宣宗恢复佛教，从公元 520 年到 850 年，凭借随缘任用的处世之道、五祖弘忍"大厦之材，本出幽谷，不向人间有也。以远离人故，不被刀斧损斫"这样远离世俗政治社会的思想，经过 300 余年的发展，成为中国佛教的主流。① 而禅宗思想的集大成者即是六祖慧能的《坛经》——中国唯一被称作"经"的佛教著作，其中阐释了中华禅宗的思想内核"心悟"。受中国传统文化的影响，禅宗不同于传统佛教重视念经打坐、修身礼佛的修行方式，也不通过著书立说将自己的思想大肆宣扬，讲求一个"无我空性""即心即佛"，通过磨炼心境来使自己开悟，破除一切外在的虚妄之相，打破内心对万事万物固有的成见，从修养品格出发，向内心的直觉寻求一瞬间顿悟的灵光，觉悟人心中本有的佛性。那些看似答非所问的公案，恰恰蕴藏着禅宗的大智慧。如问"祖师西来意"，便答"庭前柏树子"，这样无意义的问答显然并非智慧所在，但又暗中指明了通向智慧的不二法门，即抛却一切对世界的成见，远离自欺与欺人的妄念，从不加修饰的本源中领悟真理。《坛经》与"心悟"思想从人民群众的实践中走来，形成我国独有的宗教思想和文明魅力，成为中国禅宗的权威代表性原创经典，使得后世的人们无论信仰佛教与否，都能从中获得智慧的启迪。

社会主义精神文明建设的基本内容之一即是科学文化建设，旨在启迪民智，提高人民的科学文化素养，从而为人民思想道德水准的提升打下坚实基础。经典能成为供给智慧的源泉，正是因为其中蕴含的思想在今时今日已然成为社会共同意识的一部分，并未随着时代的变迁而脱离社会实际。正如《坛经》传达给我们的"心悟"境界，要想做好科学文化建设，须先摒弃一切已有的"相"，不能抱持着固有的认知去阅读经典，不能怀着功利

---

① 孙劲松：《大厦之材，本出幽谷——早期禅宗兴盛之路探究》，载《湖南大学学报（社会科学版）》2021 年第 2 期，第 23~29 页。

心为了得到什么才去阅读经典，以纯粹的心灵去接触经典，方可取得智慧的果实。阅读经典，是与那些历经时间的考验仍熠熠生辉的思想进行跨越时空的交流，在心灵的深处播下智慧的种子，让智慧在"下意识"里头生根发芽，在不知不觉中开枝散叶结出智慧的果实，在潜移默化中提升科学文化素养。经典本无意，无声润人心，博览古今中外的经典著作，便会在无意识之中汲取智慧的力量，待到用时方不会扼腕叹息读书少；便会积累科学文化的基石，为建设上层的思想道德打下坚实的基础。

二、经典是人生的灯塔

经典之所以受到人们的尊崇，不仅仅是其内藏的文化魅力与智慧精华对人们的吸引，更是因为深藏其中的思想道德力量。经典著作在文明的传承与延续过程中，已逐渐将其思想融合到文明共同意识中，如儒家的仁爱、中庸等思想已经成为流淌在中华民族血液里不可分割的一部分，即使从未读过书、不识一个字，心灵深处也早已留下千百年不变的思想道德刻印。经典就这样默默地矗立在人们的心中，在愚昧无知的暗海上为人生之舟指引光明的航向，阅读经典就是更加深刻地认知那些我们习以为常的思想，在坚固的基石之上筑起精神文明的上层建筑。

以《斐多》为例，今时今日已鲜有人提起"灵魂"，在"祛魅"之风席卷世界的当下，人们的思想逐渐变得趋于理性，笃信科学计算可以解释世间万事万物本源的真理，大胆地否定神秘而不确定的概念，甚至贬斥那些传统但未经现代科学证实的思想。然而，当人们摒弃一切神秘主义、宗教学说的圣洁面纱，离开温暖舒适的精神母体，世界的残酷、冷漠都将毫无保留地呈现在初生的人类眼前，在这样的冲击之下人类又开始趋于"返魅"。注意，"返魅"不等同于为所谓的巫术魔力招魂，而是旨在恢复一片容纳人类栖身的净土，使得人们在探索未知世界的征程上仍能体会到精神文明的关怀，让写满真相的荒凉大地上仍然存有一丝美妙的幻想供人们安睡。

在这痛苦迷惘的时代，《斐多》中对于灵魂旅途与道德生活的讨论恰好给予了我们思想道德的关怀。灵魂独立于肉体与精神，即使肉身与精神腐朽灵魂也不会朽坏，这就迫使人们在考虑现实世界的物质追求的同时必须去完善思想与道德，通过求取真善美来谋得肉体与精神消逝后灵魂光明的未来与希望——即使灵魂的旅途、最终审判是否存在还未可知晓。相信灵魂，就给予我们加强思想道德建设，追求真理、善行与美好的义务，让我们在以理性眼光审视世界的同时不要忘记装点心灵的花园。《斐多》中对于道德生活的一切讨论，则是建立在灵魂存在的前提之上，灵魂存在方有死后的另一段人生。正如前文所述，为了下一次更好地生活，人们才舍弃眼前唾手可得的纵欲享乐，要求自己净化灵魂的污浊，追求高尚的思想。同样，道德生活也让灵魂获得精神层次的关怀，道德生活代表着触碰真理之门、克制灵魂中低劣污秽的欲望、过一种受人尊敬的生活，这种美好的理想无疑是诱人的，更加促进灵魂自我完善、向上进取的意志。[①]

社会主义精神文明建设的另一部分即是思想道德建设，旨在培养人民的道德品质，依靠思想教育提升人民的思想道德水准，发展社会整体素质。在社会普遍重视自然科学的理性思维的今天，经典中这些熠熠生辉的思想就是指引我们前进的灯塔，是我们在人生之海上行舟唯一的路标。人是需要哲学的，需要感性和神秘来缓冲真理的冷酷无情，需要思想道德的关怀给予灵魂追求更高更远未来的动力，这就是经典为人类文明创造的净土，为每一个前行路上感到迷惘的人提供指引，为社会主义精神文明建设指明的方向。

三、结　　语

总的来说，为什么要读经典？因为它就在那里。经典历经千百年的岁月流传至今，带着令人着迷的智慧精华和深邃的思想道德境界。今时今日阅读经典，就是采撷前人的智慧与思想，提升科学文化素养，提高思想道德水准，为个人在新时代浪潮中适应时代发展进步提供了源源不竭的精神动力。对于我国社会主义精神文明建设的进程，推广经典阅读一方面潜移默化地提升了社会整体文化水准，为科教兴国、科教强国提供基础，另一方面又为人民生产生活指引了方向，加快社会思想道德建设。

---

① 曹永国：《为什么道德教育要照料灵魂？——〈斐多〉的教育释义》，载《现代大学教育》2019年第1期，第29~38页。

无尽的远方亦与我有关

李汀兰　弘毅学堂（2021302031044）

【指导教师评语】本文主题清晰，论证充足，有自己的思辩过程，充分论证了经典对公民素养的熏陶。（文学院　李松）

摘　要：后真相时代人们面临着狂热与虚无对于公民性的冲击。而博雅通识教育让读者能够从经典文本与思想中汲取对抗这种公民性缺失的养分。本文从《斐多》和《正义论》中引述了部分经典观点并解释这些理念是如何帮助当代青年重建公民意识的。

关键词：《正义论》；《斐多》；后真相时代；公民素养

要培养出什么样的公民，是每一个国家的大学教育都需要考量的问题。公民意识意味着认同与践行个人对社会国家的责任，捍卫每个个体的权利与自由，要求人对社会事务进程的关注与参与。近10年来的信息化浪潮将传媒的变革推向高潮，在互联网的加持下无数的观点与事实冲击着人们的接受阈值，无数的平台与论坛提供着交流与争论的窗口，看起来人们对于社会事件的关注机会与热情达到了前所未有的高度。可是另一方面，当媒介权力下放到每个人手中时，信息的失真与主观情绪的无限制加入，让舆论场频繁地出现反转与对立，新闻这一社会事件被大众了解知晓的主要途径在不断泛化的过程中，将人们带向了后真相时代，《牛津词典》在2016年的年度词汇中将后真相时代形容为情绪重于事实，立场先于逻辑。这个时代的青年人正在这样信息过载的环境下或走向立场与情绪的狂热，或走向对于迷茫厌倦事实讨论后的虚无。这样的趋向里所暗含的公民性的异化是值得警惕的，青年人对于社会现状的理解与关注走向事不关己高高挂起的冷漠或是局限于部分群体的极化时，社会进步的关键力量就失去了生力军。而以经典阅读为代表的通识教育体系，为重新建立起当代青年的公民意识提供了一条新路径。在先贤博大的眼界和普世的关怀下将目光重放长远，去理解什么是无尽的远方，无数的人们都与我有关。本文将以《正义论》与《斐多》中罗尔斯和苏格拉底的观点为例，阐释经典文本如何启发我的新思考与公民性的重建。

一、《正义论》与正义标尺的思考

罗尔斯的正义观基于对卢梭等人提出的社会契约论的集合与发扬，并批判反思了盛行一时的边沁等人的功利主义道德观。在功利主义道德观下，出于使一部分人获得较大福祉与利好的目的是完全可以剥夺另一部分人的自由权利的。在功利主义视角之下，被用于计算社会最大善的变化值的内容涵盖了所有欲望的满足与否，却不加辨析不同的欲望与诉求背后有怎么样性质的结果，也不加以区分纯粹的物质福利与自由平等人权等根本诉求的差异。罗尔斯旗帜鲜明地反对这样的理论，当这样的原则在社会中流行应用时难免造成物质对于权利的倾轧，以及对少数群体利益的忽视。

功利主义的一大问题在于，不同群体基于身份、特质、能力等的差异而导致的利益争议之下，决定的社会准则往往是有利于人数更多或是力量更强的群体的。而罗尔斯提出了无知之幕这一原理来阐释一个正义的社会准则该如何诞生，则避免了这一问题。罗尔斯认为制度的设计应该屏蔽一切人的身份、知识、力量、财富、心理等特征，在无知之幕之前只留下有理性推理能力与正义一般原则的"赤裸"的原始的人。只有在原始状态之下，关于正义的原则的讨论才不会偏向于某个势力、某类人群，而是能真正做到社会共识的社会契约。也即罗尔斯所说："所有社会价值的基础都应该平等的分配。"而一切的资源、地位、能力的可能性也只有在此基础之上才可能平等地向所有人公开。

除了在立法的过程中罗尔斯的无知之幕原则能为何为正义指明方向，在面对每一个社会议题的争议中用无知之幕挡住每个讨论参与者的背景也能起到消除群体极化带来的过分攻击性的对立与议题失焦，让事实的讨论回归原点，让舆论审判的正义性接受检证。在疫情政策讨论的语境下，所谓的共存派与所谓的清零派的争执是互联网上身份主导的群体撕裂的一个缩影。大量的讨论只基于与自己身份或立场的利益出发，而不愿意理解考量其他身份立场的人们所面临的境况。在这样的讨论氛围之下，观点的抒发往往基于对对立者的本能厌弃而进行的无建设性的恶意攻击，而愿意理性发声的人群也往往在这一极端化的情绪中失去了发言建议的意愿，让话题的讨论陷入泥潭。而当我们愿意用无知之幕屏蔽掉我们曾经拥有的观点立场，暂时无视我们的身份地位与疫情中的处境，再重新审视两种政策思路的构建时，我们的讨论便不会由于不可调和的割裂与对立走向无用，反而由于引入原始状态，讨论的结果更可能走向不牺牲少部分人，也不放弃根本利益的能被普遍人群接受的合理政策建设。

对抗极端化与割裂的最好方式便是放下自己天然以为正确的立场与身份，将自己放回那个有无限可能的原始状态。割裂的弥合是重建网络讨论平台的前提，而恢复这样一个当代社会的古希腊广场，才能让每一个公民重新找到自己可以发挥作用的位置。

二、《斐多》与公民价值

《斐多》描述了苏格拉底在狱中临刑服毒前与他的学生们最后一次讨论哲学家的生死观，柏拉图借苏格拉底之口阐述了他对于灵魂及身体死亡后往生的观念。《斐多》中展现的苏格拉底的精神，恰恰是我认为在这个后真相时代里需要被坚守的公民的素养。

第一，维护规则的在场性。无数人质疑过苏格拉底在面对不合理的陶片放逐时，为什么选择了顺应制度的不合理。小的时候读到，觉得苏格拉底的选择与革命先驱谭嗣同"我自横刀向天笑，去留肝胆两昆仑"的选择无甚差别，想做唤醒人民的革命者。再读《斐多》，发现苏格拉底与谭嗣同的处境不甚相同，谭嗣同想要以自己流血唤起同胞的觉悟；而在苏格拉底的境况下，苏格拉底更像是"孤勇者"，当时的苏格拉底正是被他的同胞们放逐的，苏格拉底的死亡在雅典不过是"大快人心"的事情，何谈"唤醒"呢？相比起化自身为炬火，苏格拉底的牺牲更像是以死维护规则的在场性。苏格拉底深知，当前雅典的民主是混乱的、无序的，拥有的是一套需要被改进的社会制度，可是比起混乱的民主制度，更可怕的现象是没有社会制度。象征理性、辩证的哲人，不可以消解社会制度的在场性，换言之，制度的革新是合理的，可是毁灭性的冲击、对制度的漠视是不合理的。正如今日的社会现象中"微博办案"的可怕一幕。在罗冠军事件中，轻信一面之词而对罗冠军网暴的网友们，导致一个清清白白的公民一辈子都与"强奸犯"的头衔绑定；杭州被造谣和快递小哥有染的谷女士，没做任何违反道德的事情可连正常出门都要被人指指点点。不明真相的网友由高位向低位指责式的道德狂欢，何尝不是一种恶劣的私刑，何尝不是对当今规则在场性的破坏呢？

第二，真正的美德不应当是交易。虚假的自制，是因为贪图一种享乐，而克制某些享乐。比如为了获得异性的青睐，为了男欢女爱而锻炼身材；比如为了长远的更大的利益，而克制当前的欲望；又或者说为了从他人身上得到以后的好处利益，而先施予对方。如《道德经》中所言，"将欲废之，必故举之。将欲取之，必故予之"。这些虚假的行为，不属于德的范畴，只能说是一种谋略，一种交易。用这种享乐换那种享乐，这点痛苦换那点痛苦，这种惧怕换那种惧怕，这就好像一场交易，舍小钱换大钱。其实呀，一切美德都只能用一件东西来交易，这是一切交易的标准货币，这就是智慧。没有智慧，这种那种的交易的美德只是假冒的，实质是奴性，不健全，也不真实。

谈到交易，其实现代的资本社会就是将一切异化为了商品，一切事物都明码标价设定其价值，人的劳动力也是一种商品，根据自身劳动技能的不同及市场的需求标定价值，而人们通过出售自己的劳动力从而得到生活的筹码。这一切都变成了一场交易，因而现代社会最遵循的是等价交换的原则，而不是古人所谓的"道""德""仁""义"。《道德经》中所说，"故失道而后德，失德而后仁，失仁而后义，失义而后礼"。这种等价交换的原则，依我看来更像是"礼"的范畴，或者说老子没提到的"法"。"夫礼者，忠信之薄，而乱之首。"这种等价交换原则的产生，正揭示着我们已经慢慢失去了"德"。真正的美德不是一场交易，而是发自内心的爱，发自内心的爱人，爱自己，爱这个世界。

资本为上的时代，一切都以价值衡量，等价交换。当下公民们需要学会的，恰恰是寻求真正的美德。不带功利主义审视的，不锱铢必较地追求回报的美德。当人类社会重新开始以实现人本身的生命体验，人本身的自我实现为第一要义时，当社会重新将目光放回到人本身的生命意义时，真正的美德，真正的爱，真正的道也会慢慢如雨后的春笋般生长起来。

三、结　　语

在后真相时代，人们面对的异化是信息与观点对于我们的掌控。我们慨叹于自己之于无尽的信息流的渺小，不由自主地将自己的思考交付给了那些控制着观点流行的意见领袖们。我们害怕独立而孤独地输出，我们选择在狂热的抱团取暖中找到自己可能的归属，或是在对一切价值的虚无化中自视为不再有一切烦恼。可这一切都让我们离负责任的公民身份越来越远。我们应该放弃身份的划分，把自己只当成人类社会的一份子，去真诚地倡议与理解，去尊重每一个已然被推行的准则，也警惕每一个试图剥夺某部分人群权利的恶法，去放弃物质思维至上的交易理念，去拥抱人之为人所必需的独立思考与理性。

面对这样一个真实与虚伪夹杂，真诚与苟且同存的信息浪潮，我们能做的最好的防御就是重新回到经典的港湾，去聆听哲人们用一生的心血归结出的让人回到人本身的箴言。当我们重新让经典的阅读成为生活的习惯和求助的良师，我们才不至在后真相的时代里，丧失自我的公民性。

一腔浩然气，千里快哉风

张怀玉　电子信息学院（2021302121416）

【指导教师评语】该文章从时代背景切入，围绕经典中的潇洒正气展开论述，并上升至精神层面加以升华。进一步总结了潇洒旷然这一态度在经典中的存在形式以及当代价值，能够体现思想性和逻辑性，文章结构完整，举例丰富，论证充分，文字优美。需注意核心词汇的表述尽量全文统一，且引用格式规范有待加强。（文学院　张晶）

摘　要：本文围绕中国传统经典中的潇洒旷达精神对当代社会浮躁风气的启发意义。首先，通过对中华传统经典的深入解读，提炼出千百年来流淌在文化血脉里的豁达潇洒精神。其次，分析当今社会因快节奏生活而带来的精神困局，如浮躁、偏激等不良风气。最后，重点探讨经典中旷达潇洒思想对当世的启发意义，指出其对于缓解精神压力、提升个人修养、促进社会和谐的重要作用。本文旨在通过这一研究，探索贯穿中国文化长河中的豁达品质，以旷达包容的态度抚平现代生活中的浮躁偏激，共同构建更加美好的社会。

关键词：中华经典；豁达潇洒；时代困境

大风泱泱，大潮滂滂，滚滚历史长河千百年来冲刷淘洗，留下浩如烟海的中华传统经典，熠熠生辉。在经典编织的精神中，我们一跬一步，丈量出中华民族的色彩底蕴。穿过岁月悠悠，经典为我们留下了无数宝贵的精神财富。其间，无数先辈曾反复提及开阔胸襟，在这个时代，我认为仍然具有深远的教育意义。

一、中华传统经典中的豁达潇洒

从古至今，内向含蓄一向被视为中国文化特色，但从古至今，中国传统经典却从不乏开阔豁达的色彩。文学经典中流淌着的是与长江黄河一脉相承的浩然开阔，无论是其间直接论述的语句，抑或是萦绕于字里行间的精神，都在向我辈青年传递着这种浩然开阔之意。

《论语》中孔子曾言："君子坦荡荡，小人长戚戚。"意思是君子光明磊落、心胸坦荡，小人则斤斤计较、患得患失。孔子赞赏君子风貌能够不以物喜，不以己悲，对一切境况泰然处之，不忧不惧，拥有内心的沉稳安定。庄子的《逍遥游》中也曾提道"至人无己，神人无功，圣人无名"。豁然自由，逍遥于世。竹林七贤，不顾世俗，饮酒狂歌；王安石"行至水穷处，坐看云起时"，青莲"事了拂衣去，深藏功与名"，更有东坡"一蓑烟雨任平生"。仁者心怀天下，智者上下通达。豁达，是一种胸襟，一种气度，是对世事浮沉的超然洒脱，对富贵名利的淡然处之，亦是对不同于己处的接纳与欣赏，令后人印象深刻。而其中未可以着笔处，亦能一睹其间意味。

在儒家经典《论语》中，有这样一个经典的故事，孔子问子路、曾皙、冉有和公西华的志向所在，四人各有志向，子路和冉有想成为治理国家的一国之君，公西华则愿从事宗庙祭祀的活动，曾皙则愿在一个融融春日带着孩子们在沂水畔沐浴，舞雩台上吹吹风，然后乘着春风，吟着歌回家。故事里，我们能看到几种完全不同的人格，急躁爽朗的子路，谦逊的冉有，公西华的温和，以及曾皙的高雅，而作为老师的孔子并未对其中任何一种理想表示否定，只是针对他们个人提出了不同的建议，这种对差异性的尊重，对不同于己的接纳，而非对偏离自己心中想法的一味质疑与否定，即是一种宽厚的豁达。

《论语》中，孔子也曾这样说道："伯夷，叔齐不念旧恶，怨是用希"，孔子借此说明，伯夷与叔齐能够忘记旧的仇恨，是一种胸怀，能包容他人的喜怒哀乐，更是一种境界。这又是一种智慧的豁达开阔。

在《庄子》中，全片也贯穿着庄子的超然与豁达，耳熟能详的《逍遥游》中，他向往的只有像大鹏那样的，展翅向南，不愿成为拘泥于眼前，"翱翔于蓬蒿之间"的斥鴳，而追寻一种旷然无我的高远境界。他宁愿做一条水里自由自在的鱼，宁愿为一只翩然起舞的蝶，也不愿为外物所牵绊，不求功名利禄，过简陋朴素的生活，但心里面的世界不能自甘堕落，对世事浮沉超然洒脱，对功名利禄淡然处之，即是庄子的洒脱。

中华传统经典中，从不是只有一种色彩，唯有百川汇集，才能成中华文学长河汹涌澎湃，滚滚向前，这亦是经典中潇洒豁达对历代文人潜移默化的影响，"一枝独秀不是春，百花齐放春满园"，诗词曲赋，各有风采，唯有包容，唯有豁然，方能筑成这巍巍丰碑。与此相对的，始皇帝焚书坑儒，"罢黜百家，独尊儒术"，无疑是对中华文化的重击。

综上可知，在中华文化长河中，无论是作为实质代代传承，还是作为精神贯穿其间，疏狂潇洒的风骨代代流淌在中华儿女的血脉当中。

二、时代造就的精神困局

从工业革命的第一缕蒸汽升起，时代便随着科技的发展滚滚向前，从蒸汽火车，到汽车，再到如今的肉眼不可见的信号交汇，信息交流的速度以难以想象的速度增长着。毫无疑问，科技使我们的生活更加便捷美好，特别是如今的信息时代，科技使我们足不出户便能观天下之变，人类的视野空前开阔起来，只要有意愿，我们几乎可以随时随地了解到世界各地正在发生的事情。

而如今，在大数据时代，我们可以得到各种我们需要、我们感兴趣的事情和我们认可的消息，它使我们获取信息更加快捷，获得更大的自我认同感与归属感，我们为各种信息与自己的想法相同而满足，也沉溺于这种盲目的自我认同，而当不同于己的言论出现时，便以信息壁垒塑造的自我认同否定掉不同于己的看法，而很少平静下来理性冷静地思考。

困于筑起的高高的信息壁垒中，我们很难看到异己的观点，而当在针对某一事件的讨论中，被拦于不同壁垒间的人们会在一处，便势如水火，对彼此的观点不能理性思考，而走向非黑即白的极端，我们常常能看到，网络上的讨论或是激烈的争斗，或是清一色的看法，若有一种不同于己的言论出现，便将自己的看法视为党同伐异的真理进行口诛笔伐，心平气和地针对一事件进行讨论，似乎很难在网络上看到，舆论的引导下，人们的思想趋于同质化。网络上时时刻刻汹涌着几乎随时可以燃烧起来的戾气。很难说，令人心惊。我们不禁思考：科技究竟是为我们打开了视野，还是关上了那些看到不同风景的窗？如何在独立思考的同时，善于听取他人意见，处于一种更加理性平和的状态？我们困于其间，似乎难以挣脱。

三、中国经典中的旷达潇洒在当世的意义

前一段时间，一个不同于往常的词条悄悄爬上了热搜，在满是鸡毛的娱乐新闻中显得格外清新脱俗。大概苏轼也没有想到，"怀民亦未寝"会为千年后的后辈们津津乐道。网友以苏轼的《记承天寺夜游》中的一句"怀民亦未寝"，联想到当时的情景，不羁旷达的苏轼，温和重情的张怀民，以及二者之间令人共情的情境，令人莞尔。

这样的融洽和谐的讨论氛围，无疑是涤荡网络戾气的一缕清爽的风。从经典中汲取养分，以滋润当代。文学经典中的那代代相传的潇洒旷达，或许是我们破局的一味良药。

首先，在此次的热搜中，刚开始也有人认为这是对文化的亵渎，是对前辈的不尊重，

甚至有人以现代思维对苏轼评论，直言"下头了"，令人哭笑不得。而过后，当越来越多的人讨论起这个话题，讨论区的人们逐渐趋于热烈，却并未像往常一样走向水深火热。有人提出，人本就是立体而丰富的，苏轼作为一个千古留名的大文豪，在文学成就以外，还有着风趣潇洒的人格特色。人们一言不合就不再上纲上线，而是充满了戏谑的欢快轻松。这一次的热搜，也让越来越多的网友意识到，事件往往不只一面，人物也是立体丰富的，这个世界并非非黑即白，何不学那经典中的潇洒旷达，理性思考，认真讨论，合理接受而非固执己见。其中，中华传统经典的力量可见一斑。

在《论语》中，孔子的因材施教，尊重差异性的自信旷达，当我们面对他见时，便是最好的回应；《庄子》中，庄子不拘于外物，只愿自由，当我们在网络上受到他人攻击时，不妨想想便一笑而过；更有如竹林七贤的不拘小节，王维的清高孤傲，苏轼李白的潇洒旷然，诗词曲赋的百花齐放，更是对当代网络戾气的一种疏导。

或许，传统作为一种文化力量，并不能帮我们消除信息茧房，走出迷局，这是科技发展的另一面，被时代裹挟的我们或许是真的无能为力。但是，传统中的精神养分却能滋养我们的灵魂，其间的潇洒旷然以及对不满于现状的进取精神，让我们时时保持清明的心灵，时时保持警醒，不会走向暴戾失去理智的极端。当我们在信息茧房中以为世界只有壁垒筑起的那一方小小的天空时，不沉溺于自我认同的沾沾自喜中，而是愿意自己找一条出路，去看看外面更加精彩丰富的世界。当不同的理念发生碰撞时，碰出的是灵感的火花而非熊熊燃烧的战火，以经典中的旷达舒朗兼收并蓄，既不一味地怀疑自己，也不对外界充满抵触，处在一种通透自在的状态。

"一腔浩然气，千里快哉风"，经典滋养心灵，阅读改变困境，在大数据时代，让经典中的那一抹潇洒旷达的清风，载你我览世间多彩，获通达内心！

有限资源下的博弈与有限博弈中的选择

何新奥　经济与管理学院（2021301051171）

【指导教师评语】 本文已脱离高中作文的稚气，开始尝试以理论为基础来分析现实问题，且观点深刻，内容翔实，脚注使用规范。唯一的遗憾是没有将对两本经典的剖析有机地结合在一起，使得文章的讨论更聚焦。（文学院　曹建国）

摘　要：本文试图以《红楼梦》中宝玉的人生选择和《国富论》中市场经济下"利己"的实用主义为例，从管理学与商业伦理学的角度出发，引入"五蕴"行为分析模型、BLM 要素模型、要素分析矩阵等经济学和心理学理论，以及有限利益最大化假设、"伦理受益者"、"伦理受益者篮子"与最优决策的非唯一这四个作者的原创性概念作为工具，探讨"自我实现人"前提下的人生选择和社会中企业"有限博弈"下的伦理决策，为当代大学生生涯发展和企业在商业行为中的科学决策提供参考。

关键词：仕途经济；行为分析；战略管理；企业决策

一、有限性假设与有限性下的无奈

有限性是经济学中的一个重要假设，而我们的讨论也是建立在有限性这一基础之上进行的。在这一假设中，首先，社会总资源相对于企业和其他社会主体的总需求而言是相对有限的；同样的道理，每个人在作出自己的人生选择时，自身理想下情况所需要的条件与自己现实中所具备的条件相比也是相对有限的。也正是由于相对有限的存在，使得我们不得不在理想化与现实主义之间作出博弈选择。

有限性是我们的社会将要长期面临的一大问题，也是我们今天所要讨论的一个很重要的前提。正是因为有限，所以我们才有必要作出选择，才会面临种种矛盾的博弈。也正是因为有限性的存在，我们的讨论才会是一种现实条件有意义的探索，而不只是停留在理想主义的空中楼阁之中。

二、有限资源下的博弈

在亚当·斯密的《国富论》中，企业的自利性是其本质属性之一，同时也是市场经济得以发展的重要原因之一。但是在当今社会，人们越来越意识到企业在获得自身利益的同时，也必须积极承担社会责任——从长远来看这对于社会和企业来说都是有益的。[①] 但是新的问题又出现了：企业的确应该承担社会责任，但是承担社会责任的主体应该是企业吗？企业应该在多大程度上承担社会责任？承担社会责任的究竟应该是企业管理层的个体，还是作为整个企业的法人整体？

追随亚当·斯密《国富论》的姊妹篇《道德情操论》，人们开始提出为企业行为建立伦理规范，并且依据这种伦理进行决策的理论。伦理决策的进行是一个多元利益主体博弈的过程，本文试图引入有限利益最大化假设、"伦理受益者"、"伦理受益者篮子"与最优决策的非唯一这四个作者的原创性概念作为讨论的工具，从一般化的视角阐述作出最优决策的伦理选择。

伦理学作为一种新兴的学科，其正式的发展时间只有短短几十年，但是其中的理论学派也可谓星罗棋布。而美国策略研究者麦克尔·波特（Michael E. Porter）无疑是其中十分具有话语权的学者，下面我们就将结合亚当·斯密的《国富论》和波特的商业伦理价值学说探讨商业伦理学的一些社会化问题。笔者个人认为在当今中国，不论是出于社会主义国家的政体，还是我们现在处于的市场经济发展的必要阶段，掀起一场关于企业伦理的讨论都是十分必要的——其重要性甚至可以称得上是一场商业思想领域里的"新文化运动"，是一场商业文化的思想启蒙，既可解放思想，又可指明方向！

（一）定义的难题

在这次讨论之初，学者们难免会遇到设置定义的难题。传统的经济学领域认为市场上企业运营的核心在于实现利益的最大化，而在这种利益实现最大化的情况下，企业的利润

---

① 周祖城编著：《企业伦理学》，清华大学出版社 2018 年版，第 45 页。

可以得到充分的实现，消费者的需求可以得到最大化的满足，市场上的各种资源也可以得到最充分的分配，这也是一种较理想的市场状态。然而，当我们在以利益最大化作为评价标尺的情况下，我们这里所说的利益的范围（或者可以理解为利益的受益者）究竟指的是什么，是单纯的企业利益，还是涵盖着企业、消费者等众多因素的社会的总体利益。如果我们讨论的是后者的话，那么这个范围的扩展究竟要扩展到什么领域，是指只含有消费者和生产者的维度，还是说要拓展到包括生态、社会、经济可持续发展的一个相当大维度下的总体利益？这样一个尺度的把控无疑为我们的讨论增加了难度，但是进行这样一个界限的划定却又是十分必要的。

这里还有一个问题也值得我们重视，我们所说的利益最大化，利益的衡量标准又是什么，是以金钱作为衡量标准计算投入与产出，还是以满足消费者以及社会大众需求（包括心理、生活必要支出等方面的）为标准。而这种标准一旦确立，我们又是否有可以量化的指标可以作为衡量。

（二）博弈的非零和

波特理论的提出有着现实的背景，正如他在书中所说的那样"人们对于企业正当性的质疑已经达到了一个前所未有的高度。人们普遍认为，企业的成就，是以损害大众利益为代价的。而这一观点又使政治领袖们制定了人为损害企业竞争力，最终导致经济成长被削弱的政策。企业界最终陷入了恶性循环"①。针对这一段观点的概述，笔者是不同意企业取得的成就是以损害大众利益为代价以及企业存在不具有正当性这两个观点的。回到我们之前讨论的利益最大化的假设，我们可以试问，如果企业以损害公民权益以及社会福祉作为其发展的动力，在泡沫中积极追求短期利益，那么这样做是否真正能够实现企业自身利益的最大化？如政府与公民社会试图以牺牲企业利益的方式来处理社会问题，以至于这样的后果已经损害到经济的长远发展的时候，他们是否又真的会是最大的受益者？

为此，波特提出了他的共享价值理念，在波特看来，企业承担社会责任这一问题并不应该被视为企业的边缘化问题，相反，这一问题恰恰是企业发展的核心化问题。对于企业职能的狭隘偏见导致了这一共享价值被长期忽略，从而使总价值一直以来并没有被最大化。

与此同时，我们也不难看到以往人们对于企业与政府利益的折中心态，即在牺牲企业利益和牺牲民众利益之间二选一，也会是一种零和博弈下的狭隘认识。

---

① ［美］迈克尔·波特著：《战略与社会：竞争优势与企业社会责任的关系》，北京大学出版社2010年版，第42页。

让我们再次回到上面的问题，即"我们对于利益的定义究竟是指单纯的企业利益，还是涵盖着企业、消费者等众多因素的社会的总体利益"①。我想用共享价值作为衡量标准，那么这个问题似乎会更有些眉目。企业与作为社会主体的各方力量的利益在很大程度上是绑定在一起的，一方利益的获得并不是一定以另一方利益的牺牲而产生的，而企业利益最大化的获得也需要兼顾社会的利益，所以单纯地切割企业利益的定义方式是不正确的。

那么同样的道理，我们是否可以将包含考虑了社会利益对企业利益可能造成的影响的企业利益作为我们的定义本身呢？其实这一定义仍然没有完全跳脱出企业这一单一获利者的局限性——即使企业因为自身的长远发展而考虑承担部分社会责任，但是由于单一主体的局限性，企业的行为仍然会可能对于社会、生态的可持续性发展造成损伤；而这一视角在设立之初就会遇到来自各方的合理性质疑，毕竟在现有社会下，特别是在企业与公众出现对立的社会里，人们是不太会认可以单一一方的利益作为评判标准的。综上所述，无论是从利益最大化本身，还是从实际的社会情况来看，这一定义标准并不可行。

（三）对于波特理论的几点概括与阐释

当实践家比尔·盖茨将企业的社会责任理念上升到"本分"之外，理论家则更热衷于帮助企业将社会责任纳入战略体系。现代的企业家们似乎更愿意相信：责任与利益是相互依存的。

弗里德曼曾说：如果职业经理人为股东以外的群体谋求利益，那么他们就有违信托精神。② 这种观点在企业社会责任的争辩中曾一度占据上风，社会责任因而被企业等同为公益慈善而成为经营战略中可有可无的装饰品。

然而，迈克尔·波特的观点很可能会是颠覆性的，他认为：国际上越来越多的评级机构已将企业社会责任绩效作为企业优劣的参考指标之一。这足以证明企业社会责任的重要性（这对于企业的融资、并购等都具有很重要的影响，编者按）。任何企业的高管都应对此有充分认知。③

而面对弗里德曼对社会责任的责难（即职业经理人浪费股东钱财做公益），波特并没有选择回避，而是将矛头对准了企业。

他毫不留情地指出：公益活动之所以未能解放企业生产力，是因为这些企业犯了两类错误：第一类错误是它们把企业与社会对立起来看待，而这两者事实上是相互依存的；第

① ［美］格里高利·曼昆著：《宏观经济学》，中国人民大学出版社 2018 年版，第 34 页。
② ［美］米尔顿·弗里德曼著：《资本主义与自由》，人民出版社 1997 年版，第 18~25 页。
③ ［美］迈克尔·波特著：《战略与社会：竞争优势与企业社会责任的关系》，北京大学出版社 2010 年版，第 6~13 页。

二类错误是它们只是泛泛而谈公益慈善，从未将其与企业自身的战略需求相结合。波特进一步指出：成功的企业离不开和谐的社会，反之亦然，两者之间如唇齿相依。企业只有找到与社会共同发展的契合点，才能踏上通往可持续发展之路。

既然社会责任如此重要，那么企业应如何剖析其所面临的机遇及挑战呢？波特用他的两个经典战略模型回答了这个问题。

第一个模型是价值链模型。

在这一模型中，波特把企业的价值活动分为两类：基本活动和辅助活动。基本活动包括：一切可以直接作用于生产，并且可以直接用于提升企业的生产能力以及盈利水平的活动；辅助活动则包括一切与提升生产能力并不直接相关的企业活动，如进行科学研究等。

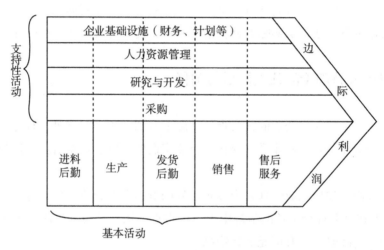

图1　波特的价值链模型

所有这些价值活动都与企业社会责任有关。譬如，与市场开发相关的社会责任因素就可能有：企业与消费者之间的关系，企业与消费者代表机构以及权益维护机构之间的关系；技术伦理和实验伦理问题，如企业生产过程中是否使用转基因技术测试，是否涉及克隆技术或是基因编辑技术等人类目前比较敏感的几个风险性技术；产品安全，即企业生产出来的产品是否符合安全标准；节约初级材料，即企业是否能通过技术创新、管理进步等各种手段实现降低初级资源的使用量，从而达到保护森林、煤炭等初级资源的目的；产品回收，即技术革新是否有利于产品生命周期结束后的回收活动。①

① ［美］迈克尔·波特著：《战略与社会：竞争优势与企业社会责任的关系》，北京大学出版社2010年版，第34~56页。

通过逐一分析每一项活动中与企业社会责任有关的问题，企业就可以清晰地勾勒出价值活动的社会影响。

波特把这一方法称为自内而外的方法。

与之相对，第二个模型——钻石模型，则运用了自外而内的方法。

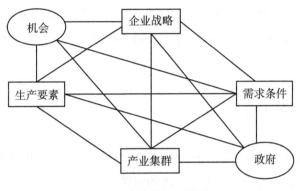

图 2　波特的钻石模型

该模型是波特在研究国家竞争优势时提出的。他认为决定一个产业竞争力有四个因素：生产要素、需求条件、相关产业和支持产业的表现、企业的战略及对手表现。[①]

这一模型也适用于企业社会责任的情景。波特认为：社会环境的变迁对四个因素产生了深刻的影响，从而改变了企业竞争的外部环境。如果企业在经营的时候一点都不考虑社会因素，就无法适应外部环境的变化，从而丧失竞争优势。

以需求条件为例，贫困地区与富裕地区的需求结构和特征存在巨大差异：穷人不喜欢大量装的商品，而宁愿要分装成零星售卖的产品，即使从平均单价上看那样的商品或许更加划算；而富人则希望一件商品的量越大越好，他们觉得那样会更加方便实惠，这很大程度上也是因为其不需要担心支付压力。因此，生产商在发达国家和在发展中国家的市场上经营要采取截然不同的策略。只有那些细致考察过社会底层人民的需求且设计出满足他们需求的产品和服务的企业，才能成功打开这一部分最广阔的市场。这个市场被称为"金字塔底层"，规模巨大且蕴含无限商机。

例如联合利华在印度的"金字塔底层"战略就取得了巨大成功。所以，通过自外而内的方法，企业可以发现社会责任对竞争优势的直接影响。

---

① ［美］迈克尔·波特著：《战略与社会：竞争优势与企业社会责任的关系》，北京大学出版社 2010 年版，第 87~96 页。

两个模型各有特点。

第一个模型可用于企业自检，即通过详细检查价值活动，发现与企业社会责任正面或负面相关的问题。企业需要对这些问题按优先次序进行排列，并尽力解决可能产生负面社会影响的问题。

第二个模型可用于企业挖掘责任竞争优势，即从外部环境变迁出发，找到一些有利于塑造企业竞争力的社会、环境问题，并在解决社会、环境问题的过程中提升企业竞争力。由于外部环境变迁涉及因素过多，波特并不提倡企业对社会问题的考察面面俱到，企业仅需要抓住对自己最有利的一两点。

（四）有限利益最大化假设

或许我们不断地试图建立不同的商业伦理道德理论，也在不断试图建立各种伦理道德模型。但是实际上我们始终有一个难以解决的问题：如何以一个统一的标准来规定企业应该怎样履行义务才能使得"利益"最大化。在现实生活中，我们既不能以企业作为唯一的利益衡量主体，也不能将所有的社会、生态、人权等因素包括进来，因为这样将会是繁杂而不切实际的。这个时候，或许我们在已知的情况下实现"有限主体的利益最大化"会是一种实际而又可操作性强的选择。即我们并不追求使得这一系统内的所有主体的利益都达到最大化，而是选择一些受益者主体，使得他们的利益综合最大化。

（五）"伦理受益者""伦理受益者篮子"与最优决策的非唯一性

这里引入两个新概念，一个是"伦理受益者"，即当企业伦理行为进行调整或者改变时，因这种行为的改变而获得收益的群体。另一个是"伦理受益者篮子"，即我们在进行企业伦理决策时，选取的一种或是多种利益受益者主体。而我们是否作出最优决策的评价标准就变成了企业的伦理决策是否可以使得这一"伦理受益者篮子"里的各个主体获利总和最大化。

在"伦理受益者篮子"中只有一种受益者（单一受益者）时，这样的篮子里的利益最大化显然往往难以是最优解，因为受益主体过少时其获益总量大概率会少于有较多主体的篮子；同样的道理，当篮子里的主体过多，且主体之间的利益交叉程度过大时，显然我们也很难制订出一个使得篮子内的所有获益量的总和最大化的方案。

因此，在这一理论假设的基础上我们不难发现，使得篮子内主体获利最大化的重要因素之一就是篮子内主体的选择。这时一个新的问题又出现了：当两个有冲突的主体出现时，我们该通过什么样的方式来解决这一标准的衡量问题。例如：当我们发现一件事情会增进人类的幸福感，但是会使动物受到极大伤害时，我们该如何判断哪一种方式会使篮子内的收益最大化呢？

在这里，我们或许必须承认最优决策的非唯一性，即最优化的决策并不是唯一的决策，而是应该以时间地点条件为转移。例如在发达国家，人们的生活水平和幸福指数已经很高了，人们对于动物福利的关注度也很高。这时，如果选择增进人类的幸福感，但是使动物受到极大伤害的方案时，人们因此获得的幸福感已经由于社会的发展水平而边际递减，但是相反对于动物保护的需求却由于社会发展而不断增长，而企业一旦采取不当措施，对于企业自身的发展也会面临极大的信任危机，这样最优化的决策就会适当地牺牲人类这一受益主体利益而增加动物福利以求得最终的收益最大化。而在较为贫穷的发展中国家，最优的决策很有可能就是相反的样子。这或许也是一场受益者与决策者的博弈。

（六）小结

企业伦理决策的进行是一个多元利益主体博弈的过程，本文试图引入有限利益最大化假设、"伦理受益者"、"伦理受益者篮子"与最优决策的非唯一这四个概念作为讨论的工具，从一般化的视角阐述作出最优决策的伦理选择。事实上，"伦理受益者篮子"中受益者主体的选择在现实生活中并不会完全依照于主体利益最大化这一原则，还会受到利益集团的实力对比、传统习俗、意识形态等多重因素的影响，如美国控枪法案的迟迟不能通过，就显示了美国社会利益、法理等多重因素的综合博弈。但是我们依然不可否认的是，依循受益主体利益最大化这一原则仍然是一种非常符合人类理性精神的方案。

当任何受益主体成为决策者时，其对于"伦理受益者篮子"的选择和权重都会出现很明显的偏倚，尽量避免少数受益者成为决策者（这里的少数受益者不包括代表广大社会大众利益的决策者），这应该成为企业进行商业伦理决策的一大原则。[①]

在"有限利益最大化假设"中，我们不得不对篮子里的主体作出选择，那么被牺牲的一方是否也应该获得一些补偿，这或许又是一个社会的公平性议题。

本文中的有限利益最大化假设、"伦理受益者"、"伦理受益者篮子"与最优决策的非唯一四个概念系作者的原创概念，希望借此阐释商业伦理的决策选择。限于作者水平有限，一定还存在着许多不完善之处，还望可以多多交流。

---

① 谭力文主编：《管理学》，武汉大学出版社 2019 年版，第 79 页。

三、有限博弈中的选择

（一）引言

贾宝玉虽是《红楼梦》一书的男主角，却一直争议不断，他既不热衷于通过科举博取功名，也不懂应酬交际这样的日常世事，不论是在古代，还是现代，这些都是与传统的价值观念背道而驰的；同时，贾宝玉称"女儿是水做的骨肉，男人是泥做的骨肉"，他一生高赞女儿，厌恶男子，可是在金钏、晴雯等人遭到迫害时，他却只能站在一旁观望，不敢也不能出手相救。作者曹雪芹也富有深意地作《西江月》来批判贾宝玉的"无能"："富贵不知乐业，贫穷难耐凄凉。可怜辜负好韶光，于国于家无望。天下无能第一，古今不肖无双。寄言纨绔与膏粱，莫效此儿形状。"①

而实际上，贾宝玉抵制"仕途经济"这一人生选择的背后，隐藏着独特的个人、家庭，乃至时代的因素，也体现了作者的人生经历与个人理想，看似离经叛道却又引人深思。笔者希望通过这篇文章的详细分析，能帮助大家更加全面地了解贾宝玉的人生状态与行为动因，在解除大家对贾宝玉的一些误解和偏见的同时，更好地为年轻人的人生选择提供借鉴。

（二）贾宝玉与他的"仕途经济"

"仕途经济"大致最早见于《宋史·王安石传论》，仕途指做官的途径，也指官场；经济，指经世济民，做官治理国家。这种对于"仕途经济"的人生的追求寄托了传统儒家"格物、致知、正心、诚意、修身、齐家、治国、平天下"的理想信念，也是一种为当时世人普遍认可的价值观念。

可在贾宝玉看来，那些嘴上说着要践行儒家价值观，造福天下的仕途学子，他们的目的并不是要将个人价值与社会价值相统一，而是将科考当作个人追求功名禄的工具！毫无疑问，这样的科举功名，已然背离了儒家最初的目的。事实上，贾宝玉内心其实并不反感《四书》这样的儒家经典，甚至从某种意义上来说，贾宝玉是完全赞同儒家的。宝玉真正厌恶的，是那些已经变了质的、"范进中举"式的"仕途经济"。贾宝玉出身于"书香门

---

① （清）曹雪芹著：《红楼梦》，人民出版社 2019 年版，第 123 页。

第"，接受的也是最正宗的儒家教育，宝玉本身的儒学修养极高，在其于诗社中的表现、应对父亲贾政的考察时就可见一斑——其绝非作者口中的"天下无能第一"。然而，自己身边所见的却尽是如贾雨村之流"三年清知府，十万雪花银"的营营小人。或许当初贾宝玉也曾有一个仕途经济的梦想，但是当发现当初的理想被现实无情地偷换之后，理想与现实之间的巨大落差或许才是其选择对抗"仕途经济"的最直接原因。

（三）"五蕴"行为模型下对贾宝玉的行为分析

"五蕴"是佛家关于人体及其身心现象由五种要素积集构成的理论，我们在这里不深入探讨佛经，只是从科学角度运用"五蕴"模型对宝玉对抗"仕途经济"的行为进行分析，从而更好地理解宝玉行为背后的深层逻辑。

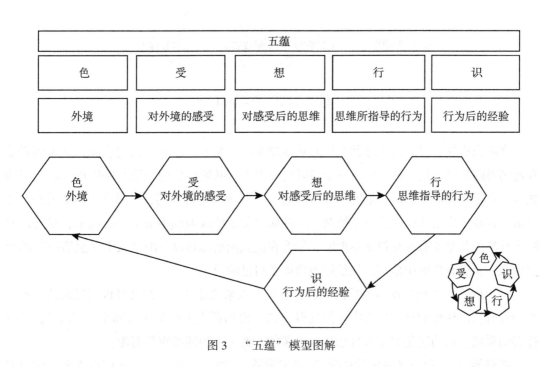

图3 "五蕴"模型图解

首先，我们从"色"，即宝玉生活的环境入手。宝玉的前世真身为赤霞宫神瑛侍者，因衔通灵宝玉而诞，故名贾宝玉。其是荣国府贾政与王夫人所生的次子，系贾府玉字辈嫡孙，贾府通称宝二爷。也就是说，贾宝玉先天就没有像大多数人一样通过"仕途经济"来达到出人头地的迫切性——这种迫切性直到贾府家道中落时才逐渐凸显。这一点尤为重要，当一件事情的必要性与迫切性退居其次时，人往往就有了更多选择的权利与自由，这时个人兴趣与主观意愿便会在人决策的时候发挥更加重要的作用。

接着我们再来分析第二层次——"受"，即宝玉对于外境的感受。这一点又可以从两点展开。其一是宝玉所接受的教育，这个大致可以划分到理想的层次，宝玉接受的是传统儒家教育，自然以礼义廉耻为上；其二则是宝玉亲身所见的人与所经历的事。贾宝玉自己就是贵族阶层，这让他可以接触到其他达官显贵，可这些人却大多是贾雨村、孙绍祖之流，他们人品卑劣，为了个人利益不惜以权谋私，害人性命——在生活中，宝玉面临着一个理想与现实撕裂的矛盾，这是社会的遗毒，他自己无能为力。这种落差与矛盾感确实很容易激发反叛心理，这一点我们在第二部分已经有了初步的讨论。

之后是"想"与"行"层面，即对感受后的思维与思维指导的行动。这两点相辅相成，我们不妨将这两点合并起来分析。理想与现实之间的落差使得宝玉不得不进行反思，他的思路也大致经历了如下的历程：

所见所闻　主观臆断　形成感受　展开行为

图 4　反思—行动链路

之前我们探讨过，造成这种现状的是残酷的社会制度，这是时代的悲哀，个体的渺小在此刻暴露无遗，这或许又是每一个当时的读书人所共同经历的一段心路历程。而宝玉的独特性在于，他敢于利用这个资本以一己之力"对抗"这种现实，又或许准确地说是一种逃避。在经历失落之后他选择了抵制，尽管面对父亲的庭训他不得不认真起来，尽管面对除了林黛玉几乎所有人对他都不理解，尽管在世人面前总是以一副"天下无能第一"的形象示人，至少在贾府中落前，他很好地保留了自己的愿望。

至于最后的"识"即行为后的经验，对于宝玉来说这种经验想必是极其复杂的，或许我们只有从红楼中的只言片语中才能觅得一二。比如贾宝玉给林黛玉起字"颦颦"，受到探春的质疑，认为这是贾宝玉自己杜撰出来的，贾宝玉的回答很是有趣。

探春笑道："只恐又是你的杜撰。"宝玉笑道："除了《四书》外杜撰得太多，偏只我是杜撰不成。"①

之前提到过贾宝玉内心其实并不反感《四书》这样的儒家经典，甚至从某种意义上来说，贾宝玉是完全赞同儒家的。这或许是他在经历种种不快之后的调侃了。再如宝玉读了许多像《西厢记》那样的书，在追求林妹妹的过程中巧妙地运用了里面的台词。此外他还

———————————

① （清）曹雪芹著：《红楼梦》，人民出版社 2019 年版，第 98 页。

读过许多名人的诗词歌赋，还有什么"第三本诗经"，什么"呦呦鹿鸣，荷叶浮萍"（不知宝公子当时是否这样读的），不过这一切在贾政的眼里都只能算是"精致的淘气"，因为这些东西与科举功名无关，也就与"仕途经济"无关了。这时的宝玉又是在自得其乐的同时无奈又心酸的。

但不论如何，这些经验的反馈，似乎都加重了宝玉对于"仕途经济"反叛的决心，以至于在最终短暂地与"仕途经济"妥协，参加科考之后以"出家"这种更加具有爆发力的方式与之彻底决裂了。

（四）战略管理视角下的当代人与"仕途经济"

不可否认的是，随着时间、地点、条件的改变，现在的"仕途经济"的内涵已经发生了很大的变化，比如之前的仕途指的是通过科举考试来做官，这一点显然不适用于现在了。现代意义上的"仕途经济"的概念是很主观的，为了便于我们接下来的讨论，在本文中我们把"仕途经济"统一定义为"追求物质利益与精神享受的行为"。值得注意的是，我们并没有限制追求这一目标的手段，因此这是一个价值中性的概念。

接下来我们就要引入经济学中的 BLM 要素模型和要素分析矩阵。BLM 要素模型是由 IBM 公司提出，展示核心要素的战略规划模型，其遵循一定的 MECE 原则。而要素分析矩阵是其众多分析环节中重要的一环。

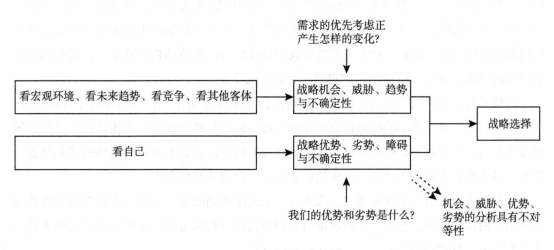

图 5　要素分析矩阵简图

在"自我实现人"假设中人都需要发挥自己的潜力，表现自己的才能，只有人的潜力充分发挥出来，人的才能充分表现出来，人才会感到最大的满足。这就是说，人们除了上述的社会需求，还有一种想充分运用自己的各种能力，发挥自己自身潜力的欲望。但是实现这一欲望的前提是对自己的价值选择有一个较为准确的锚定，这一锚定的标准因人而异，但其中一个重要依据就是自身的资源与能力——也就是要素分析矩阵中的"看自己"。① 如图 6 所示。

资源与能力	资源	能力
竞争劣势		
竞争均势	大部分	大部分
暂时竞争优势		
持续竞争优势	资源	能力

图 6　资源与能力分析（VRIO 判别矩阵）

我们每个人的资源与能力不同，例如贾宝玉拥有贵族身份与显赫家世，拥有较高的颜值与过目不忘的能力——这一点不是所有人都会拥有，因此贾宝玉的模式并不能放之天下皆准。有一些竞争优势是暂时的，有一些则是持久的；有一些资源是与生俱来的，而有一些即使暂时没有也可以通过后天的努力获得……这些问题需要具体问题具体分析。

个人的发展同样离不开时代，在宏观环境中把握未来走向，在这样一个 WUKA 时代，虽然我们不能预测未来 20 年的行业走向，但是我们可以从社会未来的需求层面预测资源流动与转移的趋势，更好地应对未来的变化与发展。要素分析矩阵中还涉及对于竞争对手层面的分析与管理，在这一点上最重要的或许是找到自己独特的核心竞争力，需找到自己最擅长的领域，避免"内卷化"的过度与无意义的竞争。

战略是有计划的机会主义，这样在看到机会时才可能抓住、看到陷阱时才可能避开，而不是要拘泥于谋划出来的战略报告和计划安排。机会是我们在重大人生选择中进行决策的重要依据，然而并不是所有的机会都是最有效的机会，这需要我们对机会的优先级进行分类，最终在机会窗口期过滤出真实的机会集合，形成战略机会点。

最终形成我们的人生规划选择，或者说，是人生规划战略。这是一个包含短期优势与长期培育的长远规划，也是一个追求价值实现与精神自洽的过程，重要的或许已经不是行为本身是否"仕途经济"。

---

①　[美] 迈克尔·莱昂纳德著：《战略管理：概念与案例》，中国人民大学出版社 2010 年版，第 87~96 页。

	政治	经济	社会	技术	法律	国际化	环境	人口
关键词	·全球政治 ·地缘政治 ·……	·新经济 ·新模式 ·……	·城市化/ 老龄化 ·社会结构 ·……	·新能源 ·物联网 ·……	·国家法 ·全球管理 ·……	·全球化 ·新移民 ·……	·气候 ·资源 ·……	·生活平衡 ·家庭结构 ·……
关键趋势	·国有资本	·资源稀缺、 宽松货币政 策、去杠杆	·消费分级、 不婚主义、 数字公民、 超级城市 化、公共 健康挑战	·清洁能源、 智能生活、 数字中国	·精准脱贫	·逆全球化、 贸易冲突、 新兴经济体 崛起	·温室效应、 绿色增长、 污染防治	·人口萎缩

图 7　宏观环境分析（PESTEL 分析）

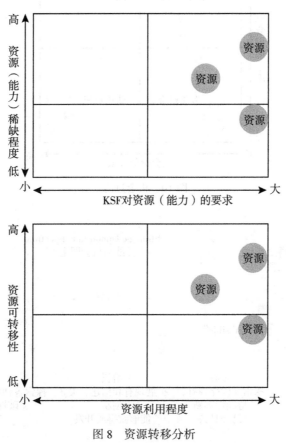

图 8　资源转移分析

竞争对手	细分1	细分2	细分3	细分4	细分5	细分……
竞争对手A						
竞争对手B						
竞争对手C						
竞争对手D						
竞争对手……						

图 9 竞争分析

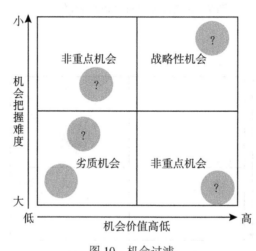

图 10 机会过滤

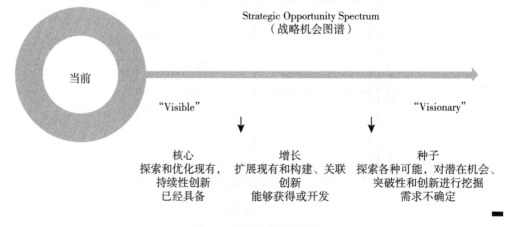

图 11 最终形成战略机会

（五）小结

其实不论是否刻意追求"仕途经济"，在现代这个越来越包容的社会评价标准内，我们都越来越容易找到适合自己的价值评判。即使是一些看上去不那么"仕途经济"的行为者，也足可以让自己过上体面的生活，受到社会的尊重，不必像"孔乙己"那样只能靠"仕途经济"而谋生计。在现代生活中"仕途经济"早已除魅，成为一个被广泛认可的价值中性词，至少只要手段正当，对于"仕途经济"的追求也本无可厚非。

结束了以上的分析，让我们再次回到问题的原点——有限性。宝玉虽然过着锦衣玉食的生活，但是相对于其渴望远离世俗经济的愿望相比，他拥有的可以用来实现愿望的资源依然是有限的——可能从他的价值判断上来讲，"采菊东篱下，悠然见南山"，虽然物质清贫，但是却更加接近其人生的选择倾向。而对于劳苦大众而言，或许宝玉所羡慕的远离官场与一味考求功名的读书是他们生活的常态，但是他们的愿望却是过上宝玉那样达官显贵的生活。需求与条件总是相对有限的，或许也只有这样，我们的社会才不会是一潭死水，社会的流动，资源的配置才会更有活力。

贾宝玉走上的是一条放弃"仕途经济"的路，但是更加准确地说，是一条尊重自我的路。我们不能苛求每一个人都成为某个人，也无法做到让所有人都变成一个人，不同的人自然会有不同的选择，我们只能不断地寻找思路与工具，不断地进行探索与尝试，不断地在前行中用初心矫正方向，在蓦然回首时，发现当时的红楼一梦中或许也有我们的身影……

四、总　　结

经典带来智慧，阅读启发力量。从《国富论》视角下企业利己博弈中，我们看到了商业伦理中企业行为决策的一般规律，从《红楼梦》中贾宝玉的人生选择里，我们看到了有限资源下人生选择的舍与得。正如伏尔泰对《自然哲学的数学原理》一书的评价中所言：经典理性的美妙，启发着哲学家对人类社会定理的思考。[①] 经典带给我们的，不仅是一种科学的方法与知识，更是一种认识社会、改造社会的全新视角——它散发着理性的光芒，带给我们以启迪，给予我们以力量！

---

① ［法］伏尔泰著：《哲学通信》，上海人民出版社 2018 年版，第 34 页。

《论语》《斐多》导引下对宏观环境背景中死亡观的思考

徐婧一　经济与管理学院（2021301052105）

【指导教师评语】本文从《论语》与《斐多》出发，探讨两位先哲对于死亡的观点与见解，从中汲取死亡认知与死亡智慧，克服死亡恐惧，树立正确的死亡观，从而更好地"生"，活出真正有意义、有价值的人生。作者从新冠疫情和老龄化社会两个角度出发，引入如何对待死亡这个话题，具有深刻的现实意义。（文学院　刘春阳）

摘　要：死亡不可避免，并且总会到来。人们习惯于谈论如何生，却总会回避死亡话题。在全球经历过新冠疫情的肆虐与日益进入人口老龄化社会的宏观背景下，死亡被无限放大。人们不得不在新的社会环境下直面并重新思考"死亡"问题。正确认识与对待死亡凸显尤为紧迫，对"何以成人"具有重大意义。本文从《论语》与《斐多》出发，试探讨轴心时代两位先哲对于死亡的观点与见解，从经典中汲取死亡认知与死亡智慧，并挖掘其现实意义，破除死亡焦虑，克服死亡恐惧，树立正确的死亡观，从而更好地"生"，活出真正有意义、有价值的人生。

关键词：死亡；死亡焦虑；新冠疫情；老龄化；生命价值

出生与死亡是我们每个人都无法回避、必须直面的重大问题。纵观世界，全球老龄化问题是 21 世纪人类所面临的最重要且严峻的社会问题。在全世界范围内，人口老龄化日益普遍，在发达国家体现尤为明显，中国从 2000 年已步入老龄化社会。2019 年年底，一场新冠疫情迅速肆虐，席卷全球。人口老龄化的客观背景及新冠疫情的流行，让"死亡"成为我们每个人都不得不直面的议题，更凸显了人们应如何正确认识与理性对待死亡问题的紧迫性与必要性。

在宏观背景下，死亡焦虑与死亡恐惧日益困扰着人们。试想若是青年一代恐惧未来，年老一代焦虑晚年，那么社会的进步何在？确立合理的死亡认知与死亡智慧，坚定正确的死亡信念，不仅是我们应对突发灾难、疾病等死亡问题的人生智慧，也是"何以成人"的重要条件。记录两位同在轴心时代的东方与西方先哲思想的《论语》与《斐多》，深刻体现了两位巨擘对于死亡及死亡观的看法。重温研读两部经典，学习先哲们关于死亡的观点，结合全球人口老龄化与新冠疫情流行的社会背景，树立对死亡的正确认识，汲取死亡智慧，破除死亡焦虑与死亡恐惧，书写更加精彩的人生。

一、深植于文化基因中的原有死亡观

死亡，即生命的终止。死亡本是生物概念，但人所独具的社会属性赋予了死亡不同寻常的丰富内涵。相同的死亡事件，投射于根植在民族内心最深层次的文化基因与观念之中，也便有了不同的含义，甚至形成具有显著差异的生死观。

首先来看东方。公元前551年，孔子出生。孔子曾说："我非生而知之者，好古，敏以求之者也。"（《论语·述而》）在纷繁动乱的春秋末期，孔子始终坚持学习，创立儒家学派，体现其体大精深思想的对话被弟子记录在《论语》一书中。西汉汉武帝实行"罢黜百家，独尊儒术"的文化政策，确立了儒家思想的正统地位。在中华文明赓续发展之中，儒学更是成为中国社会的主流思想。在儒家等中国传统思想的深远影响下，中国人逐渐形成了积极求生、畏惧死亡的价值观。视线转向西方。苏格拉底与孔子均生活在"轴心时代"，苏格拉底是西方文明的发源地——古代希腊著名的思想家、哲学家，被称为当时"最有智慧的人"，其博大恢宏的思想体系对希腊乃至整个西方文明产生了巨大且不可替代的影响。苏格拉底曾说："真正热爱着智慧的人关切的就是去死，而别的世人至少畏惧去死。"[①] 西方人较敢于直面死亡的观念也受其影响颇深。

原生死亡观根植于不同的深厚的文化基础之中，对不同区域人们死亡观的形成影响甚大，而人们所持有的死亡观又会影响人们的行为选择，正确死亡观念的形成可谓意义重大。研读《论语》与《斐多》两本著作，在中西经典的导引下探讨与思考死亡，形成正确的死亡观，或许是因新冠疫情与人口老龄化所加剧的死亡焦虑与恐惧的亟待优良的解决办法。

二、于经典中获取死亡认知与智慧

我们为什么要读经典？相信很多人会发出此种疑问。毋庸置疑，经典之所以能够成为

---

① 李建中主编：《人文社科经典导引》，武汉大学出版社2021年版，第180页。

经典，与其博大、深邃、深刻的思想内涵密不可分。由于人在成长中知识水平、阅历经验不同等原因，经典需要反复研读以不断体悟其智慧。在社会发展、宏观环境不断变化下，我们需重读经典，以汲取智慧。

《论语·先进》载，孔子回答子路的疑问时说："未知生，焉知死?"儒家讲求仁、忠、孝，主张积极入世，强调人在现世中对"仁"的追求与实践，将更多的关注集中于对现世生命价值的追寻，对人生现世意义的实现。孔子认为，若是能够追寻到"道"，便也"朝闻道，夕死可矣"。（《论语·里仁》）相较于"死"，孔子更关心如何获得更好的"生"，而有了更好的"生"，为了求寻心中的"仁"，便也无畏与"死"。这种生死哲学，一方面引导人们在现实生活中积极作为，而另一方面却也将死亡问题疏远在日常谈论范围之外，人们认为死后生前一切均化为乌有，故而总会回避"死"。《礼记·曲理下》记载："天子死曰崩，诸侯曰薨，大夫曰卒，士曰不禄，庶人曰死。"现代人依旧忌讳直言于"死"。而中国古代的历代君王也锲而不舍寻求长生不老之道，明世宗朱厚熜执政中期，喜好长生不老之术，长期不理朝政，成为明朝历史上衰亡的重要转折点之一。千年来中国主流思想潜移默化的影响，或许是国人不言死亡、恐惧死亡的文化根源之一。然而无论人们用逃避或其他方式进行防御性掩盖甚至是刻意遗忘，死亡却总会残酷地在或近或远的未来等待。因此，唯有理性地面对、直面去观照，才是真正的智慧与解决方法。

从西方文明之源——古希腊开始，死亡便是哲学家常常谈论的议题之一。苏格拉底坚信"灵魂不朽"，将人的精神、信念及能够进行理性思考的意识部分称为灵魂，而将死定义为肉体与灵魂的分离。可以说，苏格拉底在《斐多》中论证的核心观点即是"人死后灵魂仍将存在"。古希腊的哲学家们将人看作灵魂与肉体的结合，将死亡看作肉体的精神升华，即肉体的死亡并不代表人的灵魂的消亡，故将"死"视作正常现象，坦然而从容地面对，并对"死亡"展开思索与讨论。正如《斐多》中被雅典法庭判处死刑却仍从容不迫与友人探讨灵魂不朽的苏格拉底所言："真正热爱智慧者的灵魂相信，自己绝不可抵触解脱身体。"[1] 因为有对生命的敬仰与理性的追求，所以苏格拉底正视死亡，注重对其本性的追问，关注在精神上对肉体之死现象的超越。而这种死亡哲学也深深扎根于古希腊个体的生死意识之中。

重新研读《论语》与《斐多》，我们不应囿于原有固化的惯性思维。孔子曾说："志士仁人，无求生以害仁，有杀身以成仁。"（《论语·卫灵公》）为了心中的"仁"，即便"死"，即便丧失自己的生命，也在所不辞，而若是舍弃违背了"仁"以谋求生命，那是孔子所不齿的。由此可见，孔子虽然更多强调如何"生"，但未曾一直逃避谈论"死"。其生死观是以"仁"为核心的。坚定认为"灵魂不朽"的苏格拉底，如果是为了心中的

---

① 李建中主编：《人文社科经典导引》，武汉大学出版社 2021 年版，第 193 页。

"真理"，如果是为了心中那对于民主政治的美好构想而需要献出生命，也是在所不辞、绝不犹豫的。况且苏格拉底认为，人的肉体虽死，但精神不灭，便也无可也无须恐惧与逃避。以与前不同的心态和经历去重新学习两位先哲以身殉道的崇高境界，我们更应充满勇气，敢于直面死亡，正视死亡问题，而不是一味地回避、不言与恐惧。

三、宏观环境下对死亡恐惧与焦虑的破除

由此，我们探讨死亡观的现实意义之一——宏观环境背景的改变下对人们日益增加的死亡恐惧与死亡焦虑的直面与破除。国际社会对老龄型国家的判断标准为 65 岁及以上人口占比达 7%，据国家统计局 2019 年年底数据显示，中国 65 岁及以上的人口总数已经达到 1.76 亿人，占当年总人口数 14 亿人的 12.57%。[1] 由于自身发展国情，人口基数大、经济发展不平衡、地区文化差异等原因，中国的老龄化问题发展态势呈现较为复杂的局面。2019 年年底，全球范围内经历了一场猛烈的新冠疫情，疫情不仅在物质上给人们带来了不利影响，更让人们的精神饱受折磨与摧残，新冠疫情用冰冷残酷的现实无情鞭挞与凌迟着生活在疫情之下的每一个人。

（一）正确死亡观树立的必要性

在老龄化与新冠疫情的双重叠加影响下，人们比以往的任何时候都更加接近死亡，更加恐惧死亡，也更加焦虑死亡。人们真切地感受到，死亡，就在个体极近的身边；死亡，正在飞速吞噬人们。而当人们对终将到来的既定事实的死亡产生恐惧、不安等复杂并存的情绪以及无法理解与接受，并相应伴随有相关生理现象时，人们已存在死亡焦虑。据调查，年轻人比老年人的死亡焦虑更高。[2] 而大学生是年轻人中的重要组成部分，大学生的身心健康、成长发展对社会进步、民族复兴、国家富强至关重要。过度的回避与焦虑死亡问题，不仅会危害大学生的心理健康，还可能会使大学生丧失对生活的希望、对理想的追求、对未来的期盼。大学生乃至全社会中的每一个人，均需正确认识死亡、敢于直面死亡、克服恐惧死亡、破除焦虑死亡，树立正确的生死观。

---

① 王萍、尚锦云、何姣姣、潘霜、李逸明：《社会支持对农村老年人死亡焦虑的影响》，载《西北人口》2021 年第 1 期，第 85~96 页。

② 黄时华、李思颖、洪子杰、吴绮琳、尹巧：《大学生生命意义感与死亡焦虑：状态无聊和网络信息成隐的中介作用》，载《中国健康心理学杂志》2022 年第 4 期，第 592~595 页。

（二）破除死亡恐惧与死亡焦虑之法

2020 年 12 月教育部明确指出，国家高度重视疫情期间全社会的生死教育问题。[①] 在全球老龄化与疫情肆虐的背景下，死亡教育的全面开展尤为急需与必要。孔子十分重视教育的作用，并主张"有教无类"，其言论中包含甚多学习方法与授学建议，孔子本人身体力行、言传身教，其推广的私学规模最大，影响最深，并坦言："知者不惑，仁者不忧，勇者不惧。"（《论语·子罕》）苏格拉底提倡"美德即知识"（《美诺篇》），主张"认识你自己"，他认为，教育对一个人的成长十分重要，接受教育才能获得幸福。于经典中研读，汲取先哲智慧；于死亡教育实践中尝试，深刻感悟死亡认知与死亡智慧。

死亡无法避免，并且总会到来，我们需要进行死亡练习。在苏格拉底的学生柏拉图看来，属于每个人的灵魂在现世之中都有自己的任务，即回忆起灵魂在"理念世界"中生活时所了解过的"知识"，完成任务的灵魂就是德行与修养好的灵魂。柏拉图将这一回忆活动称为"死亡练习"。在现实生活中，我们同样需要进行"死亡练习"，需要一场深层次的自我对话，需要一次触碰价值信念边界的探索。唯有在生活中尝试与习惯与死亡"对话"，才能不惧怕、不焦虑死亡，对死亡有正确认识，树立正确的死亡观。

人类文明不断发展，但死亡对我们而言仍是未知的领域，死亡仍是绝大多数人不敢直面、恐于面对、焦虑面对的话题之一。植根于不同文化基因中的死亡观千差万别，但其中之一的相通之处便是人应不惧怕、不焦虑死亡，更为理性与成熟地看待生存与死亡，在现世有限的生命中活出精彩，活出未来。在当今全球老龄化的宏观背景下，在死亡问题日益凸显与社会死亡恐惧与死亡焦虑演变日益激烈的环境背景下，《论语》《斐多》等经典仍是我们汲取生死智慧、成长成人的源泉。重新研读《论语》与《斐多》，学习先哲们对死亡的见解与认知，汲取死亡信念与智慧，树立正确的死亡观、人生观与世界观，正确看待死亡，尊重与敬畏生命，以积极进取的态度面对未来的人生发展，充分追求与实现人生价值，创造精彩的、有意义的、有价值的人生！

[①] 黄时华、李思颖、洪子杰、吴绮琳、尹巧：《大学生生命意义感与死亡焦虑：状态无聊和网络信息成瘾的中介作用》，载《中国健康心理学杂志》2022 年第 4 期，第 592~595 页。

"道听途说"的经典作品

刘　琦　经济与管理学院（2021301051115）

【指导教师评语】文章选题非常有批判意识，结构清晰，论证充分，观点有力。对两部经典的精华理解得很到位，并且体现出了非常出色的辩证思维和独立思考能力，语言表达也很清晰。（文学院　陈溪）

摘　要：作为时代尤其是教育事业不断发展下的受益者，面对着阅读成本的下降、阅读渠道的增加，更有前所未有的多元阅读时代提供给人们广阔的交流平台以及多元观念的碰撞。然而为什么人们与经典渐行渐远了？为什么越来越只拥有"道听途说"的经典作品了？在我看来，"人文社科经典导引"课程对于博雅教育的呼唤正是当下紧迫的形势所要求的，有志之士开始意识到需要通过这样的课程普及经典，实现通识教育。透过现象，我们应该溯源分析，并真正思考如何对冲这种逆潮流。

关键词：经典阅读；功利化阅读；文化底色

一、功利化倾向导致的"道听途说"

我们不得不思考对于经典作品的功利化阅读倾向带来的影响，抑或说是出于"本领恐慌"的压力。近期这样的标题"想要了解×××，看这篇就够了"，甚嚣尘上，渐渐占据多数媒体的版面，这引起我的一些思考：这样的方式无疑破坏了信息时代的利好，诚然，当下纷乱繁杂的信息空间需要去伪存真。但是知识怎么能有排他性呢？原本可以顺着词条汲取诸多方面的广博视角，然而现在只能局限于这篇文章的小天地中。然而讨厌之后，我开始思考：为什么会有这样的文章？这与浅读经典、"道听途说"地了解经典不正是大同小异吗？

究其根本是因为人们缺乏足够的时间，进而开始抛去次要信息，追求精练化、效率化。这样的浪潮无疑影响了当下无数文化输出者、创造者的创作观，例如"三分钟看电影"等。这样便是对于功利化潮流的不得不有的妥协，进而导致了人们通常愿意"道听途说"地了解经典，而不是一头扎进厚重的经典当中，仔细琢磨一词一句。

卡尔维诺如是评价经典作品："经典作品是这样一些书，我们越是道听途说，以为我们懂了，当我们实际读它们，我们就越是觉得他们独特、意想不到和新颖。"① 这不仅很好地警醒了那些试着"道听途说"了解经典的人们，因为他们简单而粗暴的心理被剖析得一干二净，也道出了经典深读的必要性。道听途说便意味着有一种精练化的替代品以供我们了解，但是我们要始终相信：任何一段精练化的文字也就是基于经典的书评或者摘录，所说的都永远比不上被讨论的书。社会上广泛存在着一种价值逆转，它意味着导言、批评资料和书目像烟幕那样，被用来遮蔽文本细微处真正映射的东西，而学校总是宣称它们知道得比文本自身还多。② 在我们尚未成熟之时，这样的填鸭式方法无疑是有效率的，然而当我们有独立思考的能力时，这些东西却会变成糟糠一样难以下咽。或许我们试着"道听途说"式地了解经典，反而却本末倒置般地丢失了一切。

这学期的"人文社科经典导引"课，我试着读起一些我本以为已经刻进我骨子里的一本经典——《论语》，我从咿呀学语时便知道"三人行，则必有我师"③，谈及"有朋友自远方来"，答道"不亦乐乎"④ 似乎已经成为我下意识的生理反应了。然而真相却真如卡尔维诺所说的那般反差。一句简短的"人而不仁，疾之已甚，乱也。"⑤ 便让我矛盾般思考了许久，我在孔子所倡导的"不疾不仁者"的理念中与自我纯粹的情感冲动中徘徊甚久，我会尝试理解孔子的"乱"，但我也会思考自由的我或许并不会压制情绪以迁就他人。一句"己所不欲，勿施于人"⑥ 让我恭虔地佩服于孔子高山仰止般的胸怀与见解，我又开始思考冲动的自我该如何实现孔子的这句诚言，这里浅显的意思是我们不应该将自己不喜欢的强加给对方，然而这里如果我们稍微思考这样的道德原则，我们会发现这句话能够排除意识形态、信仰、阶级等直接诉诸人类的同情本能，直指人们的主体意识与外部世界的

---

① ［意］伊塔洛·卡尔维诺著：《为什么读经典》，黄灿然、李桂蜜译，译林出版社 2006 年版，第 5 页。

② ［意］伊塔洛·卡尔维诺著：《为什么读经典》，黄灿然、李桂蜜译，译林出版社 2006 年版，第 5 页。

③ 《论语·述而》，岳麓书社 2018 年版，第 92 页。

④ 《论语·学而》，岳麓书社 2018 年版，第 4 页。

⑤ 《论语·泰伯》，岳麓书社 2018 年版，第 102 页

⑥ 《论语·颜渊》，岳麓书社 2018 年版，第 147 页。

矛盾，引申到我们该如何克服内心原始的自我。同时，我不禁在想：难道己之所欲，应施于人？似乎"己之所欲，应施于人"相较于"己所不欲勿施于人"更加难以接受，例如那句"我都是为了你好"让人感受并不舒服。我认为应该不是这样的，这么反推只是字面意义上的对立，真正的贯穿一致的原则应该是：所有个人的所欲与不欲在施于外界时，应该是建立在群体角度考量的，即无论是什么事，原则是普遍可以接受的，而不是个人的所欲与不欲。孔子的话点明了个人最起码也是最高的要求，将个人与社会相联系、将主体意识与群类社会的矛盾呈现出来，并告诉我们这样的道德金律。我更加惊讶地发现似乎当下的社会也迫切需要《论语》这样的道德春风来抚慰情绪化的人们、抹平激化的冲突。

我想这个足以证明卡尔维诺的那句话，更足以证明依据固有印象、"道听途说"地了解经典是绝对不可取的。

奇怪的是，当下的我们不仅在追求精简化的道路上渐渐忽视了经典的美，更开始陷入对于经典的怀疑主义，便如同卡利科勒对于苏格拉底的劝言："放弃那些哲学争论吧……不要把时间浪费在模棱两可的哲学语句中。"确实如此，当下人们转而投身现实回报率更大的事情，不仅仅是没有时间，而是将视角局限在功利的回报之中，最终导致了怀疑主义。对此康德有一个很好的回答："怀疑主义只是人们探索过程中的暂歇之地，怀疑主义的简单默许，永远无法满足对问题的无尽推理。"[①]

虽然在此之前，我也或多或少地是这样片面了解经典的典型，谈到转折，看完上面康德的那句话，我想说："比起怀疑、否定其意义，往往我们应该选择探索甚至赋予其意义，这才是我们在功利化倾向的当下最好的态度。"卡尔维诺甚至还说过："经典作品是这样一本书，它使你不能对它保持不闻不问，他帮助你在与他的关系中甚至反对它的过程中确立你自己。"[②] 这更是我们与其拒绝经典，倒不如革新观念，从简单的功利思维中破而后立的例证之一。我们努力节省出尽可能多的时间，我们尽力追求效率，却在实现精简化、效率化后怅惘茫然，我想部分人是这样的：当计划被快速完成后，会陷入短期的自我放纵，导致间歇性放纵。然而当目光被锚定在经典作品或者其他事物这一确定而具体的事物时，才是对于效率化结果的再效率化。当我们把时间用于无目的的阅读，用于喜爱的作家，他们富于诗的本质，这是我们所相信的真正事物，而非得到更多的现实利益。经典作品给了我们一束苏格拉底探索理型世界般的洞口的光：我们平时的阅读所追求的目的，不也正是此意吗？不正是追求"阅读不是手段而是目的"的境界吗？不正是像苏格拉底一样想要追寻自由与智慧？尽管做不到像他那样从容赴死，死前仍不忘学琴，将自制与浪漫贯彻到

---

① Kemp Smith Norman, *Immanual Kant's Critique of Pure Reason*, Macmillan and Company Limited, 1929, p. 605.

② ［意］伊塔洛·卡尔维诺著：《为什么读经典》，黄灿然、李桂蜜译，译林出版社 2006 年版，第 8 页。

底，但也尝试体悟他的理想国。

二、文化底色的缺失

在当下专业细分的社会领域中，经典因为其博雅而非专业的特性渐渐丢失了让人们捧起来的理由，人们便难以形成类似《审美教育书简》当中倡导的共同的美学教育基础，自然造成了文化底色的缺失以及人的不完整，从而难以实现对于经典作品的共鸣，陷入恶性循环。经典作品应当是即使我们初读它们却依然觉得是在重温的作品，这是我们面对本民族经典从文化底蕴上的熟悉感与归属感，然而这是初步的阶段，更深层次的在于形成梁启超所说的那样"在我们全社会上形成共同意识"，进而落实在个体上便是强烈的文化共鸣与共同意识。

席勒的《审美教育书简》中关于美育的哲学思考晦涩令人难以真正理解，但是人们肯定不会忘记席勒对于时代弊病的呐喊，他向往的希腊式纯粹而多彩的社会正是一个紧紧凝结的共同体，他设想的现实的国家是有着"大部分向上和谐成整体的观念"①，他不倡导的社会是"在一个民族的性格里主观的人和客观的人还是水火不相容的"②的社会，更是"严格地划分各种等级和职业，人的天性的内在联系就要被撕裂开来"③的社会。所以我们可以知道席勒希望有一个支柱一般的东西，它既可以谐和大部分思潮，却又不损害多样性，在席勒看来，这是美育，是游戏的思想，它可以为社会提供大体的道德方向从而凝聚共识。其中当然少不了经典，甚至可以说，人文社科经典是完美契合这种目标的一类东西，它从诞生开始，经历时间的检验，附带着民族的风采，给我们的精神涂上浓墨重彩的一笔，而且任何时空所在的人们皆是受益的。席勒希望美育使堕落的分裂的人重新恢复完整与和谐，同样，经典可以使当下的社会重新找到共同的精神支柱，激发人的精神力。显然，文化底色的缺失将我们与经典隔离开来而显得陌生，自然导致了"道听途说"的经典，而"道听途说"地了解经典是不足以有力地支撑我们找到共同的精神家园，从而陷入所谓的恶性循环。当下的社会，垂直的分界越发明显，人们不论阶层，而开始以群体特征划分比如性别、偶像等，我想这是不适宜的，无论何时，都应当是所有力量的结合对抗不公与暴力，而非分而疲之，所以我们急需共同的思潮来引领我们。

想要培养这样的文化底色与社会的共向思潮，最为明智的做法无疑就是将我们的经典

---

① ［德］席勒著：《审美教育书简》，冯至译，上海人民出版社 2020 年版，第 48 页。

② ［德］席勒著：《审美教育书简》，冯至译，上海人民出版社 2020 年版，第 49 页。

③ ［德］席勒著：《审美教育书简》，冯至译，上海人民出版社 2020 年版，第 68 页。

拿出来，当然也不能排外，重新找到那"美的规律"，唤起人类朴素的感情，回归文化、精神的理想国。经典作品所涵纳的多样性的文化资源，展示了地球人精神视野的宽广与深邃，而我们需要把这一面展示出来，吸引众人。

我们还要想到专业化的当下，我们是否还需要祛魅。我认为这是必要的，我们既不能拿着一部经典说着世间的道理皆在于此，也不能一味地拜倒在专业书籍的时效性之下。"半部论语治天下"在当下的时代已然行不通，我们不能仰仗着一部经典的研读能够彻底改变什么，而是希望有效的利用一些经典为自己的思想进行"装饰"，进而锻炼精神的韧性与厚度，如此才可以将文化的共同意识连接起每个人。

便是我对经典作品在面临"道听途说"的窘境下的思考，在紧迫之余找寻一丝思考的乐趣。

从经典观照我国三百年性别平等之路

窦子涵　经济与管理学院（2021301051266）

【指导教师评语】从性别平等角度出发，论述了经典对我国性别平等的推进作出的贡献，结合我国当下社会情况进行分析，并从《红楼梦》和《正义论》中，思考当下推进性别平等的做法，具有较好的文学素养与思辨精神。（文学院曹建国）

摘　要：在漫长封建社会中，女性始终处于从属地位，处于建立在父权下的封建礼教压迫之下，苦难深重。成书于中国封建社会末期的《红楼梦》集中反映了当时从贵族到奴仆的女性都处于封建礼教水深火热之中的状况，同时通过塑造一大批鲜活优秀的女性群像，反映了当时女性意识的觉醒。中华人民共和国成立以来，我国在法律上确立了男女平等观念，但对女性的歧视仍然存在。1971 年问世的罗尔斯《正义论》自传入我国以来，在启发、批判和理论创新中对我国性别平等的推进作出了相当贡献。

关键词：《红楼梦》；《正义论》；女性意识；性别平等

一、《红楼梦》与封建时代的女性意识觉醒

当代社会，女性和男性的平等地位已被越来越多的人认可，性别平等已经实现了质的飞跃，但我们不能忘记，在相当漫长的历史时期内，女性都只作为男性的附庸而存在，在以男性为中心的社会结构中，女性想要走出家庭局限，就不得不遵守父权社会的主流价值和行为模式，《红楼梦》精明能干如凤姐，"自幼假充男儿教养"；心高气傲如探春，也只能愤言可惜自己不是男人。晚明以来，这种封建的性别观念受到挑战，出现女性意识觉醒

和解放思潮：在理论领域，心学家李贽批判男尊女卑思想，大力颂扬历史上有所建树的女性人物，提出男女平等要求；在文学作品中，也出现大量"显扬女子，颂其异能"的文学作品，既歌颂女性美德，又彰显女性意识的觉醒和性别平等的要求，其中又以《红楼梦》为翘楚。

首先厘清概念，女性意识的觉醒，指的是女性摆脱附庸而有独立意识观照自身与世界，并在这一认识基础上作出选择，或者圆滑世故，或者追求自我，后者不被社会主流所认可，因而产生了种种矛盾与悲剧。

《红楼梦》的女性意识觉醒在哪些方面？

一是破除"女子无才便是德"的封建桎梏。红楼女子多具风采，文才首推宝黛二人。宝钗诗才不逊黛玉，但顾忌颇多，有时甚至刻意藏拙，虽然聪敏谨慎，却也失去了诗言心声的精魂；黛玉的诗既能迎合省亲诗会的典雅大气，也能直言"冷月葬花魂"的孤寂悲凉，葬花悲歌、海棠结社、赏菊咏蟹、秋窗风雨、雪庐联诗，处处留下了她出众的才情，诗言情志，率真坦荡，咏絮之才，当之无愧。理家之才又以凤姐、探春为上。熙凤长袖善舞，处世雷厉风行，贾府上下敬服，前有冷子兴赞是"男人万不及一"，后有秦可卿称道"脂粉堆里的英雄"；探春虽是庶出女儿，却能揽下管家重担，大胆改革，兴利除弊，获得包括嫡母王夫人在内的众人的认可。在红楼女子中，"才自精明志自高"的探春，是最体现突破身份束缚，要求思想解放的人物代表，为人自重自强，爽朗坦荡，居所开阔大气；结社时"孰谓雄才莲社，独许须眉；不教雅会东山，让余脂粉耶"的豪言壮语，更是其性别平等、渴望同男子一样建功立业心境的迫切表达。不仅接受过良好教育的贵女有才情，命运多舛如香菱，身为奴仆如鸳鸯、平儿、紫鹃等也各具卓才。鸳鸯自尊自爱，敢于反抗大老爷贾赦的觊觎，被推举主持行酒令时落落大方，令出则全场皆服，气场充沛。平儿的困顿处境连不通世故的宝玉也有所了解，她却能在琏凤夫妻、凤姐和管事仆妇之间转圜调和，不可不谓能力出众。紫鹃忠心侍主、开解黛玉、调和双玉矛盾，功不可没。

二是极具反抗精神，追求自尊自由，集中体现在她们对自由爱情的向往和追求上。黛玉极其看重与宝玉的纯粹爱情，但是，"她对爱情的追求是建立在男女平等的基础上，建立在对女性尊严的维护上，表现出女性的自尊自爱自强"[①]，尤三姐以身殉情的悲剧，更是对封建节烈观和婚姻观的控诉与批判，以及对自由爱情的崇尚，作者借此表达了对封建婚姻悲剧深沉的同情和思考。此外，探春"我但凡是个男人，可以出得去，我必早走了，立一番事业"的愤言、晴雯"撕扇子做千金一笑""病补雀金裘"等高光时刻，及湘云、鸳鸯等女性意识觉醒者，都或多或少"意识到自己的奴隶地位而与之斗争"，与"津津乐

---

① 彭程：《〈红楼梦〉中的非传统女性意识及当代内涵》，载《华夏文化论坛》2020 年第 1 期，第 103 页。

道地赞赏美妙的奴隶生活并对和善好心的主人感恩不尽"的奴隶形象形成鲜明对比。① 这里说的奴隶，泛指精神上受到压迫剥削的女性群体。

曹公借顽石之口，说他写的只是"半生亲睹亲闻的几个女子，或情或痴，或小才微善"。她们虽有女性意识的觉醒，但终究时代如山，大厦将倾，其命运多以悲剧结尾。曹公对她们的苦难倾注了深切的同情，也对造成这些苦难的根源——当时社会现实的残酷与冷漠进行了深刻的揭露与批判。

二、《正义论》与改革开放以来性别平等发展

1971 年，罗尔斯的《正义论》在当时政治哲学的实证主义无法适应矛盾冲突频仍、局势快速变化的时代背景下正式出版发行，很快成为政治经济学家重新引入社会契约论作为思考正义问题、重构社会图景的转折。20 世纪 80 年代，在何宏怀、何包钢、廖申白三位青年学者的共同努力下，《正义论》中译本得以出版发行，由此对中国改革开放以来关于实现正义和公平的问题研究提供了新的思路与方法，在改革开放以来的性别平等和妇女解放问题研究的滥觞。

《正义论》说了什么？

这一理论首先假设了人们处在"无知之幕"中，人们有作出判断的理性，但对于自己的性别、年龄、职业、社会地位等一无所知，完全脱离了所有可能产生偏好和不公正倾向的社会因素，从而在社会契约论指导下完成最公平的分配。主要有两个原则：一是自由优先。每个人都享有平等的自由的权利。二是平等原则。一方面，机会平等，能力相同的两个体无论其身份地位的差别，都享有均等的机会；另一方面，社会资源应当向弱势群体（最少受惠者）倾斜，要注意在分配中关照这些弱势群体的利益，最终实现效率与公平的结合。此理论的普遍适用性引起了各领域学者的广泛讨论，其中也包括国际上女性主义学者，她们从性契约缺失、家庭不在两原则适用范围及以学术名词掩盖不平等实质等方面对正义论作出了批判，罗尔斯也不断进行着回应与理论完善。

此时的中国，改革开放尚处于起步时期，旧的男女同工同酬的制度保障已经在实质上瓦解，新的相关保障制度尚未完全建立，在罗尔斯《正义论》给改革开放初期的社会公平正义建设提供宝贵思路的同时，国内也有学者意识到了这一理论在性别正义方面的缺失。比如在"无知之幕"中性别成为盲点，默认了性别的平等而忽视了其实际上的不平等；比如这一理论的公平强调社会分配的公平，而忽视了家庭成员在分配上的不公平。这些因素

---

① 《列宁全集》（卷十三），人民出版社 1986 年版，第 36 页。

都会导致实质上性别间公平未能真正实现。

2000 年以前，国内部分学者在关注到这些问题后提出以女性关怀主义伦理学补充完善罗尔斯分配正义理论，对处于不同阶级和地位的具体群体施以关怀，但都只是局部反思和改进。而 2000 年后，系统性的反思和改造开始出现，国际学术交流也使得国内学者了解到国际相关学者的主张，实现了思维的交互与补充。而后进一步延伸到其他正义理论观点的批判，在更宏大的历史背景下系统梳理和探讨女性主义正义论的相关主张，近年来更是深入认识论和对正义整体性的思考之中。

随着研究的深入，法律、制度和公众认识层面都在不断作出回应，改革开放以来，宪法共进行了两次修改，其中涉及女性权益部分的修改两次，每一次都是对男女平权的更进一步；《中华人民共和国妇女权益保障法》等具体法律的颁布和修改，更加切实地保障着女性权益；女性的政治、经济等地位都有所提高，女性维权意识和全社会男女平等观念也在不断提升。

三、启示：新时代的性别平等和妇女权益保护

从曹公笔下所反映的封建时代女性备受压迫、女性意识觉醒，到改革开放后关于性别平等的理论研究不断深入，今天，我国的妇女解放和性别平等事业已是成果斐然，但仍面临着许多问题。

2022 年 6 月 10 日，一则唐山市女子因拒绝骚扰被围殴的视频在网络流传，视频中女子被反复殴打拖拽，触目惊心，造成了极为恶劣的社会影响。[①] 而以案件为触发点，女性权利平等与保护再次成为公众焦点。在这次事件中，除了引发人们对藏在角落里鄙夷女性的思想毒瘤的关注和整治，网络时代舆论的巨大力量同样值得重视。视频的发布无疑引起了有良知的社会成员的公愤，反向促进了事件的解决。但另一方面，对目击者、施暴者家属的网暴，对后续事件处理的谣言四起及对两性间极端对立情绪的挑拨，都在警示我们正确认识网络力量。从《红楼梦》和《正义论》两部经典之中，我认为新时代，性别平等和保护还应当关注以下问题：

一是打破二元对立性别气质的局限，提倡互容互通。湘云爱男装，凤姐较之男人更加泼辣干练，都是对传统思维定式的挑战。当今生活中应倡导双性气质的结合融会，逐渐填补男女认识上的鸿沟，增进相互理解，避免极端对立。

---

① 唐山女子因拒绝骚扰被围殴，重点不该是教女性如何自保［EB/OL］.（2022-06-12）［2022-11-20］. https://cj.sina.com.cn/artic/es/view/200961721/774440b900/00ykq2.

二是认识到男女性在客观条件上的先天差异，在机会均等的大前提下，适度保障女性作为社会弱势群体的平等权利和安全感受。对女性意识加以正确引导，对男女平等的保障机制和社会共识不断完善和推进。女性要更加自主自尊，适应社会生活发展对女性的新要求和新挑战。

三是适当监管网络舆论，引导网民合理宣泄情绪，避免网络过分放大部分事实和偏激情绪。小舆论可能点燃大风波，失之毫厘谬以千里，小小大观园如此，而今地球村亦是如此。

总而言之，经典的产生反映着时代，也回应着时代的诉求，其力量在于历史的经验，在于认识自我和世界，也在于指导未来。我们要善于从经典中回顾历史，完善自我，并以更加科学的价值观和方法论指导社会建设。经典永不过时！

让山是山，让水是水

周珂心　法学院（2021301061122）

【指导教师评语】本文从知识、智识、智慧三重境界，从"见山是山，见水是水""见山不是山，见水不是水"与"见山只是山、见水只是水"三个方面分析了阅读经典对于阅读者的影响和意义。文章视角新颖、逻辑清楚、语言生动，结合了《正义论》《庄子》《文心雕龙》《坛经》等多部作品中的观点，是为一篇佳作。（外国语言文学学院　张申威）

摘　要：在信息爆炸的时代，抽出时间阅读一本经典，可以增进理解、拓展思维、延伸思考，同时也是人们获取知识的重要途径。而阅读经典的收获，又可依其对阅读者的改变，细分为知识、智识、智慧三重境界，分别对应"见山是山，见水是水""见山不是山，见水不是水"与"见山只是山、见水只是水"三般见解。

关键词：知识；智识；智慧

青原惟信禅师有一段流传很广的语录，原句是："老僧三十年前未参禅时，见山是山，见水是水。及至后来，亲见知识，有个入处。见山不是山，见水不是水。而今得个休歇处，依前见山只是山，见水只是水。大众，这三般见解，是同是别？"①

笔者以为，此三重境界之辨析，亦可适用于论述阅读经典过程中知识、智识、智慧三种境界之哲思。

---

① ［宋］普济著：《王灯会元（全三册）》，中华书局1984年版，第1135页。

一、见山是山，见水是水

（一）获取知识的途径

在当今社会，知识的重要性自不待言。而获取知识的途径更是多种多样，通过系统、完整、正规的学校教育，是中学时代的我们获取知识的普遍方式。同时，大数据时代，通过计算机网络，利用搜索引擎，也成了年轻人获取知识的主要路径。

（二）获取知识的目的

诚然，获取知识的途径越来越丰富，就连看书，我们都可以选择阅读梗概的方式迅速达成积累必要知识的目的。但与此同时，知识的数量上去了，"学富五车""博览群书"不再是古之博士的专属，普通人似乎仅用知道书中其中的一个观点，或是看一篇引用其观点为论据的推文，都有底气将原著作为亲朋聚会、茶余饭后的谈资。碎片化的阅读迎合了人们迫切想要拓宽知识面的浮躁心理需要，阅读一部完整的经典在当下甚至成了一种时间的奢侈。

当然，所谓"仁者见仁，智者见智"，目的本无可厚非，不必拿来一比高低，依其目的各取所需便是。

（三）获取知识的建议

阅读的目的可以分为娱乐消遣；为获得资讯；为求得理解。①

私以为，若是阅读是为了前两种目的，借由互联网引擎、公众号推文的方式似乎更能满足需要，只需浮光掠影地了解，浅尝辄止地记住。用同样的时间，达到月读 50 本的目的，实现"高效成长"的需要，不过需要指出的是，这里的收获，与其说是知识，不如说是信息。因为在只追求量的状态下，读者愿意给一份真知灼见和一份"励志鸡汤"的时间是完全一样的，生长出一样粗细的新突触，只待与人交谈时释放相应神经递

---

① （美）莫提默·J. 艾德勒、查尔斯·范多伦著：《如何阅读一本书》，郝明义、朱衣译，商务印书馆 2015 年版。

质将其唤醒即可。

而如果是为了求得理解、拓展思维、训练思考，阅读经典则必为绕不开的一环。伴随电子设备的普及，经典书籍便常常被人们束于高阁，取而代之的是娱乐新闻的席卷、鸡汤文学的沉迷、解读视频的流行。然而，就个人经历而言，在沉迷于电子设备，放下书籍一段时间后，每次写命题作文时，我的第一反应都是去想有最近在公众号上看过的可以作为论点的名人观点，当时并没有觉得不妥，直到有一次和老师聊作文思路时，被问道："还有呢？还有呢？"我才惶恐地发现每一次我选择去听他人解读时的思维偷懒，放下经典去读肤浅鸡汤文的思维逃避，都在一步一步侵蚀着我自如观点表达的能力，似乎所有的想法都显得支离破碎、难成条理。

而当我意识到时，却很难像小时候一样能沉下心去阅读，仅有的阅读也往往只奉献给语文教材背后的名著导读，和考卷练习上的阅读理解。那些提取出精彩片段的概要阅读，让我在埋下头刷题，抬起头听课的时光里得以感受文学的温暖，而在考什么学什么的时间里，文段被提炼为考题，我们向阅读要答案、向经典要分数、向文学要前途，这些温暖，却也只能是点到为止，始终是意犹未尽。

毕业之后，不必争分夺秒刷题，可以心甘情愿"浪费"一个下午沉在一本书中，甚至是一直延续到傍晚，或许看完一本书，我对其主要观点的复述甚至不如高中时用几分钟把语文课本后的拓展阅读梗概背记来得精确，我对其主要手法的分析甚至不如背答题模板来得全面。可是那种沉浸于经典中，不去想阅读它能给我带来怎样的滋养与改变，只是放任自己漫游在经典的世界里，任观点思想如风过山川一般雕琢我的心灵，那份随人物去跌宕、去起伏的触动与震撼是仅仅看一篇梗概、做几套题所绝不能提供的。

二、见山不是山，见水不是水——智识

（一）智识是什么

在进入大学之前的备考阶段，学校请来的所谓备考专家无数次向我们提及，转换角色，要从"学生"迅速转变为"考生"。许多老师纷纷表示认同，奉之为圭、以之为臬。

"考生"与"学生"一字之差，差于何处？

依笔者所见，其差别体现于目的之中，即"考生"见知识仅为机械记忆知识，"学生"见知识则为借由知识获得智识。前者对知识的要求仅为"认识、记住"，是最基本的层面，只追求量的积累，而后者则是在获得资讯的同时，带上分析和判断力，进而提升自己的思维能力，做到质的飞跃。

奇葩说曾有一个辩题：

"假如有一项技术，可以把一张芯片植入人类的大脑，从而让全人类的知识实现一秒共享，你支持吗？"

如果是备战高考的那几个月，我一定会说，"支持，请把所有的知识都植入我的大脑内"，但前提是，仅限于"会考的、一定正确的标答所含的知识"。

新高考改革，似乎是把"知识"的范围扩大了，拿生物举例：

我们不仅需要将人教版教材的每一个细枝末节记得滚瓜烂熟，还需要广泛地阅读各种不同的辅导书来获取各种足以推翻选择题选项的反例，来了解各种可能会作为补充材料出现的其他版本涉及过的知识，比如说生存策略中的 K 策略与 R 策略，不同的是，这些课外知识并不要求准确记忆，只是作为用来增进自己对于试卷熟悉度或加强对知识点理解的资料。

我曾自诩与普通的刷题选手不一样，不仅仅是看人教版教材，还会去看看浙教版教材来拓展知识满足好奇心。从成绩来看，经过无数次的刷题和对教材的任何细枝末节都不放过，广泛阅读不同参考资料，使我成了一名可以称得上优秀的"考生"。可是与此同时，一进实验室，我就变成了一个手足无措，只会问搭档"下一步呢"，先照着书念一遍步骤，再象征性地上手演示。抑或在观察到与课本描述存在差异的实验现象后，放任质疑的思想像小鸟一般飞过，归为自身操作问题，接着按照老师的说法，记住出书的人观察到的颜色、形状和变化。

学生应是抱着"空杯"心态，而我的"广泛阅读"却往往是抱着"说不定下次选择题可以用这个地方来破题"的想法，从一开始就把自己框在了"记"住知识这一阶段。

而《坛经》的学习给了我不一样的感受。不要把知识变成阻碍自身前进的"成见"。知识如同一块块的砖头，应以之为拾级而上的阶梯，而非桎梏视野的高墙。

（二）智识的重要性

庄子有言："吾生也有涯，而学也无涯，以有涯随无涯，殆矣！"[①]

由此可见，人的一生是有限的，而浩荡数千年沉淀下来的知识却是无穷无尽的。遑论现代社会中，纷繁信息如无数支流汇集成汹涌浪潮席卷而来，若是仅作为知识的接收端，不假思索地记住知识，那么知识无异于成为思维懒惰的帮凶，知识的接收省略了思考的过程，正如古人云："尽信书不如无书"，不难理解为什么会出现读书越读越木的"书呆子"

---

① 出自《庄子》。

之称呼。

在进入大学后，高中阶段的"出入观点看教材"这把尺度便不再发挥作用了。

"大学没有教科书，只有参考书"这一观点则为教授们所广泛认可，允许学术争议，鼓励观点分歧。在收集资料的时候，往往会遇见许多不同的观点，如果一味地接收，不加以分析与判断，那么自身必然陷于困惑的境地。

比如说在阅读《正义论》的过程中，"无知之幕"的假设让我有耳目一新之感，即假定各方都处在对自己的地位、出身、天赋，甚至对自己关于什么是善的看法，对所在社会的经济和文明水平，都一无所知，只知道跟选择有关的一般事实。如果我不带思考地阅读，仅是处于一种获得知识、知道罗尔斯的正义二原则以增添谈资，抑或对其中原则不抱怀疑全盘接受，必然会使我产生一种国际法即为假定世界各国均处于无知之幕的产物，具有绝对的公平。那么秉持着朴素的正义观的我，在阅读国际法的相关著作时，面对国际法仍然是各国维护自身利益下的产物这一揭示，必然会陷入一种理想与现实对立的困境，进而产生对国际法的怀疑。而通过带着思考的阅读，我带着批判性的视角看待罗尔斯的论述，在大国外交中带着"无知之幕"的幻想无疑是一种乌托邦式的"法律至上主义"，忽视了国家实力的客观差距。

但是，正如我们无法否认罗伯特·欧文倾尽财富以在完全平等社会中完善人性的做法在社会主义理论发展和实践中的价值，又怎能仅凭罗尔斯"无知之幕"的思想实验与真实历史不符，而认定其一无所用。

诚然，在这个百年未有的大变局下，大国外交注定受到国家实力的牵制，国际法的制定与实施也不例外，依笔者所见，如今的国际法正是在公平正义原则所指引下的将失衡的天平加上的道义砝码，一味强调《正义论》的原则在现实中的运用或许显得不切实际，将其援引至一个无形的规约中，通过在阅读中思考增长的知识，我更能理解 Louis Henkin 说的大部分的国家在日复一日地遵守国际法背后的逻辑内涵，从而更好地理解大国秩序，而不只是流于表面。

此之谓好的阅读，不停留在书本内容的单一输入，而是结合其他内容进行比对分析的、主动的阅读。

（三）智识的局限性

然而，在实际生活中，我们往往会发现，我们在说话之前，往往脑子里都是先有"×××曾说过"的前提，再加上自己的思维研磨，来形成一番发言，这比单纯的只有干巴巴的一句"×××说"要高明，却仍未能把思考的环节变为主体。斯坦诺维奇说过，人类在思考问题时，大脑对认知资源的分配和使用极其吝啬。

而阅读不应仅仅停留在培养分析能力的层面，同理，我们对自身的要求不应该只是限于看到观点会加以分析的思维层面，更应是提高到看到事物本身能提出自己的观点、自己的看法、自己的方案的思考层面。

三、见山只是山，见水只是水——智慧

（一）智慧的含义

《庄子·外物》有言，"筌者所以在鱼，得鱼而忘筌；蹄者所以在兔，得兔而忘蹄；言者所以在意，得意而忘言"。

现实生活中，我们自以为的独立思考，往往桎梏于所学理论，我们对世界的认识，也往往带有所学知识先入为主的判断，换句话说，我们只不过是将他人既有的观点与想法换了一种表达方式重新呈现，而非真正做到了摆脱成见、独立思考。

如果说智识是用逻辑思维来判断一个理论是否"合理"进而将其内化为自身对一件事物的判断，那么智慧则是基于事物本身给出自身的判断。

（二）如何获得智慧

事实上，很多学术流派的出现，是基于其自身对事物本身的理解，而不是基于对其他学说的进一步理解分析，诚然，作为一种学说，它在一定语境下的意义是有的，自圆其说是可以的，但不能当作真理。

日常的学习生活亦同理可推，如果我们首先接触到的是不同的学说，而不是事物本身，无异于会陷入"思而不学则殆"之境地。

宪法课上，段磊老师曾无数次强调法条本身的重要性，众说纷纭，我们可以通过知识层面的分析说理来判断一种解读的论证方式是否得当、论证过程是否合理、论证结果是否成立，而智慧则是通过抛开多重看事物本身，来判断和解读最初对事物的认识是否存在偏差。阅读法条即是此理，通过仔细阅读法条本身，对其措辞和限定的揣摩，形成自己的理解，必要时再辅之以参考资料解读，才能更好地加深自身对法条的理解，正如《文心雕龙》中的论述："同之与异，不屑古今，擘肌分理，唯务折衷。"法条不是冷冰冰的一句简要概括，其中所蕴含的考量都充满着温情，如果只把目光放在对解读的学习上，未免显得本末倒置。就如同，法官判案时，往往是依照自身对法律适用的理解给出判断，而非依照学者的观点。

彦和先生在《文心雕龙》中有言，"及其品列成文，有同乎旧谈者，非雷同也，势自不可异也。有异乎前论者，非苟异也，理自不可同也"。这份论述，给了通过阅读经典获取智慧这条路径以更有力的支撑。即，阅读经典产生不一样的见解，应是不同风暴后带来的结果，而非一开始寻求不落窠臼的目的；同理，如果发现有相同或相近的观点，也不必为"前人之述备矣"而感到沮丧，羞于表达，而是以"虽世殊事异"，却能有"若合一契"的观点，来感受这份穿梭时空的震撼。

我们立足于原初状态，沿着兔子的细毛往上爬，而非继续做寄居在兔子毛皮深处的小小寄生虫，才有可能以一种更全面又更单纯的眼光看待这场魔术。正如《坛经》所言，"本来无一物，何处惹尘埃"。唯有抛开成见，即《坛经》中所指的固有知识，方可提出真正闪烁着自身智慧光芒的见解，否则所有的观点都只是建立在现有观点上的，一旦依附于观点的出发点存在偏差，就算自己的进一步阐释做到完美，也不过是在偏差的路上越走越远。

詹青云曾说，使唐僧成为唐僧的，从来不是经书，而是他取经的路。同理，我们阅读经典的目的，也不应该仅仅局限于经典本身，更重要的是自身通过阅读经典所收获的思考能力的提升、眼界格局的开阔。读书就像竹篮打水一场空，而用竹篮打水，知其不可盛水而为之，其目的必不在盛水，而在使竹篮在清水的反复冲洗中变得光洁如新。

回归经典，重拾敏感

杨茂俪　文学院（2021301112164）

【指导教师评语】文章梳理了经典阅读的特征，找到"敏感"这个关键词，体现出自觉的关键词意识。作者匠心独运，强调回归经典，需要重拾敏感，将阅读经典给人带来的改变概括为三个"更敏感"，即对知识更敏感、对人生更敏感、对美更敏感。文章提出一个具有冲击力的问题：AI 时代，人类如何重拾敏感。（文学院　李建中）

摘　要：AI 时代，互联网科技对传统阅读产生了巨大的冲击，海量的碎片化信息淹没了读者研读经典的耐心，缺少经典的滋养，人心也逐渐变得麻木。在此情境下，具有典型性、传承性、权威性、卓越性的经典作品，恰恰向读者敞开了知识、人生与审美体验的大门，让读者在作品中体验作者的知识与人生体验，拓宽视野，获得独一无二的审美体验，从而为读者拂去心灵的浮躁，让麻木的感官重新活跃，重新伸出感知世界的触角。

关键词：经典阅读；敏感；体验

跨入 AI 时代，信息的流速大大加快，人们的阅读方式也发生了巨大的变革。网络阅读日渐渗进人们的生活，对传统纸媒的生存发起挑战；短视频平台日益火爆，挤占文字阅读的市场；网络小说吸引眼球，经典文学日渐式微……流水的信息冲刷掉了许多人阅读的耐心，使精神的土壤变得贫瘠，心灵凋零成麻木的枯树。而阅读经典，正是给心灵"补钙"、让神经恢复敏感的一剂良方。

一、何为"经典"

中国古代就有"经典"的说法，不过在当时，"经"和"典"是两个不同的词。《说文解字》云：“经，织也。”① “典，武帝之书也。”② 在我国古代，“经”专指儒家名篇和佛家、道家的经书，“典”专指王朝典章，也称“典籍”。但现代人一般将“经典”与“名著”视作一体，其内涵与范围也早已超出了古人的定义——《牛津高阶英汉双解词典》用“typical（典型的）” “admired（权威的）” “distinguished（出类拔萃的）” “traditional（传统的）”四个形容词阐释“经典”，由此我们也可以梳理出经典的特征，即典型性、权威性、卓越性与传承性。

以《红楼梦》为例：《红楼梦》是中国古典小说巅峰的代表之作，具有典型性；在“四大名著”中，《红楼梦》位居首位，在中国古典小说研究界占有重要地位，极具权威性；《红楼梦》凝聚了曹雪芹的毕生心血，以跌宕起伏的情节、栩栩如生的人物刻画，讲述了宝、黛、钗三人的爱恨纠葛，唱出了封建世家大族没落的哀歌，是我国明清小说的精粹和瑰宝，其卓越性毋庸置疑；自诞生以来，《红楼梦》历经两个多世纪而经久不衰、传承至今，这是其传承性的生动体现。

当然，我们图书市场中的优秀作品远不止经典一种，百花齐放的文艺界与百家争鸣的学术界正在向社会源源不断地输入“活水”。但一般的优秀作品之所以不能上升为经典，其原因就是它们难以同时将经典的四大特征齐聚于一身。例如红极一时的《哈利·波特》，构造了一个充满幻象与绮丽的魔法世界，被翻译成 80 多种语言，全球销量高达 7 亿，在魔幻小说发展历程中具有里程碑式的意义，但我们从未将其称为“经典”。若将优秀作品比作血红细胞，那么经典就是造血的干细胞。一个作品可以较为轻易地流行，但要想被尊为经典，必须经过前文所说的四重考验。因此，阅读经典必不可少。

二、阅读经典对敏感程度的提升作用

通过对经典的特征分析，并与阅读流行作品进行对比，我们论证了阅读经典的独特性，因而得出了阅读经典的必要性。但我认为，阅读经典给人带来的改变主要表现为三个“更敏感”，即对知识更敏感、对人生更敏感、对美更敏感。

（一）对知识更敏感

“人之初生，都是好学好问，及其长成，受种种俗见俗闻所蔽，毛孔骨节，如有一层

---

① 丁福保编纂：《说文解字诂林》，云南人民出版社 2006 年版，第 12569 页。
② 丁福保编纂：《说文解字诂林》，云南人民出版社 2006 年版，第 4985 页。

包膜，失了聪明，逐渐顽腐。读书便是将此层闭塞聪明的包膜剥下。"① 林语堂独具慧眼，一语道出阅读对人的启智作用。

当我们刚刚踏上求学之路时，我们对知识有一种天然的敬畏。但当我们在求学路上越走越远、被一场场考试磋磨，渐渐地，我们不复当初的稚拙与热忱。我们学习的目的不再是求知，而是异化为对高分、高学位的渴求，将其视作换取高收入的一场投资。因此，在中国应试教育的填鸭式教学下，许多人对知识的态度是麻木的，老师讲什么，他就学什么，凡超出考试范围的知识皆为无用，一字不看。这种被动接收反而会形成"闭塞聪明的包膜"，与我们所追求的聪明背道而驰。而阅读，正是我们撕开麻木的"包膜"、重回敏感的不二法门——正所谓"无用之用，方为大用"②，只有广泛而不拘一格地阅读那些看似"无用"的书籍，才能跳出所谓"有用"的桎梏，重新激活感知知识的神经末梢。

但是既然读书就能启智，为何非经典不可呢？我认为，其原因有二：第一，经典的知识多为原创，有利于拓展我们已有知识的广度和深度。第二，经典可以让我们站上"巨人"的肩膀，对知识有更深层次的把握。以《历史》为例，古希腊先贤希罗多德脚踏旷野，凝望苍穹，向宇宙发问，向大地求索，以双脚丈量历史，以双耳记录传说——他写就了《历史》，而他自己也矗立成历史。不论在希罗多德之前还是之后，鲜少有哪一个史学家像他一样亲自走访，以自己的眼睛与耳朵来记录历史的种种真相与假象。在探访的过程中，他开创了一种记录历史的全新方法——历史叙述体。当我们阅读《历史》，我们也是在沿着希罗多德的脚印前行，见他所见，闻他所闻，并从这些见闻中领悟他严谨踏实的求真态度与锲而不舍的学术精神。这不仅能拓展我们已有的知识，更能加深我们对相关知识的理解。我们都了解过希波战争，但没有哪一位后人的记述能比一位同时代的希腊人更为生动；我们都听说过希罗多德，但对后人来说没有哪一种方式能比阅读他的作品更能贴近这位贤者的心灵。

没有哪一场考试要求我们发自内心地为希波战争所震撼，没有哪一条考纲要求我们对希罗多德心生敬佩，但这些看似无用的了解恰恰是拨动我们好奇心的那根弦。这种对"无用"的好奇恰恰是提升对知识的敏感程度的关键。因此，阅读经典可以驱散顽腐，让我们对知识更加敏感。

（二）对人生更敏感

我们生活在一个内卷的时代，在校比成绩，在岗比业绩，什么都要比，什么都要争。

① 《林语堂随笔精选》，长江文艺出版社 2016 年版，第 52 页。
② （宋）吕惠卿撰：《庄子义集校》，中华书局 2009 年版，第 86 页。

"996"的背后，何尝不是每一个"搬砖打工人"的自嘲？诗与远方实在太远，又有多少人困于眼前的苟且？于是许多人只能深陷内卷的囚徒困境，随着这个越来越卷的社会卷生卷死，把自己卷成一个漠然而又迟钝的"扁人"——我们有多久没有仰望星空，思考生命的意义，又有多久没有凝望土地，探求死亡的奥秘？我们只是漠然地奔赴在一个又一个永远都做不完的"ddl"里，迟钝得忘记问一句自己：我们到底为何而奔赴？

电影《闻香识女人》中有这样一句话："没有什么比精神残废可怕，因为没有义肢可装。"迟钝的神经让精神的肢体坏死，但好在阅读经典可以活血化瘀。当我们读"若夫乘天地之正，而御六气之辩，以游无穷者，彼且恶乎待哉"①，我们可以乘着鲲鹏的翅膀与庄子同游，逍遥于天地，回归本真与天性；当我们读"要探求任何事物的真相，我们得甩掉肉体，全靠灵魂用心眼儿去观看"②，我们坐在干草堆上与苏格拉底促膝长谈，向宇宙发问，探求生命的意义。

当我们阅读，我们的精神随着先贤们起舞，我们的思维与智者们共振，而这种共振引起的震颤会带来巨大的能量，它会使迟钝生锈的思维齿轮重新转动，使我们在忙得头晕目眩时停下来想一想自己的初衷，在痛苦迷茫时看一看自己的理想。因此，即使是刷题搬砖的每一天，也是个体构筑未来的新基建。这，就是阅读经典给我们带来的改变——驱散迟钝，让我们对人生更加敏感。

（三）对美更敏感

正如罗丹所言："生活不是缺少美，只是缺少发现美的眼睛。"许多人将这句话理解为发现生活中那些习以为常的小美好，但我认为，阅读经典所带来的审美能力的提升绝不止于观察能力的提高的"量变"，更表现为审美维度的多元化。

随着社会发展，社会群体赋予了"美"越来越多的定义：人要美，必得是高鼻梁、大眼睛、尖下巴、小嘴巴；物要美，必得是精巧华丽、鲜艳、可爱；文章要美，必得是辞藻华丽、跌宕起伏……正是因为我们给美加了太多的条条框框，所以才觉得美的东西越来越少。这就好比给舞者戴上沉重的镣铐，如何能欣赏到轻灵优雅的舞姿呢？而经典正是打开这把镣铐的钥匙。

譬如《红楼梦》，这本小说虽为残卷，却位居四大名著之首，曹公以十年心血，作红楼一梦，梦里荣华富贵千姿百态，梦醒时分，贾府树倒猢狲散，黛玉香消玉殒，宝玉超脱尘世，宝钗独守寂寞空庭，雕梁画栋皆风流云散，实在算不得好结局。但《红楼梦》震撼

---

① （宋）吕惠卿撰：《庄子义集校》，中华书局 2009 年版，第 6 页。
② ［古希腊］柏拉图著：《斐多》，杨绛译，辽宁人民出版社 2000 年版，第 17 页。

人心之处恰恰在于种种的不完美与残缺。它教给读者的是一种带有遗憾的美，是中国小说史上的断臂维纳斯，留给后人无尽的悲叹与猜想。无数人试图在想象中扭转宝黛的爱情悲剧，最终却只能承认，绛珠仙子含泪而逝才是他们爱情最美的结局，因为宝黛二人都对仕途经济嗤之以鼻，无法负担整个家族的兴衰荣辱，若二人成婚，终究也不得不向柴米油盐低头。而黛玉焚诗，以一种最为悲壮的方式结束生命了却前世今生的缘分，才让黛玉升华成美的化身。

经典之所以能拓展我们的审美维度，正是因为它们不被各种审美的条条框框所束缚。先贤们用精湛的笔法将故事刻画，幸福的、悲剧的、繁复的、朴素的……它们以一种执拗的方式向我们呈现了一个被忽视的真理——美从来不被定义，它应该且必然有多种形式。当我们阅读经典，我们就是在与各种形态的美共鸣，在这样的浸染下，我们审美的神经末梢也会更加敏感。

在这个快节奏的时代，煤炭燃烧的烟尘蒙蔽了感官，那我们何不停下来，捧一卷经典细细研读，洗净烟尘，重拾敏感？

在工具理性时代寻觅失落的文心

左怡婧　物理科学与技术学院（2021302021218）

【指导教师评语】本文行文优美流畅，逻辑严谨。引用了《论语》《庄子》《正义论》当中的理论和观点，分析时事，阐述自己的观点，论证了盲目崇拜工具理性的危险后果，解释了注重博雅教育的重要性。（外国语言文学学院　牛田禾）

摘　要： 在工业革命后，理性思维占据时代主流，现代人崇尚科学技术导致了片面的科学崇拜，而科学精神的实质是一种工具理性的高扬。而盲目崇拜工具理性，失落了文心将会造成了一个国家、民族的人文精神的匮乏，造成社会的精神空虚。这个时候，我们更加需要注重博雅教育，更加急需阅读经典，因为它是唤醒大众内心道德良知，培育高尚审美情趣，引导社会风气，凝聚国民意识最为有效的途径。

关键词： 阅读经典；工具理性；人文精神

一、在工具理性时代呼唤经典

时代背景下，科学技术是第一生产力，而国家民族复兴需要大力发展生产力，这也势必导致了"科技兴国"的观念在当今时代的盛行。"重理轻文"在高考选科改革之前更为明显，人们一致认为学好数理化这几门工具学科走遍天下全不怕。可是当我们的物质生活日渐丰富，我国社会的主要矛盾也转变成"人民日益增长的美好生活需要和不平衡不充分的发展之间的矛盾"。这里的"美好生活需要"已经从物质需求转变成了包含精神满足的需求。尤其是在这个网络极其发达，短视频碎片式占领人们的生活之后，这种短暂的刺激和快感换来的是精神上的长久空虚。我们何处寻找我们失落的人文精神？最好的方式就是阅读经典。也许是受时代的局限性，经典的存在与当今时代主流不符合的观念，但是一些向上的、真善美的崇高理念却永远不会过时，并值得我们反复阅读。

那么如何对待经典呢？我们提倡的是反复阅读。习近平在中央党校 2009 年春季学期第二批进修班暨专题研讨班开学典礼上讲："书读百遍，其义自见。功夫下到一定程度，就能到达出神入化的境界。一本好书、一篇好文章，要反复读、仔细品，甚至把相关书籍和背景材料找来对照读、比较读，彻底琢磨清楚。"① 这或许是最笨的方法却也非常重要，古人盛行抄书背书，不下一点功夫是读不好经典的，因为经典之所以能被称为经典是因为它们往往蕴含了深刻的思想。

二、在阅读经典中找寻失落的人文精神

经典究竟蕴藏着怎样巨大的力量，又是怎样承载着中华文化，承担着呼唤我们失落的人文精神的使命的呢？我认为可以分为三个维度进行分析。

（一）在阅读经典中培养人生崇高的审美情趣

让我们翻开饱含了中国浓郁的美学原理的《庄子》，随庄子一起让思想肆意遨游于天地之间，去感受庄子的"游鱼之乐"，去感受生命相融的诗意美好。在《逍遥游》中，庄子揭示了万物皆有所依靠的本质，是没有人可以真正到达逍遥境界的。既然身体已经受到限制，那么在这个纷繁复杂的世界里，为什么还要让心灵受到役使呢？于是乎，离经叛道的庄子这样坚决表态："往矣！吾将曳尾涂中。"

与儒家积极入世思想大相径庭的是，庄子推崇的是"无用之用"，而无用之用大有可用。就像红楼梦中贾政认为宝玉喜欢金钗、胭脂，必是无用之徒，只有考取功名，才能有所作为。可是护花使者宝玉追求的是心灵的解放，他天资聪颖，却不愿意跟随世俗参加科举考，而是整天和姐姐妹妹"厮混"在一起。正如鲁迅先生感叹道："悲凉之林，遍被华林，呼吸领会之，惟宝玉而已。"② 古人有言，女子无才便是德，饱览诗书对于她们而言同样是无用之事。可是我们看到林黛玉在默默反抗着这样的封建礼教，她为《牡丹亭》中"良辰美景奈何天"这样凄美的句子欣然落泪，而不是成为千千万万个麻木、无个性、无

① 习近平：《领导干部要爱读书读好书善读书》，载《学习时报》2009 年 5 月 18 日。
② 鲁迅等：《中国小说史略》，人民文学出版社 2022 年版，第 1143 页。

思想的封建木偶人。是的，那些你读过的书不会是过往云烟，它们始终沉潜在你的记忆深处。而书中富有哲理的名言能在我们心中长久地回响。慢慢地，或许我们也许会看山不是山，看水不是水；而后看山也是山，看水也是水。慢慢地，我们的容颜以及气质也会悄然改变，一如"以秋水为姿，以诗词为心"的董卿，是阅读涵养了她的如兰气质。

于是我们来看庄子的"无用之学"，不能只从其实际用处着眼，只盯着它的实用价值，看不到其更深层次的价值，更不去扪心自问什么是自己内心真正想追求的。正如徐复光先生所评价的那样："老、庄思想当下所成就的人生实际是艺术的人生，而中国纯艺术精神实际也由此一系列思想系统所导出。"① 勇敢地突破形的框架，在美的体验中重获自由，从而进入一种艺术的生命，能够为理性和人性尚存的人培育丢失的感觉功能，并赋予理性以冲动和力量。当我们痛心疾首地看到异化的劳动使"工人的产品越完美，工人自己越畸形"，使"忧心忡忡的穷人甚至对美丽的景色都无动于衷"，使"贩卖矿物的商人只看到矿物的商业价值，而看不到矿物的美和特性"。

（二）在阅读经典中建构审判社会事件的道德标准

唐山打人事件性质恶劣，在社会上掀起轩然大波，值得注意的一点是店内冷漠的男性看客和尽管害怕仍然奋不顾身上前帮助的女生形成鲜明对比。尽管被揪着头发在地上拖着走，尽管头部被脚狠狠地踢，尽管头部被啤酒瓶砸得血肉模糊，她倒在血泊之中，稍稍恢复意识的时候，却还要跌跌撞撞地站起，勇敢地冲向黑暗中去帮助自己的姐妹。

作为一名女性观看视频时是很能够共情的，那些自己曾经被父母从小耳提面命的不要一个人走夜路，那些不要穿超短裙、超短裤走在大街上，那些自己曾经受过的性骚扰，担惊受怕坐过的电梯，住酒店害怕被偷拍的回忆都涌上来，淹没，并感到窒息。视频中的每一下都仿佛打在自己身上。而社会似乎看不到也体会不到女性的这种恐惧，还在警惕着女性出门要如何小心，而不是好好教育男性要怎样做人。试想视频中的女人是你的妻子或者女儿你还能这么冷静地坐在那里观看吗？还能保持理性理智吗？可是女性之间不需要这样一种血缘关系就能体会到一种深切的情感联结，因为她们都太了解在这个社会中她们处于一个怎样的弱势地位，可是即便如此，在面对男性绝对力量上的优势却也不胆怯，不服从，不退缩。男性是无法体会到这种感受的，他们似乎认为这种被"搭讪""性骚扰"发生的概率是很小的，唐山案例只是少数，而在一条被转载一万次的"说说"下面有千余条女性评论讲述了自己遭受性骚扰的经历，令人触目惊心。

在愤怒之后，在激烈的言辞护卫自己的群体之后还能剩下什么？在鱼龙混杂的互联网

---

① 徐复观著：《中国艺术精神》，九州出版社2014年版，第281页。

络空间里，还有境外不法分子以及蓄意挑起对立的势力在暗流涌动。那么如何在人流中以自己独特清醒的眼光去分析剖析事件本质而不被他人思想左右呢？读经典在这时就显得尤为重要。就拿罗尔斯的《正义论》为例，其中第一原则是"无知之幕"，当我们对我们的身份地位、天赋以及什么是善的看法一无所知，即不会被特定的利益绑架，替所有人作出选择的一般事实。拿这个案件来说，女性男性都是站在各自视角下看待问题，彼此之间也很难进行共情。那么这个时候如何判决更加公平正义不是单站在哪一方来看问题，而是抛却自己的身份角色，全局性地看待问题。第二原则是"原初协定"，即自然天赋在人的分配中有差异，人们应尽可能地分享这种分配带来的利益。正如男性由于雄性激素的分泌会比女性更加强壮，由于历史长期的发展导致的意识形态问题，我国男女比例失衡，男性在很多方面享有特权，作为占优势不可以仅仅是因为自己运气较好而获益。所以我们还要继续推进保护妇女权益法律发展完善。作为人类命运共同体，第二原则是以一种效率相容的原则来确定分配份额的，因为不幸者向着不利的方向发展并不会使这个社会变得更好，关注弱势群体的利益和发展更有利于整体的协调运作、高效发展。

（三）在阅读经典中凝聚民族文化意识

古代史官担负着传承文化使命，翻开司马迁的《史记》，左丘明的《左传》，抑或司马光的《资治通鉴》，就可以走进各个朝代的典章制度、礼仪规范、风俗人情、道德观念、天文地理等，由于史官在记载历史事件的时候都带着那个时代对功过的评判观念，在历史的演变兴替中寻找自己的文坐标。你当然可以去阅读《莎士比亚戏剧》《战争与和平》《简·爱》《悲惨世界》《雪国》《百年孤独》等外国经典，但是如果连本土的经典都不甚了解，连自己的文化根基都没有，怎么去对比交叉，碰撞出不一样的火花呢？一味地阅读外国经典，而摒弃国学经典容易被他国文化异化，淡化民族认同感，屈服于外族文化，甚至最终抛弃自己的民族，甘愿沦为他国的奴隶。所以我们仍要大力弘扬国学经典，警惕文化侵略现象，凝聚民族意识。

中华上下五千年博大精深的文化凝练成经典著作，发着璀璨耀眼的光。虽然各个时代各有特点，世殊事异，但总有一些传统文化观念却潜移默化地深植于人民的脑海中。自古以来我们主张"以和为贵"，所以直到今天我国始终奉行独立自主的外交政策，包括一贯坚持和平共处五项原则。《论语》中孔子教导我们如何去爱人"己所不欲勿施于人"，去设身处地为他人着想，他的核心观念"仁"至今仍影响着我们的道德标准。《孙子兵法》中"安国全军"的思想也影响着我们，因为战争对人民和国家经济体系的伤害是巨大的，所以中国从未主动挑起战争，从不崇尚穷兵黩武，从未侵占一寸土地，永远把战争当作最后的底线。中华文化强大的感召力和吸引力是中华民族屹立世界之林的原因所在。

三、总　　结

阅读经典已经越来越被国家重视，博雅教育被一些高校推行。教育的目的是唤醒、引导学生去进行广泛的阅读，学会在阅读经典之中丰盈自己的心灵，在阅读经典之中逐渐形成正确的价值观判断而非人云亦云，更重要的是要在阅读经典中感受肩上的历史使命感。我们应当认识到，除了科学技术，一个国家的软实力也很重要。每一个学生都应该先成人，再成才，在阅读经典中塑造个人品格，而后去实现中华民族伟大复兴。

从席勒的教育思想看博雅教育

彭若萱　测绘学院（2021302141226）

【指导教师评语】文章视角颇为新颖，有一定的现实关怀，并结合《审美教育书简》《论法的精神》等经典，从博雅教育和通识教育的角度论述阅读带来的改变，充分展现了学生的文采，文章体现了作者敏锐的生活洞察力，除此以外，能够从字里行间窥见该生具有良好的阅读素养和阅读习惯。形式有创新，有文采。同时，引用格式和文章整体格式非常规范，是一篇优秀的文章。（文学院艾士薇）

　　摘　要：本文尝试从席勒的《审美教育书简》中分析其美学观点，进而总结其教育思想；并以此作为指导，结合博雅教育的内涵，论证博雅教育应当充分尊重学生主体性的观点；再结合卡尔维诺对经典的描述性定义与课堂上介绍过的《论法的精神》，谈谈对通识教育的理解。

　　关键词：游戏冲动；审美王国；博雅教育；经典；通识

　　在"人文社科经典导引"课程中，老师在介绍经典的同时，也提出了许多启发性的问题。比如艾士薇老师在第一节课上，就举了一些日常生活中的事例，抛出了这些问题：你在成为怎样的人？你生活在真实的世界，还是景观的世界？

　　这些问题一下就击中了我。倘若一直生活在迷雾之中，我又怎能意识到世界本来的面貌是如何呢？我是在从生活中总结经验，还是在用先行的观念概括生活？许许多多的问题，在有生之年都难以盖棺定论。但这并不能够让我停止好奇和思考。在一个高速发展的社会，在一个日新月异的时代，在一个人与人的联系日益紧密的网络空间，在一个人与人的交往日渐疏远的现实世界，我该如何找到自己的位置？我又该做些什么？种种问题，使我对大学的通识教育产生了浓厚的兴趣。它们和我的生活很近，似乎触手可及；而我又对它的理念——博雅教育缺乏了解。于是在这篇文章中，我将呈现自己阅读、了解、思考的过程。

一、席勒的教育思想简述

（一）游戏冲动与审美王国

席勒在《审美教育书简》中提出了人的三种冲动：感性冲动、形式冲动和游戏冲动。其中，感性冲动指的是物质上的感性冲动，是自然人的特质。形式冲动则更多地指向理性，它是物质之上的形式；如果建立在感性冲动的基础上，它将是对万千事物的高度统一，是物质世界衍生出的理性王国。

游戏冲动又是什么？从席勒本人的观点来看，游戏冲动就是审美活动本身，它是自由的，跳出了感性冲动的自然范畴，也冲破了理性冲动的道德枷锁。在感性和理性对立统一关系的调和之中，游戏冲动是到达完整的人的光明之路，是个人实现和谐的生存状态的途径，更是建立一个和谐社会的基石。将目光放得更长远，如果说有什么能够拯救现代化对人类的异化与剥蚀，那就是艺术。在他看来，艺术的本质就是游戏，人在审美的过程中，没有自然欲望的支配与道德伦理的困扰，而仅仅为某种形式上的"外观"所触动。

社会生产力的发展，使得人类从自然状态进入文明社会。而在席勒看来，这似乎不可避免地把简朴、单纯、孤独的生活方式给摧残了，取而代之的是异化与"疾病"——既是生理上的脆弱，也是精神上的残缺。而后者就表现为感性与理性的分裂，逐渐向人的两极运动，相互对立。这样的割裂导致了人与社会的对立、人的关系的疏远与人自身的矛盾。人不再是自由、完整的人，而成为了狭隘的事物，职业、能力或者金钱、地位成为了衡量人的标准。他将设想中的古希腊人与之对比，呼吁着对"完整的人"的再次追求。建立一个审美王国，也就是"游戏和外观的愉快的王国"，"还应该反映那思考过它的丰富的知性、创造了它的抚爱的手以及选择和提出了它的爽朗而自由的精神"①。

（二）对席勒教育思想的评价

席勒的审美教育思想在其历史背景中有其特定的价值，然而其出发点仍是唯心主义的，强调个人的自我实现与自我满足，而没有推广至社会的、切实可行的方案。即便如

---

① 转引自李欣人：《人的自由与审美教育：席勒美育思想探析》，载《南开学报》2001年第4期，第25页。

此，其教育思想也给予了后来的博雅教育以重要启示。

二、博雅教育的内涵

（一）博雅教育的内涵

由博而入雅，是"兴于诗，立于礼，成于乐"（《论语·泰伯》），是先秦诸子在教育事业上的卓越贡献，是古人在塑造博学、雅致的人的教育之路上孜孜不倦的求索；也是"知识即美德"，是苏格拉底、柏拉图、亚里士多德的学园式对话，是古希腊对"自由人"的向往。

由此观之，无论博雅教育的具体概念在何时提出，博雅教育的理念在中外都早已有之。它是人类文明发展进步的产物，是人类跳出感性层面、冲破理性桎梏的尝试。

在19世纪中叶，约翰·亨利·纽曼在《大学的理想》中提出："大学首先要培养学生的灵魂，健全地到达博雅的高度，即具有完整的人格。"[1] 博雅教育，就是要通过传授普遍的知识的手段去塑造学生的人格，将其向着"完整人"的方向推进，而不仅仅是一个掌握了专业知识和技能的"匠人"。

（二）通识课程与博雅教育

要将博雅教育的理念与方针落实到大学中，就要把握当前形势、形成具体的方法论。

赵汀阳在《哲学原旨主义》一文中，指出了学园（Acedemy）与大学（University）的区别——如果将其看作不同工作方式的隐喻，那么前者就是自由的对话，且对话所谈论的问题都是生活中提出的问题；后者是知识的生产与传授，知识成了产品。因此，他提出了回到"学园"对话模式的主张。

这些论述指向了当下存在的一个重要问题，即大环境似乎与博雅教育的理念事与愿违。一方面，大学开设通识教育课程，从编写教材到集体备课，从培训助教到设计小班研讨课，投入了大量的人力、物力。另一方面，衡量学生的标准还是更多地停留在专业方面，这就导致了部分学生对参与通识教育课堂的积极性有限，常常抱着敷衍了事的态度应付任务；又或者迫于繁重的学业压力，对课堂的内容颇有兴趣，但心有余而力不足。

---

[1]　转引自王杰泓：《"艺术概论"与博雅教育》，载《中国大学教学》2010年第5期，第25页。

种种问题摆在眼前，我们不由得发问：是否真的无力改变大环境？博雅教育在当下是否只能沦为一种美好的空想？

（三）博雅教育之方法论

在文艺美学的研究领域，在高校教师的实践之中，博雅教育的方法论在不断地产生。尽管众多的文本都指向了对中国高等教育现状与问题的忧虑，但积极的探索与亲身实践始终存在。

相对于高中而言，大学拥有更大的平台，视野更加开阔。当大学生们在知识的露台上俯瞰世界，他们的思想似乎也上升到了更高的高度。博雅教育却不是要让学生的思想悬浮在高处，而是要让他们的思想处于上升而不脱离现实的状态。并不是只有传统的、高雅的、艰深晦涩的才能成为讲述的对象。我观察到，老师在讲述经典的时候，倘若更多地将其和生活实际结合，大家的听课兴致会更高。

于是，"博雅教育的核心正在于教学过程与方法的实施"。"充分尊重学生的主体性"是基础，"激发学生的学习动机和诱导其自主发掘自身潜能"是落脚点，培育自主性更需"通过反复地熏浸刺提，引导学生掌握举一反三、融会贯通和因技进道的务实功夫"①。博雅教育并非将经典束之高阁的规训，而是潜移默化的教益，激发知识之上的游戏冲动，从而实现个人精神上的提升。

三、阅读经典带来的改变

（一）经典是什么

卡尔维诺在《为什么读经典》中开篇就提出了一条定义："经典是那些你经常听人家说'我正在重读……'而不是'我正在读……'的书。"②

经典对人的影响是深远的，其文本本身的价值永远无法被其他言说的文本取代。它们在历史的长河中留下一段文化的印记。经典让人重读仍似初遇，初看也像重逢——这正是

---

① 王杰泓：《"艺术概论"与博雅教育》，载《中国大学教学》2010年第5期，第26~27页。

② ［意］伊塔洛·卡尔维诺著：《为什么读经典》，黄灿然、李桂蜜译，译林出版社2015年版，第1页。

由于他们具有一种极强大的同一性。于冬云老师在"为什么读经典"的讲座中提道，经典一定不是简单的、单一维度的、某种价值的表达。经典是时代的写照，更具有跨时代的意义。

通识课程中介绍的经典，是经过时间筛选的、公认的经典。不同的老师在介绍同一部经典时，其存在差异的研究思路颇值得思考。譬如比较文学与世界文学方向的老师，将希罗多德的《历史》与修昔底德的《伯罗奔尼撒战争史》放在一起讨论，作了比较分析。

这也说明，每个个体解读文本的不同思路，也很大程度上决定了个人的经典。通识课程在介绍权威的经典时，作为接受主体的学生更要思考自己的经典是什么。"经典是什么"是一个开放性的问题，"在鸡蛋（个体）和石头（个体组成的墙）面前，优秀的艺术作品永远是站在鸡蛋这边，艺术也由此显得博大幽微，显示出它本真的力量"。①

（二）经典何为

经典是望远镜，同时又是显微镜。阅读经典，让我们看到更开阔的世界，又让我们看得更加细致入微。纵贯历史、横贯全球，经典的内容无所不包；同时，经典又能敏锐地捕捉，小至人心细微的颤动——就像乔伊斯的《阿拉比》中的男孩在灯火已黑了大半的集市听着异乡口音的对话，就像奈保尔的《米格尔街》中，一个身材矮小，穿戴整齐，头戴礼帽，身着白衬衣和黑裤子的诗人说："往昔是幽深的。"

因为有诗，因为有文学，因为有文学经典，我们的过去和我们的现在、将来是相连的。

经典的意义远不止于书本上的文字。鲁迅在《读书杂谈》中讲，"必须和实社会接触，使所读的书活起来"。我们接触经典，不是浅尝辄止地看故事、学知识，而是要将其融入生活实际，"用自己的眼睛去读世间这一部活书"。

（三）博雅教育与经典

综观上文，博雅教育是引导学生认识经典的重要途径。

设想这样一段经历：一个学生听说过《论法的精神》，读起来又疑惑，觉得和自己过去所知道的法律大相径庭，那教师的职责就是为学生讲解其内在的联系。从历史沿革、东西观点来看"自由"为何物，再将法的精神描述为"源自事物本性的必然关系"。它探讨所有法的关系，而非具体的法律。它提出：自由只是让人们去做他们必须要做的事情，而

---

① 王杰泓、张琴著：《艺术导论》，武汉大学出版社 2020 年版，第 242 页。

不是强迫人们做他们不必做的事情。由此一来，具体的教学就让人跨过了阅读的门槛。博雅教育与经典的关系是相辅相成的，前者让后者的思想更加深入人心，后者是前者的教学材料。

经典是通识教育的一部分，而不是全部。课堂可以从经典出发，而不止于经典；同样可以从生活出发，最终到达经典。由此，学生在非功利的阅读之中，将潜移默化地塑造独立、完善的人格。

以我自己在大学接受通识教育的经历来看，学识广博、各有特点的授课老师本身就是最好的"教材"。有的尖锐深刻，有的热情洋溢，有的幽默风趣；有的把自己研究的内容以通俗的例子给学生讲解，有的勾勒出知识框架，再以层层发问的形式逐个介绍概念、衍生出方法论。从他们的课堂中收获的教益，将成为我大学生涯中重要的指引，更是我求知路上一个个新的起点。

浅谈阅读经典对"无用之用"的追求

徐嘉仪　测绘学院（2021302141195）

【指导教师评语】 文章算得上真正意义上的论文了，整体紧扣摘要展开，结构合理，语言精练，文献引用规范。（文学院　艾士薇）

摘　要：在泛娱乐化的消费时代，对阅读经典"无用之用"的功利化追求成为社会普遍现象。本文首先从个人涵养、民族意识和人类文明三个层面分析了阅读经典的"无用之用"，进而在此基础上分析了功利化形式与非功利化价值内容的相悖之处，最后提出了以博雅教育为核心的解决途径。

关键词：经典阅读；无用之用；泛娱乐化；博雅教育

一、引　言

随着时代的发展，物质生活水平的提高，人们已不再满足于追求那些被视为功利的、世俗的"有用之用"，而是渴望拥有那些更高层次的、精神文化层面的"无用之用"。加之以媒体的过度宣传，"有用"被贬为世俗，"无用"被捧为风雅，这不可避免地催生出了人们对"无用之用"从众的、有极强目的性的追求，即功利性追求。例如，在小红书上有一篇名为"被纪录片喂大的女孩子，格局炸裂"的纪录片推荐文章，获得了10万的收藏；淘宝上，印有契诃夫"天气好极了，钱几乎没有"的手提袋，广告标语是"将文化融进生活里"；在疫情暴发初期，有过一条上万转发量的微博"孩子，这就是读书的意义，当别人只能说'武汉加油'的时候，你能说'山川异域，风月同天'"。但是，正如那条微博下某大学教授的评论回复"读书真正的意义在于，你不会因为会背两句诗，就看不起那些真情实感喊'武汉加油'的人"。当经典被用作商业宣传、被用以吸引流量、被当作标榜文化的手段，从追求阅读经典能带来的功利化利益，到功利化追求阅读经典能带来的非功利化利益，人们对待经典的态度，以及经典能够带来的改变，也发生着深刻变化。

相较于 10 年前，现在的父母非常重视孩子对经典的阅读，然而这样的重视大多是出自媒体的宣传或是周围人的观念，在"孩子阅读经典才会有内涵气质""阅读经典能提高孩子的思想境界"的影响下，对经典"无用之用"的功利化追求。但是，这样功利化、有极强目的性的心态，本质上就与经典无目的性、影响深层意识的性质相违背。因此，当人们以功利化目的来追求阅读经典带来的精神层面的改变时，其目的能否达到，经典本身的价值是否会被削减，有待回答。

二、无 用 之 用

"无用之用"出自《庄子·人间世篇》，意为没有什么用处才是最大的用处。通常来说，在阅读经典中的"无用之用"的前一个"用"，指在金钱地位等物质生活层面的用处，如可以从阅读经典中收获多少像学习课本一样的知识点，获得多少财富，得到多高的社会地位，而"无用"则是这些方面都没有。由此，后一个"用"才是当今人们想要追求的东西，其可大致分为如下三个层面。

（一）个人涵养

个人涵养是建立在对自我和世界的认识上的，而这样的认识是需要一定量的知识积累的。这些知识在当下或者较长一段时间内，可能对个人是无直接帮助的，是"无用的"，但它们是构建起认知的基础。虽然现今的主流声音一直极力反对将经典当作"教科书"来学习，甚至一部分声音已经异化为"以汲取知识的目的来阅读经典是对经典的亵渎"等观点，但无可否认，相较于现有的、除用于学术研究外的知识载体，如微信公众号文章、短视频以及一些《成功学》类书籍，从经过了时间检验的经典中汲取知识，是更可靠更高质量的获取知识的途径。譬如被誉为经济学开山之作的《国富论》，其内含的经济学知识，远比网页推荐的某专家对经济学的讲解要深刻正确得多。再如司马迁所著的《史记》，虽然其中所记载的历史未必理性客观，但其中所包含的历史观点、部分史实的可靠程度，也远高于一篇没有可靠信息来源"真实历史"的文章。这些经济学原理、某朝某代的某场战争，可能无法让阅读者通过明天的考试、升职加薪，但这些"无用"的知识，让阅读者对自我和世界的认识，多了一层理解、多了一个角度。

但正如上文提到的，《国富论》的一些经济学观点在现在看来已经过时，《史记》和希罗多德的《历史》中所记载的也并非完全的史实，可见，经典对人品性的涵养绝不仅限于获取知识。对于这一类载有知识的经典，除开知识本身，它更体现的是一种思考探索的观念，思考什么、如何去思考、思考的结果，而这一过程，在长期的经典阅读中，会进入阅读者的潜意识里，使阅读者能够保持对自我和世界长久的、深入的思考探索。而另一类以表达情感思想的经典，如《斐多》，则是以一种更"无用"的、更悄无声息的方式进入人的意识。在《斐多》中作者表达自己对生命的情感与思考，实际上也是在与阅读者进行情感思想的交流。作者透过人类社会表层，思考生命，表达自己对生命的情感态度，是对人类社会深层情感的探索。普遍来说，"浅层"的东西总是更贴近实际，"用处"更大，然而"深层"的东西才是能够支撑起个人涵养和人类文明的存在与发展。在阅读经典的过程中，作者与阅读者进行思想情感交流，将那一部分"深层"的东西传递给阅读者，成为阅读者个人涵养的支撑，在这一支撑下，阅读者拥有了更深厚的文化底蕴、更深刻的自我和世界的认识。

在个人层面，阅读者从经典中汲取知识、与作者交流思想情感，通过这些在潜意识中发生的改变，阅读者能构建起一套属于自己的对自我和世界的认知体系，并在不知不觉中用这套体系来处理人生中的各种问题，也就是个人涵养"之用"。

（二）民族意识

社会性是人的固有属性，没有人可以脱离社会而存在。因此，对社会中的一些共同意识和基本观念进行深入了解，是在阅读经典过程中不可忽视的一部分。经典集中体现着社会规律、社会意识和社会追求，这些都决定了一个社会的性质和走向。人们存在于社会中，依托于社会建立自己对社会的认识，但每个人的认识都是不一样的，这时为保证社会活动的正常进行，需要将共同意识作为交往的桥梁。每个人的处境不同，对社会的感悟不同，但有些根本的，不由人决定而是由社会本身决定的东西，是相同的。例如，虽然人们对"仁"的理解各不相同，但社会上基本共同认可《论语》中关于"仁"的描述和解释。人们在构建自己对"仁"的理解时，应该要先深入了解一下那些与自己处在同一社会中的其他社会成员对"仁"大致统一的看法，读一读《论语》，才不至于脱离社会本身，建立起空泛的、脱离实际的个人意识。

将人类文明社会细分，不同民族有着不同或是截然相反的共同意识。而人们自出生起，就存在于其民族的社会环境中，民族的共同意识一直在潜移默化地影响着他们的个人意识。因此，了解本民族的共同意识，是了解整个人类文明共同认识的第一步，也是最根本的一步。如果抛弃了塑造自己的意识、给个人意识进行最初定型的本民族的共同意识，向外了解再多的其他民族的共同意识也只是做一些表面的修饰。经典对民族文化意识的承载作用是不言而喻的，阅读经典能让阅读者深入了解到各族文化意识，阅读者需要对其进行合理抉择。如《论语》与《圣经》之争，《红楼梦》与《百年孤独》之争，我们均应以东方思想为基础，再融入西方适合自己的文化意识。并非不可以了解其他民族的意识，而是不能动摇了本民族最根本的意识，在了解其他民族的意识后，要做的也是利用其对本民族意识进行扬弃，而不是一味地接受进而抛弃了自己的东西。

在民族层面，共同意识是一个民族存在与发展的基础，也是该民族成员所必须深入了解的。经典作为通用的文化意识载体，提供给阅读者了解各民族共同意识的途径，阅读者需扎根本民族意识形态，对其他民族的意识形态进行合理取舍。

（三）人类文明

《人类简史》中有经典一问："到底是人类驯化了小麦，还是小麦驯化了人类?"[1] 科技加速发展，文化加速凋零。当人们被困在高高的写字楼，每日的创造是敲击出一连串数字符号，是画几条颜色不同的折线，人们与人类文明便割裂开了。人们不再是人类文明的创造者，而是存在于人类社会的一件基础设施。为了将人类和人类文明从被异化的状态中解救出来，需要回到人类文明的源头。而经典提供了回溯人类文明的途径。能在腐蚀的时间中留下来，并被视为经典的，必然是最能代表其时代、代表人类文明发展的那一部分思想观念。阅读者随着经典回头看，看到作为人类的文化意识来源，看到自己生命的纵向拓展延伸。再从源头看向现在，站在人类文明最初的视角审视当下，能提出更有建设性的意见与解决方案。

在人类文明层面，经典记载了人类文明的连续性发展，阅读经典能够让人们站在人类文明的源头，回望审视当下，对人类文明的发展有更深刻的思考。

上述三层"无用"均不止于物质世界，而是存在于精神世界。现今，许多人已经意识到了这一点，并要求自己有较高的精神境界，或是希望别人认为自己有较高的精神追求，以功利之心追求阅读经典能带来的"无用之用"。

三、功利化追求"无用之用"

林语堂曾提出"一个人要读书的目的不是要'改进心智'……他对自己说：'我非读

---

[1]　［以色列］尤瓦尔·赫拉利著：《人类简史》，中信出版社 2018 年版，第 162 页。

莎士比亚不可，非读索福克里斯不可，非读《哈佛世界杰作集》不可，使我能成为有教育的人。'我敢说那个人永远不可能成为有教育的人"①。在林老看来"读书使人优雅和风趣，这就是读书的整个目的"。林老并非认为读书不可"改进心智"，而是认为抱着以"改进心智"为目的读书，不可能达到其目的。换而言之，那些以功利化追求阅读经典"无用之用"的阅读者，达不到上述"用处"，主要原因有如下几点：

（一）功利化形式与非功利化内容相悖

内容与形式是相互影响的。功利化常伴随快速、浅层与极强目的性和选择性；而非功利化伴随的是深入、充分、自由的思考。在几年前炒得火热的"量子速读"，宣称以光速来阅读经典，让孩子接受经典的熏陶。还有近些年的付费知识项目，如"三分钟读完《理想国》"等。正如上文分析，阅读经典的影响多是通过对人深层潜意识的改变，是接受经典背后所蕴含的价值，而不是表层的文字内容②，这样追求"我读过了"，而不是"我感悟到了"的功利化阅读，根本无法触及经典中的非功利化，即他们想要追求的内容。

除了追求阅读经典对自己本身的改变外，有些人还把这种追求强行附着于他人身上。如前几年被群嘲的"精装书壳"，用华丽的外表和空心的内容来假装自己有文化涵养。还有近年来大卖的文创产品，一件印有鲁迅"一棵是枣树，另一棵还是枣树"的短袖衫就被冠以"文化传承"之名。在商品消费时代的快节奏和媒体的过度宣传下，为迎合受众心理，商家将经典浅显化、张扬化，标上"文化"这一人们想要得到的评价，为人们的功利化追求提供了途径。但此时，人们得到的已经不再是经典本身深层的影响，而是经商家包装后，同样功利化的经典内容，已经起不到"无用之用"了，变成了完全的"有用之用"。

（二）功利化形式对非功利化内容传播的负面影响

经典的传承与传播是需要群众力量的，更甚之，群众可以在很大程度上影响经典的内容。当阅读经典趋向于功利化，经典中那些最具价值的非功利化内容就会被慢慢遗忘，最后被抛弃。或许文字可以跨越时空葆有其思想，但浅层的、泛娱乐化的阅读理念，也将会将其忽视，甚至随意扭曲。

---

① 林语堂：《读书的艺术》，载《艺术品鉴》2021年第4期，第64~65页。
② 王涵、钟蕾叶阳：《社交媒体环境下用户泛娱乐化阅读影响因素研究》，载《情报科学》2018年第36期，第116~121页。

在媒体的宣传下，在消费时代的影响下，追求阅读经典的"无用之用"已然成为一件理所应当的、高雅的事。经典变成商品，阅读经典带来的价值成为商品，人类文明也将随之成为商品。而"无用之用"的第二个"用"字，也只是多加了一层虚假宣传的第一个功利的"用"字。

四、解决方案——博雅教育

阅读经典是博雅教育中的极为重要的一环，两者是相辅相成的。阅读经典既可以推进博雅教育的发展，博雅教育的成果反过来又可以提高阅读经典的质量。理解当下博雅教育对功利化追求"无用之用"的作用，可从如下两方面入手：

博雅教育在不同人生教育阶段起到的作用是不完全相同的。中小学阶段是启蒙时期，也是培养良好阅读态度的关键时期。然而，在过度的宣传和营销下，引导变成了要求，培养变成了强迫，孩子对博雅教育最初的理解变成了另一种功利化的竞争，就像学钢琴是为了考级，阅读经典是因为妈妈希望我比同龄人看起来更厉害。最初的理解被扭曲，后续的发展也会随之歪曲生长。因此，在中小学阶段的博雅教育，不需要它带来多大的"无用之用"，需要的仅仅是给孩子们一个对待阅读经典的正确态度。到了大学阶段，在知识与认识都已经积累到一定程度后，博雅教育达到了发挥作用的最佳时期。大学是世界观价值观形成的时期，仅靠课本知识和发生在身边的事情已经不足以满足其要求了。因此，在大学阶段应该充分发挥大学优势，借博雅教育，深入理解阅读经典的价值与意义。

基于各阶段的不同要求，各阶段发挥关键性作用的角色也是不一样的。自身、父母与学校，在不同阶段都有着各自不同的重要作用。但能影响到整个发展阶段的，只有媒体的力量。媒体的宣传引导着整个社会风向，对博雅教育进行适当的宣传和引导，能极大地促进全社会对博雅教育的重视。然而，现在媒体对博雅教育的宣传多有不足，这与现在功利化追求阅读经典"无用之用"的社会风气有着极大的关系。媒体对博雅教育的宣传应做到如下两点：一是正确，二是适度。[①] 基于上文对"无用之用"的分析，正确宣传阅读经典的深层价值而不是浅显化的表层，为迎合受众心理，大部分媒体可以做到这一点。因此，现在媒体宣传的关键点是适度，适度的宣传引起重视，过度的宣传带来焦虑，焦虑催生了功利化的竞争，对宣传的内容起到了反作用。媒体应利用好第四权利，不要将人们对精神世界的渴望当作"流量密码"，将经典推向娱乐化、商品化，应自觉承担起合理宣传博雅教育的责任，而不是利用其作为宣传的卖点，全然不顾后果。

---

① 尹健：《如何防止正面宣传过度》，载《新闻研究导刊》2020 年第 11 期，第 59~60 页。

五、结　语

在泛娱乐化的消费时代，功利化充斥着整个社会。同时，随着人们物质生活水平的提高，人们对精神世界的追求越来越重视，加以许多商家及媒体过度夸张的舆论宣传，社会上对阅读经典"无用之用"的功利化追求越演越烈。阅读经典的非功利化价值体现在个人涵养、民族意识和人类文明三个层面，是潜意识的、深层次的价值；而功利化的追求是浅层的、有选择性的、有极强目的性的。这样功利化形式与非功利化内容的对抗，既不能使阅读者真正获得精神境界的提升，还会使经典本身的传承和传播起到负面作用，是不可取的。

随着全球化、信息工业化的加速推进，各民族文化交流日渐频繁，经典文化受到新生文化的极大冲击，如何在文化动荡的时代不失去立身之本，需要给予博雅教育足够的重视。在媒体正确适当的宣传引导，社会各界的共同努力下，以真正的博雅教育来改变功利化地追求阅读经典"无用之用"的社会现状，让人们真正受到经典的滋养。

《文心雕龙》为现代文学观提供的启示

魏鹂萱　电子信息学院（2021302121034）

【指导教师评语】本文找到了相当精彩的切入点：贵古贱今，并从这个视角出发分析其成因，即自春秋时期，孔子面临礼崩乐坏便希望复古，包含一种主张和愿望，但这种愿望发展下去变成了一种成见，论述十分精彩，且对当今现状颇有启示作用。（文学院　荣光启）

摘　要："贵古贱今"来源于《文心雕龙》中的"五弊"，极大程度上指出了古今无数人在潜意识上的一个通病。它指出人们时常把古代的人或事物看得很贵重，而对当代的就看不起。本文将贵古贱今主要聚焦于对于文学作品的"贵古贱今"。将其历史起因与《论语》联系起来，并结合《坛经》中对成见的理解，剖析贵古贱今并分析其产生的原因。随后，以此为基础，指出这种思想给予今人的一点启示。

关键词：贵古贱今；论语；坛经；经典阅读

在现代社会的发展进程中，在义务教育深化、日常生活需要乃至网络覆盖率提升的多重因素之下，文盲率迅速下降，普通民众文学修养也逐渐提升。与此同时，由于互联网的大容量以及其自由性，人们所能接触到的各类典籍书目越发深刻，且越发体系化，也越发多元化。叫住匆匆忙忙的蓝领，他也许会告诉你他对哲学问题的思考；拦下路边的小学生，他也许能给你吟诵出一篇气势雄浑的唐诗；问问乡间的妇女，她也许会向你分享她新作的散文……更有各大媒体各大平台狂轰滥炸般地宣扬对历史的复现，从河南台的"唐宫夜宴"，到"我在故宫修文物"，再到"中国诗词大会"……诚然，国家文化日常化、平民化，纵深发展的，无不燃起百姓胸中熊熊的自豪之火。然而，这种自豪之火能否使人们在敬仰历史文化的同时拥有一个没有潜意识倾向的文学观？能否使人们客观理性地看待古代的文学作品？又能否卸掉心目中对古文过度推崇的"光环"呢？也许《文心雕龙》中的"贵古贱今"可以给我们一定的启发。《文心雕龙》作为一部经典的文学理论批评总结，用一个客观的态度去重塑文学在我们心中的模样，它用"贵古贱今"在内的"五弊""六观"等多个理论就文学创作、批评、鉴赏、演变等多个领域，提出了深邃而精湛的见解，使我们重新审视净化心中的这一团"自豪之火"，并重塑普罗大众对文学经典的看法。

一、"贵古贱今"与《论语》：产生的必然性

贵古贱今的产生并非一朝一夕之事，而是扎根于中华民族的核心思想——儒家思想中的。暂且不谈文学作品，圣人孔子有："我非生而知之者，好古，敏以求之者也。"① 又有"述而不作，信而好古"②，可见孔子对古代的向往与憧憬程度。有子曰："禹，吾无间然矣。菲饮食而致孝乎鬼神，恶衣服而致美乎黻冕，卑宫室而尽力乎沟洫。禹，吾无间然矣。"③ 更有："大哉尧之为君也！巍巍乎！唯天为大，唯尧则之。荡荡乎！民无能名焉。巍巍乎！其有成功也；焕乎，其有文章！"④ 孔子极端推崇三皇五帝时期的各位君主们，而在汉代后对儒学的推崇也就使孔子这种"贵古"的思想广为流传起来。

时至今日，举例分析，我们就会发现，在近代人眼中，越是近代的皇帝，往往越是容易受人诟病。在大众的心目中，清代的皇帝多是荒淫无度，穷奢极欲，而回顾远古时期，尧舜禹皆是舍小利而为国的正派人物。从一方面讲，这是因为三皇五帝时期的历史的残缺，所以导致了后人无法更加全面地了解三皇五帝的具体情形，而从另一方面讲，这更体现了一种难以察觉的"贵古"之思。

儒学之中，"贱今"也被展露得一览无余。孔子活动之时正是春秋"礼崩乐坏"之时，士僭越卿大夫，卿大夫僭越诸侯，诸侯僭越天子，因此，孔子的文章中难免有大量批判现实的文字。鲁卿季孙氏舞八佾，孔子评价："八佾舞于庭，是可忍，孰不可忍。"⑤ 强烈谴责了春秋时期的社会现状。与此同时，《论语》之中丝毫不掩对当代愚昧之人的批评态度，孔子评价长沮、桀溺"鸟兽不可与同群！吾非斯人之徒与而谁与？天下有道，丘不与易也"⑥。

---

① 杨伯峻译注：《论语译注》，中华书局 2009 年版，第 93 页。
② 杨伯峻译注：《论语译注》，中华书局 2009 年版，第 88 页。
③ 杨伯峻译注：《论语译注》，中华书局 2009 年版，第 104 页。
④ 杨伯峻译注：《论语译注》，中华书局 2009 年版，第 105 页。
⑤ 杨伯峻译注：《论语译注》，中华书局 2009 年版，第 51 页。
⑥ 杨伯峻译注：《论语译注》，中华书局 2009 年版，第 203 页。

然而，"贵古贱今"这一种错误的价值导向并非孔子的本意，相反，这倒不如说是一种巧合的结果。换位到孔子所处的时代，当时春秋时期缺少一个标志性的楷模，绝大部分人没有恰当的精神价值观，因此，孔子批判现实中的种种不合礼法的事也是难以避免的。同时，在春秋时期，思想构筑可谓是"混沌初开"，孔子很难从身边汲取到任何有价值的精神思考，因此从历史中吸取教训是那时候的哲人们唯一的选择，是一个必然的结果。

二、"贵古贱今"与《坛经》：破除经典的"成见"

在中国的传统文化体系中，仰慕古人而轻视同时代的人的现象并非罕见，"夫古来知音，多贱同而思古"指的就是如此。论及用人，是日夜思慕旧时王侯将相，却不任用近在眼前之人，而要论及学文学，那便指的是过度崇拜古籍古人之经典，而忽视了如今的真知灼见了。这种思想在整体上与佛教修行中破"成见"一说不谋而合，在禅宗思想中，固守经典，亦是一种"成见"。

慧能指出，一切经书不过是大智慧者引导迷人开悟的工具，固然人们要依靠经书来引领前路，但万万不能以经书为途，又以经书为终。从严格意义上来讲，慧能的理论拥有鲜明的禅宗色彩，并不能完全套用于文学作品的评价上。其原因在于，尽管经典阅读与《坛经》中对经书的阅读拥有相同的过程——阅读大智慧者的著作，但在最后的关卡上，禅宗强调"顿悟"——学习经书并非墨守成规的背诵理解，而是借助经书"体悟"到隐藏在其深处的佛性。而显然，文学阅读并无"顿悟"这一个充满佛性的词语一说。

诚然，两者并不完全相同，但其中的核心思想是可以互相佐证的。慧能将经书比为"筏"，只有"舍筏"才能"登岸"，以"顿悟"为最终结果，而在文学阅读中，我们不妨将文学经典比为"筏"，当此"筏"承载我们时，我们不妨深入研读，但若想将经典中学得的思想理念真正吸收，更需"舍筏登岸"，以求得"博雅"。摒弃对经典文化盲目、刻板的套用、依赖，而在经典中寻找今人之思。

因此，我们说，阅读经典，与其说是读书，倒不如说是读思想。林语堂曾说：读书是将此层蔽塞聪明的包膜剥下。能将此层剥下，才是读书人。并且要时时读书，不然便会鄙吝复萌，顽见俗见生满身上，一人的落伍、迂腐、冬烘，就是不肯时时读书所致。他将读书的意义定义为"使人较虚心，较通达，不固陋，不偏执"。可见，读经典的本质并不是如孔乙己一般叫几声"之乎者也"，抑或应付考试，而是增长我们的见识与真知，修养我们的气质与人格。因此，阅读经典是开茅塞的途径，但绝不是我们的目的。如此之下，眼观现实，如若在生活中见到那些思想顽固不化而又浅薄，却整日吹嘘着自己读了多少经典，又或是以自己读了多少经典书籍来炫耀自我的人，我们大可不予理睬。从浅层次讲，文学经典本就并非用来炫耀的资本，读书是一种沉淀自我、修养自我的手段，而炫耀卖弄正是与沉淀自我的终极目的背道而驰。从深层次讲，仅仅以阅读经典作为重点，其实反倒是鼠目寸光了。书，无论是什么样的书，都是作者经过自我思想的消化后写出来的，不仅带上了太多作者的个人思想，也多少显得刻意造作。总而言之，我们说，经典不可不读，但亦不能仅仅将双眼放于经典。

三、"贵古贱今"给予我们的启示与思考

从《论语》重"贵古贱今"来看，这种思想已经根植于中华民族的文化之中。想要彻底改正肯定并非易事，但我们不妨在看到经典时，不盲目跟风、不盲目崇拜、不盲目卖弄的想法，而是慎思慎言。

"有人一看书就卖弄，多看几遍再卖弄吧——多看几遍就不卖弄了。"[①] 盲目的贵古贱今，盲目的崇拜卖弄其实也来源于个人思想层次的浅薄，说到底还是书读的太浅，太少。当阅读书目的广度不足时，目光就会狭隘，如同井底之蛙一般看到了什么便认为什么是好的。当阅读的深度不足时，思想就会浅薄，只读懂了书中大概含义，却忽视了其中蕴含的深层哲理。我们说不能仅仅将双眼放于经典，但经典毕竟经过了无数年的洗涤和锤炼，其中自然蕴含着深刻的道理，正所谓"读书百遍，其义自现"，数次的阅读后，我们终会发现读书的真正意义并非在于"我读了什么书"，抑或"我看的书里有什么情节"，而是在于"我读的书能为我带来什么"，这是一种视野上的巨大进步。

但用辩证的角度去看待，否定博古贱今的想法的同时，我们也要去广博地阅览古今中外之书。但与愚昧地崇拜阅读不同，我们要时刻保持思考。读书使我们得新知，而"知"也助我们更好地阅读；阅读经典增长我们的见识与智慧，但它也许也会带来盲从与过度崇拜。无论何事都并非只有好的一面抑或坏的一面，其优缺点本就是对立统一的。因此，我们若想从中汲取真知，无论何时，常思，常疑。

贵古贱今的思想起源早，影响也很深远。《论语》中孔子的敬古人，批来者，对后世产生深远影响，《坛经》中慧能论"成见"，与《文心雕龙》不谋而合。贵古贱今的思想无形之中影响了中华上下几千年，它使人尊重敬仰历史经典与文化，但也同时导致了一些盲目的崇拜与卖弄。合理把握"贵古"与"贱今"的度，持慎思之心，持广读之思，便可从经典中学到真知识。

---

① 木心讲述：《文学回忆录》，广西师范大学出版社 2013 年版，第 381 页。

博览万象

蝴蝶与死亡：柏拉图与庄子的对望

罗　朗　弘毅学堂（2021302181221）

【指导教师评语】 该文章巧妙地结合了作者自身对《庄子》与《斐多》的思考与感悟，用蝴蝶的几场梦串起了柏拉图的理想与庄子的逍遥。文字流畅、逻辑清晰，较好地体现了作者对经典的理解。（哲学学院　苏德超）

摘　要： 蝴蝶轻盈、自由、扑朔、迷离；由卵成虫，由虫结茧，最终成蝶，翩然起舞于生命之海。借着蝴蝶的眼眸，柏拉图与庄子跨越时空相望。如果一个人的死亡如一片秋日的落叶，柏拉图说，落叶会变成一只蝴蝶；庄子说，落叶就是蝴蝶。无论何种哲学思考，在死亡这个终极问题面前，我们总期许着翱翔。

关键词： 死亡哲学；柏拉图；庄子

一、引　子

你是谁？

你缓缓地行走着。从一个城市走到另一个城市，从白天走到黑夜。你已不知道走了多远的路，也不再问到哪里去，如何去。你只是循着冥冥中的指引，在世间兜转着，徘徊着。

直到某一天，你累了。你停下了行走的脚步，阖上了双眼，沉默地躺下了。你明白，你将会像一片秋叶般，静静地沉睡，死去。尽管恐惧，尽管不甘，可就像你所见到的万物一样，所有人都终要走到死亡铁幕的巍峨城墙之下。

你躺入了自己制作的棺木，没有波澜，没有风雨，一切如常。

可当某一个破晓到来，晨间的第一缕光照拂木板，你蓦然间睁开了眼睛。那股许久不再澎湃的活力再一次充盈身躯，那布满灰尘的木头缓缓开裂，你以一个崭新的姿态接纳阳光，以极绚烂的方式回归于世。你张开双翼，仿若天使，宣告着一种庄严而不屈的重生。

原来，你并不是一片注定落下的秋叶，而是一只冲天而起的蝴蝶。

在漫长的沉寂中，你做了两个长长的梦，梦见两只轻灵的蝴蝶，一只是柏拉图，另一只是庄子。他们借着你的眼眸，隔着时空对望。

二、柏拉图：不朽之蝶飞往可知世界

你梦见，你在爱琴海旁。海浪拍打着礁石，像大海心跳的声音。

不知多少次，你听着海浪的心声，在一片黑暗中睁开双眼。颅顶之上是深沉的夜空，万籁俱寂。你望着大海，望着夜空，想要望穿世界的真相，望穿理想的城邦。

你正处古希腊社会变革期。恩师苏格拉底在众人投票下荒诞地死去了，而你所信仰的城邦也岌岌可危。你竭力地奔走呼告着，却难挽狂澜于既倒，扶大厦之将倾。你有些迷茫，在这荒诞的世界中，你不知你的理念如何实现。但你相信，在现实之外，存在另一个世界。在那里，你可以实现自身理念，获得解脱，获得净化。

你把当下的荒诞世界称为可见世界，彼岸的理想世界称为可知世界。你相信自己的灵魂是一只不朽的蝴蝶，而肉体是束缚自身的茧房。在茧中，你会不断练习，积蓄力量。最终，在死亡来临时，你的灵魂将破茧而出、飞往理想中的可知世界。

你相信灵魂不朽，甚至成为一种执念。你力图为自己的相信辩护，却始终不能形成融贯的论述体系。但又有何妨？许多时候，人们都和你一样，朴素地希望着灵魂的永存，相信哈迪斯的双眼凝视着世界各方。哪怕不相信神的人们，在祭祀先祖时，也会相信一种冥冥的上苍，祈祷祖先不朽灵魂的护佑。

在你的设想中，可知世界，应当是永恒不变的，包含真、善、美等形而上的理念的世界。可见世界，就是瞬息万变的，包含肉体、器械、草木等形而下的现实的世界。你的划分是有依据的。你敏锐地察觉到，世人都没有见过原初的、实在的美，却始终拥有一种朴素的美的理念。这种观念是无法习得的，而是先天存在的，相对恒一的。于是，你把所有这样的理念归纳到可知世界当中。而可见世界，逝者如水，盈虚如月，白驹过隙，沧海桑田，天地曾不能以一瞬。

灵魂的蝴蝶要飞往可知世界，因为在可知世界的乌烟中，蝴蝶将始终感受痛苦与迷茫。你总想起恩师的荒谬死去，感叹世人将至善弃之于地。你明白，可见世界分分合合，价值林立，总有数不尽的尘与土，血与泪，多少不公不允，多少大苦大悲！灵魂想要真正自由无羁地翱翔，唯有飞往可知世界。那里万物纯净，城邦巍然矗立，公民理性善良，在哲人王的引领下能够真正建立一个理想的国度。那是一个完满的彼岸。

你望着遥远天空中的明月，沉思着。在这荒诞世界中，破茧的灵魂之蝶，又有几个能保持灵魂的纯净？受到可知世界的乌烟的侵染，灵魂变得沉重窒碍，难以飞往远方的可知世界。你低下头，目光落在朦胧的影子上。如果认识的演进是一条线段，是否在这条线上，也存在这样的投影，指引着前往可知世界的道路？你回望可见世界中的认识发展，思索着。

若猜想成立，可见世界也应当有投影。对可见世界投影的认识应该是人人具有的，因为每一个人都已经走出可见世界投影，身处可见世界之中。你嘴角微扬：这种认识，可不就是想象？

海风吹拂树木，发出沙沙的声响。你张开手掌，眯起眼睛，对着月亮。你发现，对于可见世界的认识，需要一定感官才能达到。你将这种认识命名为信念。这种信念，可以通过体育与音乐的教育可以不断提升。

你不断推演着。同样地，可知世界的投影，应该具有可知世界的部分属性。你突然明白了，可知世界的投影便是数理逻辑。它不再借助感官的达成，而是通过假设与推理得到结论。你将其命名为理智。个体为提升理智，应当接受算数、几何、天文等数理科学的培养。

至于可知世界，便无须多言，那是你一直追求的地方。你明白，个体此时只有通过辩证法与哲学教育才能真正获得此方面的知识。你将其命名为理性。

你宽慰地笑了。你发现了一条摆脱侵染、重归纯净的线段：自想象、到信念、达理智、终理性。你明白，这为世人去往可知世界打通了一条可实施的道路，也为在可见世界中的生活赋予了更充实的意义。

你不再惧怕死亡了，正如你的恩师一样。你相信，灵魂之蝶本就不朽。循着认识演进的线段，灵魂将逐渐变得纯净。最终，在肉体亡故的时刻，灵魂之蝶将破茧而出，振翅远飞，挣脱荒诞的可见世界的樊笼，进入理想的可见世界。

你喃喃道："对于'真哲学家'来说，问题不再是怕不怕死，而是在追求死亡和走向死亡中去觅求知识、真理、美德和哲学。"[①]

你拾起一沓泛黄的莎草纸，写下你的理念。

你写下第一个单词：Phaedo。

又名，《斐多》。

---

① 段德智著：《西方死亡哲学》，北京大学出版社 2006 年版，第 78 页。

三、庄子：大化之蝶重归大化之中

你又一次入梦，梦见满地横尸，百姓流离，战争频仍。你在这焦黑的大地上行走，看惯了禄蠹不堪，生灵涂炭。你走入大山之中，和青崖间的白鹿为侣，虽衣不蔽体，食不饱腹，却也见生机盎然，欣欣向荣。你沉浸在自然之中，顺遂天性，物我两忘。

某日，你在午间小憩。你梦到自己是一只栩栩然的蝴蝶。不久后，你醒来，发觉自己是一位蘧蘧然的人类。你走出木屋，面对茫茫苍山，浩渺青天，拾掇思绪。

你从地上捧起一抔泥土，揉搓捶打起来。俄而一个栩栩如生的泥人在你的手中诞生。不多时，你将泥人揉回土块，又将土块重塑成蝴蝶。你将它托到眼前，彼此相望。

你发觉，泥人与蝴蝶，形貌相异，却拥有同样的泥土的本质。当你增加泥土的量时，你便可以做出更多形态各异、栩栩如生的物体。当量无限时，万物便能够塑造出来了。你想，世间的万物或许亦有相同的本质。

你将世界万物的本质称为大化。顾名思义，大，就是无限的精神；化，就是状变而实一的道；大化，就是无限的永恒的道。尽管万物各异，你们的本质都是大化。你是你，你也是蝴蝶，你也是世间的万物。你们的本质都是大化流行中偶然显现的某种样态。与泥土不同的是，大化是流动的，它的造物是偶然的、自发的，它既是原材料，也是创造者。

你笑了。对你来说，此时已无须拘泥于生死了。当你如婴儿般睡去时，只不过是重新回到了大化之中，就像你将泥人重塑为土块一样。当下一次赋形时，你或许还是你，或许变为了一只蝴蝶，可又有什么区别？万物的本质是一样的。你从大化中来，也要回到大化中去。世人称"从大化中来"叫诞生，"回大化中去"叫死亡。

生死与做梦出梦一样，是自然又偶然的现象。你想起世人种种对死亡的恐惧，心中生发了无限的悲悯。人们不愿放下"执我"的心理，却实然上是一种逃避自然，逆天而行，失去本真的行径。"执我"的思想只是构建了一种虚妄的主客体对立的囹圄，一种"执我不化"的窠臼。可主客体之间有何差别呢？万物都是大化的一部分。你既是主体，也可以是客体。你可以化作人间的风雨，也可以做一只北冥的鲲。

但"执我"之思想已经融入了世人的血脉。你想，既然世人要"执"，便只能从"我"处破题。于是你说："吾丧我。"① 万物万化，彼化为此，此化为彼，"执我"之"我"，等同于世间万物，万物皆"吾"。在物我两忘间，你能真正获得大自在、大逍遥。今日你是人类，并不意味着你的高贵，你与万物一样是平等的存在。他日你死去，你不过

---

① 《庄子》，中国华侨出版社 2018 年版，第 28 页。

化为另一种形态的存在体，依然平等地存在于万物之中，又有何可悲哀的呢！若能与物无隔，民胞物与，你自与天地相容，感怀万物的盎然生趣，那是一种超越宇宙与时间的大美与深情。

你说，生命要归于大化，这是一种自然而然的过程，就让它自然而然地发生吧，只需循着你的天性。生命的天性在于自我之性灵：蝴蝶有"吾"，翩然起舞；游鱼有"吾"，出游从容。而"一化之所系"的世界观下，若生而为乐，则万物喜乐，天地同欣。如果真要追求什么，不妨以"与化具化"为目标。心参大化，委蛇人间。

你束手而立，立身于厚重的大地。颅顶之上的晴空有大鹏远去，无名山谷中的野芳发而幽香。盘旋千年的生命之风，撩起你斑白的长发。人的身躯如沧海一粟，但万物的力量却宏大得令人动容。

你回到屋中，取来一捆竹简，刻下你的体悟。

"北冥有鱼，其名为鲲。"①

此即，《庄子》。

四、庄子的蝴蝶飞过柏拉图的死亡

你从两度大梦中醒来，恍若隔世。你抖擞双翼，重新在天地间飞翔。

某一个秋日，你听到少年在吟诵泰戈尔的诗句："生如夏花般绚烂，死如秋叶般静美。"② 阳光斜斜地打在他的身上，和煦、温柔。少年抬起头，用那双澄澈的眸子望向你，你有些恍惚。"或许是这样"，你望着他，望着他身下铺满大地的火红色枫叶，"一个人的死亡是一片秋日的落叶"。

你扇动双翼，停落在树间。玻璃晴朗，橘子辉煌。

在爱琴海旁的棕榈树旁，一个头发花白的智者也曾躺在地上，带着笑意地望着你；在山谷之中的小木屋旁，一个身着白衣的男子也曾站在窗边，睡眼惺忪地望着你。你总被这样凝望着，恰如现在少年的凝望。

此刻，你在树间歇息，用片刻的时间，借着那一双双凝望的眼，想要看穿将来的模样。

你如今在何种世界中翱翔？你要飞往何方？你死后又会怎样？

秋风吹过，寂寥无声。

---

① 《庄子》，中国华侨出版社 2018 年版，第 9 页。
② ［印度］泰戈尔著：《飞鸟集》，云南人民出版社 2018 年版，第 82 页。

你只望见，死去的秋叶被秋风裹挟着萧萧落下，落在少年的书上。

你收回思绪，再度起飞，借着风的力量，前往冥冥中的远方。你望不清将来的模样，也不知道往何处飞翔。但你仍要起飞，哪怕这是生命中最后一阵风，你也要不屈地跳完最后一支舞。

因为你是蝴蝶！

五、结　　语

面对死亡这一终极命题时，我们总以蝴蝶的姿态进行飞越。蝴蝶——轻盈、自由、扑朔、迷离，由卵成虫，由虫结茧，最终幻化成蝶，翩然起舞于无垠的生命之海，成为另一种更高层次的逍遥自由的存在。正如生命的诞生、沉寂到重生。

一个人的死亡如一片秋日的落叶。柏拉图说，落叶会变成一只蝴蝶。庄子说，落叶就是蝴蝶。可又何必管哪一种呢？只要我们有翅膀，在死亡面前，我们都应振翅飞翔。

今日阳光正好，微风不燥。

中西方生死观及其当代意义

林子昕　电气与自动化学院（2021302191968）

【指导教师评语】文章格式规范，结构清晰，引用《庄子》和《斐多》两部经典阐述了中西方两种生死观念及其在当代的教育意义。分述两种生死观之后，对其进行对比与总结，能联系当下指出阅读经典的意义。（文学院　肖圣中）

　　摘　要：本文旨在探讨古老智慧对现代生活的影响，以《庄子》和《斐多》为例，分析东西方哲学在生死观念上的共通之处。在全球化背景下，现代社会面临生命价值质疑和人际隔阂等问题，生命教育成为重要议题。本文认为，古今哲学思想碰撞为现代生活提供思想养分，经典文献如《庄子》和《斐多》可作为生命教育的宝贵教材，帮助人们实现内心平衡与宁静。
　　关键词：当代生命教育；古典人生观；东西方生死观

　　现代生活的繁忙景象中，内卷越来越严重，人们终日忙于将自己的生活空间拓展，或不断提升自己的社会阶层，生存的焦虑也逐渐低龄化，甚至出现了"鸡娃"等比较极端的现象。但是人们对于生死界定的思考和生命价值的追求，变得欠缺或变形了，试问自身，我们在生理上畏惧死亡之外，是否真的珍惜我们的生命，是否能够找到自己存在的价值呢？答案是很难找到的，这些问题也是哲学家们长期探寻的。不过当我们阅读经典，向古老的智慧索要答案时，或许能够找到现代生活的解药，达到达观的境界。

　　全球化的今天，东西方的思维碰撞激烈，为我们提供了多样的经典材料，《庄子》和《斐多》就是其中很重要的部分。

一、生命与死亡

　　自古以来，人类就不断对生死的内涵和外延进行思考与探讨，对生命乃至万事万物的产生持续追寻，挪威神话里有创生万物的巨人之死，远古波斯信仰里有拜火教神话，巴比伦神话里有天地在魔力女神死后形成的传说，东方的传说时代有女娲造人解释个体的多样，西方有上帝创世创造了世间万物解释生命的意义。

从远古时代的先民以来，人类逐渐发展出了或集大成者的著作，或更科学更系统的理论。对照中西方的观点，可以洞悉生死最深刻的本质。

（一）《庄子》中的生死

身处战国权谋纷争乱世中，处于百家争鸣的潮流下，庄子同时期的其他绝大部分思想家，着重的是如何使得国家立于不败之地，如何长期维持统治阶级对于广大民众的统治。庄子与他们是迥然不同的，乱世对庄子的促进作用在于，使得他开始把自己理性全面思考的重心放在保全个体生命与充分发挥生命的价值上，[①] 他钻研了如何追求个人的天性释放，他探究了人之所以为人的本质特征，深刻看穿了生死之别。

在他的《庄子》中，死亡的本质是物理层面上的形体变化，精神上未必有损耗。[②] 他将肉体和灵魂剥离，认为生命是短暂的，会发生自然的生死过程，而灵魂是不会陨灭的。在这样的划分之下，自然得出了这样对死亡的理解：生理层面的生死是自然的过程，不会因为人的主观意志改变，取决于命运，而精神层面的生死是可以控制的，坚强的意志是不能被摧毁的，也不会随着身体的死亡而死亡，会变成一种"气"存在。

正是基于这样的认识，在妻子的葬礼上，庄子鼓盆而歌："生死本有命，气形变化中。天地如巨室，歌哭作大通。"[③] 可见，他坚信生死是肉体自然的变化，由人类无法控制的命运决定，所以面对生死造化，不应该过于悲伤或者喜悦，因为灵魂不会随着肉体死亡，而是变成别的存在形式在世人可观察的范围之外存在。

（二）《斐多》中的生死

雅典时期，拥有极高社会地位和大量财富的苏格拉底饮鸩自尽，成为了一段对于理想执着追求的佳话。但后世对于苏格拉底之死至今仍然有很多争议，人们对于他的生死选择的评判源自不同的生命态度，嘈杂的争论很大程度源自生命观和价值观的差异。至于苏格拉底自己选择死亡背后的逻辑与追求，柏拉图在《斐多》篇中借用老师苏格拉底之口，用

---

① 赵泓伸、杨晓、王镡：《庄子生命哲学及其当代启示》，载《郑州轻工业大学学报（社会科学版）》2021 年第 6 期，第 104~108 页。

② 邹晓丹：《〈庄子〉内篇中的处世哲学》，载《今古文创》2022 年第 24 期，第 26~29 页。

③ 出自《庄子》。

戏剧的方式解答人们对于苏格拉底面对死亡态度的疑问，阐述了他们对于生死的共同认知——灵魂不朽。

"灵魂不朽"这样的命题对苏格拉底和柏拉图来说，并不是事实判断，而是价值判断。[①] 柏拉图的目的不在于证明灵魂不朽的正确性，而是强调信仰的重要性。

在《斐多》中，苏格拉底教导了他的学生们存在的含义，他们的对话隐含了三个层次的存在：物理性层面、生命性层面、哲学性层面。[②] 首先，在最基本的物理层面，人的存在也是物质的存在，人类由许许多多的粒子构成，人的存在正是基于它们的物质性存在。其次是生命性的存在，物质有机结合才使得人们能够完成日常中有序的生命活动，并且因为生存需要产生各种欲求，身体会热衷于诸如吃喝等所谓快乐的事。最后就是哲学层面的存在，他认为灵魂的一个重要维度是认识能力，光凭借肉体是不能完全认识和思考周遭世界的，必须通过灵魂的认识能力才能清楚认识和洞察周围世界的本质。而这样的灵魂不会随着肉体的死亡而死亡，因为灵魂是不可见、不可感受的，更接近于那些永恒不变的存在。所以他说灵魂不朽。

因此他也提出，热爱智慧的人不看重肉欲的满足，会尽可能远离身体，转向灵魂，所以他们会极不看重身体，要逃离身体，致力于变得自体自根，用灵魂本身观看事物本身。

（三）对两种生死观的总结和思考

两种生死观有这样的共同之处：一是都认为肉体和灵魂是分离的，不能融合。二是肉体会因为自然的过程或者意外死亡，灵魂不会毁灭，是一直存在的。三是在面对生死的态度上，不倡导悲伤。

同时，两者也有很多差异。庄子强调命运，他认为人生的走向和生死的发生都是由命运决定的，不是个人可以左右的。在精神层面，他提出了齐物这个无为思维方式的基础。[③] 而柏拉图强调信仰，他通过论说灵魂不朽，强调了摆脱肉体的限制，观察事物本身的重要性。

作为人类比较早期的观念，它们也有一些共同的局限性。比如将肉体和灵魂完全剥离，忽视了肉体在人们认知的过程中发挥的重要作用；无法证明肉体死亡之后灵魂究竟是否不会湮灭；庄子对命运的强调忽视了人的主观能动性，柏拉图对肉体过于贬低和轻视。

综上，我们可以得到这样的结论：柏拉图注重热爱真理、执着理性，庄子坚持死生同

---

① 黄伊梅：《灵魂与肉体——柏拉图〈斐多〉赏析》，载《特区实践与理论》2018 年第 1 期，第 127~128 页。

② 吴飞：《〈斐多〉中的存在与生命》，载《哲学研究》2019 年第 2 期，第 80~89 页。

③ 叶青春：《庄子无为思想的哲学基础》，载《莆田学院学报》2022 年第 1 期，第 29~35 页。

源和事物相对性，这两种智慧都值得当代人的借鉴。① 我们更要学习的是它们共同的对于死亡的豁达态度，找到生命的价值，不畏惧死亡，从而珍惜生命。

二、两种生死观和当代生命教育的重要性

（一）当代生命教育的必要性

生命教育的定义：基于不同历史社会环境的目的和要求，人类社会展开的内容是生命过程的价值、知识、态度、意义等的教育。② 通过定义可以看出，生命教育的特点来自不同的时代特征和历史特性。当代的特性是，竞争加剧，生活节奏变快，沟通变得便捷迅速，人和人的距离变小，但相对来说，因为生活的便捷性急剧增加，人的孤独感也同时增长。在这样的时代，每个人在不可逆转地变成一座座孤岛，所以生命教育变得非常重要，否则个人很容易落入两种极端的境地：要么极端漠视生命不负责任，要么因过度恐惧死亡而无法面对生命终将消逝的结局。③

人的成长过程是比较漫长而复杂的，从幼儿园到大学，甚至到离开学校之后，每个阶段都会有不同的问题要面对，因而每个过程的生命教育内容和范围都不尽相同，需要经过严格的设计和规划，才能保证培养出平和有力的一代代人才。

（二）生死观念是生命教育的主要内容

生死观关注的重点是，生死的区别，并从这种区别拓展思考，得到生命的意义。而生命教育的核心正是对于生命价值的教育，生命教育引导学生去思考如何生活，如何追求人生的意义，如何在个人的生活实践中完成对于个人、社会、国家，乃至整个世界的价值输出。这两者的核心是契合的，而个人的生死观念需要明确的指引，凭借自身是很难明晰个中差异，所以生死观成为了生命教育的主要内容。

---

① 刘思琪：《浅析〈斐多〉与〈庄子〉中生死观的异同与成因》，载《现代交际》2021 年第 6 期，第 236~238 页。

② 岳芸、丛晓峰：《论生命教育的目的指向与价值立场》，载《济南大学学报（社会科学版）》2022 年第 2 期，第 167~172 页。

③ 赵泓伸、杨晓、王镡：《庄子生命哲学及其当代启示》，载《郑州轻工业大学学报（社会科学版）》2021 年第 6 期，第 104~108 页。

（三）两种生死观在当代仍然有很重要的教育意义

两种生死观由东西方各自哲学的集大成者提出，在各自的时代都散发着璀璨的光芒，有极大的先进性。结合时代特性，将两点论和重点论统一，深入研究并应用它们必然有很好的效果。

举例来说，面对死亡的态度方面。在两种生死观中，道家最强调的思想是生、死都是自然的，死亡是回归于"道"，不用过于畏惧；[①] 柏拉图最强调的是灵魂不会灭亡，要尽力追求理想，肉体是肮脏的，死亡可以使得洁净的灵魂和肉体分离，所以不畏惧死亡。

两种生死观都用最豁达的态度对待死亡，同时也鼓励人们在现世生活中追求自己想要的东西，或是自己的本性，或是崇高的信仰，它们都透露着人们对于生命最纯粹的热爱和积极的态度。这样的态度对于生命教育是大有裨益的，毕竟在认清生活的真相之后，仍然热爱生活是很困难的，尤其是在现代很大压力下的生活中。

再比如，两者都强调对于欲望的控制。道家强调"寡欲"，然而并不是舍去欲望，而是使得基本的生活需求得到满足就可，不过分追求繁多的欲望；柏拉图强调肉体的吃喝欲望、情欲、虚荣等都是肮脏的，会打扰甚至拖累灵魂的认知功能。所以对两者的学习，都可以促进人们在消费主义盛行的时代节制欲望，保持平和的心境，将精力更多投入在自己选择的人生价值上。

所以说我们可以从经典中学习智慧、汲取力量，在现代的生活中不迷失、不茫然，找到并追寻自己的生命价值。

现代生活在一次次工业革命后变得多彩且复杂，不断细化的分工使得个体生命的价值被一次次打上问号，叩响典籍的古老门扉，我们得以窥见前辈对于生死的界定和态度，于是积极达观的态度从远古奔流向现代，文化的延续性总是很坚强的，但这也不会让我们心安理得地放弃对于后代的系统教育。

---

① 戚莹、王焱：《道家生死观对当代大学生命教育价值的启示》，载《文化学刊》2019 年第 7 期，第 160～162 期。

关于死亡的秘密

喻锦妍　新闻与传播学院（2021301031142）

【指导教师评语】"从哪里来，到哪里去"是哲学思考的终极问题，本文作者同样关注到了这个话题。从个人经验表达了对"死亡"的恐惧，从柏拉图和庄子的哲学著作中获知了对这一问题的解释，以"追求不朽的灵魂和求道"为解释，展现了作者深入的思考，也体现了开设本课程的意义价值所在。文章结构完整，起笔不俗，语言流畅，不失为一篇优秀的学生习作。（文学院　鲁小俊）

摘　要：本文探讨了经典文学作品对个体死亡认知的影响。《斐多》中柏拉图以西方哲学二元对立为基础，论述了灵魂与肉体的分离，灵魂不死不朽，修养灵魂，便会在死后获得永恒幸福。庄子重视生命的价值，但对生与死却以"齐物"思想观之，视其为"道"在生命中的体现，死亡不代表生命终结，理应返璞归真，自然无为。这种去陌生化的过程在很大程度上缓解了笔者对死亡的恐慌。经典文学作品中所蕴含的深邃思想和智慧，成为了笔者解惑的力量，帮助笔者更好地面对生命的终极命题。

关键词：死亡；斐多；庄子

一、神秘的死亡

儿时我常常在睡觉前躺在床上的时刻胡思乱想。因为影视剧中垂死之人往往是躺在洁白的病床上，缓慢闭上眼睛，之后便被宣判了死亡，于是我总是有意或无意地把睡觉闭上眼睛和死亡联系在一起。2009 年春晚《不差钱》的经典台词"眼睛一闭，不睁，这辈子就过去了"更让我笃定每晚合眼睡觉都是一场考验。

当时在上小学的我，并不能想到什么高深的问题，但却有种天然的对死亡的畏惧。我知道死之后身体就不能动了，意识也会消失。但是身体是从受精卵发育而来的，意识是怎么产生的？因为想不明白它是如何产生的，我也并不清楚我的身体死亡之后，意识会去哪里，也许会进入下一个躯体。那如果它再次进入我原来的躯体，我是否就复活了？我曾想在死亡之前为身体做些标记，方便灵魂再来找到它，这样我的灵魂在新的身体中觉醒的时候，还能想起"前世"的记忆，但很快我就知道这样是行不通的，因为身体和灵魂好像是分离的，并且现在的我没有任何前世的记忆。在获得生命时我尚没有意识，却要在有意识的情况下见证自己死去，我认为这实在是太残忍了。每每想到自己将来会在这个世界上消失，我都一阵后怕。我也害怕死亡的时刻，那时会是什么感受呢？"死亡"这一事件结束之后又会怎么样？每次想到有关生命的话题，我的思维总是会来到这问题重重的区域，我想不明白其中的任何一个问题，并因此更加害怕死亡。

从小到大也学过很多与生死相关的文章，从"人固有一死"到"生当作人杰，死亦为鬼雄"，我很清楚我认同生命的价值，我也坚信自己愿意为了伟大的事业奉献出自己的生命，要创造"重于泰山"的死，但这和我害怕死亡是不矛盾的。有人说对死亡的恐惧源于对未知的恐惧，因为即使是和睡觉一样失去意识，我们从小就睡觉，一年体验至少365次睡着再醒来，然而死亡却不一样，我们自己未曾经历过，也没有一个人在死亡之后能够和我们分享当时的经验与感受，换句话说，如果人可以死亡无数次，死亡自然就不足为惧，但自然规律表明，人只能死亡一次。总之，对生与死的迷惑与恐惧一直困扰着我。

直到某个下午我翻开了柏拉图的《斐多》。

二、不朽的灵魂

《斐多》是柏拉图以对话体记录了苏格拉底死亡前的最后一天，核心内容围绕着对死亡的定义以及对其特征的表述展开。对于常常被"生死"困扰的我，这本书无疑很有吸引力。柏拉图对死亡的理解要追溯到他对人的本质的看法，他认为人的诞生是灵魂与肉体的结合，死亡则相反，是灵魂和肉体的分离。当读到他将生命拆分为灵魂与肉体时，我感到十分激动，因为他接下来势必要论述肉体死亡之后灵魂将去往何处。在之前的"自然科学经典导引"课中我们学习了柏拉图的"洞穴之喻"，他的理念论我印象很深，却从未想到也可以用来解释死生的问题。

柏拉图说，灵魂在肉身死亡后会回到他本来的世界，即理念世界。

理念世界是所有灵魂聚居的地方，是天神的据所，是绝对优于现实世界的好地方，在那里灵魂是具有感知能力的实体，而理念世界的形态样貌也会根据灵魂生前德行的差异不同。灵魂从理念世界而来，带着已存在于心的先天观念，在人生中与肉身结合形成生命。而在死亡之时灵魂解脱肉身的束缚，回归到理念世界。不过并非所有灵魂都能够这般飞升，只有那些德行修养好的灵魂——追求真理，充满智慧，摒弃欲望的灵魂——才能去重获幸福。

灵魂带来了生命，是不死的。

柏拉图还论证了永恒的精神实体如何存在的问题。他先以转世回生入手，从辩证法出发，指出"所有对立概念都是相反相生的"，大是从小中出现，冷是从热中出现，倒过来也同样成立。那么既然生的尽头是死，死从生中来，那么生也会从死中出现，即死亡是下一次生，生与死由此构成了圆环循环，而非线性的单向演变；随后，他又从灵魂肉体差异性的角度切入，既然灵魂和肉体是对立的，而可见的肉体是世俗的、欲望的、多样的、变化的，那么不可见的肉体就是理性的、节制的、一致的、稳定的。他说"不是复合的东西，就该始终如一，永不改变"，灵魂作为单一纯粹不可分割的实体，自然也就不会消亡。除此之外，柏拉图还从认识论，概念不相容两个方面说明"灵魂腐朽"存在逻辑不自洽的矛盾。

灵魂是一种理念，是不朽的。

结束了论证后苏格拉底平静地死亡尤其震撼我，我感受到哲学的魅力，宁静祥和地赴死，苏格拉底为自己的理论做了最后一次身体力行的示范。其场景之静谧美好真让人相信死是对至善灵魂的解脱，似乎应当为之高歌一曲。

三、以道解生死

这并不是无稽之谈，硬要化悲为喜。事实上，庄子早就歌过了。"庄子妻死，惠子吊之，庄子则方箕踞鼓盆而歌。"[①]

与柏拉图认为死后灵魂到纯美的理念世界不同，庄子秉持着死后人类会失去自我意识的事实，用道解读死亡。庄子并不认为生命的存在是肉体对灵魂的禁锢，相反生命是最宝贵的存在，它崇高的价值高于一切。最初庄子仅仅是继承了老子不畏死的观点："人之生也柔弱，其死也坚强。草木之生也柔脆，其死也枯槁。故坚强者死之徒，柔弱者生之徒。"[②] 生死是顺应自然规律的无人能够躲避的事情，其既然存在必然性，就不

[①]　（清）郭庆藩：《庄子集释（中册）》，中华书局1961年版，第614~615页。

[②]　出自《道德经》。

必为之忧虑。

在《逍遥游》中，庄子模拟了时间空间的玄妙幻境，其妙处就在于人能够从内在精神超越时空的束缚，时空也随精神的自由运动而改变。至人、神人、圣人"登假于道"于是实现超我的状态，这里的登假并非指遍世界，而是在此岸就实现逍遥的境界，在精神内里与"道"相契合，使人的存在挣脱时间空间的束缚，个体脱离了物质的捆绑，所有现象的区别认知便也消亡，身体承载的生命便也在生中有无限可能，在死中永恒存在。

也就是说，人的存在和人的生老病死各种状态都被放在道的生生不息大化流行中，当不执着与生命本身，自然也不会执着于生命的状态如何，不固定于任何一种形态，那么死亡就不会成为一个客观性的有终结意义的事件。死生本身都是命的一部分，都是自然，道生一二三乃至万物，当然也生人。人最终又会回归于道的一部分，生和死仅仅是道在人身上的体现，那又何必追求一种，摒弃另一种呢？用道其生死，"不知说生，不知恶死，其出不欣，其入不距，儵然而往，儵然而来而已矣。不忘其所始，不求其所终。受而喜之，忘而复之，是之谓不以心捐道，不以人助天"。① 高中课本中，难以理解的"乘天地之正，而御六气之辩，以游无穷者"，大概说的就是这种境界吧。

四、庄子与柏拉图

柏拉图坚信灵魂永存，理念世界又会对灵魂进行审判，他以幸福的死后世界倒推到现实，要求道德的生存。人的各种欲望来自肉体的需求，肉体是哲学家探索哲学道路上的绊脚石，但这是难以改变的，因为肉体本身就是人类的有限性。在此基础上，只能让灵魂尽可能地排除由于肉体产生的干扰，以免肉体被欲望所驱使，只相信世俗的肉欲的享受，忽略智慧和理性的存在。庄子则更加超然，他提倡的无为，是连这种灵魂对欲望的驱逐都舍弃掉，既脱离肉欲，也脱离意识，返璞归真，淡然无为，淡化人为的痕迹，对死亡自然而然，好比每日睡觉一般自然而然。

关于生死，二人的理论并不全然相似，然而也没有做正误优劣之分的必要。柏拉图更多表现西方哲学的二元对立基础，而庄子则挖掘二元之间的并存与依赖，以"齐物"思想观之。坦白而言，我并不认为我能彻底理解两位大家的思想，更何至于内化于心、外化于行。就像吴飞老师在讲座上所言，能理解和苏格拉底对话时被否定的刻贝斯和西姆米阿斯的思想就已足够。

---

① 出自《庄子》。

五、不再神秘的死亡

我时常与好友沟通各种心中的困惑，其中生死问题是战线拉得最长的，年龄、阅历都会改变，塑造我们的认知。我们有时共生一点清明，几个人有如发现新大陆般不断补充条件，有时众说纷纭莫衷一是。我们探讨生命的来源，母体究竟是怎样产生了意识，也探讨死亡的本质。对于死亡的恐惧，学心理学的同学指出是对未知的天然的恐惧，学生物学的同学说生物的一切行为都是为了个体的繁衍，死亡意味着后代数量的缩减；学医学的同学认为是惧怕肉体的疼痛；学文学的同学会来吟诵几句"人生忽如寄，寿无金石固""生死了不尽，谁明此胡是仙真"。这个问题我们从小议论到大，对我而言，对死亡的恐惧来源于陌生。小时候的我只有模糊笼统的概念，心中的困惑无数都难以得到回答，陌生化的认知使得我心中的恐惧不断加重。但在认真分析了《斐多》与《庄子》中的生死观后并不那么畏惧死亡，当然，这并不是因为我完完全全认同了柏拉图的理念世界或是庄子的齐物论，而是因为在阅读中我已经不再对死亡的概念感到陌生，我接收各种各样关于死亡的理论信息，我和作者一起对死亡进行逻辑推理与思考。"死亡"不再是闭上就不会睁开的双眼，它与道德、灵魂、欲望、道、天地、时空一一相联系，成为我大脑中信息网络的一个节点，去陌生化，让我在面对"死亡"的种种问题时不再感到畏缩，尽管我并没有完全能说服自己的答案，却有了认真思考而不是被恐惧打断的能力。

我想这也许就是阅读经典的价值。不论是宏大的叙事还是细微的概念，经典中都有。在经典中也许哲人早为你的难题作出了解答，也许智者早将历史的规律进行了归纳，也许大家早把人生的奥义写成了篇章。书中自有颜如玉，书中自有黄金屋。经典始终关注人，关注生活的真相，伟大的作者总是试图回答我们对于生命的一切疑惑，就算他不能提供答案，也在暗示我们重点所在，或予以情感的慰藉。没有经典的生活是坍缩的，因为它只有不禁风吹的骨架，没有实心的内里。

所以，朋友，如果你还有什么困惑，不妨到经典中去找答案吧。最差，也会像我这般，没有准确的答案，却因为熟悉而消除了不少疑惑与恐慌。若我能早些读到这样的文字，或许可以少几个因为畏惧死亡而辗转反侧的夜晚，相反，多几个为书中妙语连珠激动得睡不着的夜晚。

尽头的那首诗

查　璨　信息管理学院（2021301041141）

【指导教师评语】该文以散文的形式记录了个人和文学的关系，其想象奇妙、语言流畅，生动地表现了武汉大学学子的真实生活和心理状态，将经典作品和经典思想巧妙地融入了叙述，具有很强的感染力，是一篇能打动人心的好文章。（经济与管理学院　文建东）

　　摘　要：本文探讨了人文社科在追求生命自由与美的过程中所扮演的角色。作者通过与庄子"蝴蝶之梦"和席勒"审美教育"的对话，认识到卸下对自己的束缚、拥抱独立性和自主性，对于获得心灵的自由和审美上的完善至关重要。文章强调，文学经典为我们提供了一片绿洲，让我们在面对恐惧和茫然时找到温情和诗意。作者相信，阅读经典会成为人生尽头的"诗"，指引人们追求生命的意义和价值。

　　关键词：生命自由；文学经典；审美教育

一、浮生茶

　　初拿到题目时，我还走在从工学部回寝室的路上，十一月的晚风还算清爽，我慢慢地走，耳机里的《日落大道》也慢慢地放。

　　于是我的思绪开始在这如浓墨般的夜里发散，回忆着学习《人文社科经典导引》时的痛苦，我问自己：人到底为什么要去学习文学呢？明明不论是孔子的"克己复礼为仁"，还是罗尔斯的"作为公平的正义"，都离我们的日常生活那么遥远。最起码，作为平凡个体的我们，还难以达到那样的鉴赏水平，也难以将"仁"与"正义"填补到自己生活的细枝末节里。那我们对文学之美的追求又能落到何处呢，我似乎很难给出一个答案。

但是在今天，再次面对这道题时，我有了一个答案：学习经典，是为了以文学为臂膀，追寻生命中的自由与美，并把其价值融汇于心与行。

在传记电影《天才捕手》里，20 世纪的大编辑家麦克斯·铂金斯在暮色里爬上纽约的高楼来眺望黄昏。那时候，他对身边的作家说道："我想石器时代的时候，每到夜晚，我们的祖先就会围坐在火堆的旁边，狼群在夜里嚎叫，好像随时会从周围的草丛里蹦出来。这时，就会有一个人开始讲话，他会讲一个故事，这样大家就不会感到害怕了。"刹那间，我感觉这句话似乎恰好说出了人类所有故事的起源，或者说，人类文学的起源——为了对抗恐惧。

生命里总会有挫折与困难，甚至是死亡，而人类的寿命又太过单薄，开始与结束都太过仓促。我们恐惧失去，恐惧伤痛，恐惧迷茫，也恐惧死亡。于是我们开始去表述与形容生命本身，希望以文字与记录来消解自我与他人的恐惧，记录下生活最本真的美好。

处于从高中到大学转型期的我，也有着自我的恐惧——不适应大学生活的焦虑、学业上的迷茫与对自我能力的怀疑都在我心里暗自发酵。怎么去看待自我，怎么去安顿心灵，怎么去捕捉美好，我需要去寻找自己的答案。

2019 年的老友赛里，有一个辩题叫作"生命最后的清醒时刻，我要读一首诗还是见一面家人"。而今天，我想化用这个辩题，讲一讲《人文社科经典导引》给我带来的那首"尽头的诗"。

二、人生天地之间

或是庄周所梦的那只蝶，终于飞到了我的指尖。它轻盈小巧、自在快活，蓝色的翅膀间闪耀的是跨越千年的哲思。而我呢，却是满心忧思、连连叹气，丝毫做不到和它一样的逍遥。

蝴蝶扇动着它的翅膀，传来的却是一位老者的声音："何故叹息？"

我有些焦躁地翻动着《人文社科经典导引》的书页，漫不经心地答道："为学业迷茫、心浮气躁叹息。"我向来都是个急躁的人，恨不得所有事情一下子就能出现答案。而初入大学，许多的事情都是未知。上课听不懂、专业不会选，被内卷之焦虑裹挟着的我，似乎陷入了泥潭。

只见那蝴蝶轻轻飞向我的课本，最终停到了《庄子》那一栏目上。"人生天地之间，若白驹过隙，忽然而已，太过匆匆。若是总自我束缚，短暂的生命又如何能真正寻求到自由与快乐呢？用砖瓦下注的人，往往能轻松获胜；而用黄金下注的人，却会因为患得患失而失误百出。当你把自己看得太重，对学业要求过高时，自然就会陷入忧虑。要学会把自己看轻，把事情看淡，生活才能卸下枷锁。"老者的声音再度响起。

听罢，我思考了一番，确实如庄子先生所言，人世间熙熙攘攘，皆为利来，皆为利往，放得下才拿得起。我的担心和恐惧，不过都是基于对自己的过高要求。执着于高分与奖励，不仅没有给我带来想要的快乐，反而让我更加压抑。可是，这样一来，我们的人生又该追求什么？我们到底是为了什么而活呢？

我把我的疑问告诉了蓝蝶，却听到了老者的一声轻笑："死生，命也。生死之变化就如同春夏秋冬之交替，再正常不过了。可个人存在的意义与目的，显然不在任何人本身之外的事物。'人非为物役，不是地位、权势、利益的工具。我宁游戏污渎之中自快，无为有国者所羁，终身不仕，以快吾志焉。'① 个体的独立性和自主性、人自身的存在与发展，才是人的最高目的与人的终极意义。"

"个体的独立？"我喃喃自语道，心中似乎渐渐清明了起来。是啊，人赤条条地来，又赤条条地去，最终什么都带不去。真正能留给我们的，是个人的成长与蜕变。不让心为行役，以进步与发展为追求，才能达到真正的逍遥与自由。

眼看着最终的答案快要浮现，我忍不住又问了蝴蝶一个困扰了自己很久的问题："庄子先生，可是我现在似乎整天都在忙与追求自我独立无关的事情啊。小组讨论、辩论赛与赶 ddl，这些事情并不能给我带来很大的帮助，却占用了我绝大部分的时间，让我身心俱疲。我该怎么办呢？"

蝶翅轻颤，飞离了我的桌面，还在不断地向高处飞着。老者的声音像是从头顶洒下的一样，慢悠悠道："孩子，无用之用，方为大用呀。你应该不以实用的态度对待物，不以功利的眼光看待物。无用之树，方能不夭斤斧。你现在看来无用与浪费时间的事情，磨砺心智，练就能力，何尝不是人生的一笔宝贵财富呀？'无为而无以为'，这不仅是最高的德，也是最极致的逍遥与自由啊。"

那声音同蝴蝶一起渐渐远去，等我回过神来时，早已不见，它似乎什么都没留下，却什么都留下了。

而我却明白了，什么才是生命的自由。

于是我学会面对恐惧，以逍遥之心渡漫漫长路。

三、寻美成人之时

又或是席勒夹在岁月里的书签，最终落到了我的脚边。它的花纹古老而质朴，记录的

---

① （西汉）司马迁著：《史记》，崇文书局 2010 年版，第 377 页。

是对人间真善美的追寻。而我呢，却在生活中奔忙，无心关注它，不解道："为什么我们要开展美育呀？艺术不该是那些专家讨论的事情吗？"

金属制的书签微光闪闪，《审美教育书简》在我眼前翻开。"为了克服时代的疲软解放你我的天性呀。艺术从来不该束之高阁，不被大众亲近。审美中，人由实在转向形式，由感觉转向规律，由受动转向自由，由低级认识转向高级认识，由有限存在转向绝对存在。审美教育是人的第二创造者，有了它，我们才能成为审美的人、道德的人。"席勒拖着调子，慢慢说道。他的声音像沉淀了数百年的酒一样淳厚。

我从杂乱的书桌里抬起头，心中仍旧存疑。确实，美对人的功能不可否认。在过度的理性压抑下，我们最本能的对感性的追求与向往也会被消解，又何谈建立完整和谐的人性呢？可是，美学那么宏大，我们又该如何做才能成为真正的审美意义上的人呢？

似乎是听到了我的心声，席勒又轻轻开口："人的冲动啊，分为感性与理性。感性冲动告诉我们，去享受、去占有；而理想冲动则提醒我们去维护秩序与法则。只有调解这两种冲动之间的矛盾，把他们结合起来成为游戏冲动时，人才能处于法则与需要之间的一种恰到好处的中途，也只有在这个时候，人才能达到人性的完满和心灵的优美，从而造就完美的人性，实现自我的和谐。美不只是形式，还有生命，而你要做到的是不让绝对的理性压垮心中对生活中美的追求。"

"生活中的美？"我喃喃自语道。看着眼前没有写完的高数作业，想着明天上课还要做的英语展示，我又一次发问："可是席勒先生，我的生活中好像并没有什么美呀。"

"给你讲个故事好了"，书签不知道什么时候又回到了书页里，席勒先生的声音再一次跨越两百多年响起："在墨西哥的印第安人中，长期流传着这样一个故事。故事里说，一群印第安人赶着羊群，朝落日方向走去，他们行走的速度很快，但是快速行走一段距离就会停下来。停下来的他们在夕阳映红的天空下跳舞，他们快乐地跳着。过路的人问，'你们还在等什么？再不赶路，日落之前就到不了目的地了。'印第安人回答说，'我们慢下来，是在等待我们的灵魂赶上来！'生活本身就足够匆忙的话，就不妨慢一点，别错过日落与夕阳。这又何尝不是美呢？"

是啊，美不会被定义、被限制。只要我们能以一颗审美之心查探世界，何处不是美？只要我们愿意将理性融于感性，在嘈杂生活中独守心灵的美好，又何尝不是一种自由？

于是我学会放下偏见，以美之心体悟世界。

四、尽头的诗

于每个人而言，对生命的追求都是不一样的。我们可以向往《论语》中的"仁"；可以学习《坛经》中的"悟性";可以在《历史》中回望希波战争的烟火;可以在《国富论》中感叹市场机制的奇妙。但是,对我自己来说,在这样一段敏感期内,给我最大触动的还是《庄子》和《审美教育书简》。

在情感上,他们改变了我许多不成熟的想法。庄子教会了我放下对自己的苛责,去选择自己所爱,用心体悟每一段经历给我带来的成长,从而获得心灵的自由。席勒告诉我,不要因生活忙碌而忘记去体悟,美的理性与感性从来不是相对抗的,而我需要去寻求一个平衡,来成为真正的审美意义上的人。

在学习上,他们教我以辩证的方法去察物。无论是《逍遥游》中的小大之辩,还是《审美教育书简》中对溶解性的美与振奋性的美的独到分析,都在从不同的视角在观察这个世界,而这样的辩证思维正是我们的生活、学习所需要的。

周国平先生在《人与永恒》中写道:"砖、水泥、钢铁、塑料和各种新型建筑材料把我们包围了起来。我们总是活得那样匆忙,顾不上看看天空和土地;我们总是生活在眼前,忘掉了无限和永恒。"① 而文学的意义就是帮我们去找回那些失去的诗情与温馨,于混沌时间独享一份清明。

阅读经典让我认识到生命、自由与美。这种价值上的引导也许不能在短时间内变现,但它们会是我人生旅途中独有的一片绿洲,帮我躲避恐惧、重拾温情,成为我人生尽头的那首诗。

回归开头的那道辩题,我想,在生命的最后一刻,我还是会选择再读一首诗,再听一遍文学经典的叹息。

---

① 周国平著:《人与永恒》,湖南人民出版社 2010 年版,第 8 页。

短笛长歌送信来，智慧花开香如海

江昱贤　弘毅学堂（2021302021252）

【指导教师评语】 文章见解深刻，学生从个人学习《薄伽梵歌》《庄子》《坛经》和《吉檀迦利》四部经典出发，分析了四部经典中的内涵与哲思，最后归纳总结四部经典中内在的统一，逐步从苦境、幻境、戏境到乐境这四重境界分析经典中所包含的智慧，结构完整，语言优美，包含着个人对于经典阅读的反思，是一篇优秀的文章。（哲学学院　苏德超）

摘　要：《薄伽梵歌》《庄子》《坛经》和《吉檀迦利》，皆为东方大地上流传下来的经典，分别包纳了印度古典瑜伽、道家和佛家禅宗的智慧以及泰戈尔富有宗教精神的诗作，看似来自不同领域，却有着令人回味无穷的共通之处。本文分别阐述四部经典中的精义，叙说笔者在阅读此四部经典的过程中逐渐感悟出东方智慧之内在统一。

关键词：瑜伽；庄子；禅宗；泰戈尔

　　我自幼跟随父母学习东方经典文化，家父受益于儒道，引导我诵读从《弟子规》到《大学》《中庸》《论语》和《易经》等众多经典，母亲则引我学习了以佛道为主的印度智慧。曾有幸到成都传薪书院拜访国学大师李里先生，他提出的"读经开智"的教导深深感染了我的心灵。多年来与东方经典对话带给我最大的滋养或许便是让我从一个更完整的层次觉悟到整个东方智慧的内在统一，同时转化了我的生命。仍记得几年前在家乡天马山净慈寺与一众出家师父常有交流，当今在各方面有所僵化和迷失的宗教让我想起了佛教与印度教历来的冲突以及基督教等各宗门之间的水火不容，于是自有疑惑，明明乔达摩、商羯罗、耶稣等圣者均是世间难得的灵性导师，为何各自形成的宗教却彼此难以共通。直到偶然接触到瑜伽（isha），才开始从瑜伽入手，借助各大经典的滋养，逐渐在跨越中土与印度的完整视域里领略到整个东方智慧的内在统一，在这过程中自己的生命也得到了转化，此真为"读经开智"也。

一、《薄伽梵歌》：人中彼则睿智兮，无不为兮彼瑜伽师

要说在众经典中最具宽广的包涵力的，我认为当属《薄伽梵歌》。中印古典思想研习者闻中老师曾说："海是大地的最低处，承接了所有从高处流下来的水，这样的一种经典，在人类文明史上可能只有两部，一部是中国的《易经》，一部就是印度的《薄伽梵歌》。"[①]《薄伽梵歌》中明晰地绘出了整个印度古典瑜伽的蓝图，无论佛陀、孔子、庄子、商羯罗等各位圣者，所行之道均能划归为瑜伽中的某一部分。在此处，我们需先来重新认识一下所谓的"瑜伽"。

梵语中"瑜伽"（yoga）的本意是联结、合一。自古印度起，便有一些人致力于探索超越物质层面的生命维度，这些人可被称为"森林圣者"。他们在灵性探索中逐渐证得丰富深刻的生命奥秘，其所留下的所有灵性智慧，被统称为瑜伽，意为臻达自我生命与整个存在的合一。据记载世界上第一位瑜伽士是阿迪瑜吉（Adiyogi），诞生于一万五千年前，他的七位弟子（七圣贤）将瑜伽广泛流传到世界各地。瑜伽中对人类心智的探究和对真相的把握，佛陀和商羯罗均有所吸收，中国的孔子老庄的思想及人生也与瑜伽智慧十分贴合。因此我从《薄伽梵歌》中触摸到了整个东方智慧的框架。

《薄伽梵歌》记录了古印度俱卢战场上英雄阿周那及其亲戚克里希那的对话。大战一触即发，为化解阿周那的种种纠结和痛苦，伟大的人类导师克里希那在即将开战之际为他上了一堂哲学课，阐释了丰富深刻的瑜伽智慧。纵观总共18章内容，可将瑜伽智慧作出如下总结：行动瑜伽（karma yoga）是专注、无私的行动之道；奉爱瑜伽（bhakti yoga）是神圣纯然的情爱；智慧瑜伽（jnana yoga）是清晰彻底的智慧洞见。单独阅读《薄伽梵歌》，不一定能理解其中的瑜伽秘义，但联想到读过的儒释道各家经典，我顿感醍醐灌顶，仿佛各门各家的精髓都是瑜伽世界中的一盏灯。随着此后对若干经典的阅读，我更加感受到《薄伽梵歌》的海纳百川。

二、《庄子》：万古不磨意，中流自在心

《薄伽梵歌》之后，我的脚步来到了《庄子》书前。在《内七篇》中，《齐物论》里

---

① 闻中：《〈薄伽梵歌〉的智慧和启示（上）》，载公众号"漫漫生死道"，https：//mp.weixin.qq.com/s/8e6DaS8eopC50MnTLCdtSA，2022 年 4 月 23 日访问。

南郭子綦对门人子游说的一句话最为吸引我。"和之以天倪，因之以蔓衍，所以穷年也，忘年忘义，振于无境，故寓诸无境。"① 这是对思想观念的觉察和审判，对人类心智的探究与净化。读到此处的同时我正在学习克里希那穆提留下的教导，克氏的智慧的核心亦是对心智的探索，其精义与《齐物论》的智慧隐约有些许共通。所谓的"齐"，意味着超越造作出来的意识形态，觉察心智的运作模式，于二元性中解脱出来。

东方文化似乎倾向于将人与天地宇宙归为一体，儒家讲天人合一，佛陀讲"自我"的消融，庄子讲"万物与我为一"，克氏也说"我就是世界，世界就是我"。这样的见地看似难以理解，毕竟在常人眼中，自己和周围的事物的确是不同的，尽管二者间可能存在联系。细品《庄子》才能发现，这合一并非现象上的一致，也不能简单地将其理解为所谓的万物互联，而是关乎心智的运作。头脑就像手术刀，它将现实切开，分辨此物和彼物，此功能仅作为识别是合适的，毕竟现象世界自有男和女、黑和白这些差异存在，然而心智进行的划分一旦进入意识的更深处，便形成了身份认同，头脑经由划分制造出一个关于自我的意象（image），于是生命的运作都将处于这个领域之内，这正是印度学问讲的小我（ego）或我执（Ahankara）。我执如围墙般将世界分裂，身体、种族、等级、信仰、国家等在人的心智中扎根，而分裂也就带来了冲突。庄子的"万物与我为一"，是他的心灵从种种身份认同亦即思想观念中解脱出来，达成的超越概念、思维的纯然感知，毕竟我与物的对立即为主客对立，庄周梦蝶，物我两忘，超越了我执，即是完成了物我合一、主客消融。划分是智力的运作，合一则发生在寂静中，"齐"正是在差异相中觉悟本质之齐一相，达成绝对意义上的大平等。

彼时，人类命运共同体理念广为发扬，让我联想到儒家佛家均包含的济世大愿。欣赏过庄周梦蝶，终于明白那种普爱众生的慈悲不是某种道德或观念，而是超越了我执之后自然绽放的关怀。生活中与他人间的矛盾、评判，亦逐渐冰解。当好坏、喜恶、强弱乃至物我等二元性得到消融，便是庄周梦蝶之境界，这种精神与印度吠檀多哲学及佛陀的教法是共通的，而这种高级的清醒正是智慧瑜伽。

三、《坛经》：花开见佛悟无生，不退菩萨为伴侣

如果说《庄子》的思悟能化归于智慧瑜伽，那么我所阅读的下一部经典《坛经》则更接近于行动瑜伽。《坛经》是禅宗的核心经典，日常生活的每一处皆可为禅的修炼场，即使是看着一朵花，亦有大智慧蕴含其中，正如当年佛陀与迦叶尊者"拈花微笑"的故

---

① 陈鼓应注译：《庄子今注今译》，商务印书馆 2007 年版，第 105 页。

事。《坛经》的智慧深刻地转化了我生活中的每一个当下。

追根溯源，禅最初源于瑜伽。我曾以为禅是中土佛弟子所创，后来根据当代印度瑜伽大师萨古鲁（Sadhguru）的说法得知，瑜伽的第六个分支叫禅那（Dhyan），它被佛教僧人传入中国后被称为禅（Chan），而它亦经过东南亚国家一直传播到日本，也就变成了禅（Zen）。禅是一条没有严格规则和方法的灵性道路，不重形式的特点让它能完全融入日常生活，据记载它第一次被使用大约是在 8000 年前，比佛陀的时间还要久远很多。

禅近于行动瑜伽。行动之道专注而无私，此"专注"与"无私"并非通常所指的含义，而是空灵的觉知，或者像著名灵性导师埃克哈特·托利所说的"临在"（present），它意味着超越思想的局限性，从概念化的感知方式中解脱出来。所谓思想的局限性，若说《齐物论》重在解决思想之"分裂"，那么禅则重在解决思想之"陈旧"。头脑对事物的感知须基于曾经接收过的信息，按照过去积累的一切对当下做出反应。此过程中，头脑中有了概念、知识以及由此构成的关于事物的意象——极其类似于我执。所以克氏说："思想是过去、记忆、已知。"当心智以思想感知事物，心智便运作在过去、记忆、已知中，而与当下之间未有某种直接的连接。思想在生活中有它的位置和运行的领域，使用一门语言、操作一个工具等，无不需要知识，也即这里所说的思想。然而人们却仅仅活在思想中，失了一分"进得去、出得来"的自由。佛陀拈花，当我们看到那枝花，头脑便开始分析它，颜色、尺寸、品种、结构等概念包裹而来，因而我们未能感知到这个生命本身，人与人的相处亦如此，我们所感知到的"他人"，往往是头脑制造的关于他人的意象，进而有了评判的发生，而意象的原材料正是过去、记忆、已知，是过往经历、思维观念等自己的生命积累来的一切。我们生活的世界遂变得如同虚拟世界，因为心智沉溺在思维概念中，将自我与实际的鲜活的万物隔离开来。

禅的智慧引领人超越思想。面对一枝花，不带有扎根于过去的思维诠释，也就是克氏所说的"观察者"，而是全然地观察觉照，安住于当下，此处便存有一种深层的了知，一种纯净的寂静和自由产生了，它或许难用言词描述，但能通过对禅的探索实践成为活生生的体验。融入了禅的生活是清澈、安住当下、充满觉知的，而所谓"活在当下""超越思想"，并非抛弃知识、记忆等思想领域中的一切，而是让心智的运作模式有一个彻变，让那自由运转于思想的领域之内，二者形成一种和谐，此时头脑便真正成为生命活动的工具，不带来蒙蔽和束缚。"菩提本无树，明镜亦非台"，回望《薄伽梵歌》里关于行动瑜伽的教导，顿觉开朗，生活中周遭的一切都开始变得鲜活起来，一种神圣的美悄然绽放了。

在修禅之时，我想起了最初的疑惑——不同宗教之间的争执出路何在？原来观念其实也意味着抽象，而抽象的产物之一即是符号，于是顿觉宗教间的分别其实在于符号层面。人类自古以来便使用着语言和图像，人之心灵似乎有了一种惰性，那便是对符号的依赖和沉浸，心智面对符号自动反映出特定的记忆、画面等内容，并且倾向于将符号认同为事实。正如克氏关于"描述并非被描述之物"的教导，对于那超越思想的境界，用语言、形象去描述本就困难且方式不唯一，宗教智慧不是哲学、理论，只是借其来表达，因此那些因教义上的不同而深陷冲突的宗教徒，大概是混淆了符号和事实吧。不执于符号上的分别而探索和亲证符号背后的东西，才是真正的灵性修行。于此，我这起初的疑惑终于开始消散了。

四、《吉檀迦利》：东方道种智，证得依林薮

《吉檀迦利》（Gitanjali）是印度诗人泰戈尔的作品，于1913年获得诺贝尔文学奖。初次听闻此诗集，是在闻中老师的个人公众号"漫漫生死道"上看到一篇为《吉檀迦利》新译本所作的跋，讲述了他对泰翁诗作的喜爱和拜访加尔各答、完成整个译本的心路历程。此时方知泰戈尔不仅是一位诗人，更是哲学家、社会活动家和印度民族主义者，他的诗饱含深刻的宗教和哲学见解，泰翁以诗作为奉献给神的礼物，而"Gitanjali"在孟加拉语中正是"献歌"之意。《吉檀迦利》展现了泰戈尔深刻的精神世界，也蕴含并诠释了神秘的奉爱瑜伽。

奉爱瑜伽于今日而言是一条十分特殊的瑜伽道路。相比之下，智慧瑜伽是心中的觉悟和洞见，行动瑜伽则能蕴含在生活里的每一个行为中，只有奉爱瑜伽显得难以容身，因为它的主旨在于"通过奉爱与虔信而得以与神合一"，如今我们似乎只有在寺院和教堂能够领略到虔诚的气息，而这亦常易沦为迷信。其实"神"——例如吠檀多（Vedanta）当中的"自在天"（Ishvara），是古人对宇宙真相的人格化描述，它是自古以来的修行人在灵性探索中证得的，像"三摩地"（Samadhi）——一种超越二元性、充满至乐的境界，这些皆是修行中所能亲证的。泰戈尔与执迷的宗教徒之区别在于，许多信徒的虔信仅是执着于头脑所虚构出的"神"的概念、形象，这种虚构也许基于典籍或课堂，但并无真正的探索和实践，而泰翁是真正走在修行路上的人，通过《吉檀迦利》，可以看到他对生命枯荣、人生悲喜的思考，感受到他对生命的关怀。例如在第12号献歌中，泰翁写道"世界的旅者，唯有叩遍每一个陌生人的门，才会找到他自己的家"①，生命的意义只有经过人在漫长时空中的探寻、实践，才有寻找后的回归，这是内在的朝圣和突破。就像克氏曾指出，"religion"一词的原意是聚集所有能量、臻达全然的觉知，只是随着时间的流动，世间宗教早已发生了堕落。其实佛陀、耶稣本人皆反对大型的组织，然而后世之信徒众多，最终

---

① ［印度］泰戈尔著：《吉檀迦利》，闻中译，广西师范大学出版社2018年版，第41页。

形成了所谓的宗教。正如闻中老师所说，"那些生于寺观、从未入世经受检验的僧侣道士，其信仰的坚定与否，反而是需要存疑的"①，而泰戈尔始终坚定在自己的探索路上，臻达了神圣的精神境界，他是真正的奉爱瑜伽士。

《吉檀迦利》作为一部诗集，更加打动我的是它所展现出的艺术性，是流淌于泰翁的诗句中那在文学层面和更高层面皆存的美。彼时经过《坛经》的洗礼，我的生活已因觉知的提升而悄然生发出一种美，而泰翁的诗句将清新隽永的文学美与哲思丰富的心灵美融为一体，为我带来了巨大的喜悦与震撼。泰翁诗作的艺术连通着一种人生的艺术，在奉爱的精神里，内心涌动着一股特别的情爱，爱人、爱物、爱世界，这样一种欢喜心，与菩提心、慈悲心相辅相成，让人生变得生机盎然，正如第 20 号献歌云："如今这圆满的甜润，已经于我心灵的深处，全然地绽放了。"②

五、内在统一的四重境界

从《薄伽梵歌》到《庄子》《坛经》，再到《吉檀迦利》，四部经典看似来自不同领域，却悄然共通、遥相呼应，宛若浑然一体。印度人对世界的洞见有四重"看见"的境界，回望四部经典，顿觉其智慧亦基本可以融化在这四重境界中，故作以下梳理。

（一）苦境：众生皆苦

这是一种本质上的苦，指处于无明中的生命处处陷于各种局限性。人类有诸多烦恼，处处受苦，即使是欢愉也颇具局限性，蕴含着欲望、执着、困惑，无论痛苦还是欢愉，皆无常地流转，人在此间未能洞见真相，即为陷于苦海。2020 年风云巨变，全球暴发疫情，加深了我的感触，正如 19 世纪将印度智慧传至西方世界的人类导师斯瓦米·辨喜（Swami Vivekananda）所说："唯有噩梦促人惊醒。"看见苦，便更有寻求觉醒的力量。

（二）幻境：世事皆幻

在苦的背后，是对世界的不了解，梦想颠倒、妄想执着，于是带来幻境。正如《庄

---

① 闻中：《离你最近的地方，路途最远丨吉檀迦利：12 号献歌》，载公众号"无量 SPACE"，https：//mp. weixin. qq. com/s/ClhUTsH4BMUqCAyDN1Tx9A，2022 年 4 月 23 日访问。

② ［印度］泰戈尔著：《吉檀迦利》，闻中译，广西师范大学出版社 2018 年版，第 49 页。

子》和《坛经》所揭示的，心智经由划分和记录而形成我执、背离当下。我们带着一堆认同和思想去生活，就好像活在一个虚拟世界一样，无处不是心智中经由教育、经历所积累来的东西的投射。觉察到我们生活的种种虚幻性，苦便开始得到消融。

（三）戏境：人生是剧场

第三种"看见"，是洞察到人生如同剧场，"人生是剧场"这句话也是我喜爱的一名藏传佛教大师宗萨钦哲仁波切的一本演讲录的书名。承接幻境的洞见，对心智深入探究，便知观念、地位、规则等皆如剧本，生命像演员般进入一定的身份、模式中，演绎一场人生之戏，是故应有佛法那般"进得去、出得来"的清醒、自由与平和。同时，《庄子》中关于"丧己于物""失性于俗"的警醒尤为重要，不能被物质化的诱惑深深捆绑，不能在世俗的价值判断中迷失了自己，要在这场游戏中创造自己、活出自己，其实道家的"自然"是指生命吻合了人性的尊严与神圣感而创造出来的"自然"，《庄子》中《大宗师》的开篇一段话正揭示了这一点，包含了"人"寻得"自我"的秘义。

（四）乐境：回归喜乐人生

经过前三境，第四种"看见"——乐境便出现了。我们所处的仍是原来的世界，但我们的生命状态却有了彻底的不同，经过一场自我觉醒，回归了本来应有的明晰、温暖、平和、强大，于是人生便回归了喜乐（Ananda）。到达乐境的人，如庄子、佛陀，就是解脱者与觉悟者。而《薄伽梵歌》正如容纳百川之海，集合了整个体系。在乐境中，生命本自具足的美得到完全的绽放，这种美亦可以和艺术之美相融，于是在《吉檀迦利》中，我不仅进行着阅读与思考，更在享受着美。借用闻中老师的文字，"一旦进入生命之极境，我们将会发现造化即心源、心源即造化，二者原本不分、翕合无间，花、看花人、以及花的知识，皆冰解为一体，主客消融。在艺术领域，真正意义上的审美就是这么一种无身份的逗留，莫穷其余味。所有客体意义上的风景，皆成就为主体存在的一种心境，反之亦然"①，面对《吉檀迦利》，诗、读诗者及诗的知识，也终于走向了合一。

于此，我阅读这四部经典的旅程已近圆满了。从这四部经典中，我真切地领略到整个东方智慧的内在共通。此共通并非简单的等同，毕竟各门学问在理论层面上互有差异。然就如宗教间纷争的问题涉及描述与被描述之物的辨析，对于东方智慧里的各门学问，窃以

---

① 闻中：《每一幅风景都是灵魂的一种状态》，载公众号"漫漫生死道"，https：//mp.weixin.qq.com/s/b-sZEPGQYudcOePU0Evo5w，2022年4月23日访问。

为亦是这个道理，这或许即是"共通"的真义所在了，此种和谐，也颇具《中庸》里"万物并育而不相害，道并行而不相悖"的韵味，各家各派均如一首交响乐中的某一声部。在此旅程中，我的生命得到了转化，而一路上除阅读外的实践体验定是不可或缺的。特别发现的是，原有困惑的一些问题，已经随着内在的成长自然消失，不由得想起寂静法师的一句话，"在光明中，黑暗里的一切问题本来就不存在"。读经开智，其此之谓乎？

智慧之所来、所往及其教育与社会意义

袁盛琪　计算机学院（2021302121058）

【指导教师评语】 作者通过学习自然科学经典著作，对知识与智慧的关系、智慧的获取、智慧的力量进行了阐述，提出了自己的观点。论文观点鲜明，论据充分，逻辑清晰，语言流畅。（文学院　高文强）

摘　要："智慧就是力量"并不等同于知识具有力量，智慧是有效组织知识体系、构建精神的必要条件，也是创造"理型"的可能性的发端。智慧不能从单纯的知识中获得，而只能从人类精神更深邃的本质中去求取。对智慧来源的探究意味着对"重知轻智"的传统学习模式的反思与批判，这不仅是个体对自我精神再认识的重要途径，更对现代教育理念具有深刻的启发意义。重视智慧型人才的培养方可化解社会发展中的诸多矛盾，人类进步需要智慧这座灯塔的指引，才能航向更远的未来。

关键词：智慧与知识；定慧；智慧教育；智慧的价值；理型

一、知识与智慧的界定

生活在17世纪的英国哲学家培根有句名言：知识就是力量。而来三百多年，这个道理似乎已经成为了世界性的共识；知识的传承与创造释放出燃烧不竭的巨大能量，推动着社会的巨轮滚滚向前。然而如今看来，我们应当对培根的这句话作出一定的反思和修正：其实，知识不是力量，智慧才是。知识与智慧的关系譬如燃料与火种，知识所蕴含的内在潜力的发挥，离不开智慧激活、引导的作用。

古希腊人很早就知道智慧和知识是有所不同的两种东西，尽管古往今来它们一直都容易被混淆。赫拉克利特曾说："博学并不能教会一个人拥有智慧，否则它早该教会了赫西阿德和毕达哥拉斯，或者因此教会了色诺芬尼和赫卡特奥斯。"① 有知识的人不一定有智慧，而智慧之人也往往未必需要多么丰厚的知识基础。例如我们所熟悉的文艺复兴三杰之一的达·芬奇，他只受过初等教育，却自学成才，并凭一己之力在绘画、物理、天文、地质等方面取得巨大成就，被称为"地球上最后一位通才"。这初步说明，人的智慧与其学历、学位的高低并没有直接的关联。单纯的知识积累无法激发智慧，而智慧之人可以高效地获取、组织知识以成体系，甚至有创造新知的可能。从这个角度说，智慧才是创新的原动力。

老子有另一个角度的类似发现。《道德经》开篇云："道可道，非常道。"② 这句话往往被错译为"可以被言说的道理不是永恒的道理"，实际上，第一个"道"应为"因循"之意，也就是说，真正恒常的大道是不能用表达既定规则、程序的"知识"去概括的，而是蕴含在不断流转的自然变化之中，这也是道家学说朴素辩证思想的一处体现。老子认为，追求大道之智慧应当首先做到"绝圣弃智"。"智"是知识，也就是对所谓可道之道的认识。知识总是特定有效的，不能反映道的本质，因此将"圣人"的名义规范下的固有知识加以堆砌并不是亲近大道的途径，无法获得真正的智慧。

知识总是既定的、特定有效的，它之所以能够在人类的精神中不断超越其自身的刻板限制、在多变常新的现实中保持活力，一定是因为有一只"看不见的手"把零碎的知识同各种情感、经验动态组织起来，编织成人整体的心灵形态，而这正是智慧的力量和价值所在。

二、锻造智慧的方法

从本源上说，人类智慧是一切既有知识的来源，也是一切知识新陈代谢的推动力，被智慧所抛弃的知识必将在历史中丧失其鲜活性。智慧与知识互为因果，因此智慧不能从知识中获得，而只能从人类精神更深邃的本质中去求取。对智慧来源的探究意味着对"重知轻智"的传统学习模式的反思与批判，这不仅是个体对自我精神再认识的途径，更对社会教育事业具有深刻的启发意义。

---

① 《赫拉克利特著作残篇》，罗宾森英译、楚荷中译，广西师范大学出版社 2007 年版，第 52 页。
② 陈鼓应著：《老子注译及评介》，中华书局 1984 年版，第 53 页。

（一）从智慧的来源看获取智慧的途径

赵汀阳教授有句话："人生来就是哲学家，但多数人一辈子都无法成为哲学家。"应该说，一切生理发育正常的人都有智慧的潜力，但这种潜力需要悟性来开启。对个人来说，吸取一定的外来知识是激发智慧的外在触媒，而感悟知识、形成启发性认识的能力才是获得智慧的内在条件，这就是人的悟性，或者称之为智慧的灵性。

刘道玉老校长在一篇文章中写道："智慧是知识后的内心顿悟而产生的，只有当头脑、心灵和身体真正和谐时，智慧才存在。"① 在他看来，智慧是知识与"灵性"的统一，而提高灵性才是获取智慧的唯一途径。灵性是根植于人类精神的内在特征，不依赖于既有的知识而存在，甚至追求知识有时意味着对这种天性的背离，这是"成知"的一大弊处。首先，基于知识认定事实之"是"，便同时确立了相对的"非"；而现实问题的是非往往是相对的、辩证的，囿于某种特定的知识往往意味着固执于事物的一端，这会导致思维和眼光的局限，不利于人开放心灵、寻求更广泛的认识空间，也就荒废了智慧开辟新知的能力。

那么，灵性究竟应当从何而来呢？有鉴于刘校长对"头脑、心灵、身体的真正和谐"这一条件的引论，我们或许可以从佛教哲学的类似观点中寻找启发。

《楞严经》云："摄心从定，因戒生定，因定发慧。"即谓控制自己的心神去持戒，持戒可以达到"定"的状态；这里的"定"即是身体、心灵的一种和谐统一的状态，而智慧灵性在"定"的基础生发出来。《坛经》又指出，"定是慧体，慧是定用"②，二者并无层次上的区分。"定"与"慧"这二元犹如"灯"和"光"，灯光本是一体，有灯即有光，无灯即无光；灯是光的实体，光是灯的表现。结合这个例子可以看出，"定"与"慧"是同一种状态的两个方面："慧"的背后一定有"定"作为根源，定的状态则自然能够生发出"慧"，所以说"定慧等"。

有人认为，"定"与"慧"是两种不同的状态，分别对应于悟道的两重境界，这是对《楞严经》原意的误解。持"先定后慧"观点的人，他们所谓的"定"其实是一种死板的状态，执着于定而强求"定"，这样的"定"背离法相的自然本性，称不上是和谐的状态；认为先获得慧、从而能定的人，他们的"慧"好比无源之水、无本之木，是"口说善、心不善"的表面聪明，不是真正的般若智慧。

上述佛教哲学中的观点给我们的启发是，和谐与智慧的境界是一致的；智慧不能向外

---

① 刘道玉：《大智慧与学历无关》，载《文摘报》2015年5月7日。
② 李建中主编：《人文社科经典导引》，武汉大学出版社2021年版，第61页。

寻求，而唯有在身心俱定的和谐状态中自然生发。"智慧是不能教授的，而只能是在无焦虑、无恐惧和无贪婪的心境中，通过精神灵性的修炼而获得。"① 可以看出，刘道玉校长作为一位现代教育家，其观点与中国古典佛教哲学的智慧竟是不谋而合的；这既在一定程度上反映了中国文化脉络的内在传承性，更能说明智慧与心灵和谐的辩证关系具有本质上的唯一性，因此对智慧本源的探求确应是殊途同归的。

（二）"求智"之道对教育的启发

"牵一发而动全身，系百年而导国运"②，教育无疑是国家文化最具有代表性、决定性的范畴，而教育理念则是教育文化的精髓所在。作为教育事业最顶尖、最进步的组成部分，高等教育发挥着人文、自然科学理论研究和向社会输送高等人才两方面的重任，是教育推动社会进步的主要动力。

追本溯源，中国最早创办的近代大学，其理念基本是从欧美模式复制而来的。民国时期的大学借鉴了当时西方成熟的教育经验，又在当时的基本国情和社会条件的基础上，形成了一系列独具特色的办学理念体系。然而，在这之后相当长的时间内，随着社会的逐渐发展，我国的高等教育事业虽然得到了极大程度的普及，却又很难说发生过理念层面的创新和进步，以致大学人才培养模式与社会对人才素质的期望之间的供需矛盾似乎正在越来越多的方面逐渐凸显出来。实际上，这一问题并不是我国所独有的，它是保守的传统大学教育模式在世界范围的社会现代化中所遭遇的窘境的一个缩影。

以上论点的一个现实证据是，当代大学依然秉持着"以传授知识为目的，以检验知识的掌握程度为考核导向"的教学理念，而这一点几乎在欧洲中世纪结束以来的五百年间没有发生过任何改变，"上一次变革，是印刷术和教科书"。然而我们已经明白的是，既往的经验知识的积累并不能真正造就人的智慧，创新能力的培养也就无从谈起。从这个层面上讲，现存教育模式非但不能够有效实现当代大学培养"创新型人才"的办学目的，反而成了"成知"入侵人的思想、扼杀智慧灵性的"帮凶"。美国奇点大学执行主席彼得·戴曼提斯曾尖锐地指出：

"标准化是教育规则，统一性是教育预期结果。同一年龄的所有学生使用相同教材，参加相同的考试，教学效果也按同样的考核尺度评估。学校以工厂为效仿对象；每一天都被均匀地分割为若干时间段，每段时间的开始和结果都以敲钟为号。"③

---

① 刘道玉：《大智慧与学历无关》，载《文摘报》2015 年 5 月 7 日。
② 《先生》编写组：《先生》，中信出版社 2012 年版，第 2 页。
③ 刘道玉著：《教育问题探津》，北京出版社 2019 年版，第 26 页。

这表明，如果将培养人才等同于工业生产式的知识灌输，以规范统一的试题而非对思想能力的考察作为考核人才是否"合格"的标准，势必导致大学教育走向僵化、使学生陷入机械的学术劳动模式，如同工业生产异化劳工那样贬损、磨灭人的精神能动性，最终导致灵性的流失，也就否定了智慧成熟、结果的可能性。如同诺贝尔文学奖获得者乔治·肖伯纳所说："我生下时很聪明的——教育把我给毁了。"

正因传统的大学教育模式表现出如此种种的落后性，高等教育改革始终应当是我国教育事业的重要主题。"理想的大学应当是智慧型大学"（刘道玉语），早在改革开放初期，武汉大学便开始了一系列办学模式、教学方法的改革探索，发出了高等教育改革事业的先声。历经四十余年的岁月，高教改革取得过成功，也数遭挫折、屡吃败仗，但归根结底，改革一定是教育发展的大势所趋，代表着大学教育趋近社会现实、符合历史潮流的前进方向，我国的高教改革事业必须而且必将取得完全的胜利。

三、智慧将我们引向何方？

智慧是知识与灵性的结合体，因此提高修养、启发灵性才是涵养人的智慧的唯一途径。无论对于追求智慧的个人还是追求"智慧型人才"的社会教育事业，当我们探讨一种学习方式、一种教育模式是否符合创造智慧的规律时，这应当是一条根本性的判断准则。

如前所述，智慧是创造的前提，但并非一切生发于人类社会的事物都可以称得上是"智慧的创造"。根据唯物辩证法原理，意识对物质世界具有能动的反作用，而一切意识活动的价值都只能在现实的实践活动中得到体现。那么，智慧究竟在什么样的创造中体现了它的基本价值呢？智慧所指导的创造实践又会将我们引向何方？在我看来，只有"理型"的构建可以称为真正的智慧创造，对理型的认识将是我们理解智慧根本目的性所在的一把钥匙。

意识是物质的衍生和体现，因而从根本上说意识不可能摆脱物质的束缚而独立存在，但这并不意味着精神不能实现对物质的超越。古往今来，人类利用自身精神的创造对客观的物质世界加以改造、缔造了前所未有的伟大的社会形式，便是意识能动性、超越性活生生的明证。对物质世界的有效改造源于对世界客观规律的正确把握，而如若希望这种把握成为系统的、科学的、具有实践价值的认识体系，唯有依靠智慧。

爱因斯坦说："人们总想以最适当的方式来画出一幅简化的和易领悟的世界图像；于是他就试图用他的这种世界体系来代替经验的世界，并来征服它。"[1] 这个构建认识体系、

---

[1] 《爱因斯坦文集》（卷一），商务印书馆 1976 年版，第 285 页。

总结规律并用以拟合现实世界的过程便是"理型"的创造。在柏拉图的"洞喻论"中，囚徒从走出洞穴到看见太阳的过程对应着人类探索世界本质、追求真理的认识规律，这一立论提出的核心假设便是投下一切"阴影"和"倒影"（现实事物）的"太阳本身"——纯粹的理型——也就是形而上学所追求的"第一原理"——是客观实在的。然而，马克思主义哲学观点认为，是物质世界衍生出了人类意识，那么决不可能存在一个主观精神的王国能使得客观现实成为它的体现，否则便是否定了因果决定的基本规律。因此，纯粹的"理型"应当并不是客观存在的，至少不是仅凭人类的精神就可以构建、还原的。

即便如此，对理型的追求并没有失去其实践价值，因为通过精神活动总结规律、构建认识体系并用以指导现实实践正是认识基本规律的体现。在这一语境下，"理型"这一概念的古典含义可以被更加精准的界定所取代：在智慧的指导下诞生的具有实践意义的认识体系，便可以称为具有现实意义的"理型"。以物理学这一认识体系为例，人们对实验规律加以总结、得出公理，在此基础上通过逻辑演绎得到定理和定律，并在实践中验证、运用这些定律，达成改造客观世界的结果，这便是科学理型的价值所在。

由于认识具有局限性、多样性，描述同一问题的"理型"体系可能有很多种，又各自仅能在一定的实践范畴内生效、具有相对而非绝对的认识价值。然而一切理型的共同点是确定无疑的：它们之所以并非固有认识（"成知"）的简单堆砌、体现出灵活性与发展性，这都是人的智慧贯穿其中使然的。

智慧的认识方法奠定理型的基础，智慧的思维方式则能够抽丝剥茧、由表及里，从认识中得出有效的结论；而逻辑作为人类智慧的典型形式，始终指导着理型的发展和完善。创造理型、解释自然正是智慧的实践形式，人类依靠智慧认识世界，通过构建理型解释世界、改造世界，从而实现对客观自然的征服，这也是人类精神的最高价值与荣耀之所在。个人精神和社会意志对人类智慧的不懈追求势必促成更加完善、更加强大的理型的形成，从这个意义上讲，智慧始终引领着，并且将继续引领人类走向更加光明繁荣的未来。

出入虚实之间：阅读《历史》《史记》带来的新认识

易璟煜　文学院（2021301112076）

【指导教师评语】 难得一见的真性情，真感觉。而这些真实的内心感觉因为立足于仔细的文本阅读分析与独立思考之上，更显逻辑理性下个体知性的提升。如果经典阅读这门课的目的在于高贵灵魂的塑造与提升，这篇文章完全反映出作者达到了这门课所有的期望。当然，毕竟是大一学生，在第二部分的论证和第三部分的价值上存在衔接不够的问题，而且第三部分过于薄弱，没有发挥出具体文本考证的全部能量和价值。但瑕不掩瑜，关键是作为刚入学的学生无论在思维的成长，还是学术素养的提升上都站在了正确的轨道。（文学院　刘春阳）

摘　要： 不同的历史文化背景造就了《历史》与《史记》迥异的记史方式。尽管双方在写作中都力求还原历史"真实"，但受主客观因素影响仍难免出现虚构部分，即所谓"伪史料"。对待伪史料时不应全盘丢弃，而应充分挖掘其伪造动机及导致其产生的因素，从而反映时代特征，使伪史料同样成为观察历史的工具。阅读史学经典，感受传统记史中的虚与实，从而促进全面史观的形成。

关键词：《历史》；《史记》；史观；求真

十二部经典，十二枚思考着的伟大灵魂。每一次阅读经典，总会被那些或细腻或肆意的文辞所感动，从字里行间悟出新的感触。在为期一个学期的经典学习中，带给我最大感触的是《历史》与《史记》两部史书。当来自西方的《历史》与东方的《史记》相遇，会碰撞出什么样的奇异火花？

一、史观新认识的产生

一句流传甚广的讹传曾这样描述历史："历史是个任人打扮的小姑娘。"这一观点认为历史由书写者创造，显然带有历史虚无主义的色彩，虽失之偏颇却也引人深思：在阅读历史时，我们究竟读到了什么？

尽管许多记史者都声称自己绝对忠于真实的历史，但史书既由人撰写，难免带有或有意或无意的主观色彩，许多虚构成分因此出现。经过一个学期的阅读与思考，我看待历史的眼光产生了变化。我开始明白，哪怕这些虚构的"伪史料"也有其无与伦比的价值——如果说真实可信的史料是从正面反映历史，那么看似一文不值的伪史料则从侧面反照历史。其背后隐藏的伪造者意图、政治顾及以及时代特征等因素都值得反复推敲。解读史料时，只有出入虚实之间，刺穿历史斑驳的外壳，才能探得其最柔软的内里。

鉴于东西方史观与记史习惯迥异，下文将分别以《历史》和《史记》为例探究其中虚实，展现在经典阅读中获得的史观新认识。

二、《历史》与《史记》中的虚与实

为了追求记史的真实性，希罗多德和司马迁首先做了同一件事：实地调研。希罗多德一路寻访当年希波战争的遗迹，司马迁则纵横中国南北，游历名山大川。这使他们获得了对历史更全面、客观的了解，为后期历史写作积累了丰富的素材。

但在他们提笔的那一刻，不同文明之间的分歧就体现了出来——为了表现自己心中的"真实"，希罗多德与司马迁选择了截然不同的方式。

（一）求真与理想：希罗多德《历史》中的虚与实

在《历史》的写作中，希罗多德更加趋向于罗列见闻，"有闻必录"。他将众多的所见所闻放在一起，任读者自己比较与揣摩。他在《历史》中曾这样阐释自己的记史行为："至于我本人，则我的职责是把我所听到的一切记录下来，虽然我并没有任何义务相信每一件事情；对于我的全部历史来说，这个说法我认为都是适用的。"①

对于这一翻译，中国人民大学刘小松教授曾经质疑。在他看来，这段文字应该译为："不过，我的义务是记叙人们讲述的一切，当然，我没义务什么都信；这个说法适用于我的全部叙述。"②

受语言知识所限，在此我们无法通过直接阅读原文来理解希罗多德的意图。以上两种

---

① ［古希腊］希罗多德著：《希罗多德历史》，王以铸译，商务印书馆1997年版，第525页。
② 刘小枫：《略谈希罗多德的叙事笔法》，载《国外文学》2006年第2期，第62页。

翻译反映出的记史态度并不相同：前者客观冷峻，而后者主观色彩更加浓重。这一分歧涉及希罗多德写作《历史》的动机：古希腊没有正式的史官，希罗多德完全是自发地进行《历史》的写作。在这样的动机驱使下开展的写作，其中对于何为"真实"（aletheia）的定义很大程度上依赖于写作者的判断。在希罗多德看来，尽管人们的叙述不一定真实准确，甚至有可能出于个人目的恶意编造，但通过挖掘其背后的民族文化、民族心理等因素，依然可以了解伪造该史料时期的历史面貌。这也正是"伪史料"的独特意义。

由此可见，希罗多德所追求的"真实"是一种求真的史学精神，其中孕育着早期西方理想思想。这种求真精神在其后的修昔底德等人身上得到了延续。希罗多德开古希腊记史"求真"之先河，也因此获称"历史之父"。通过阅读《历史》，不仅可以了解其所记载的时空特征，也可以窥见希罗多德所处的时代背景，探求古希腊史观中的"真实"。

（二）司马迁《史记》中的虚与实

不同于希罗多德罗列见闻的方式，司马迁选择以纪传体的形式来书写《史记》。他从历史中精心挑选了一批人物为其立传，并将自己的褒贬态度暗藏在对传主的描述中。然而，无论是挑选的过程还是"微言大义"的记史传统，都使记史具有很强的主观性，这也是虚构出现的重要原因。

在谈论司马迁《史记》中的虚实之前，必须首先明确一点：《史记》受到的政治与意识形态影响远非《历史》所能及。不同于松散的古希腊城邦制度，中国古代实行的是君主专制中央集权的封建政治制度，国家始终保持对经济、政治、文化等各方面的严格掌控。同时，汉武帝"独尊儒术"的举措使得国家意识形态渐趋统一，司马迁本人更深受儒家思想的影响。可以说，《史记》是归属儒家的，自诞生起便带有深深的政治与文化烙印。

一直以来，司马迁都秉持着"不虚美、不隐恶"的记史原则，力求记录真实、准确。他不因项羽是汉的敌人而加以诋毁，也不因刘邦是汉代的开国皇帝便隐去其恶行不谈，甚至对当朝的汉武帝也敢直书其过。但正如上文所说，《史记》是儒家的《史记》，字里行间常常流露出儒家的价值导向。如《夏本纪》中将夏桀灭亡的原因归为"不务德"，同时将汤"践天子位"归功于其"修德"，体现出儒家的"德治"思想；再如《刺客列传》中大力刻画刺客们义薄云天的气概，也体现出儒家的忠义观念。可以推测，司马迁写作《史记》有着引导教化的意图。他希望通过历史这面镜子，照出现实中的美与丑、善与恶，以此来引导后世扬善弃恶。这也正反映出中国"以史为鉴"的传统历史观。

同时，《史记》的写作也延续了中国"春秋笔法""微言大义"的记史传统，将记述者的态度寄寓在简约的文辞之中，让读者自行发掘。这使得记史具有很强的引导性，作者的态度会先入为主地影响到读者的阅读，并进一步影响其对历史事件的认识。这一写作特征很大程度上源于儒家的教化动机。儒家重视教化，希望通过文字、音乐、礼教等多方途径来教化民众，使"天下归仁"。

由此看来，《史记》中的虚构部分是两种因素共同影响的结果：儒家思想的影响使得司马迁在选择史料时有所取舍，并以儒家标对所选人物进行批判，力求所有史料都指向教化这一大方向，而弱化了其他实际存在的方面，导致《史记》的"真实"略显片面；同时，为了使文本更加生动，司马迁在记录时掺杂了大量想象，虽增强了作品的文学性，但也削弱了其真实性。

值得思考的是，尽管这些虚构的成分本身不一定真实，但我们今天对其进行分析时，却能从中推敲出司马迁写作的理念与时代背景，这何尝不是另一层面的"真实"？

三、史观新认识

综合以上对于《历史》与《史记》的思考，可以总结出以下新认识：

（一）对记史"真实"的思考

希罗多德与司马迁都追求记史的"真实"，即使他们的记述中不可避免存在虚构的部分，但这并不能掩盖其中求真的光芒。

（二）对伪史料价值的认识

伪史料产生的原因多种多样，如传抄错漏、故意伪造，等等。通过"孤证不立"原则进行求证或通过现代科技手段，可以鉴别出大多数史料的真伪。我们往往只关注真史料，而忽略了伪史料的价值。

由于传抄错漏产生的伪史料属于偶然事件，也不具备明显的历史时空特征，我们在此仅讨论被刻意伪造出来的史料。

1. 反映伪造者的伪造意图

对于那些被有意伪造出来的史料而言，伪造者的意图是绕不开的话题。伪造的动机可能仅仅是个人情绪，也可能与时代背景有关联。通过研究这一部分史料的诞生，可以推究伪造者的性格与心理，为进一步研究作准备。

2. 反映时代特征

伪造者是时代的人，在推究出伪造者的相关信息后，可以进一步推究其时代背景。同时，伪造史料的鲜明特质也可以帮助我们了解其产生的时代背景。

依然以《史记》为例，书中大量出现"德治"等儒家价值认同，联系司马迁本人所受的儒学教育，不难窥见当时"独尊儒术"的历史背景及其对记史的影响。同时，司马迁的秉笔直书也折射出那个时代相对宽容的政治文化风气。

四、结 语

读希罗多德《历史》与司马迁《史记》，总能在史学经典的浸润中学有所获。尽管两者对待历史态度的差异导致了东西方记史方式的不同，但求真依然成为双方的共识。道家所谓虚实相生，万物皆同此理。在虚实之间追求平衡，从而传达深刻的历史思考，或许便是记史的魅力所在。

阅读经典，拒绝虚无主义

王艺萌　物理科学与技术学院（2021302191876）

【指导教师评语】文章讲述了萨特的《存在主义即人道主义》和黑格尔的《历史哲学演讲录》将作者从人生意义的困惑中解脱出来，以作者的亲身经历向读者展示了经典阅读的巨大力量。文章立意十分新颖，又十分贴合实际。从"困惑"到"解惑"，每一步都娓娓道来自然明了，结构良好，逻辑通顺。（文学院袁劲）

摘　要：在信息化社会的浪潮中，经典著作阅读成为个体精神成长的关键环节。经典作品不仅是人类文明的结晶，更是引领人们走向精神高地的灯塔。通过系统的学术阅读和研究，我们能够深入地把握经典作品的深层内涵，从而构建起对世界和生活的深刻理解。经典著作不仅可以锻炼批判思维，提升人文素养，使个体在纷繁复杂的社会现象中保持清醒和坚定。因此，从学术的视角出发，积极倡导和推广经典阅读，对于个体精神成长和社会文化进步具有深远意义。这不仅能够驱散虚无主义的阴霾，还能够培养出更多具有深度和责任感的现代学术公民。

关键词：阅读经典；文化遗产；虚无主义；批判性思考

还记得读的第一本书是什么吗？可能当时摘录了近千字的读书笔记，也可能写了一小段读后感，但是问我看懂了吗？也许并没有。那时的我只觉得读完书心灵会变得很轻松，在阅读的世界里没有对错，只感觉到自己的呼吸与心跳，我就是我。

至今断断续续看了几十本书，但如果给我一段时间让我默写，我并不可能写出每一本书的名字。

读书没有意义吗？如果你带着功利的心态去读书，你会发现读书没有意义，你看不见它如何改变你的生命，如何让自己变得更聪明。你带着这种痛苦的心态去读书，那你就根本看不下去书了。

读书有意义吗？如果你带着读书至上的心态去读书，将书中的知识奉为真理，那么读书给你带来的就是虚假的满足感。只要我看完这本书，我就是人上人，我就天下无敌了，我就有了更大的动力去阅读下一本书。然而在某个节点，你的生活突然遇到挫折，你开始觉得读书没有意义了，读书便不再有意义。

无论你是怀抱着怎样的心态去阅读，那些书都形成了你的一部分。当我有一天开始怀疑读书的必要性，并陷入了苦苦的思索时，第二天我的脑海里会有一个声音，它告诉我，越是看不见的东西越是有价值。读书，改变了我的思考方式，让我敢于担起生活的责任，有勇气去解决现实问题，学着去看清这个世界，去过好每一天。看不见的精神，终会在生命的某个时刻闪闪发光。读书塑造了我的精神，也正在改变我的生活。

为了思考这些问题，让我们先闭上双眼，在什么都看不见的时候，我们感受到的就是自己的意识，想想意识的开始，作为人知道自己从哪里来是我们生命意义的一部分，所以你想到什么了？

当我这么做的时候，我看到的是一片黑暗，然后是一句话，一只摇篮荡在深渊之上。而常识告诉我们，我们的存在只不过是两个永恒长夜之间的一道短暂微光，或许生命是从虚无开始的。这句话是美国作家纳博科夫的自传《说吧，记忆》的开篇，我第一次读到这句话的时候，感觉像被电流击中了，我们的存在只不过是两个万古长夜之间的一道短暂的微光，这句话多么准确地描述了我们的生命啊，和没有我们存在的世界相比，我们的生命是多么的微不足道，而且来到这个世界是出于我们不清楚的原因。我的存在有任何意义吗？或者说有何必要吗？你有过类似的想法吗？从很小的时候，这个问题就困扰着我，它好像是自然而然产生的，这给我带来了很多痛苦，其实直到很后来我才了解，不止我一个人在思考这个问题，很多人也都在问这个问题，感觉人生无意义，我很痛苦，我应该怎么办？

其实对于我而言，到了高中我才知道这种感受的名字叫存在主义危机或者说是虚无主义危机。所谓的存在主义危机指的是人活在世界上仅仅确定自己的存在性，但不清楚其意义的一种境况。换句话说存在就是存在，但我不知道生命是指向哪里的。这种情况会制造一种尤为根本的焦虑，大部分人在或多或少地面对或者逃避这个让人焦灼的问题：活着到底有什么必要性吗？我觉得这个问题尤其严重的时候，是在一个人拥有了一定自由的时候，一旦到了比如独自相处的时候，或者比如面对选择的时候，就会想起加缪那句话，世界上只有一个严肃的哲学问题，那便是自杀。如果你从来没有思考过这个问题，很抱歉我给你植入了一个这样的想法，但我觉得早点面对存在主义的问题总比晚点儿好，总而言之，提出这个问题是为了说明阅读经典的意义，因为这是我读书的背景。

在这样的一种背景之下，我读到了几本直击灵魂的书，我首先读到的是法国哲学家萨特的文章，在《存在主义即人道主义》这篇文章里萨特打了一个比方，之所以我们会感到存在主义的焦虑，是因为人不是被创造出来的物品。一个物品比如一台钟之所以会存在，是因为制造它的人脑子里先有了一个概念，"我要制造一台机械'使得其圆周运动两周的时间等于地球自转一圈的时间'"，这就是一台钟的本质，它的一切现存的细节都是由这个本质决定的。所以物品具有"先天"的本质，或者说它们先天就是有意义的。而人呢？人不再相信我们是被上帝创造的了，自然我们的存在再也没有本质或者目的可言，我们更像是被抛弃到世界上的，这是我们痛苦的根源。但是萨特说，存在主义同时也是一种人道主义，因为我们换一个角度看，说人没有本质，其实就是在说人是由自己的行为构成的。换句话说，人有绝对的塑造自我的自由，所以萨特认为存在主义不是一种悲观的哲学，相反，它是乐观的、人道的，是有解放性的。所以我们也可以把自己的痛苦看作自由的责任，重点是要敢于创造自己的生活。

不知道你们有没有体会过那种读着书整颗心都被揉了一遍的感受，这就是我回忆起来当时我读萨特的感受，读萨特的书可以说是第一次让我感受到了书籍其实是为生活而写的，我们读的经典都是作者呐喊着写出来的，只是我们教书的方式掩盖了这些作者呐喊的声音，在意识到这一点之前，其实我是一个昏沉的读者，我浏览了很多文字，但没有读进去任何东西，但当时我终于明白了，读书除了用脑子之外，还可以用心，我觉得这是我收获的一堂宝贵的人生课。

但萨特给我留下了一个遗留问题，要创造自己的生活，不过到底要怎么去创造？在年轻的时候，你最经常听到的是追求热情，做你爱做的事。但其实这两句话都是逃避而已，因为问题就是没热情，这就像告诉一个悲观的人要乐观起来，其实这是一句没有用的空话，我还是没有解决，到底应该过怎样的人生才是有价值的、有意义的。

那接下来我就读到了第二本书——黑格尔的《历史哲学演讲录》。这本书是高中课外阅读课推荐的，其实是一本非常深奥的书。这本书都在讲一个很玄的观念，历史是由精神驱动的，"精神"的展开，贯穿了世界的历史，形成了国家、政治、个体，不懂很正常。这本书我基本上是抓着头发读完的，所以说这本书让人非常痛苦，直到第二周我读到了这样一个段落：人类天性的本质特征是作为精神并没有当即的存在，而是在本质上围绕着自我蜷缩了起来。

我们可以用种子举一个例子，植物的生命从种子开始，种子也是植物一生的产物。精神最终的目的是获得知识，因为精神唯一的努力是了解自我的内在和目的，以真实的形态向自我展现自我，这就是精神和历史的普遍目标。就像种子的内部包含了一棵树的全部天性，它的果实的味道和形状一样，精神最开始闪烁的微光里也包含了历史的全部。

突然我悟了，这不就是我苦苦思考的问题吗？我记得当时我拿着书直接站了起来，眼眶湿了，绕着宿舍房间走了一圈，然后又走了一圈。我终于有了一个顿悟，人生并不是一种到达目的地的过程，而是像卷轴一样地自我展开，人不用把自己依附在外在的目的上面，自己就可以是目的。所以，人生是一种展开，而不是到达。一个从内而外，另一个从外而内，就像一颗种子的目的是变成大树一样，人的目的是了解自我的内在和潜力，让自己的可能性成为现实。就像黑格尔说的那样，一个人的精神包含了他历史的全部，这是多么神圣的一种人生观啊！从这个角度讲，活着是为了展开自我，是像一颗种子一样发芽、开花，所以去它的外在价值，我就是价值本身！如果你认同这一点，那么你活着就有义务实现自我。

然后我好了，我不知道你们有没有体会过这种重生的感觉，就那种自己的人生有两个起点的感觉。在读这本书之前，我有一个生理上的存在，但在精神上真正地确认了自我，其实是从那一刻才开始的。所以我很幸运的是能够在高中时候读到这本书，我基本上都是按照这段话来生活的，怎么让自己活得更展开，让我的人生没有什么可以后悔的。但是很遗憾，这种重生感是无法交给他人的，每个人都有一个特殊的机遇，可能是黑格尔，可能是康德，可能尼采，也可能是老子、庄子，等等。看，我的生命太有限了，我甚至想不到更多的例子了。但我想说的是，寻找那份让我们重生的书籍要靠自己，这是因为书籍是获得禅意的一个谜团。修禅的人会和一个谜团搏斗，最后修通，但谜团不是修通，它只是通往开悟的手段，开悟需要的是自己的努力。同时顿悟也不是一件一劳永逸的事情，我们不可能通过读一本书获得永久的平和，随着精力的增加，我们会慢慢吸纳更多的矛盾，生活的荒芜感还会重新出现，生活就是在两只怪兽之间的抉择，但我们可以选择继续阅读经典。

前面说到我觉得有正确的读书态度，正确的态度是把每本书当成一个脚印。我们要做的事情不是要着迷这个脚印本身的形状、大小、特点，我们要做的是通过脚印去重新想象那个留下脚印的人。这个人是怎样的，不同的人可以有不同的想象，这很正常。但重点是我们要重构作者的思想、经历、感受到的一切，这是一件需要同理心和想象力的事，我们要尝试这么做，是因为读经典是为了生活，读经典是为了体会生活。

所以有很多人可能会告诉你阅读经典是为了怎么样怎么样，得到什么样的智慧。不，我不觉得我们需要获得那些智慧或者至少说那些智慧不是我们首要的目的。坦率地讲，很多过去的观点已经过时了。比如你会看到一些哲学家认为奴隶制是合法的，有的思想家认为女性天生低人一等，等等。如果你带着"崇拜圣人"或者"变得博学"的角度去阅读经典，有的人可能会觉得很愤怒，说，这么过时的思想也可以是经典？或者有的人可能会很迷醉，觉得这简直是人生的金科玉律。也有人会觉得，我终于用更伟大的思想武装了自己。我觉得这些都不正确，我不否认有人是这么读书的，甚至是一些名人，但至少我不认同这样的角度，这是因为我不是一个学者，读书对我来讲没有功利性的目的，我认为大部分人也不需要。我觉得我们普通人应该忘记读书的外在意义，记住书籍只是谜团，是我们要去搏斗的那个谜团，它只是我们开悟的工具，是六经注我，不是我注六经。

所以我真正倡导的角度叫对话。人的生活是有限的，除了读书之外，我们很难知道别人是怎么想的，我们很难在现实里面碰到一个善于挑战自己观点的人，除了书，也很少有人会这么深入地去探讨我们的困惑。我不想搬运，不想达到任何学术目的，也不想证明自己的学识，因为在唯一严肃的哲学问题面前，这些目的都是苍白的。我想创造困惑，我想把过去的脚印复原成生命。当然做一个阅读者也许就是我这粒种子的一部分，在我高二那年，当我捧着黑格尔的书在宿舍里走了一圈又一圈的时候，我有一种预感，在我自己最后开花结果的那棵树里面就有阅读这件事。

这就又让我想到了"深渊上的摇篮"，其实还有另外一个角度可以来看待这个隐喻：尽管现实的深渊深不可测，但只要我们知道自己是为什么而活着的，摇篮里，就还有生命的希望。或许，这就是阅读经典的意义所在。

天地万象至美，人文博雅至境

王　智　国家网络安全学院（2021302181176）

【指导教师评语】 本文结构精巧，文笔优美，对美有自己独到的见解，阅读了美育相关经典，系统性分析了美学在人成长过程中的重要性和必要性。（哲学学院　周可）

　　摘　要：美学与文学息息相关，经典作品传递着美学精神和人文价值，促进人们形成独立的审美观念，塑造和完善人性和人格。以《论语》为例，其蕴藏了丰富的社会美学思想精神，在外在和内在两方面塑造人性。而在审美教育的作用下，通过调节人的理性和感性，实现了人至境，社会至善的作用。

　　关键词：审美教育；人性；《论语》；《审美教育书简》

　　天地万象，美而无言；人生百态，经典传音。一部传世经典作品，渗透着先贤们的灵感和智慧，也蕴藏着丰富的审美价值。阅读一部经典，我们能汲取字里行间的道义，能窥探跨越时空的奥秘，也能体悟人世间的美学精神、人文价值。当书中的哲思涌入脑海，作者在处世之道中展现的艺术观也一点一点地显现。之所以被誉为经典，便在于其富于美学艺术价值，在极致的审美体验当中，潜移默化地滋养着读者的思想观念和道德品质。经典为什么"好"，归根结底起来，无非一个"美"字。

一、美　与　审　美

（一）美

　　何为美？历史漫漫无涯，不同流派、不同学者对这一问题的探讨也并未停止。对于美的定义和美的本质，中国古典美学并未给出准确的回答，而是通过言即他物描述美的意境。① "言不尽意，立象以尽意"② 表现出古人认为美的本质是很难说清楚的，但是他们却知道什么是美的——古朴是一种美，典雅是一种美，清新是一种美，俊逸是一种美……可见，中国古典美学侧重于美的感受，而不必追究于美到底是什么。美的形态千变万化，形式也丰富多彩。孔子赞颂人世社会中的美，庄子赞颂自然世界中的美，这也是儒家和道家思想中美学内核的细微区别。

而西方美学学派则在发展变化中不断地追问美的本体、美的本质，这也奠定了其在探讨美学之路的主题，从古希腊美学的 "本体论"，逐渐发展为近代的 "认识论"。在对美的追问当中，毕达哥拉斯的美学观中表述说 "美就是和谐"③，亚里士多德则说 "美是秩序、体积、大小"④ ……可见，西方美学侧重于美的本质，乐于对何为美下定义。千人千面，不同学派对美的本质认识也不尽相同，美具有了捉摸不透性。

虽然在大多数学者的研究当中，将中国和西方的美学体系作了区分，但是二者对于美的认识有其共性：美的感受来源于观赏者，使之感到愉悦的事物，便是美的。黑格尔美学的中心思想便是 "美是理念的感性显现"⑤，便指出了美的 "显现" 源自对事物的感性体验。因此，抽象的美即是人的一种体验，一种感受，一种品位。"谈美，得从人谈起，因为美是一种价值。"⑥ 美其本质，是离不开人这一主体的。

（二）审美

审美，则是以人这一主体生发而来的，对美、对世界产生的理解和观点。审美具有复杂性，其涵盖了一系列的活动，包括了审美过程、审美体验、审美情感、审美观念等。主体在审视现实世界当中的事物时，会进行筛选和判断。那些使主体感到审美愉悦的事物，反馈给主体审美价值。主体不断感知事物，理解事物，潜移默化地形成了审美观念，即产生了对世界的理解和认知。这种审美观念是主体对 "什么是美的事物" 作出的回答，同样也会影响着主体的价值导向。因此，审美不仅是 "审视美"，还促进人的价值的形成和显现。人格的自我发展和完善，人生价值的确立和实现，是一个漫长的审美过程。

---

① 叶朗：《美是什么》，载《社会科学战线》2008 年第 10 期，第 225~236 页。
② 《周易正义·十三经注疏》，中华书局 1979 年版，第 82 页。
③ 朱光潜著：《西方美学史》，人民文学出版社 2002 年版，第 32 页。
④ 朱光潜著：《西方美学史》，人民文学出版社 2002 年版，第 89 页。
⑤ ［德］黑格尔著：《美学》（卷一），商务印书馆 1979 年版，第 142 页。
⑥ 朱光潜著：《谈美书简》，人民文学出版社 2001 年版，第 18 页。

二、经典作品架构了人与美学精神和美学价值的桥梁

古今中外，传世经典作品不单是一部文学创作，更是一部文学艺术。经典作品首先兼顾的是文学性的艺术美，给人带来了独特的审美体验。例如，经典诗歌具有韵律美、情感美、意境美、理趣美等各种审美体验。《论语·阳货》中言，"诗，可以兴，可以观，可以群，可以怨。迩之事父，远之事君；多识于鸟兽草木之名"，便是对《诗经》蕴含的丰富艺术美感的称赞。而经典小说则兼具情节的趣味和主旨的深刻，读一本小说，便似体验了主角的人生，耐人寻味。读文学性的艺术美，便是阅读经典的第一层要义。

更深层次的美，便是作者传达的美学精神和审美观念。一部经典作品，其中蕴藏着作者对于美的事物的观点和看法，展现了作者对世界的感知和审视。读《论语》，儒家学派对于人性美的赞颂，对于天下大同的社会和谐美的推崇，逐渐显露。这充分反映了儒家学派的审美观念，兼具艺术和人文的思想内核，关怀人文和社会的终极目的。读《庄子》，庄子的人生哲学蕴含着庞大的审美艺术，天人合一，物我两忘，返璞归真，回归自然，天地、自然、生命乃至人间世的诸多现象，皆是庄子在看待人与自然之间复杂而紧密的关系时，产生的审美观念。生态是一种美，逍遥是一种美，养生也是一种美。天地大美，被先贤装载在经典之中，美学精神和审美观念得以流传。

最后一层要义，则是经典作品引发个体审美观念的形成。经典作品内蕴丰富，不同的经典有不同的美学精神，作者的审美观念也不尽相同。不同人对美有不同的看法，经典作品的滋养，使读者在阅读中，潜移默化地生成自己对于美的看法和对于同一问题的个人观点，最终将形成审美观念。人具有主观性，因而产生的审美观念往往也不同。这是经典作品带来的影响，能够促进个体形成审美观念。但是审美观念的形成是复杂的，往往与个体家庭环境、人生经历、个人习惯等诸多方面有关，经典作品在其中是桥梁的作用，使个体能够跨越时空限制，感知不同时代不同个体的美学精神和审美观念。

经典作品展现了天地万象，世间万物的美，阅读经典能使个体步入坦途，提升个人的思想境界。

三、《论语》——社会性美学价值的集中生发

《论语》作为儒家经典作品，集中反映了儒家美学精神和美学思想。

（一）礼乐之美

春秋末年，礼崩乐坏，而孔子认为完整的人格，离不开诗、礼、乐的教化作用。子曰："兴于诗、立于礼、成于乐。"（《论语·泰伯》）礼乐的恢复与建设，重要性不言而喻。

修身以礼，礼之美也。孔子对"礼"的推崇，涵盖了衣食住行、言谈举止、处世为人、服丧祭祀等多个方面。"食不语，寝不言。虽疏食菜羹，瓜祭，必齐如也。席不正，不坐。"（《论语·乡党》）短短一小节，恭敬礼仪之态尽显。嘴里含着东西时不要说话，睡觉时不要发出声音，到如今都还是长辈对晚辈的训诫。

中和之美，乐之美也。对于"乐"，孔子讲求"中和"，将音乐的美归结为"匹配相适"，亦即音乐表达的最适宜状态为中和之态。《论语》当中有许多关于音乐的记载，子曰："《关雎》，乐而不淫，哀而不伤。"（《论语·八佾》）孔子赞颂《关雎》不偏不倚，情感的把握恰到好处，[①] 符合音乐的美感。子谓《韶》："尽美矣，又尽善也。"（《论语·八佾》）则称赞"韶"这一乐舞尽善尽美，兼具音乐和内容的美感。

（二）人性之美

儒家文化具有社会性的底蕴，但社会的组成源于人。孔子在《论语》中的论辩，绝大多数是针对人的。"人而不仁，如礼何？人而不仁，如乐何？"（《论语·八佾》）哪怕是谈及礼乐，"礼"的实现是以人为主体，"乐"的推崇则是为了人的逸趣。因此，儒家的美学精神和审美艺术，都是一种以人为本的人文价值（论语中的）。由人性生发的美很多，从外在来看，包括了容貌美和行为美的外在美，而从内在来看，则涵盖了心灵美、精神美、人格美等内在美。孔子对美的谈论，对君子的赞叹，对小人的鄙夷，展现了他的世界观、人生观、价值观，同样也是一种对于人性和社会美学的考量。子曰："贤哉，回也！一箪食，一瓢饮，在陋巷，人不堪其忧，回也不改其乐。"（《论语·雍也》）通过描写颜回居陋巷，却乐在其中的朴素生活，表现了外在美当中的"居易行简"，以生活为乐，以朴素为美，也表现内在美当中的君子不慕荣利，安贫乐道，乐在其中的高尚美德。内秀而性善，对人性之美的赞叹展现了儒家对人文价值的颂扬。

《论语》的美学精神，是艺术和人文的和谐统一。儒家所赞颂的美是建立在人的基础

① 范弘泽、董连祥：《浅析〈论语〉中的美学价值》，载《赤峰学院学报（汉文哲学社会科学版）》2019 年第 8 期，第 8 页。

上，社会性美学精神和美学价值在对人的关怀中逐渐显现。

四、《审美教育书简》——人至境，社会至善离不开审美教育

天地大美而不言，言者即在经典中。我们从经典中能捕获贤人对于美的观点，也能收获到美的体验和美的感受。不过，相比于对美的感受，审美教育更加重要。一个人达到人格塑造和人性完满的境界，一个社会欣欣向荣，社会价值向上向善，离不开审美教育。

席勒在《审美教育书简》中提道，"促进鉴赏力和美的教育"能够使"培养我们感性和精神力量的整体达到尽可能和谐"①。其中的精神力量，实际上指代着人的理性。从传统观念上来看，美似乎来源于人的感性，人的知觉和感受。这样的审美过程，实际上是片刻的体验，即当下的审美感受。这样的审美特点，由于理性时间的短暂，在现代社会当中容易导致人们停留在浅层次的审美感知当中，可能会掉入单一片面的审美享受当中。长此以往，则会使人的审美"快餐化"，更严重的情况则可能是"畸形审美"，从审美转为审丑。不过，人真正意义上形成审美观念，是依赖于理性的分析和判断。在席勒看来，审美教育的作用便是调节人的感性和理性，以达成一种和谐的状态。②

席勒还提到"美是人的第二创造者"③，即审美教育是人的第二创造者。社会上的每一个个体，其实是具有两面性的：一面是人的个性，一面是人与社会的一体性。在过去很长一段时间当中，人们往往将个性和一体性割裂开来看，认为个性的满足和一体性的满足是对立且冲突的。因为这种思想，人们追求于个体感受的满足，丧失了对国家意志的肯定和考量，以至于社会伤风败俗，黑暗不堪。审美教育的作用便是将理性和感性统一起来，通过塑造完整的人性，使得人们对个性和一体性有正确的看法和观念，二者能够同时尊重，那么个体和社会也会同步发展。

总的来说，经典作品具有永恒的魅力与不朽的价值。现代社会中的每一个个体，既要接受美学思想的孕育，也要加强审美教育。从而以正确的姿态，感知经典作品当中的"天下大美"，实现人性和人格的富足与博雅。

---

① ［德］席勒著：《审美教育书简》，张玉能译，译林出版社 2009 年版，第 108 页。

② 叶伯泉：《席勒〈审美教育书简〉的审美体验论》，载《学习与探索》1990 年第 3 期，第 29～34 页。

③ 徐碧辉：《席勒美学的现代性意义——重读席勒的〈审美教育书简〉》，载《汕头大学学报（人文社会科学版）》2009 年第 3 期，第 33～41 页。

从《论语》《书简》出发
浅析阅读经典对审美力的改变

杨德淞　电子信息学院（2021302121190）

【指导教师评语】 本文主要围绕着阅读经典对审美力的影响来进行论述，联系了现实世界，具有一定的现实意义，所引用的例子较为准确，行文也较为通顺，格式标准，是一篇优秀的课程论文。（文学院　高文强）

摘　要： "兴于《诗》，立于礼，成于乐"①，这是孔子立足春秋之殇强调审美力对人格培养的改变；"美和艺术让人成为完全的人，进而可以净化社会"，这是席勒身处德国狂飙突进运动后期主张审美力是救治社会的良方。跨越千年的历史长河，打破万里的地理阻隔，从不同中寻求共通，从抽象中反思具体。汲取经典的滋养，学习阅读的精神，追寻理念的交互，从而获得个体审美力的提高，最终实现集体的进化。

关键词： 审美力；经典；美育；抽象；具体；进化

有人评论说，21 世纪是信息化的时代。是的，在如今这个信息爆炸的时代，似乎每时每刻都有数不清的信息朝你奔涌而来，而你却避无可避。作为一个现代人，如果一个月不通过各种渠道接收信息，可能就会与时代脱轨。数量繁杂的信息让我们了解到远隔万里外美国举办的总统大选，让我们能够观看远在冰岛的国际赛事，也让我们能够学习到千年前古人的思想……

然而，从辩证的角度看，这么多的信息在给我们带来打破时空限制的便利时，也给我们带来了许多挑战。信息数量巨大而品质却良莠不齐，有些信息净化人的心灵，增长人的见识，有些信息却污染人的心智，败坏社会风尚。近年来，一些互联网公司疏于管理，使得互联网交流环境每况愈下。"白幼瘦"成为美女的代名词，"娘炮"成为了帅哥的新标

---

① 杨伯峻译注：《论语译注》，中华书局 2006 年版，第 93 页。

准，"杀马特"成为时尚的"复古风"，"抖音神曲"成为音乐的新流行……我们不禁应该反思，现代人的审美力到底怎么了？将女性低龄化、"宠物化"，将男性女性化，将标新立异视为新潮，将淫靡之音视作流行……这种思潮极大地影响了我国的年轻人，对社会风气产生了极其恶劣的影响。

那么，如何抵御这种思潮的侵袭呢？借助美育。

美育使得青年人审美力得到提升，进而净化社会，团结力量，实现对于低俗信息的抵御功能。笔者认为，阅读经典是美育的一个不可或缺的组成部分，是提高青年人审美力的终南捷径。《论语》《审美教育书简》虽分处于不同时代背景、不同意识形态，然而若深入理解各自对于审美教育的核心主张与逻辑，并让两者观念在当代的境遇中交互通融，将能够帮助我们走出狭隘的视角，探寻审美的奥义，也为时下的我们切实地提供一个解决问题的合理方案。

一、知人论世：时代背景下的审美哲思

马克思曾指出，"不是意识决定生活，而是生活决定意识"①。无论我们想要理解《论语》还是《审美教育书简》中对于审美的观念，都不能脱离其作品所处的时代背景进行思考。

（一）春秋之殇下的儒家美学

王国维曾对孔子的审美教育有以下评价，"其审美学上之理论虽不可得而知，然其教人也，则始于美育，终于美育"②。毫无疑问，孔子对于中国的教育具有重大而深远的意义，而在其教育观念中，美育又占据了十分显著的地位。孔子儒家美学理念的核心观点之一为尽善尽美，因而他常常把善与美联系起来。子曰："里仁为美。"③ 我们往往看到孔子将美与善相统一，而把美与恶相对立，换句话说，孔子所推崇的美，是外在美与内在美的结合。《论语·先进》中说到，孔子带着学生在自然中感悟真理，孔子让弟子们谈论自己的思想抱负，唯独赞同曾点的言论。而曾点说的是，在暮春三月同一些人在水边洗洗澡，在舞雩台上吹吹风，一边唱歌，一边散步。这更加说明超越世俗与功利的叔本华式"无欲

---

① 中共中央编译局编：《马克思恩格斯选集》（卷一），人民出版社2012年版，第152页。
② 王国维：《孔子之美育主义》，载《教育世界》1904年第1期，第7页。
③ 杨伯峻译注：《论语译注》，中华书局2006年版，第37页。

之我"的审美境界才是孔子所追求的终极目标，一种尽善尽美的审美境界。孔子儒家美学理念还认为，君子应当文质彬彬。这种审美标准其实体现了儒家的一种重要思想——中庸之美，正如孔子所言："人而不仁，如礼何？人而不仁，如乐何？"① 孔子强调"文"与"质"相得益彰，心中若不存仁性，学习礼乐也是没有什么用处的。孔子将美与善相统一的另一个重要体现正在于，学习礼乐帮助人们成为大写的人，而其前提在于人们的心中本就存有善念。倘若深究不难发现，孔子的美育观念并不是传统意义上对于艺术层面的美育观，而是更加注重个体人格培养层面更全面的美育观。

孔子的美育观，诞生于春秋末期——一个礼崩乐坏、诸侯纷争的年代。然而正是在这样恶劣的环境下，孔子依然选择积极入世。在鲁国仕途不顺，孔子便周游列国，即使退修诗书、授徒讲学，也始终努力为传播儒家思想而努力。孔子虽生逢乱世，但他不但成为这个时代的亲历者，同时也成为了这个时代的变革者，开创儒家学派，提出仁爱思想。在这样一个时代，孔子主张美与善的统一，礼乐治国，也便容易使我们理解了。

（二）革命铁蹄下的美学思索

席勒美学观点的核心是实现理性自由。在这部著作中，席勒第一次明确提出"美育"的概念，标志着审美现代性的诞生。他主张美是活的形式，一个人要想美起来，他的生活需要与他的形式相结合起来。他还指出人有三种冲动，物质的感性冲动，形式的理性冲动，二者结合并唤起人的第三种冲动——游戏冲动。游戏冲动是席勒美学观点中的一个重要概念，游戏冲动使自然的人走向理性的人，正如席勒所说："只有当人在游戏时，他才是完整的人。"② 游戏并不是指为获得愉悦感而玩乐，它是指人自由地进行审美活动，并在审美过程中将物质的感性与形式的理性结合，从而使人获得心灵上的自由。艺术以唤起人们的游戏冲动的方式净化人们，改造人的灵魂，使得人格健全，并在此基础上实现弘扬和谐社会风气的目的。除此之外，席勒还批判启蒙运动后极端理性的弊端，强调恢复感性的合法地位，使自然的人成为完全的人，而其实现目的的桥梁便是审美教育。他认为审美教育是救治社会的良方，在解决政治自由问题前应先解决审美的问题，因为只有审美教育才能改变思想的分裂，使人获得精神上的解放，进而从审美自由过渡到政治自由。

席勒的美育观，诞生于法国大革命后。革命后，社会动荡，人民思想发生巨大转变。这场大革命诚然成功推翻了封建统治，促进了资本主义发展，但革命中雅各宾派专政时期

---

① 杨伯峻译注：《论语译注》，中华书局 2006 年版，第 25 页。
② ［德］席勒著：《审美教育书简》，张玉能译，译林出版社 2012 年版，第 48 页。

的恐怖行为也反映出资产阶级革命和资本主义的弊病，即这场革命打着"自由"的旗号，却并未给人民带来"自由"。这场革命将人们引向了分裂，社会下层是野人，纯粹以感性引导，麻木不仁；社会上层是蛮人，以理性支配一切，懒散成性。席勒在这样上层腐朽、下层粗野的社会背景下思考，如何才能使人获得精神上的自由？借助艺术。艺术以唤醒人们的游戏冲动的方式净化同时代的人，使他们的性格变得高尚，达到感性与理性的协调，进而净化社会。另一方面，席勒也是德国狂飙突进运动的代表人物，深受康德唯心主义美学的影响，又与歌德交往甚密。他们共同渴望摆脱封建传统的偏见，解放人的独立性，呼唤民族意识的觉醒。由此看来，席勒独特的美学观便不难理解了。

二、追根究底：探寻美育观念的内在联系

倘若深思不难发觉，孔子与席勒虽相隔千年的光阴，其美育观念却有其共通之处。在探究其共通之处之前，我们应当思考一个本源的问题，美是什么？美的可能性能发展到哪里？孔子与席勒所说的美和我们日常生活中说的美是同一种事物吗？

美作为一个抽象的概念，它的含义与可能性也随着时间不断更新。最初的美可以解释为"让感官愉悦的某种状态"或"物理或身体上的吸引力"，而随着时代更迭，美被赋予更多的内涵。从形式上看，美可以是如李白诗篇中所描绘的优美自然风光，可以是美术、音乐、文学等艺术作品，可以是疫情期间医护人员无私奉献的精神品质……大多数人认为因为美是客观事物与主观观察者共同作用的结果，所以美的可能性是无限的，然而笔者认为美的可能性其实是有限的。正如席勒主张"美和艺术让人成为完全的人，进而可以净化社会"，笔者认为美并不是单一个体的主观感受，而是一个主流群体共同的审美追求。美应当被限定，它的可能性并不是无限的，而应当符合一个社会的主流价值观。一个反社会人格的罪犯或许认为杀戮是一种美，但这种所谓的"美"难道也可以起到"使人成为完全的人"抑或"净化社会"的作用？这显然是荒谬的。因此笔者认为美并不能扩大概念并引申为单一个体对客观事物的主观感受，否则我们推崇美育便毫无意义。

显而易见，孔子与席勒所说的"美"是哲学意义上的"美"，而不是普世口中的"美"。他们都主张美育能激发自然人内心的崇高，使得自然的人走向完全的人，或者说"君子"，进而能起到获得精神自由，净化社会风气的积极作用。美育不再仅仅指传统艺术教育，而是更加注重人的品格与精神层面，使人发自内心地向一个将理性与感性相结合的人文主义的理想人过渡。这种联系无视时空的阻隔，对任何时代都有其教育意义。

三、反思当下：从抽象到具体谋求进化

阅读经典，让我们感悟了美育的真理，然而如何把伟人抽象的美育观转为具体的审美教育措施应当成为我们反思的问题。反思当今社会，一种严重的误解依然存在，那就是认为美育只是教人弹弹琴、唱唱歌、跳跳舞，却忽视了美育之于人格塑造的意义，孔子与席勒的综合美育观显然对于我们现代人推行美育依然具有极其重要的指导意义。

对个人而言，孔子与席勒的美育观主张受教育者德、智、体、美、劳的全面发展，让受教育者拥有了自己的价值观，从而能够独立地判断是非善恶，不会被大众所裹挟丢失个性，也不会因理性而丧失感性，更不以功利为目的进行审美活动，最终实现心理上的和谐与自由。

对集体而言，由于长久以来人们对艺术工作者的偏见与中国教育观念上的功利主义，艺术的审美价值不被现代人所看重，王国维在《论哲学家与美术家之天职》一文中提出"与夫小说、戏曲、图画、音乐诸家，皆以俳优、倡优自处，世亦以俳优、倡优畜之"。可见艺术工作者社会地位之低下，社会审美教育之薄弱。随着经济的飞速发展，人们的物质生活虽然得到了显著改善，而精神世界却依然空虚，并没有得到较大的改变。现在的许多年轻人穷的不是物质，也不是知识，而是审美。孔子与席勒的美育观或许能够成为医治部分国人功利主义的良方。

最后，从伟人抽象的审美观中走出，在现代视域的具体案例中兼收并蓄，我们终将让美育观在现代社会中实现其最大价值，向和谐社会的永恒目标不断进化。

红楼一梦香冷钗，墨笔万点审美质

袁 满 法学院（2021301061048）

【指导教师评语】本文通过对薛宝钗这一人物的认识，围绕"滋养与改变"的主题进行论述，条分缕析地阐述了经典阅读对于思想认识的提升；所涉及的两部经典成为论述的有机成分，二者被结合得非常自然；同时行文非常流畅，语言优美。（外国语言文学学院 张申威）

摘 要：薛宝钗作为《红楼梦》的主要人物之一，其人物性格体现了其对于所处时代的自我认同，更蕴含了超越时代的审美意义，但却因一部分评价者抛开原著内核而产生的误解被关联上世故、圆滑等负面标签。立足于《红楼梦》一书中对薛宝钗的人物刻画，加入席勒《审美教育书简》的美学视角，通过阅读经典改变先入为主的成见，分析薛宝钗的人物形象和寄寓的美学价值。

关键词：薛宝钗；《审美教育书简》；阅读；时代

一、奈何明月照沟渠——被视作"精致的利己主义者"的假宝钗

谈红楼，最先当谈那一众补天女子。自《红楼梦》一书见于大众以来，关于书中人物的评析、议论便纷扬不止，其中薛宝钗更是往往成为一部分只观其表、不见其里的读者口诛笔伐的对象：因为她作诗曰"好风凭借力，送我上青云"①，便成为厚黑学口中一心只为成功的"精致的利己主义者"；因为她与黛玉讨论《五美吟》时认为"'女子无才便是

---

① （清）曹雪芹著：《红楼梦：脂汇本》，岳麓书社2011年版，第762页。

德'，总以贞静为主"①，便作为抨击吃人封建礼教时活生生的靶子。

而高鹗续红楼的最后，薛宝钗与贾宝玉成婚，促成那悲莫悲兮的"金玉良缘"时，宝钗更成为千夫所指的对象，仿佛宝黛爱情梦碎于钗，薛宝钗从头到脚具是封建礼教"吃人"二字的根源。

世人对宝钗，成见不可谓不深，但细细分析放大来看，归根结底，这成见源于一知半解者在翻开字字啼血的原著阅读之前，便急切地嘈嘈发声，"只见树木而不见树林"——这正是宝钗曾与探春提及的"去阅读化"带来不以学问提点自身，而流入世俗中去的恶果。

故而读者只有先俯下身，去阅读、去体悟墨笔中的十年辛苦，才能读懂行为豁达的蘅芜君，读懂随分从时的薛宝钗；后才能昂起头，改变先入为主的偏执，褪去一身成见，悦纳阅读经典带来的蜕变。

正如脂砚斋所点明的："钗、玉名虽二个，人却一身，此幻笔也。"② 钗黛合一，若论宝钗，不得不提黛玉。宝钗入世而黛玉出世，然入世与出世，非品性高低；并非黛玉诗意，宝钗便俗了——

当牡丹与水芙蓉相映而开，人谓水芙蓉高洁超脱，而谓牡丹富贵庸俗。谁知牡丹瓣瓣嫣然，以理随时；那无人能见的根，在地底知著甘苦，历尽炎凉？蘅芜院里不曾熏香点金，如雪洞一般映着主人的抱朴守真。蘅芜君则周到随和，处处体谅——解湘云请客之困，摆那螃蟹宴；纾黛玉多思之忌，亲那颦丫头；缓香菱入府之窘，护那苦命人……何处是只顾利益不顾情意的薛宝钗，何处是封建礼教下无情帮凶的薛宝钗？

这也是席勒所期待的审美教育给予读者的滋养与改变：人作为大自然的创造物，立于人生天地之间，我们前生可能是通灵宝玉，是绛珠仙草，今生却是赤条条地来、白茫茫地走。在俗世中、在时代中的人无可避免地面临着下坠的必然性，却因诗书提着能够逆必然性而行，将肉体的必然性升格为道德的必然性——在审美的状态中获得自由的心境，在游戏状态中进入属于我们的"大观园"，寻觅那寒塘鹤影、冷月花魂，重新塑造一个全面发展的完整人性。

即使我们最初可能无法体会"盈盈一水间，脉脉不得语"的含蓄情愫，只能对"入骨相思知不知"的直白人生感怀，但我们能从当下对诗词曲赋乃至一众国潮元素的喜爱执着里溯流而上，在经典中去求索血脉里深植的那份缓缓流淌的文化与传统，并最终受这份情怀的牵引，去追寻文化的滥觞，去唤醒偏执破碎后包容而厚重的审美情怀。

最终我们能打破成见，拾起那一轮明月，用审美的眼去欣赏那位承受了太多莫须有之

---

① （清）曹雪芹著：《红楼梦：脂汇本》，岳麓书社2011年版，第700页。
② （清）曹雪芹著：《红楼梦：脂汇本》，岳麓书社2011年版，第466页。

罪的宝姑娘。

二、淡极始知花更艳——在历史的矛盾浪涛中泅游的时宝钗

　　人是历史中的人，宝姑娘亦是如此。薛宝钗的人生道路与抉择无法脱离当时的社会环境与时代要求而成为无根之木。正邪两赋的宝钗，学识广博、作诗含蓄浑厚，却又认为作诗写字不是女孩儿家本分，算来当是贞静第一、女红第二。这是时代加给她的局限，也是席勒审美理论中生活在彼时彼刻，无法更改也没有必要去更改时代背景的"公民"。当薛宝钗在《红楼梦》第五回中以安分随时的形象出现在贾府众人眼中，也出现在我们每个读者眼中时，她就已经无法脱离那个精致却易碎易朽的家族与时代的悲剧之波澜，虽渴望好风上青云，却最终沦为金簪雪里埋。

　　书中写道，宝钗凡心偶炽、孽火齐攻，生了胎里带来的一股热毒病，须配极难得的"冷香丸"一药。[①] 人谓薛宝钗外热内冷，也多是自"冷香丸"而来。但这冷香丸所医治的，仍然是宝姑娘内冷深处更进一层的热，是她的那份不随朝暮风化的美质。这般矛盾、这种炽热多么动人，又多么可叹可怜。

　　但幸而时宝钗的美质与动人远不仅是宝钗符合时代和礼教的要求，更是指安分随时的宝钗为诗书所提、为学识所养的不断发展变化。正如席勒在《审美教育书简》中所说："你要与你的时代一起生活，但不要成为它的产物；你要为你的同时代人作出贡献，但是，你献给他们的应该是他们所需要的东西，而不应该是他们所赞赏的东西。"[②]

　　——初入贾府时，宝钗虽为众人夸赞、为丫头们亲近，却总是王熙凤口中的"不干己事不张口，一问摇头三不知"[③]，真是雪堆出来的宝钗。那时的宝姑娘虽然在时代的眼下无可指摘，但时代的沧浪之水濯其足、濯其缨，只有审美中行动的严肃，而无审美中想象力的游戏自由。汗牛充栋的书籍让她成为薛家的宝钗，却没能成为美学意义上完整人格的泅游于时代河流中的蘅芜君。

　　但大观园给了她一份完满的审美教育，挣脱了形式和概念的桎梏，使宝钗的精神不断成长、不断丰满，拥有一份柔弱而顽强的、在席勒笔下能蔑视时代的腐败的美质。当与湘云、香菱论诗时，宝钗落落大方，不屑于寻章摘句的功夫，哪是迂腐？扑蝴蝶嬉戏时，眉目间女孩儿家的天真稚气，哪是一位知书识礼的女夫子行止？更在与众人商讨惜春作画

　　① （清）曹雪芹著：《红楼梦：脂汇本》，岳麓书社2011年版，第84~85页。
　　② ［德］席勒著：《审美教育书简》，张玉能译，译林出版社2009年版，第26页。
　　③ （清）曹雪芹著：《红楼梦：脂汇本》，岳麓书社2011年版，第606页。

时，宝姑娘不再只是藏愚，大展其才。蜕变与泅游背后，正是美育通过它的中介作用让薛宝钗不至于在滚滚浪涛中成为一个过度理性的冷漠者；当宝钗进入至情至性的大观园，进入浸润美育的海棠诗社时，她从美的世界里汲取"振奋性"墨香，我们也能在阅读中发现那个至纯至真的女儿本心，抛却在深入阅读前认为宝钗封建迂腐的谬误与偏见。

宝钗何其聪敏，又如何会对这末世种种惘然无觉？可她又如何能扭转这大厦将倾——内心与内心的冲突、矛盾，是宝钗的病，是她苦痛、压抑的热毒，是冷宝钗背后那一份不为时代寒冰所冻结的热与真，在对世事理性的洞察之外对美学的审视与追求。

三、任是无情也动人——审美视角下鲜活饱满的美宝钗

第六十三回夜宴上，宝钗抓花名签，花名酒筹为"任是无情也动人"。周汝昌先生认为"无情的，分明报应"指宝钗、妙玉二人。① 然《红楼梦》大旨谈情，怎写出一个"无情女儿"？因为此情非彼情，"无情"是宝钗在当时背景下审时度势与为人处世之道，"有情"是宝钗于审美视角中的鲜活本性与超越一个时代的美质。

宝钗表面的无情，是其洞明世事后理性审量的体现——她是黛玉口中最老到的宝钗，是心直口快的湘云眼中挑不出来短处的宝姐姐，是连赵姨娘都愿意敬服的大家姑娘。她随母亲、兄长一同入京，走进浓缩了一个时代的贾府中。而她的有情，恰恰是"冷美人"背后那份不完美与矛盾，她放不下对所处时代的认同，也放不下对自由精神和审美价值的追求。"任是无情也动人"，宝钗的美在她形象的饱满中体现得淋漓尽致：无情更是有情，有情带来美质，美质造就悲剧。

红楼批阅十载，增删五次，一字一句，说的并不只是清时故事，无论是月、是花、是何种草木，只有几千年的文化演变与流转，几千年的审美教育的滋润，才能养出来一部《红楼梦》，养出来一位宝姑娘。但我们可能有些诧异地发现，在对美学、对美育的思考与探索上，东西方并无不可逾越之篱：无论是席勒的审美之眼，抑或宝钗动人的无情、压抑的有情，都指引着我们即使面对着不可转圜的黑暗，也不应同流合污于当下时代的腐朽，而通过阅读、通过寻美紧握住世界上的"必然事物和永恒事物"，在审美意义上突破时代的阻力，满足胸怀里那一份向善向美的高尚冲动。

贾府门前那对石狮子早已在历史的飓风中化为齑粉，但在花柳间扑蝶的宝钗的一颦一笑却永远鲜艳明朗。席勒将游戏冲动视为审美教育塑造完整人格不可缺少的条件，宝钗的天真活泼同蝴蝶一道翩跹，在游戏里让我们看见"无情"之下依旧动人的美宝钗。

---

① 周汝昌著：《红楼梦与中华文化（增订本）》，中华书局 2009 年版，第 200 页。

故而不阅读，不知宝钗为何列于金陵十二钗之首，不知审美教育如何将肉体意义的人形上升为审美意义的人性——持成见人士，一叶障目不见天地大美；做白字先生，一意孤行何来墨香扑鼻？

我们迎着时代的风与雪走进大观园，用游戏冲动和美的双眼阅读经典，不是为了成为时代一颗闪闪发光的沙砾，而是要克服永恒的重力，向上飞升成头顶一粒经久不灭的星子。美育在时代之中，美育也在时代之上，正如席勒对审美教育滋养下人性纯粹概念的期待："谁要是不敢超越现实，谁就绝不会赢得真理"①，薛宝钗用一只钗回应四大家族的金碧辉煌与玉碎香销，用一场雪飘下超越一个时代的美的形式。

去阅读，去感受，让墨笔晕破写满成见的黄纸。当我们放弃用精密的仪器衡量美学的尺度，放慢脚步求索书中美育的世界时，那不是宝钗之幸，而是读者之幸：在娲皇氏自大荒山无稽崖补天之后，审美教育再一次用游戏的冲动和"溶解性"的自由填满人性破碎的一角。

---

① ［德］席勒著：《审美教育书简》，张玉能译，译林出版社2009年版，第31页。

幽微灵秀地，无可奈何天：
试论林黛玉性格中的道家风骨

王若菱　经济与管理学院（2021301051303）

【指导教师评语】本文论证思路清晰，对《红楼梦》和《庄子》有自己的理解，且对两者的结合也较为贴切，内容丰富，格式也比较规范。（文学院　陈溪）

摘　要： 林黛玉性格中的道家风骨造就了她"天然去雕琢"的率性之美。深陷大观园这座纷繁复杂、尘事萦身的囹圄，她却能凭枕侧一本《庄子》，游走于封建枷锁之中，宛若鱼儿游过海藻，虽不能避免触碰脏污，却仍能在自己扩容出的小小天地中达到自我的超脱。即使最终仍被红尘所累，香消玉殒于病榻，她面临功名利禄、封建礼教时所展露出的风流飘洒，跨越书内外、跨越几百年，仍有力量给予读者心性的启发。

关键词： 林黛玉；道家风骨；《红楼梦》

从开篇的空空道人抄写石头记，到结尾的甄士隐详说太虚情，曹雪芹对道家哲学之美可称得上钟爱，而这种情感又被他凝聚在了红楼梦中最独特的女子——林黛玉身上。黛玉的一举一动、一颦一笑都带有典型的道家之美，揉合了风流与率性，凝聚了清高和天真。道家风骨在林黛玉性格中的体现，在全书可谓无处不在。下文笔者将就林黛玉性格中所呈现出的道家风骨、成因及其启示进行一些探讨。

一、孤标傲世偕谁隐，一样花开为底迟——
道家风骨在林黛玉性格中的体现

深陷大观园这座纷繁复杂、尘事萦身的囹圄，林黛玉凭着枕侧一本《庄子》，游走于封建枷锁之中，在自己扩容出的小小天地中达到了自我的超脱。她性格中"法天贵真，不拘于俗"和"以无厚入有间"的道家风骨，造就了她"天然去雕琢"的率性之美。

（一）法天贵真，不拘于俗

道家喜"法天""法自然"，力图在俗世中寻求超脱和出尘。黛玉厌弃世俗，自成风流，追求自主式人格，她虽一介女流，身处闺阁之中，身上却同时蕴含着庄子的清峻，陶渊明的空灵，甚至嵇康的桀骜，而这三种特性，正分别是道家寻超脱、亲自然、空物我的典型体现。[①]

在面对功名利禄时，她的清淡与漠然，颇有几分笑把功名比作"腐鼠"的庄子的神韵。

"这一去，可是要蟾宫折桂了，我不能送你了。"在众人纷纷劝说宝玉上学堂读经典，将来考科举取功名时，黛玉正镜边理妆，回首一笑说的却是这句话。她回眸的神态不经意便流露出庄子的影子——对功名利禄、荣华富贵天然的嘲讽与轻视。"我不能送你了"，轻飘飘的一句话，其实说的却是"你我从此不是一路人了，你追逐你的荣华富贵，我守着我那份率性风流"。这像极了大笑着说出"今子欲以子之梁国而吓我邪"的庄子。道家在面对名利场时所具有的疏狂和漠视，在黛玉的一颦一笑中展现得淋漓尽致。

然而在对人对事上，她所展现出的天真的暖意，又带着陶渊明式的质朴和空灵。

黛玉对陶渊明是极为推崇的，她在教香菱读诗时，甚至特意翻出陶渊明的"暖暖远人村，依依墟里烟"，告诉香菱"词句为末，立意为真"的去雕饰之美。而这种去雕饰的天然天真之美，也在她待人处世的一举一动中一览无余。

菊花诗上，宝玉赋诗一首，黛玉嘲笑他"这样的诗，要一百首也有"，提笔自赋一首后，又自觉不如宝玉，遂撕去，也不恼，直接笑对宝玉言："我的不及你的！"她虽冰雪聪明，才情横溢，有时也流露几分恃才傲物，但却从不摒弃自己的真情自然，对人一片冰心在玉壶。

拜访妙玉的栊翠庵时，妙玉悄悄拉黛玉和宝钗喝"梯己茶"，"宝钗坐在榻上，黛玉便坐在妙玉的蒲团上"，简单的座位选择也大有玄机，宝钗典型的儒家人格让她自持身份，就连喝茶也得矜持地选择美人榻，而黛玉却自然率性得多，她与妙玉投缘亲近，便不拘礼节地坐在妙玉的蒲团上，而后妙玉嘲笑她："你这么个人，竟也是个大俗人"，黛玉也完全不恼。

---

① 陈守湖：《生命审美的中国理路——以〈庄子〉与〈坛经〉为考察中心》，载《社会科学论坛》2016 年第 6 期，第 194 页。

陶渊明在清冷的道家派别中是最具有暖色调的一个人物，而黛玉的女儿性则充分透露出这份质朴而天然的暖意。

但作为博学多识、诗情横溢的才女，黛玉身上"忧郁的诗人气质"[①] 和偶尔不经意流露出的恃才傲物，却又带上了嵇康疏狂桀骜的气韵。

凹晶馆中，她与史湘云联诗，棋逢对手，才气被彻底激发，连连说出"晦朔魄空存""冷月葬花魂"这样的绝妙诗句，是月圆时节清冷独立的绝唱；藕香榭下，她一手拿着海棠冻石蕉叶杯饮烧酒，一手拿了毛笔在诗题上连勾两笔，不假思索地写下"毫端蕴秀临霜写，口齿噙香对月吟""孤标傲世偕谁隐，一样花开为底迟"，可见菊花这样孤傲清高的花是多么合她的脾胃！虽然身处大观园，又身为女儿家，她尽力恪守着闺阁女儿的那一份谨慎谦虚，但过高的才华仍无法抑制地闪光在她的眉梢眼角，赋予了她那一份清冷冷的骄傲。倘若黛玉为男儿身，也一定具有嵇康在刑场之上弹响广陵散的疏狂和孤傲。

"法天贵真，不拘于俗"，黛玉性格中的道家风骨，使得她在大观园这座堪称污浊的名利场中，仍能保持一颗晶莹剔透的心，这种天真的性格一定程度上也抵抗了封建礼教对她的侵蚀，[②] 而在她心头上放着的那本《南华经》，便是精神最好的指引和归宿。

（二）世俗与理想的碰撞：以无厚入有间

道家渴望"不以物易其性"，就是不因为外物烦扰而改变自己的本性。大观园就像一滩浑浊的暖水，在这滩死水中，有王熙凤这样八面玲珑、精明世故的女子，有薛宝钗这样圆滑端庄的儒家道德典范，处处存在着封建束缚、礼教压迫的痕迹，带着独特道家性格的林黛玉，清高风流，在其中便显得格格不入。试问，在贾府这样的环境中，能做到"不以物易其性"有多难？

然而，黛玉在某种程度上以道家独特的"出世"方式做到了。

黛玉的"出世"是庄子的"出世"，却不是妙玉来自佛家的"避世"，她虽然口齿伶俐、巧舌如簧，时常把人噎得说不下去，也恃才傲物独自风流，漠视功名利禄身外物，但她并不标新立异，她不是刺头，她没有想用自己的一身刺击破这令人厌恶的封建礼教，相反，她像极了庖丁解牛里的那柄刀，"比节者有间而刀刃者无厚，以无厚入有间，恢恢乎其余游刃必有余地"。刀在牛错综的筋骨经络中游行，她在人世中各种复杂的关系间游行，顺从规矩，却不沾染自身。

黛玉不是宝钗那种与封建礼教融为一体的如鱼得水，她在内又在外，"以无厚入有

---

① 谢青松、赵娟：《钗黛道德人格的文化意蕴》，载《船山学刊》2010 年第 1 期，第 162 页。
② 张自华：《林黛玉：一个道家文化符号》，载《江汉论坛》2016 年第 2 期，第 100 页。

间"：世间关系纷扰复杂，这即是"有"；但若能依乎天理、依乎己心处世，不随外界而动摇，游走于纷扰之间，这就是"无"。在这看似光鲜温暖，实则阴暗冷漠的贾府中，她冷眼旁观这繁杂世俗，拒绝靠近，拒绝让琐碎俗事玷污自己。但比起宝钗宛如菩萨般的高贵完美，黛玉在清高之外反而多出几分人间烟火，她喜欢对着心上人使小性儿，时不时就顿足、掉眼泪、羞得脸通红，吟诗也常常偏悲戚，也会在临死前拉着自己的贴身丫鬟紫鹃真情流露，这就是庄子所推崇的"自然"和"天性"。也因于此，她能够在这尘世纷扰中，保存了一份难能可贵的天真率性。

大观园中的少女，都是豆蔻年华，都是最鲜活最明丽的年岁，最开始谁不天真自然？纵使矜持端庄如宝钗，也有追着扑打团扇般的玉蝶，把自己弄得"香汗淋漓，娇喘细细"的时候，可是宝钗的青春明丽在她嫁做人妇的那一刹那就被埋葬了在"宝二奶奶"这个华丽而又冰冷的称呼中，葬在了对女子要求"停机德"的封建的礼教束缚中。黛玉却一直是那个黛玉，她至死都维持着作为少女的那一份单纯和自然，她渴望嫁给宝玉，但仅仅是出于爱情，而非贪望他的地位名利，因此她拒绝刻意的逢迎，拒绝世故地讨人喜欢。随着《红楼梦》篇幅展开，对宝钗的称呼变成了"二少奶奶"，她动笔写诗的次数也越来越少，直至完全为零；而黛玉直至死前，诗歌仍是她灵魂的表达方式，她仍能写出"人生斯世兮如清尘，天上人间兮感夙因"的绝唱之词。

她真的孤高到不懂人情世故吗？非也。在初入贾府时，她见到贾母便立即下拜，"步步留心，时时在意，不肯轻易多说一句话，多行一步路，惟恐被人耻笑了去"；在重建桃花社时，碰巧撞上探春生日，黛玉一边道着"少不得都要陪他在老太太，太太跟前顽笑一日，如何能得闲空儿"，一边将日期改至初五。如此人情练达、聪明剔透，她如何能看不穿贾府中的错综利害？

她并不是不能，只是不愿，她宁愿格格不入，宁愿以不妥协换取保留自己的一颗玲珑剔透的心，而最后也带着这种不妥协死去。

值得一提的是黛玉的香消玉殒，也突出了道家的天道轮回观念。她前世本是一棵绛珠仙草，为了报神瑛侍者的恩情下凡来，用眼泪偿还他的甘露灌溉之恩。因此她的逝去也是魂归自然，"未若锦囊收艳骨，一抔净土掩风流"，这正是庄子在《养生主》中所提道的："安时而处顺……古者谓是帝之悬解。"庄子提出"齐生死"，其实是把死亡当成生命的另一种形式，黛玉的生命最终回归了本真，达到了自然的解脱。

二、书内书外皆有因——黛玉性格中道家风骨的成因

诚然，独特的身世、复杂的生存环境造就了黛玉性格中的道家风骨。然而，作为《红

楼梦》中的一个人物形象，其身上的道家风骨与曹雪芹这个塑造者也有着千丝万缕的关系。二者共同构成了黛玉性格中道家风骨的内外因。

（一）内因：世事但飘零，人心多凉薄

黛玉从一出场起，其身世就具有独特的悲剧美。她出身于清贵之家，父母的宠爱使她在幼年时就具有了天真率性的性格。但由于早年丧母，为减轻父亲"内顾之忧"，她只得被迫北上来到贾府，寄人篱下。她表面上拥有着贾母的外孙女这一光鲜亮丽的身份，但实际上却是人情冷暖、尔虞我诈的受害者。贾府对她好吗？皇家御赐的丝绸纱缎一共就三批，贾母挑了一批专门送给林黛玉做床帐；平日里也是珍惜东西、瓜果鲜品流水般往潇湘馆里送。但贾府真的对她好吗？贾府上上下下都是"一双富贵的眼睛"，所有人的生活重心无不围绕着钱与权，而身处其间的林黛玉却是一个无钱亦无权的非正经的主子，试问，谁会真心待她？即便是看起来最疼爱她的贾母，其实也是根本不理解她，不体谅她的处境，在她临死前探视的几回里，一次比一次冷淡，最终竟说出"咱们这种人家，别的事自然没有的，这心病也是断断有不得的。林丫头若不是这个病呢，我凭着花多少钱都使得。若是这个病，不但治不好，我也没心肠了"。这样凉薄不近人情的话令书本前的读者也觉彻底的心寒与厌恶。而《红楼梦》中所谓的"大善人"王夫人则将"眉眼儿有些像林妹妹"的晴雯赶出贾府以致夭亡，而晴雯绝不是只有眉眼儿像林黛玉，她清高、聪明、骄傲，与世俗格格不入，她是黛玉的影子，王夫人这么做，难道不正是带着几分嫌恶黛玉的风骨？掩藏在表面的呵护关爱之下的其实是鄙夷和讽刺，黛玉每日身处这样人情淡薄、钩心斗角的名利场，也无怪乎她养成这般具有道家风格的清高孤傲的性格。

同时，黛玉生性单纯、心直口快、不会趋炎附势，不喜阿谀奉承，她这种的骄傲个性早已让她在贾府这摊污水里不受欢迎，这也进一步促成了她的孤单和敏感，亦是她逐渐养成了颇具道家风骨的性格的一个重要原因。中秋月圆之际，她和湘云两个女孩子孤零零地在凹晶馆联诗，与贾府的热闹喧嚣形成了鲜明的对比，而"寒塘渡鹤影，冷月葬花魂"则是两个孤寂的灵魂发出的共鸣。也正是因为在世俗名利场中遭到排挤，让她选择了道家的处世方式——选择远离世俗纷争，远离功名利禄，在人情冷暖的缝隙中游走，小心翼翼地维护自己的自尊，拒绝向尘世妥协。

但即便是在这样的情况下，黛玉亦维持着极其难能可贵的天真和温暖，而这也是她性格中道家因素的显著体现——不为外物所易，仍旧保持自己的冰雪初心。她的尊卑观念极为淡薄，视丫鬟紫鹃如自己的亲妹妹，耐心教香菱读诗，和下人、丫头打成一片；她待人一派真心，湘云曾用戏子笑比黛玉，黛玉也就是嗔怒几分，很快便又和湘云和好如初。她在病弱的身躯下展现出的道家风骨，清泠空灵而干净如雪，是污浊的大观园里最高洁的一抹神气。

（二）外因：荣华富贵，如烟如雾，由盛到衰，弹指一瞬间

黛玉是《红楼梦》中最重要的角色之一。小说的人物本是作者现实生活的一种映射，因此，黛玉性格中道家风骨的塑成原因，其根本还是得从曹雪芹说起。

《红楼梦》中贾府由盛变衰的苍凉历史，其实就是曹雪芹本人家族兴衰史的真实写照，他的一生经历了家族的极盛和极衰，最终在晚年穷困潦倒之时写下《红楼梦》。曹雪芹在跌宕起伏的一生中，可谓看尽了人情冷暖，也正是人生巨变，塑造了曹雪芹性格中的道家因素——其实，这也是中国知识分子理想的缩影。中国传统知识分子总是在儒与道、仕与隐、现实与超越之间生活着，挣扎着。[①] 他们既渴望着舍身成仁，匡世济民，"达则兼济天下，穷则独善其身"的儒家典范人格，又因为世俗的不遂意而拥有庄周的愤世嫉俗，自守清高，"视功名利禄如粪土"。

而曹雪芹在被从富贵荣华的巅峰抛下的那一刻，就开始见证世事的反复无常，道家因素在他的性格中便占据了上风。这也就是他塑造出这样一位蕴含了道家之美的女主角的原因——黛玉是他理想的化身，是他精神的寄托。而这也是黛玉命运的悲剧之源——这样美丽叛逆的人物，这样风流率真的性格在封建礼教和趋名逐利的沉重压迫下，必然是脆弱宛如昙花一现的。

三、但随天时去，不叫万物非

宝玉曾在太虚幻境中见到一副对联："幽微灵秀地，无可奈何天。"这钟灵毓秀的土地上孕育出多少风流人物？但最终不得已受天道所制，最终造化弄人，也只无可奈何。

这副对联乍一看是曹雪芹对贾府一路兴衰的叹息，但其实却也明明白白昭示了曹雪芹在《红楼梦》中所蕴含的道家思想。在无可逃避命运纠缠的时候，不如顺从天道，让心回归自然、回归本真，方可达到真正的逍遥。而这亦是曹雪芹通过林黛玉这个角色身上体现的道家风骨所传达出的人生感悟。

薛宝钗代表的是儒家典范性格，近乎完美的封建女子形象；而林黛玉是典型的道家美的化身，风流又飘洒，率性又自然。不是人人都可以做到薛宝钗，但人人都可以尝试成为林黛玉。这并不是因为薛宝钗比林黛玉高贵，而是因为她比林黛玉活得更失真、更痛苦，也因为这个世界对"薛宝钗们"的要求实在是太高了。如果已经在被迫成为薛宝钗的道路

---

① 谢青松、赵娟：《钗黛道德人格的文化意蕴》，载《船山学刊》2010年第1期，第162页。

上，所以为什么不让自己的性格和生活方式中多一些林黛玉？

黛玉的生活方式，是一种微妙的独立。她作为封建时代的女性，身处贾府这座囹圄，无法获得形体上的自由，却通过书籍、诗歌与爱情，触摸到灵魂的自由，在自己的小小天地中伸张。而身处钢筋水泥却仍旧仰望星空的我们在某种程度上是否也像林黛玉？有人背负梦想走向名利场，却落了个污泥满身，再也找不回自己的灵魂；有人念念不忘自由，却因为现实的重负被迫卸下行囊。林黛玉逃不过封建礼教的压迫，我们也许也逃不过内卷、升学焦虑、求职焦虑、"996"的压迫。每个时代都有自己的弊端，历史的一粒沙，落在每个人身上都是一座山，我们无力螳臂当车改变环境，便需要尝试调整自己。黛玉性格中流露出的道家风骨和她的生活哲学，可能亦在某些方面适合我们这一代的年轻人。别太向世俗妥协，别太适应了虚假的自我，在一天又一天的伪装后，黛玉性格中道家风骨或许能启示我们：顺从天性，听从本心，卸下面具后，也能回归自己。

"幽微灵秀地，无可奈何天"，我们都明知自己无法跳出环境的束缚，明知有太多无可奈何的事情无法改变，却仍怀有希望，在生活的缝隙中寻求真实的自我，尽管肉体顺从于世俗规矩，但心灵却突破形的框架，穿过世俗的屏障，或在纵横交错的窗棂罗纱间，或在鳞次栉比的高楼森立之中，共同仰望那一方小小蓝天。

般若空中梦红楼

罗语嫣　法学院（2021301061224）

【指导教师评语】 本文的选题颇富新意，可见作者对《红楼梦》和《坛经》两部经典均有颇深的理解。从概念解释入手，对《红楼梦》中的禅宗思想进行分析，在这个过程中对禅宗的理论和《红楼梦》的文本都有非常到位的分析，可见真正吃透了这两部经典。（外国语言文学学院　张申威）

　　摘　要： "空"观是《坛经》中的重要观念，在佛教本土化的进程之中，"空"观也发生了嬗变，具有了更多层次的含义，变得深刻而立体。同时，我国传统文学经典《红楼梦》也渗透着禅宗的思想，有一种"虚空"的意味在其中，将两部文学经典加以观照，我们不仅能够了解一个宗教在适应我国本土环境中发生的微妙的变化，一个时代的空漠与悲凉，更能够体会到"空"更加深刻的含义。联想文学史上的典型人物，我们可以从中汲取转化为境界更为广阔的人生哲学。

　　关键词： "空"观；《坛经》；《红楼梦》；顺应本心

一、般若之"空"

　　《坛经》中《般若品》的很大一部分介绍了禅学之中的"空"观，它继承了传统禅学之中的"空"观但又有所建构。首先说的是自性真空："诸佛刹土，尽同虚空。世人妙性本空，无有一法可得。自性真空，亦复如是。"① 这是《般若品》中对于本性为空的描述。

　　一般这里的"空"有两层含义，即"人空"和"法空"。"人空"是一种真我之空。

---

① 陈秋平、尚荣译注：《坛经·心经·金刚经》，中华书局 2012 年版，第 150 页。

破除偏见，破除执念，不生不灭也不断取舍，达到一种无我之境。"法空"即世上没有绝对的真理，这世上"无一法可说"，当我们把一些东西标签化后当成真理，便会落入"法执"，难以修行找到正道。因此在瞬息万变中我们要保持一种"空杯"的状态，在应变中寻找不变。

《般若品》中不止于此两层含义，进一步提出了"中道释空"，即"若能于相离相，于空离空，遂内外不迷"①。"空"游离于离世与入世之间，依靠的是人的一颗本心。自性真空却是包含万物的："心量广大，犹如虚空，无有边畔……"② 超脱但是不离世，在污秽里尘埃里世间万象中挥舞衣襟，翩然起舞，而不沾染一物，来去自由才能够通达而无滞碍。深入经典而不依赖经典，寻找其本义，并且参照自己的本心，时时以本心为灯，不妄不变，便是真正的解脱。《金刚经》的最后说道："一切法如梦幻泡影，如露亦如电。"③法是虚妄的，偏执地相信有，又或是偏执地相信空都是不可取的，而是应该取其中道，在纷乱中找到本心之永恒。

禅宗可以说是佛教本土化的一个关键点。"中道释空"也有着"中国化"的意味在里面。钱穆先生尤其爱读《六祖坛经》，怀着一份"温情与敬意"对佛学有着独到的研究。佛教作为一种外来文化，通过与中国的历史现实与社会现实进行调和，达成了一定程度上的统一，禅宗成为"中异"文化交融的典型，形成了中国的"新佛学"，从单一层面的"出世"到"于相离相，于空离空"，佛学在人间生活中也找到了自己的立足点与发展方式，成为了一种"人世"宗教。细细剖析，禅宗与我国心学、儒家思想等也有着微妙的"巧合"。王阳明与慧能的思想有着极其相似的地方。心学中的"心即理""知行合一""致良知"等主要观点与禅宗的"悟"与"修"有着异曲同工之妙，都对于思想和实践的关系作出在当时历史环境下相对合理的解释，强调两者统一的重要性。同时儒家理论中的"尽心""尽性"又与禅宗的"见性成佛"一定程度上契合。它们都要求个体在本心的层面上进行自省，自我教育。这些思想在封建时代极大地启迪着人们的思想，促进着中华文化在个体层面上的不断完善，在意识形态层面上走向多元并存，相互交融，为共同汇聚成深厚统一的文化河流而蓄力。

二、梦一座"空"楼

蒋勋先生曾说到《红楼梦》是一部佛经，其中蕴含着深刻的禅学思想。将《红楼梦》

---

① 陈秋平、尚荣译注：《坛经·心经·金刚经》，中华书局2012年版，第218页。
② 陈秋平、尚荣译注：《坛经·心经·金刚经》，中华书局2012年版，第150页。
③ 陈秋平、尚荣译注：《坛经·心经·金刚经》，中华书局2012年版，第74页。

读下来，能够体会到一种深深的幻灭感和恍惚感。悲凉之雾，遍布华林。一整个时代的浮华，最后都化为"白茫茫一片真干净"。

幻灭和虚空渗透于全书的脉络之中，群芳夜宴上熙攘的场景折射出的是流散各地，生死不知的衰落与破败。芳官在夜宴的开头便唱了一曲《赏花时》："翠凤毛翎扎叉，闲踏天门扫落花。您看那风起玉尘沙。猛可的那一层云下，抵多少门外即天涯。"千红恸哭，一个个婀娜的掠影，在时代的碾压之下都以悲剧结尾。"彩绣辉煌，恍若神仙妃子"的王熙凤怎会料到自己的尸骨最后是被破烂的草席卷了出去；"心较比干多一窍，病如西子胜三分"的林黛玉又怎会料到自己会在悲愤之中哽咽而尽；元春在宫中抑郁而终，迎春被丈夫折磨致死，探春远嫁，惜春选择出家；哪怕贾兰在世俗的秩序上走得毕恭毕敬，最后功成名就，李纨也因心力交瘁而死去；宝玉与黛玉前世今生的木石之盟，最终也只是一场幻梦……

在宝玉悟禅机这一章之中，宝钗点了一出《鲁智深醉闹五台山》，辞藻中有一出《寄生草》："漫揾英雄泪，相离处士家。谢慈悲剃度在莲台下。没缘法转眼分离乍。赤条条来去无牵挂。那里讨烟蓑雨笠卷单行？一任俺芒鞋破钵随缘化。"宝玉听后"喜得拍膝画圈，称赞不已"，这正是对禅机的顿悟。也正是在这一处，曹雪芹草蛇灰线，脉伏千里，让我们看出了红楼里面的禅机，也看出了"万境皆空"初露的苗头。

如果说最后遁入空门，具备幻灭性格的宝玉是全书"空"的代表，那么在这俗世仕途的裹挟之中，林黛玉便是宝玉的灵魂伴侣。而宝钗的人物形象是建立在世俗基础之上的，她希望宝玉走上仕途，她乖巧地遵守着种种封建礼序，像是一块被世俗磨得圆滑的石玉，闪着微弱而凛冽的光泽。但在一出"热闹戏"中，宝钗却惊喜地看到了"悬崖撒手"的景象，二宝好像从来都是两个对立世界的代表，然而这两条看似永不会相交的平行线在这一刻却碰撞在一起，涤荡出浮华败落世相之下的一种"赤子崇拜"的暗涌。这暗涌，仿佛就是红楼一梦之中的终极奥义，是"情"，更是"空"。不管他们在外界环境的浸染下选择让自己披上什么样的外衣，但是都怀揣着一种对于纯粹人生的向往。

张岱在自己墓志铭中的描述像是微缩版的红楼，"劳碌半生，皆成梦幻"①，人间像一个巨大的棋盘，世人在浑浑噩噩中南辕北辙着，少有人看出一切的本质，活出真正的本性。曹雪芹与张岱的人生轨迹大部分都是重合的，在一种时代之悲的浸染之中，他们看见了并看破了困局，用自己的方式追寻着真我。以凌越于身负沉疴蹀躞着的世界之上的视角，解构着整个僵化的社会，向世人传达着一种富有禅意的奥妙。

上一部分说到，"空"的最终目标是"于空离空"，而不仅仅限于一种"逝世"的阶段。它的本质在于人们放下心中的执念，获得一种适应于本心的自由和超脱。在《红楼

---

①　张岱著：《陶庵梦忆·西湖梦寻》，知识出版社 2015 年版，第 152 页。

梦》里，我认为它正好对应了"人空""法空""中道释空"三个层面。即第一层面，"人空"是整本书所展现的黄粱一梦的凄美悲剧。银花火树，星桥铁锁，最终都被殡葬在白茫茫的枯山水之中，最后雪地上宝玉独行的身影，是一种对无我之境的探寻。而仅仅限于这个层面自然会显得浅显。这就来到了第二层面"法空"，要达到最终的那个境界，仅仅脱离世界并不是坛经"空"观所倡导的。人们都寻找着一种外道修行，修行的路径与结果自然不同，大多数人选择规避，或是全然"撒手"，将自己安放于一种与世隔绝的"清净"里。少有人具有般若之智，将外在的整个世界都安放在自己的心里，并且与自己内心的所构建的理想境界加以观照，从而避免落入"法执"的偏见里。《红楼梦》里的许多人都死在近乎偏执的念头里，以贾瑞为例，他死时在枕上叩首，他因为自己对于王熙凤的愚昧的痴念和奢望而断送了生命。将"风月宝鉴"用在他身上便具备了"观照"的深意。《红楼梦》能在千古流昐中经得起世人的揆度，是因为它的"空"来到了第三层面，即"中道释空"。换一句话说便是"寂灭"后的"涅槃"，看透之后的重生。用另一种视角看来，曹雪芹之所以建构起一座空楼，并不是依靠一种伤世的悲怆，他在建构的反而是饱含着平静清醒的真实，一张张面容晃动着，想要摇醒鞭笞的是沉睡的迷醉的世人。他希望这个沉疴难返的世界醒来，他希望世人都摸着自己的脉搏，看着自己的本心，绽放出正如大观园里每个人本该独特而自由的美，真正找寻到生活本身的意义。

三、空纳万景，顺应本心，自由无碍

领悟了《坛经》与《红楼梦》相通的"空"境，真正的顿悟不应该是对"空"执着地追求，"莫闻吾说空，便即著空；若静心空坐，即著无记空"①。慧能大师在此处指出不要执着于"空"，否则就会落入虚妄的无记空。万事过隙如雪泥鸿爪，可将万物揽入怀中，不去计较得失，留给我们的就不会是如电如梦般的恍惚感、空漠感，而是一种来去无滞碍的达观与自由。在那个回响着冷兵器摩擦的械音的时代，在那个政治荣枯如风、万象更迭的时代，多少文人士大夫深陷囹圄，坎坷一世，少有人窥得人生真趣。"过眼皆空，总成一梦"，少年时期张狂的张岱在自己人生的晚年对于佛教精神态度产生了一种皈依。但无论是狂傲的少年意气，还是最后的随适达观，张岱始终跟随着自己的本心，活出了自己的本性色彩。"人无癖不可与其交，以其无深情也；人无疵不可与其交，以其无真气也"，他在看破了生活的本质之后，仍然热爱着真实，热爱着本性。人的本性并不完满，但是却有一种顽劣的可爱，残缺的美。我们在顿悟里观赏着自己身上的裂缝，而正是它们承载着光

---

① 陈秋平、尚荣译注：《坛经·心经·金刚经》，中华书局 2012 年版，第 151 页。

明和希望。

　　林清玄也是一位拥有般若之智的人，清而不玄，在浸满了禅意的人生里，林清玄采取的始终是一种积极入世的态度，感受着生活的本真。他始终用平淡的口吻诉说着柴米油盐，风花雪月，悲欢离合。"色不异空，空不异色"① 在他身上得到了展现。运用般若之智来内省，怀有一种悲悯情怀，温润如玉的他看到的是整个人类，整个世界。那些古老的单调的秩序或许已经一去不复返了，摆在我们面前是一个多元立体的世界。他舒展双臂拥抱着世界柔软的腹部，和着世界的一呼一吸。

　　如果单从宗教信仰来理解《坛经》，理解佛学，又或是局限于家族兴衰，社会变迁来理解红楼梦，都会失去从中阅读到的真正的人生奥义。"经典的滋养，阅读的改变"对于我来说或许是像《海上钢琴师》中的 1900 那样，在深一脚浅一脚的人生中保持思考的能力、汲取的智慧、改变的勇气、接受的豁达，从而保持一种微妙的罗曼蒂克的平衡。

　　如今的我们或是被大流裹挟着走，或是拖着沉重的步子一定要爬上最高的那座山，或是沉湎于已经逝去的幻影，追寻缥缈的海市蜃楼，有时候我们说着成为更好的自己，却最终一片一片把自己撕碎……或许"空"是凌越于整个世界之上，以一种全知的视角来观照自己与外物的关系，但是它的立足点却是始终在本心之上的。禅学建立在唯心的基础之上，我所阐述的并不是要求提倡这种唯心主义，而是要在这个物质世界里找到一个浪漫的根基，做一棵舒展的、充满自然灵性的树，而不是一块随时破碎消散的浮萍。取其精义加以咀嚼、吸收、运用、落实，我们的思考便会因为阅读而迸发出灼灼的光辉，我们的人生便会在潜移默化之中被打磨得隽永不朽。

---

① 陈秋平、尚荣译注：《坛经·心经·金刚经》，中华书局 2012 年版，第 89 页。

浅析天性与法的精神对自由的解放与约束

徐圣欢　弘毅学堂（2021300007020）

【指导教师评语】本文结构清晰，充分结合文本，带有自己的理解。围绕人的自由的主题，企图结合以《庄子》为代表的和以《论法的精神》为代表的中西思想，去完善对于自由的定义。（历史学院　黄楼）

摘　要：天性是《庄子》中的一个重要概念，代表着人的个体生命中最朴素、最自然的那一份本真。它不仅代表了中国古代思想家们对自由的首次探究，还深刻地影响了后人对个体的自然行为的思考。法的精神来源于孟德斯鸠的著作《论法的精神》，法与各种事物之间的关系构成了所谓的"法的精神"，它既涵盖了对整个社会法制建设的探究，也包含了对个人自由的总结与分析，深刻地影响了人们以及整个社会对法的思考。从天性和法的精神两个角度出发，探讨自由的解放与约束，能够丰富我们对自由的理解，具有重要的意义。

关键词：天性；法的精神；自由

著名的法国思想家卢梭曾说："人是生而自由的，但却无往不在枷锁之中。"① 每当我们提到自由的时候，我们最先想到的，就是代表解放自由的"天性"一词与代表约束自由的"法律"一词。天性与法律在相互制约中协调着我们行为的自由，它们既保证了我们有足够的自由，又让我们自由有边界从而不会破坏他人的自由。在大多数人的印象中，自由没有约束地释放就是"天性"，而"法律"的作用就是束缚我们对自由无限制地追求。但这样的想法是片面的：认识到天性的存在是让我们明白，存在一种更高的规则约束了我们的思考方式、行为方式，从而在一定程度上限制了我们对自由的释放；而学习法的精神是为了让我们明白社会中法律的存在是对我们自由的保证，让我们能够更自由地在这个社会中生活。

---

① 参见 [法] 卢梭著：《社会契约论》，李平沤译，商务印书馆2012版，第1页。

一、《庄子》对自由的解放与约束

在现实的物欲之中、在人与人错综复杂的关系之中，生命最容易走向对自己本真的背离，心灵最容易陷入生活世界的困境。现代的生活体现了这一点，随着社会与科技的发展，社会物欲横流，人与人的关系越发复杂，我们往往背离了生命的初衷，忘却了对理想与自由的追求。《庄子》的作者庄周身处乱世之中，却在思考如何治心，如何能够在动荡的社会中保全人的天性。所以学习《庄子》，也许能让我们做到无论身处怎样的社会阶层，怎样的社会环境都能保持自己的本心，追求内心的安宁。作为道家思想的代表性经典，《庄子》特别突出地表现了道家思想对自由与天性的理解。它既是第一个中国古代思想有关自由的著作，也是这些著作中特别重要的一部。

庄周将自由与天性绑定，但"天性"中的"天"的概念是什么呢？《庄子》思想世界中的"天"不仅仅是与地相对的苍苍自然的天，更确切地说是指事物的自然状态。这里就存在《庄子》思想中的一个基点——天人之分。天是人所不能控制和决定的力量，它的存在暗示了人自身存在的界限。所以天性虽然是对自由的解放，它所蕴含的"天"也暗示了人的自由是被更高的力量所约束的。所以《庄子》既有对自由的解放的思考，也有对自由的约束的理解。基于天人之分的观点，庄子为我们提供了最大限度地追寻自由的方法。在他的笔下，世界分为道的世界和物的世界，更确切地说是天的世界和人的世界。由于物的世界中万物千差万别，人心会被复杂的世界遮蔽。所以为了追求最大程度上的自由，我们应当找寻自然的规律，从道的角度看待万物，做到"齐物"；在此基础上挣脱物的束缚进入道的世界，突破形的遮蔽获得心的通达，也就是"逍遥"。

总而言之，天性是自由，但自由不是无限度，这个世界存在一种更高的规则，也就是"天"对我们的自由约束。这样的思想观点不仅能够作用于人的个体，对整个社会的发展也有同样的意义。在科技发展迅速的今天，人类的力量不断增长。我们不断地对自然探索，用我们的力量改造甚至挑战大自然，这是我们发展的自由，但是在我们不断释放自由的时候我们要始终有一个底线意识，要学会保证自然规律的正常进展，只有这样我们才能在更好地生存于自然的同时，更大限度地追求自由。

二、《论法的精神》对自由的约束与保护

东西方对自由的思考，都有一个重点，那便是自由的边界。在以老子和庄子为代表的

道家思想看来，自由的边界是"道"、是"天"、是一种自然的规则。而在以孟德斯鸠为代表的西方思想家们看来，自由的边界是"法"——一种源于事物本性的必然关系。从某个角度来看，东西方在自由的边界上的看法是相似的。但是差异同样存在，道家所认为的道更加笼统，它尽可能地忽视物与物的差异，由于道太抽象了，以至于我们不能掌握，只能通过贴近自然来感知它。这是一种从内心到世界自发地对自由进行限制。而孟德斯鸠认为"法"并没有脱离物质的差异性，而是基于物质改变的。再结合西方近代科学的观点，我们就可以发现研究"法"的可能性。柏拉图有关真实存在世界的观点深深地影响了后世西方思想家们，孟德斯鸠也不例外。所以他认为我们可以通过建立一种现实世界的"法"，通过不断完善它来贴近真实世界的完美的"法"。

将抽象的"法"用理性的方式探究，这也能够解释为什么孟德斯鸠的自由观一般被视为基于理性主义的欧洲传统自由观的源头。我们也不难想到，这个现实世界的"法"就是我们常说的法律。由于事物的差异，孟德斯鸠认为法律应适用于特定国家，应符合一国的物质条件、地理环境、民众的生活方式等，还应估计基本政治制度所能承受的自由度，居民的宗教信仰、偏好、财富、人口多寡，以及他们的贸易、风俗习惯等，各种法律还应彼此相关。① 这实质上是将"法"具体化、现实化，也是东西方对自由边界设定的差异所在。

"法"的具象化对自由有哪些积极作用呢？保护作用。试想，如果自由的边界只能由内心对自然规律的感知决定，这样的边界能够保证每个人的自由不会发生冲突吗？不能。这种对自由的约束是自律，难以保护每个人的自由。而法律，顾名思义，是我们掌握一定的法，再用法来约束自由。法律不仅是对客观存在的事物本性必然关系的贴近，还来源于外界的约束，所以它的强制性高于自律。所以相对于东方思想对自由的"放养"，西方更倾向于对自由实施"圈养"。法律是一把双刃剑，不适当的法律会太过于限制我们的自由，甚至破坏我们的自由，而适当的法律能够很好地保障我们的自由。

三、真正的自由源于天性与法律的平衡

用辩证的眼光看待问题，用中庸的思想解决问题。虽然天性使我们追求自由，但它也让我们意识到应当有所不为；尽管法律限制了我们释放自由，但它同样保障我们的自由不被侵害。而没有束缚的天性和太过苛刻的法律都不能带来我们想要的自由。所以为了追求真正的自由，我们要追求天性与法律的平衡。《庄子》认为人的行为应该依循自然，纵其

---

① 参见 ［法］孟德斯鸠著：《论法的精神》，许明龙译，商务印书馆 2021 年版，第 15 页。

天性方能处于自得的境地。天性源于我们自己，所以在追求自由的时候要保证顺应自然规律，要自己约束自己的行为，这样我们才能做到从心所欲而不逾矩。孟德斯鸠认为"自由是做法律所允许的一切事情的权利"。① 法律来自社会对自由边界的限定，那就应当尽可能保证每个个体有足够的自由。天性与法律的平衡需要我们每个个体和社会一同努力，个人素质的提高能让我们自发约束自由，社会法制的完善让我们更大限度地释放自由。待天性与法律在逐渐的拉扯对抗中到达平衡，真正完美的自由就会展现在我们眼前。

四、总　　结

无论是《庄子》提到的"天"，还是《论法的精神》提及的"法"，其实都是一种寄托于物质而又超脱物质的力量，但是由于东西方思想的差异性，二者在自由的边界设定问题上产生了差异。东方思想中的"天"更宏大，难以理解，所以我们只能依靠自己对自然规则的领悟来约束自由；而西方思想中的"法"更加具体，可以通过不断的研究在一定程度上理解"法"并借此来约束自由。无论是天性还是法律都对我们追求自由利弊参半，所以我们要寻求二者的平衡。天性代表是我们能做什么，所以学会顺应道，就是从内心自发地缩小自由的范围；而法律规定我们不能做什么，所以要学会完善法律，也就是释放法律禁止但是我们本可以得到的自由。这两者一个缩小自由边界，一个扩张自由边界，待到两者相重合，也就代表了天性与法律的平衡，真正完美的自由也就会随之出现了。

---

① 参见［法］孟德斯鸠著：《论法的精神》，许明龙译，商务印书馆 2021 年版，第 184 页。

经典著作中的思想在《洞穴奇案》中的应用

郑富豪　计算机学院（2021302111057）

【指导教师评语】文章选题具有较强的实用价值，作者思路清晰，论述过程严谨，分析合理，层次结构安排科学，主要观点突出，逻辑关系清楚，有一定的个人见解，足见作者有较强的分析和解决问题能力。（质量发展战略研究院　李酣）

摘　要：《洞穴奇案》是由美国作家彼得·萨伯撰写的一部作品，该书以假想案件"洞穴奇案"为基础引入，继而展示了十四位大法官对此案件的判决书，体现了不同思想之间相互碰撞的激烈火花。本文尝试将一些经典著作的思想代入其中，如《论语》《论法的精神》《正义论》等，尝试构造更多判决书，从这些作者的角度判决"洞穴奇案"，从而加深对经典书籍中思想的理解，并增强辩证地思考问题的能力。

关键词：《洞穴奇案》；《论语》；《论法的精神》；《正义论》

一、《洞穴奇案》简述

（一）案件简介

五名洞穴探险者于一次洞穴冒险中遇险，被困在洞穴中，食物水源均已耗尽，且短时间内无法获得救援，如果继续等待，则五个人都可能会死亡，此时其中一个人威特提出采用抽签的方式选中一个人，其余四人将其吃掉，这样的话，其余四人便可以等到救援时间，成功存活下来。但是威特在其余人同意后，突然反悔，其他四人却执意坚持，并让一个人代替威特进行抽签，这个方式也取得了威特的同意，但恰好是威特抽中了要被吃掉的签。在获救后，这四人被警察逮捕并以故意杀人罪的罪名被起诉，并被初审判决为绞刑处死。

（二）法官判决

《洞穴奇案》在案件后列举了最高人民法院十四位大法官对此案的判决书，前五位是由法理学家富勒虚构的。而本书的作者萨伯在此基础上拓展延伸，假设了另外九位大法官针对这个案件的判决书和论证。

例如第一位大法官特鲁派尼，他的宗旨是遵守法律条文："'任何人故意剥夺了他人的生命都必须被判处死刑。'尽管同情心会促使我们体谅这些人当时所处的悲惨境地，但法律条文不允许有任何例外。"① 出于严格遵守条文的宗旨，他认为被告故意剥夺他人生命，是故意杀人的行为，根据法律条例，应处以死刑。

又例如第二位法官福斯特。他首先表明自己反对第一位法官的观点，并从两个方面进行论证，包括：

（1）案发时他们处于原始自然条件下，不在社会中的人为法的管辖范围内。因为现在的法律是建立在人们在社会中可以共存这一基础上的，而当人处于自然状态下，人类之间不是你死就是我亡，此时法律就不再适用了。因此说案发时被告和受害者不在当代社会法律的管辖下。

（2）其次是法律精神比法律文字更重要。虽然这些人的行为违反了字面法律，但是法律精神中毫无疑问认为自我防卫式的杀人可以免责，而条文总是在基于法律精神不断变化的，其本质便是精神，所以这几个人虽然违反了法律条文，但是符合自我防卫的法律精神，所以无罪。

二、洞穴奇案于《论语》中

我认为以《论语》的思想看，这四个人的行为是绝对错误、有罪的。

（1）《论语·乡党》："食不厌精，脍不厌细。食饐而洁，鱼馁而肉败不食；色恶不食；恶臭不食；失饪不食；割不正不食；不得其酱不食；肉虽多，不使胜食气；唯酒无

---

① ［美］彼得·萨伯著：《洞穴奇案》，陈福勇、张世泰译，九州出版社 2020 年版，第 48 页。

量，不及乱；……"

《论语·乡党》中的这十三不吃从小了说反映了孔子对吃的正规礼仪这方面的严苛要求，往大了说便是孔子认为任何事物都有其中礼仪、礼度，都有各自的一套标准，而只要违反"礼"，便是不仁，就坚决不会去做。而显然杀害一个人，再吃掉他是不符合吃的礼仪的，是违反道德的，是孔子所绝不能接受的。因此他会认定这四个人有罪。

（2）《论语》的核心思想是仁，即是爱人。己所不欲，勿施于人。由于这样的牺牲想必不是四位冒险者所想要的，而且威特也在作出决定后反悔，因此这四人要求威特参加抽签，并杀害他是绝对不道德的。这种行径与孔子的"仁"显然是违背的、与孔子的"爱人"思想是违背的。故孔子会认定这四人有罪。

（3）高尚的道德是《论语》中所不断提倡的，当年孔子与弟子困于陈、蔡两国，贫困潦倒，整整七日不曾沾过一粒米。弟子颜回讨米回来煮了饭，颜回将锅中沾有锅灰的米吃掉后，其余的一直等孔子醒后先吃，他才吃。可见即使在无比饥饿的情况下，高尚的道德也是孔子所不断倡导的。而洞穴奇案中将一人牺牲的行为显然是不符合高尚的道德的。

三、洞穴奇案于《论法的精神》中

孟德斯鸠在《论法的精神》第一卷第一章便提到了法律的定义，将法律分为自然法和人为法，自然法是在人处在原始社会中的情况下，它根基于人类最本质的欲望和所求。

"在所有这些规律之先存在着的，就是自然法。所以称为自然法，是因为它们是单纯渊源于我们生命的本质。"《论法的精神》中第一章第二节将自然法概括为四条：和平，寻找食物，爱与性，人类对社会渴望。而在人类形成社会组织后，人与人之间有了联系与等级，人与人之间的平等便不存在了，人的软弱感便消失，从而人们之间会发生冲突，不同社会之间会爆发战争，为了控制这种暴力状况，便需要人们制定法律——人为法。

因此我认为《论法的精神》的观点，与第二位大法官福斯特的思想较为接近，即当前人类社会中的法律是在社会框架中建立的，是标准的人为法，而在洞穴中没有形成清晰的社会组织，每个人都是软弱无助的、地位平等的，都只有人类最本初的欲望。所以洞穴中五个人并不在外界法律——人为法的管辖范围内，故应当运用自然法来解决这个案件。所以初审判决结果为绞刑显然是不被孟德斯鸠所接受的。

四、洞穴奇案于《正义论》中

首先要明确的是我们的讨论是这四个人正义与否，而正义指的是道德上的高尚追求，因此若以正义与否判断这四人是否有罪，需要先论证道德与法律的关系，即不正义、不道德是否就一定有罪。在《正义论》中并未提及相关法律道德的话题，故在此我们就不多加臆测，只是判断这件构想案是否正义。

罗尔斯在《正义论》中批判了"功利主义"这种理论。这种理论主张"最大幸福原则"，宗旨是以合乎道德的行为和制度，促进最大程度的、绝大多数人的幸福快乐。举例来说：现在有两个人 A、B，B 有一个苹果，但是 A 比 B 更饥饿，更加需要这个苹果，依据功利主义将 B 手上的苹果分配给 A 促进了最大程度上的幸福，符合最大幸福理论，是符合正义的。罗尔斯针对功利主义提出批评：正义优先于功利。每个人都有正义的不可侵犯权，这份神圣权利不能用数量多少来衡量，是绝对平等的。基于所谓的最大"善"原则去以"正义"的名义损害少数人的正当利益的行为是不公平且不正义的。

由此观之，这件虚构案中牺牲一人拯救四人的生命显然符合功利主义的观点，与其五个人都饿死，如此做便会挽救四个人的生命，符合最大幸福原则。但以罗尔斯的观点来看，人人均是平等的，为了绝大多数人的利益，侵犯少数人的利益，"某些法律和制度，不管它们如何有效率和有条理，只要它们不正义，就必须加以改造或废除"。所以这四位探险者的行为是不公平的、不道德的、不正义的。

五、洞穴奇案于我之看法

我认为这四人是无罪的。主要从两方面来说：

（1）"紧急避难抗辩内在的法律原则是，由于紧急避难而实施犯罪的人没有犯罪意图，所以不应该受到惩罚。如果探险者们出于紧急避难而杀人，那么他们就没有犯罪意图，或者说没有在实质的意义上故意杀了人，因此该判无罪。"①

本案件中的情形，五个人处于极度饥饿中，是不吃饭就会死亡的极端环境。故此时采取必要手段寻找食物是为了不被饿死，是为了满足最基本的生存欲望，毫无疑问是紧急避险的情况。并且此时紧急避险的手段只有吃人一种方法，像有人提到的吃身体末梢这样的

---

① ［美］彼得·萨伯著：《洞穴奇案》，陈福勇、张世泰译，九州出版社 2020 年版，第 65 页。

方法只是在徒增折磨，因为在洞穴中没有好的医疗环境且距得到救援还有很长时间，所以当时情形杀人是唯一选择。

被困不是被害者的主观选择，不是被害者的过错，食物匮乏也不是探险者所能预料到的，并不是由疏忽大意造成的。所以杀人是被告遇到意料之外的危险所采取的紧急避险手段。

（2）第一个理由是从法律的角度进行论证的，但是法律只是人类制定的维护稳定的工具，蕴含在法律背后的法律精神正是人们对美好和谐生活的向往。法律是为人服务的！带有绝大多数人真挚情感的判决才是最符合法律精神的判决。就像正当防卫、紧急避险，这些条文都是基于人们情感的表现。所以在此，请允许我带上人类的本质感性：同情、善良、温情……来进行判决。在深邃黑暗的环境中，无比饥饿的绝境中，他们所作的已是极好的决定了。

基于以上两点理由，我认为四名被告无罪。

读书总是带给我们潜移默化的改变，我们很难发现这些改变是何时进入我们的脑海中的，于是本文采取一种较为直观的方法，即面对复杂问题的应用。通过应用在《洞穴奇案》中的假构案，我们可以发现书中作者的思想在经过我们的吸收、消化，提纯在我们心中形成了一套套独特的价值体系，在面对复杂问题时表现出独特的见解。而这些经典书籍和其中思想组合起来使我们在看待问题时可以不是单纯的非黑即白，进而去更加深入地思考问题，辩证地看待问题，用更加全面的方法去解决问题。